普通高等教育“十一五”国家级规划教材
“十二五”上海重点图书
社会工作理论与实务丛书
丛书主编／徐永祥　丛书副主编／何雪松

社会保障概论

Introduction to Social Security

（第四版）

费梅苹◎编著

華東理工大學出版社
EAST CHINA UNIVERSITY OF SCIENCE AND TECHNOLOGY PRESS
·上海·

图书在版编目(CIP)数据

社会保障概论/费梅苹编著. —4版. —上海：华东理工大学出版社，2011.12(2018.8重印)
(社会工作理论与实务丛书)
ISBN 978-7-5628-3161-7

Ⅰ.①社… Ⅱ.①费… Ⅲ.①社会保障—概论 Ⅳ.①G913.7

中国版本图书馆CIP数据核字(2011)第220480号

普通高等教育“十一五”国家级规划教材
“十二五”上海重点图书
社会工作理论与实务丛书
社会保障概论(第四版)
Introduction to Social Security

丛书主编/徐永祥
丛书副主编/何雪松
编　　著/费梅苹
项目负责/刘　军
责任编辑/刘　军
责任校对/陈孟昀
美术编辑/戚亮轩
出版发行/华东理工大学出版社
　社　址：上海市梅陇路130号，200237
　电　话：(021)64250306(营销部)
　传　真：(021)64252707
　网　址：www.ecustpress.cn
印　　刷/常熟华顺印刷有限公司
开　　本/890 mm×1240 mm　1/32
印　　张/11.875
字　　数/331千字
版　　次/1999年10月第1版
　　　　　2011年12月第4版
印　　次/2018年8月第6次
书　　号/ISBN 978-7-5628-3161-7/C·165
定　　价/34.00元

联系我们：电子邮箱 zongbianban@ecustpress.cn
　　　　　官方微博 e.weibo.com/ecustpress
　　　　　天猫旗舰店 http://hdlgdxcbs.tmall.com

华东理工大学出版社
客户端扫码进入天猫旗舰店

内容提要

社会保障是国家和社会依照有关法律规定，对社会成员的基本生活权利和发展权利予以保障的制度，它是社会经济制度体系的一个有机组成部分。建立现代社会保障制度是发展我国社会主义市场经济的客观需要，也是深化经济体制改革的重要组成部分。

本书主要阐述社会保障制度的理论基础，论述社会保障制度体系、法规政策及管理体制，介绍各项社会保障制度的主要内容，探讨我国社会保障制度改革的方式和思路。同时，对国外社会保障制度进行比较分析。

本书可作为社会工作专业的本专科教材，也可作为社会保障制度研究和实务工作的参考书。

丛书序

在专业共同体的努力下，社会工作已进入一个战略发展机遇期：党中央明确提出了要建立一支宏大的社会工作人才队伍，并颁布了具体的实施意见；政社分开与合作的体制创新拓展了社会工作的发展空间；社会工作教育在本科基础上，硕士与博士研究生层次有了突破性进展。与此同时，我们也清醒地认识到，社会工作并非是不证自明的专业和职业，它需要以自己的专长、能力和优势来赢得社会认同。毫无疑问，社会工作教育界必须主动回应这样的挑战，我们的使命就是要培养一批认同社会工作价值观、通晓社会工作理论与方法的专业人才。

华东理工大学自 1996 年设立社会工作系招收本科生以来，始终以教学、科研、实务和政策四位一体的方式推动着专业的发展。目前学校社会工作专业本科、硕士、博士培养已形成系列，教学和科研的团队也日益壮大并在国内相关实务领域形成了自己的专业特色。基于推动我国社会工作专业化、职业化、制度化的考虑，也为了向公众普及、宣传和推广社会工作学的理论、知识、方法，融入了专业教学及科研的深切感悟，我们早在上世纪就率先推出了配合本科专业教学 10 种一套的“十五”国家重点图书“社会工作与管理丛书”，以及反映世界发达国家社会工作理论与实务前沿著述、引进版权 18 种一套的“十一五”上海市重点图书“社会工作名著译丛”。经过了 10 多年的发展，如今社会工作专业日臻成熟，是时候在新的起点上进一步反思和重整并推出新的丛书了。我们今天推出的本套“十二五”上海市重点图书“社会工作理论与实务丛书”，立足国际视野与中国经验，希望能更加全面、准确地介绍当今社会工作的理论与方法，跟进专业领域的最新知识进展，及时反映中国社会工作专业发展的全新面貌。

我们更愿意视本套丛书的建设为我们专业团队不断成长、成熟的过程，因为如此的发展足迹将指示着我们奋斗的方向。

国际社会工作教育联盟理事

民政部全国社会工作专家委副主任委员

中国社会工作教育协会副会长

上海市社会工作者协会副会长

华东理工大学社会与公共管理学院院长、博导、教授

徐永祥

第四版序

本书的第一版完成于 1999 年。当时主要是基于教学的目的，希望能够对社会保障制度的基本框架作一全面介绍。

在《社会保障概论》一书出版至今的 12 年中，中国的社会保障制度经历了很大的发展，不仅社会保障制度的法规、条例日臻完善，而且社会保障制度建设中的经验和成果也日益丰富。为了使本教材能及时反映社会保障制度发展、变化的最新进展情况，笔者分别于 2005 年和 2008 年对原有教材进行了修订，出版了《社会保障概论》的第二版和第三版。

2010 年，《中华人民共和国社会保险法》正式颁布，这标志着我国社会保障制度进入了规范化、法制化的发展轨道。《中共中央关于制定国民经济和社会发展第十二个五年规划的建议》中明确提出了"坚持把保障和改善民生作为加快转变经济发展方式的根本出发点和落脚点"的指导思想，并提出要健全覆盖城乡居民的社会保障体系，要坚持广覆盖、保基本、多层次、可持续的方针，要加快推进覆盖城乡居民的社会保障体系建设，稳步提高对城乡居民的保障水平。

《中华人民共和国国民经济和社会发展第十二个五年(2011—2015)规划纲要》中提出的我国社会保障制度建设的目标和任务，更加注重民生保障普惠型的社会保障体系建设，特别是适度普惠型社会福利体系的构建，这已经成为当下我国社会保障制度深化改革的主要方向。

为了更好地反映、总结我国社会保障制度改革发展的新思路、新成就，笔者在本书第三版的基础上，又进行了第四版的全新修订工作。修改后的本书第四版，在对原有社会保障制度实施的法规条文、制度内容进行适当修订的同时，也对我国近年社会保障制度的改革经验进行了归纳总结。本次修订对全书的体系和结构并没有作出大的调整。对于社会保障制度发展进程中所涉及的包括价值理念、理论基础、制度设计、实施模式等方面的研究，将是一项十分庞大而又耗时费力的工作，笔者将以另外的方式予以研究和表达。

费梅苹

2011 年 11 月

目录

第一章
总论

社会保障制度是工业社会的产物和人类社会文明进步的表现。社会保障制度产生于20世纪初叶，经过一个多世纪的发展，世界大多数国家已逐渐建立了较为完善的社会保障体系。目前，社会保障制度的内容不仅包括养老、医疗、失业、工伤、生育等社会保险项目，也包括社会福利、社会救助、优抚安置等保障项目，并且其保障范围还在不断地扩大。随着社会保障的普及，它在社会稳定发展和维持经济秩序中的作用已越来越为人们所认识；它在缓解收入分配不公所引起的矛盾、保证大多数社会成员的基本生活及社会安全性方面的贡献，也已得到了国际社会和学术界的肯定。

一、社会保障概述

社会保障(Social Security)一词，原意是指“社会安全”，最初出现于美国1935年制定的《社会保障法》，1941年的《大西洋宪章》中也两次使用这一概念。其后，国际劳工组织在其一系列的公约、建议书等文献中沿用了此概念。1944年，第26届国际劳工大会发表《费城宣言》，表明国际组织正式采纳“社会保障”一词。1952年6月28日，在日内瓦召开的国际劳工会议通过了第102号文件，即《社会保障最低标准公约》，该公约作为社会保障的国际性文件，被视为社会保障制度建立的里程碑式的文件，并成为解释社会保障制度规定的基本依据。尽管该公约无任何法律约束力，只是建议成员国根据本国具体情况参照执行，但公约一经成员国立法批准，成员国就须制定与公约相应的政策或措施加以实施，并应接受国际劳工组织的监督。

1. 社会保障的概念

社会保障是指国家以立法和行政措施确立的对遇到疾病、伤残、生育、年老、死亡、失业、灾害或其他风险的社会成员给予相应的经济、物质和服务的帮助,以保障其基本生活需要的一种社会经济福利制度。目前,世界上大多数国家已建立了社会保障制度,但是由于各国的社会经济发展水平和结构存在差异,因此各国社会保障的项目、实施范围各有不同,对社会保障的理解和制度规定亦有差异。《简明不列颠百科全书》中对社会保障所作的解释是：社会保障是一项公共福利计划,旨在保护个人及家庭免除因失业、年老、疾病或死亡而在收入上所受的损失,并通过公益服务和家庭生活补助,以提高其福利。社会保障可包括：社会保险计划和保健、福利事业以及各种维护收入的计划。美国社会保障总署编写的《全球社会保障制度》(1985 年版)则规定社会保障计划的具体方式是:“社会保障计划对受保人及其家属的保护,通常是通过下述方法中的一种或两种而实现的：一种是以现金支付的形式对年老、伤残或死亡、疾病和生育、工伤或失业而造成的收入减少,至少提供一部分补偿。另一种是以服务的形式提供的保护,主要是住院治疗、医疗服务和康复服务。”其中,第一种针对收入损失提供现金补助的措施,通常被称作“收入保障”计划;第二种针对受保人提供资助或直接服务的计划,通常被称作“实物补助”计划。根据对社会保障的各种理解,国际劳工组织对社会保障作了较为一般的宽泛的解释：社会保障就是通过采取一系列综合性的政策和措施而达成的一种社会成果。这些政策和措施是对因疾病、失业、年老以及死亡而中断收入来源、陷入贫困的公众(或者是其中的大多数)加以保护。总体上说,社会保障除了现金的资助和补偿外,还越来越需要广泛的医疗和社会服务。对这种社会保障含义和实施方式的扩展,已得到国际社会的广泛认同。

鉴于上述对社会保障的理解,概括起来,社会保障的含义包括以下几方面的内容：

(1) 社会保障的对象。完全的社会保障应该把全体社会成员列为保障的对象。每个人及其家庭,出于健康与幸福的需要,有权得到衣、食、住、医疗及其他必需的社会服务设施供给的保障。特别是对由于失业、疾病、残疾、寡居、老年等情况以及个人因不可抗力而遭遇到生活危机,无以为生,有权通过保障体系得到基本生活的保障。但是,在各国的社会保障制度中,大部分国家尚未对全部的社会成员实施全面的社会保障项目,只是对部分成员或部分项目实施了保障措施。

(2) 社会保障的责任主体。社会保障作为一种社会制度,其责任的主体主要是政府。在一些国家,企业和社会团体也承担了社会保障的主要责任。由此,社会保障需要通过国家立法、政策措施、统一管理来保障社会成员的基本生活权利,并体现其社会性。

(3) 社会保障的目的。总体上说,社会保障能够保证社会的稳定,促进整个社会经济的协调、稳定发展。20 世纪 80 年代中期,国际劳工组织发表的《二十一世纪社会保障展望》报告表明,社会保障的目标不止于减轻贫困,应该更为广泛。它反映着一种最广义的社会保障意愿。它的根本宗旨是使个人和家庭相信他们的生活水平和生活质量会尽可能不因任何社会和经济上的不测事件而受到很大影响。这就不仅是在不测事件中或已出现不测事件时去解决困难,而且也要防患于未然,帮助个人和家庭在面临未能避免或不可避免的伤残和损失的时候,尽可能做到妥善安排。

(4) 社会保障的资金与受保障者收益。资金主要来源于政府财政支出、企业和个人的缴纳及社会成员的自愿捐献。对受保障者而言,其受益的多少有的取决于投保和缴费的多少;有的则与其个人的投保无关,而取决于整个社会保障的待遇水平。

总体上,随着社会的发展,社会保障的内涵和外延在不断地扩充和完善中。

2. 社会保障的基本特征

一般来说,社会保障具有六个方面的基本特征。

(1) 保障性。社会保障是国家按照经济发展水平和承受能力,对社会成员给予基本生活保障的一种社会经济制度。在社会生活中,当面临各种社会经济风险时,安全感曾是社会成员中少数人长期享有的特权。然而社会保障体制却能使全体居民,或至少使绝大多数人有可能从中获益,为他们提供安全的保证,不论发生任何社会意外事故都能维持其生活方式和生活水准。这种保障性通常由国家立法加以确定，政府和社会组织加以保证。如中国宪法第四十四条、第四十五条规定："退休人员的生活受到国家和社会的保障"，"中华人民共和国公民在年老、疾病或者丧失劳动能力的情况下，有从国家和社会获得物质帮助的权利。国家发展为公民享受这些权利所需要的社会保险、社会救济和医疗卫生事业"，"国家和社会帮助安排盲、聋、哑和其他有残疾的公民的劳动、生活和教育"等。

(2) 强制性。社会保障通过立法确立国家和社会成员的权利义务关系。国家必须保证社会成员在遇到年老、疾病、生育、死亡等风险时得到基本生活的保障，同时，必须依法向社会成员强制征收社会保障税(费)。未从事过有薪劳动的社会成员，由国家立法对其享受社会保障予以确认。这里不存在自愿的原则。

(3) 社会性。社会保障的覆盖范围应是全体社会成员。各行各业的劳动者及无业者，一旦遇到生存危机，原则上都应得到基本生活的保障。社会成员之间只存在保障基金的筹集方式和保障的范围、项目、标准以及采取的形式等方面的不同，而不应存在能否享有相应的社会保障待遇方面的差异。社会保障基金的筹集也同样具有社会性。

(4) 互济性。社会保障是按照社会成员共担风险的原理组织进行的。从原则上来讲，社会保障具有权利义务的统一性；从实际操作来看，个人是否承担了义务以及承担了多少义务，与本人享受社会保障待遇的多少是不相关的。社会保障的统筹支付和管理，充分体现了人类互助互济的原则。

(5) 公平性。实现公平分配，是社会保障追求的目标。社会保障的公平性主要体现在社会成员享受社会保障待遇的权利和机会是均等的。任何一位社会成员，当其基本生活发生危机时，都能均等地获得社会保障的机会和权利。而社会保障的目标和作用，最终也在于促进社会公平目标的实现。

(6) 福利性。社会保障的福利性表现为社会保障事业是一项社会福利事业，它并不以盈利为目的。在对被保障者给予资金支付的同时，还提供医疗护理、伤残康复、教育培训、职业介绍以及各种社会服务。有些社会保障项目直接由国家财政预算开支,使享受者获益。因此,社会保障具有福利性特征。

3. 社会保障的目标

社会保障的基本目标是通过国家和社会的力量来保证社会成员在面临社会经济风险时能够维持其基本的生活权益。但正如国际劳工组织认为的,从长远来看,社会保障有着更加深远的目标,而并非仅仅同贫困作斗争。社会保障的宗旨应在于维持一定的生活标准和质量,坚定个人的安全感。特别是经济的日益繁荣并不能证明逐步削弱社会保障是合理的,而是恰恰相反。除此以外,技术的进步使人产生新的恐惧,个人和家庭行为的变化使社会成员产生对社会团结的新的要求。在将来社会保障体系的发展中,预防性措施具有重要意义。因此,社会保障在完善其措施、体系的过程中,应把保障社会成员的基本生活权益作为根本目标,并把提高社会成员的生活质量和促进其发展作为较高的目标。

各个国家在建立社会保障制度的过程中,如何确定社会保障的目标,是一个非常重要的问题。对于大多数发展中国家来说,受经济发展水平和财政能力的限制,不可能有能力通过社会保障措施来提高社会成员的生活质量,只能把目标确定在现实的、能够保证绝大部分居民生活安全的层次上。只有当经济发展到一定高度时,才能考虑以社会保障的制度形式,来提高全体社会成员的福利水平。

4. 社会保障的功能

社会保障的发展,对于保障社会成员的基本生活、维护社会稳定、促进经济发展,均有十分重要的作用。社会保障的功能在于通过国民收入再分配,使贫困人口的比重有所下降,社会成员的基本生活得以保障,起到促进社会稳定、实现社会公平的重要作用。

(1) 社会保障是实现社会稳定和社会公平的重要机制。任何社会的发展,既需要动力发展机制,也需要稳定机制。社会的稳定是社会有序发展和良性运作的保证。但是在各国经济发展过程中,由于存在经济制度方面的缺陷,或由于经济发展水平的低下与波动,总存在着许多矛盾和冲突,特别是失业和贫困问题的存在,使矛盾更加尖锐。社会保障作为一种特殊的国民收入再分配方式，它具有调节和平衡的功能。社会保障通过养老金保险，调节个人收入在时间上的分配，使个人的消费能力从工作年龄向退休后转移；通过失业保险使个人收入从就业阶段向失业阶段转移；此外，政府通过征收企业所得税、个人所得税和社会保障税等，凭借社会保障制度，使个人之间的消费能力从高收入阶层向低收入阶层转移，使区域之间的消费能力从经济发达地区向不发达地区转移。通过上述多种方式的调节和平衡，社会成员中的一部分成员，不管是由于先天条件的限制，还是由于后天原因造成的困难，社会保障都能使他们得到必要的、基本的生活保障。从而消除了由于基本生活不能得到保障而产生的社会不稳定因素，保障了社会的稳定。同时，也在一定程度上缩小了社会成员之间的收入和生活差异，体现了每个社会成员得到基本生活保障的平等权利。

(2) 社会保障的建立是促进经济发展的内在需要。社会保障通常被称为调节经济的“蓄水池”和自动稳定阀，具有十分有效的平衡需求的作用。当经济衰退而失业率增大时，由于失业给付和公众的扶助，抑制了个人收入减少的趋势，给失去职业和生活困难的人们以购买力，从而唤起有效需求，并在一定程度上促进了经济复苏；当经济高涨而失业率下降时，社会保障支出则相应缩减，社会保障基金因此增大，减少了社会需求的急剧膨胀，最终又使社会的总需求与总供给达到平衡。

社会保障还体现了其对投融资的调节功能。社会保障的财源，不仅具有较高的稳定性，且具有增长性，经过多年的积累，社会保障基金的规模甚为可观，是每个国家都可利用的一笔重要经济资源。虽然从社会保障本身考虑，它只是一种资金运作行为，但在客观上通过这种投融资，促进了国家的经济发展和民众生活的改善。

社会保障也体现了保障劳动力再生产的功能。这种功能主要体现在保障劳动者的必要收入上，使他们在丧失劳动收入的情况下，也能维持他们及其家庭的基本生活，以及照样承担起繁衍后代的重任，保证劳动力再生产的进程不致中断或是受阻，从而适应社会的客观需要。

(3) 社会保障的发展,对于实现社会成员生活的安定发挥了重要的社会功能。社会保障在安定生活上已经形成了有序的三个层次:一是最低生活保障,具有济贫作用;二是基本生活保障,具有防贫作用;三是福利生活保障,具有提高作用。此外,社会保障还担负起了通过本身的优势调节分配,以促进社会公平的重任。其途径是通过公费负担(来源于税收)和必要的资金筹集及给付(如社会保险),使国民收入能重新分配,并尽可能向低收入阶层倾斜,在高低收入者之间,或是个人健康与患病、在职与退休之间,进行收入的转移,从而缩小国民收入的差距,保障所有社会成员的必要所得,以最终达到社会的公平分配。

二、社会保障体系与类型

社会保障是由一系列保障项目构成的一个体系。各国在建立社会保障体系时,都有一个从单一保障项目到多种保障项目发展的过程。由于社会保障基金的筹措方式、运作和给付方式不同,也由于社会保障管理体制的不同,因此社会保障制度形成了不同的类型。

(一) 社会保障体系

社会保障体系是指社会保障各个有机构成部分系统的相互联系、相辅相成的整体。社会保障体系一般包括社会保险、社会救济、社会福利及优抚安置等保障制度,其中,社会保险是社会保障制度中最基本也是最核心的制度。

在不同的国家,社会保障制度的实施方式和程度各有不同。一般来说,社会保障项目的设置和保障水平、给付标准,应根据社会经济发展的水平而定,并随着经济的发展而不断地得到完善。因此,各国的社会保障体系各有特点。①

---

① 参见顾海良、张雷声著:《世界主要国家社会保障制度概观》,中国大百科全书出版社 1995 年版,第 5—10 页。

在德国,逐渐完善起来的社会保障体系的内容可以分为两大部分：一是社会保险,二是社会照顾。其中,社会保险是整个社会保障体系的核心,它可进一步分为养老保险、医疗保险、失业保险和工伤保险等四个方面。社会照顾也可分为直接照顾和间接照顾两个方面。直接照顾包括家庭补贴、住房补贴、教育助学金等,间接照顾主要有国家规定的"免税额"、国家提供的建造自有住房的贴息贷款等。

在英国,社会保障体系由五大部分组成：一是社会保险,主要包括退休保险、失业保险、工伤保险、死亡保险等;二是社会补贴,主要包括住房补贴、儿童补贴、高龄老人补贴等;三是社会服务;四是社会救助,主要包括低收入家庭救助、老龄救助、失业救助等;五是医疗保健。

在美国,社会保障体系由三个主要部分组成：一是社会保险,主要包括老年保险、伤残保险、失业保险、工伤保险、健康保险等;二是社会救助,主要包括失业救济、医疗援助、残疾和老年贫困者的救济金、抚养儿童家庭的补贴、食品券补贴等;三是社会福利,主要有住房补贴、教育保障等。此外,社会保障体系还包括一些特殊保障,如军职人员退职退休津贴、联邦和地方政府文职人员退休津贴等。

在法国,社会保障体系由三个主要部分组成：一是社会保险,主要包括养老保险、疾病和工伤保险、失业保险等;二是社会补贴,主要包括住房补贴、失业补贴、家庭补贴等;三是公务员福利待遇。

在瑞典,社会保障体系包括四个部分：一是社会保险,主要包括养老保险、工伤保险、失业保险等;二是社会救助,主要包括失业救助、残疾人救助等;三是公共福利,主要包括家庭津贴、住房津贴、儿童津贴等;四是医疗保健。

在日本,社会保障体系由四个部分组成：一是社会保险,主要包括年金保险、工伤保险、失业保险等;二是国家救济,主要包括生活救济、教育救济、住房救济等;三是社会福利,主要包括老人福利、儿童福利、残疾人福利;四是医疗保险。

根据中华人民共和国国务院新闻办公室 2004 年 9 月颁布的《中国的社会保障状况和政策》白皮书,中国的社会保障体系包括社会保险、社会福利、优抚安置、社会救助和住房保障等。社会保险是社会保障体系的核心部分,包括养老保险、失业保险、医疗保险、工伤保险和生育保险等。

尽管世界各国构成社会保障体系的项目不同,内容和制度也有着不同规定,但是,它们之间却有着共同的特征,其内容也存在着某些相近的甚至完全相同的规定。正是后者,构成了世界主要国家社会保障体系稳定的、共同的内容。一般来说,这些共同的特征和内容大体可以分为以下三个方面。

1. 社会保险

社会保险是社会保障体系中最基本、最主要的组成部分。社会保险一般是指根据国家或各级政府立法,由劳动者、劳动者所在的企业或社区和国家等共同出资,以便在劳动者及其家庭因遭受年老、疾病、伤残、生育、死亡、失业等风险,导致收入减少、中断或丧失而陷入贫困时,能够使其达到最低限度生活水平或满足基本生活需要而建立的一种社会保障制度。

尽管各国社会保障制度中对社会保险的规定不同,但都具有以下几方面的特点:一是强制性。在立法范围内,每一个社会成员都必须参加社会保险。二是社会保险资金筹措的多源性。即社会保险资金来源于劳动者个人、企业或社会、国家等多种渠道。三是权利与义务的一致性。受保人必须先尽其缴纳个人保费的义务,然后才可能获得相应的保险的权利。四是资金使用上的预防性。即由于保险基金的预先存在,从而使得参加保险的成员在心理上获得较强的安全感。

社会保险一般包括五个保险项目:其一,养老保险。这是对法定范围内的劳动者或者其他职员因年老而退出社会劳动后,能够获得满足其基本生活需要的、稳定可靠的经济来源的社会保险项目。这是社会保险中涉及面最为广泛的一种保险项目。其二,失业保险。这是对法定范围内的劳动者因失业而失去经济来源时,按法定时限保障其基本生活需要的社会保险。这是社会保险中最为基本的一种保险项目。其三,医疗保险。这是对法定范围内的劳动者或者其他职员在患病或非因工伤害时所提供的医疗保险制度。它既包括医疗费用的给付,也包括各种医疗服务。医疗保险是社会保险制度的重要组成部分。其四,工伤保险。这是指向法定范围内的劳动者提供因职业伤病而造成经济损失的补偿费用,使其不致因职业伤病而降低收入水平;也是指向法定范围的劳动者提供因不幸致残而需花费的治疗和康复的费用,以保证其致残后的基本生活需求。其五,生育保险。这是专门向妇女提供的,使其在怀孕、生产、哺乳期间能够获得基本生活需求的社会保险项目。有的国家把这项保险列入社会医疗保健制度。

2. 社会救助

社会救助也是社会保障体系的重要内容之一。社会救助是指公民在靠自身力量不能维持其最低限度的生活水平时,由国家和社会按照法定的标准向其提供的用以满足最低生活需求的物质援助的一种社会保障制度。社会救助构成社会保障体系中最低层次的内容。

社会救助的特点在于:一是强调国家及社会对社会救助对象的责任和义务;二是强调救助资金只来源于国家和社会,受助者得到社会救助是其基本的权利;三是社会救助的实施既要求被救助者提出申请,具有自愿性的特点,又要求按法定的工作程序,对被救助者的实际经济状况作出确切调查,在得到有关部门审核批准后才能实施;四是只强调保障最低生活需求,其发放救济金的标准低于其他社会保险金的发放标准。

社会救助的内容大体可分为三个方面:一是自然灾害救助。这是公民在遭受自然灾害而陷于生活贫困时,由国家和社会紧急提供维持其最低生活水平的资金和物质的社会救助项目。二是失业破产救助。这是公民因企业破产或较长时间失业(超过失业社会保险期限)而陷入生活困境时,由国家和社会紧急提供维持其最低生活水平的资金和物质的社会救助项目。三是孤寡病残救助。这是指公民因个人生理原因丧失劳动能力而陷入生活困境时,由国家和社会紧急提供维持其最低生活水平的资金和物质的社会救助项目。

3. 社会福利

社会福利是指国家和社会按照立法或政策的规定,对社会全体成员提供的旨在提高生活水平和生活质量的各种设施、资金、服务等的一种社会保障制度。社会福利构成社会保障体系最高层次的内容。

社会福利的特点比较明显,它表现在:一是强调国家和社会在实现福利目标过程中的直接的责任性;二是具有显著的普遍性的原则,国家立法和政策规定范围内的社会成员都能普遍地享受社会福利提供的津贴或服务;三是重点提供有关提高生活质量方面的设施、津贴和服务。

从上述社会保障的基本内容看,社会救助是社会保障的最低目标,它仅仅是保障社会成员最低的生存需要;社会保险是社会保障的基本目标,它保障社会成员的基本生活需要;社会福利是社会保障的最高目标,它旨在改善和提高社会成员的生活质量。

(二)社会保障的类型

社会保障对受保人及其亲属的保护,通常是通过下述方法的一种或两种实现的。一是以现金支付的形式对由于年老、伤残和死亡,疾病和生育,工伤或失业而造成的收入损失,至少提供一部分补偿;二是以服务的形式提供保护,主要是住院治疗、医疗照顾和康复服务等。针对收入损失提供现金补助的措施,通常称为"收入保障"计划,而对受保人提供资助或服务的措施,通常称为"实物补助"计划。这种社会保障计划又由多种项目和多种层次结构组合成一个有机联系的体系,按社会保障项目的类型和资金来源、给付标准、财务机制、实施方式等,各国在实践保障制度的建设过程中逐渐形成了多种社会保障模式。按照不同的角度和层次分类,各国的社会保障制度具有以下不同的类型或模式:①

① 参见吴敬琏著:《当代中国经济改革:战略与实施》,上海远东出版社 1999 年版,第 226—230 页。

1. 按照给付标准分类

从社会保障的给付标准分类,社会保障制度可分成三种基本类型:其一,受益基准制,又称规定受益制。在受益基准制下,社会保障组织对受益人的给付取决于预先规定的受益与否和受益多少的标准。受益的标准一般是根据受益人当前的状态(如年龄、工龄、健康状况、失业状况等)确定,而不是根据受益人缴费的多少确定。由于受益基准制根据统一的受益条件给付社会保障,因此,具有收入在社会成员中的再分配和调节作用,对无经济来源的人们也可以实施救援。受益基准制的资金直接或间接地来源于国家的预算收入。其二,缴款基准制,或称规定缴费制。缴款基准制是受益人先缴款,后受益。受益人得到的给付在一定程度上取决于其过去缴纳的社会保险基金的数额。因此,受益人的受益大小是与其缴纳款额的大小相联系的。其三,混合制。由于受益基准制在注重受益标准的公平性和社会再分配作用的同时,也因受益人的受益与缴费没有密切的联系,受益人之间容易出现吃“大锅饭”的现象,社会保障资源也较难管理,经常会出现浪费和入不敷出的状态。而缴款基准制在引入受益与缴费间的激励机制时,却弱化了再分配的功能,降低了社会保障的社会化程度。基于上述两种类型的优缺点,为了取长补短,出现了受益基准和缴款基准相结合的混合制类型。混合制的具体做法根据不同的资金来源和受益给付方式可有多种,如较为流行的,由受益基准制的保险提供最基本的、给付水准较低但普遍适用的社会保障,同时,用缴款基准制提供附加保障。

与社会保障的给付标准相适应,各国按收入保障计划提供现金补助时,采用各种不同的方法,普遍认同的有就业关联制度、普遍保障制度和收入状况调查制度等三种方法。①

第一,就业关联制度。指涉及受保人享受年金或其他定期补助的权利,直接或间接取决于工作或劳动时间(即工龄)的长短;而家属

---

① 参见美国社会保障总署编:《全球社会保障制度》,华夏出版社 1989 年版,第 4—6 页。

津贴及工伤保障,则取决于是否存在雇佣关系。在失业、疾病、生育或工伤事故情况下,个人领取的年金(主要是长期支付)和其他定期补助(短期)的数额,通常与工人发生上述事故而中断收入前的收入水平有关。

这种社会保障制度中的某些保险项目,允许工人自愿参加,对独立劳动者尤其如此。在某些情况下,政府对这类方案比例给予财政补贴,以鼓励自愿参加。

当然,政府是所有保障待遇的最后保证人,国家财政往往充当着最后"出台人"的角色。大多数国家的政府都为实施就业关联制度以及其他社会保障方案而给予资助,即政府可按受保工资总额的一定百分比,从总收入中实行财政拨款,作为支付给受保工人的保险金。它可以部分或全部负担某一特定保险项目所需的费用,也可用来弥补某一保险项目的赤字。有时,政府还为低收入的工人负担保险费。政府资助社会保障的这些安排,和政府本身作为雇主应尽的义务是不同的。社会保障保险费和使用其他收入设立的保险基金,在政府账目中是单独列支和专款专用的。

第二,普通保障或"按人头"的补助制度。实行这种制度的国家,对居民或公民,不论其收入多少、工作与否、有无财产,在需要时,均按统一的标准提供现金津贴。这种补助制度的资金,通常来源于国家财政收入的拨款,补助金一般普遍适用于已在这个国家按规定居住了一定年限的申请人。这些方案可能包括超过一定年龄人员的养老金、伤残抚恤金、遗孀抚恤金、孤儿抚恤金以及家属津贴、医疗保健等。大多数实行普遍年金方案国家的社会保障制度,也还有第二层次的收入关联方案。一些普遍保障制度的资金,一部分来自工人和雇主缴纳的保险费,即使他们从政府的一般所得税收入中可以得到大量资助。

第三,收入状况调查制度。这种制度,通常是根据最低生活需要制定一个标准,据此调查个人或家庭的财源,以判断其是否符合享受社会保障待遇的条件。传统上,这类保障的资金主要来源于国家财政收入。这种保障待遇的享受者,只限于贫困或低收入的申请人。

在计发补贴之前,一般需对申请人当前的收入、财产的贫困程度进行调查。这种“社会援助”措施,在广义上介于广泛的福利方案和社会保障之间。根据这种制度提供的待遇金额和计发方式,由行政部门依法按个别情况作出决定。

根据前两种制度,受保人及其供养亲属和遗属,有权利按规定申请补助,而经济收入调查补助则由行政部门作出决定。现在,只有少数几个国家把收入状况调查制度作为社会保障唯一的或主要的形式。在采取这种保障方式的国家里,有时,收入状况调查制度已被缴纳保险费方案和与就业关联方案相结合的补助制度所代替。此外,实行收入状况调查制度的方案,在许多国家是由社会保险机构管理的。这些制度适用于受保职业已久的人员,或根据就业关联补助,加上其他个人和家庭财源,也不足以维持生活或应付特殊需要的人员。有些国家的收入状况调查制度,由国家一级的机构统一管理,但更多的国家是由地方分散管理的。

2. 按照资金来源分类

按社会保障资金的来源分类,有以下几种类型:其一,政府统包型,也叫“国家社会保障型”。社会保障资金来源于政府的财政收入,支出也由政府统包,个人不缴纳、不承担社会保障费用。其二,投保资助型。社会保障资金的一部分或大部分由雇主、雇员缴纳,不足部分由政府财政资助。投保又可分为双投保和单投保,前者由雇主和雇员双方缴纳社会保险税(费),后者由雇主或雇员单方面缴纳社会保险税(费)。其三,强制储蓄型。强制雇主为雇员及雇员本身储蓄社会保险费用,经长期储存积累,满足支付雇员的社会保障待遇。

由于存在上述给付方式和资金来源的不同类型,社会保障资金在实际运作中产生了三种制度:一是社会统筹制。不论社会保障资金来自何方,资金都归享受社会保障者共同所有,由保险机构统筹支配,与投保者享受社会保障待遇的多少不直接挂钩。二是个人账户制。雇员和雇主为雇员缴纳的社会保障金记入雇员个人账户,雇员享受社会保障待遇的多少原则上依据个人账户内社会保障金的储存额的多少。三是社会统筹和个人账户结合制。雇主缴纳的社会保障金一部分归入社会统筹基金,由保险机构统筹支配,一部分与雇员个人缴纳的社会保障金合并记入个人账户,雇员享受社会保障待遇的多少原则上依据个人账户社会保障金的储存数额的多少,不足部分由社会统筹基金予以资助。

3. 按照财务机制分类

按社会保障的财务机制来分类,一般有以下几种:其一,基金积累制,也称预先积累制,它是用预先积累的社会保障基金给付保险金的。其需积累的基金根据未来支出的需要而确定。上述缴款基准制通常以基金积累制作为它的财务机制。这种基金一般适用于长期的社会保障项目(如老年、残疾、遗属保险)。其预测方法是在对有关人口生命和国家经济发展的各项指标(如人均预期寿命、死亡率、退休率、就业率、工资增长率、通货膨胀率、利息率等)进行长期综合预测的基础上,将被保险人在领取保险待遇期间所需要的开支总额,按照一定比例分摊到整个就业期间,并对不断提取和已积累起来的保险基金进行有计划的投资运营。因此,基金积累制正常运行的重要条件是要有适当的利率水平、稳定的金融市场和定期的精算调整。其特征是"在职提留、逐年积累、退休支付"。其二,现收现付制。即将一定时期内(如一年内)所需支付的费用,分配于各参加保险的被保险人,它预先不留出储备金,完全靠当年的收入满足当前的需要。因此,其保费率厘定于每期期末,并基于以往的实际经验,对近期(一年)需支付的保险金额进行预测,在以支定收的原则下,将此笔需支出的总支出,按一定提取比例,分摊到参加保险的企业及个人。受益基准制通常采用现收现付制作为它的财务机制。此种制度通常适用于短期的风险,如疾病、生育、失业等。其三,部分积累制。即"部分基金积累、部分现收现付",或称混合制。它既可以吸收以上现收现付制和基金积累制的优点,又可以避开其缺点。其办法是在满足一定时期(一年或数年内)支出需要的前提下,留有一定的储蓄。其特点是收费率分期调整,初期低些,以后逐步提高,保持相对稳定性。这一制度既可避免现收现付所面临的提取比例不断上升、纳税者负担日重的问题,又可减轻积累制所带来的投资风险和计算困难的问题，受人口结构、通货膨胀和经济状况的影响也相对小些，以保证社会保障基金收支的长期平衡问题，这种财务机制已越来越为大多数国家所采纳。

4. 按照实施方式分类

从社会保障的实施方式来分类，有强制实施模式、自愿投保模式和多层次保险模式。强制实施模式是由国家为所有国民提供基本社会保障的制度，以法律形式用政府行政的强制手段保证其实施；自愿投保模式是一般的保险项目由投保人自愿向商业性的人寿保险公司、医疗保险公司等投保，并由这些公司实施相应的保障，政府只通过发放救济金等形式保障人们的最低生活需要；多层次保险模式是既有国家强制实施、社会成员普遍受益的基本社会保险计划，又有由商业性公司承保或由企业提供的补充社会保险。

5. 按照管理方式分类

从社会保障的管理方式来分类，有政府机构统一管理、公众机构管理和私人机构管理等多种模式。以何种机构进行管理，一般取决于社会保障资金来源、财务机制的安排等因素。采取受益基准制的社会保障体系，一般由政府采用现收现付的方式强制实施，同时对保险金的收付采用政府机构统一管理的方式；采取缴款基准制的社会保障体系，在财务机制上一般采用基金积累制，其经营管理除了直接由政府机构统一管理外，还常由公众机构进行经营管理，或由私人性质的机构进行管理。

事实上，从不同角度总结的社会保障制度分类，在实施过程中是密切联系、相互交叉的，并根据不同的社会经济环境而在不断调整和创新中。

三、社会保障的理论基础

正如社会保障制度的建立以现代工业的发展为基础，资本主义经济发展所产生的一系列社会经济矛盾以及经济危机，也使一些哲学家、社会学家、经济学家思考资本主义经济发展过程中的一些基本问题,如社会利益和个人利益的关系、经济发展与社会福利的增进、经济效率与社会公平以及政府如何在社会福利增进中发挥积极的作用等问题,由此,产生了边沁的功利主义哲学思想、诸多学派的福利经济学、凯恩斯主义以及新剑桥学派理论等。这些思想和理论对西方社会保障制度的建立和发展产生了很大的影响,它既是社会保障实践的理论总结和论证,也为社会保障事业的发展提供了指导思想和理论基础。[①] 20 世纪下半叶,民主社会主义、新自由主义、中间道路理论等又为社会保障制度在全球范围内的改革提供了理论基础。

(一) 边沁的功利主义原则

边沁(1748—1832),英国社会学家和哲学家。边沁认为,社会是个人的总和,人们的理性活动是寻求快乐和避免痛苦,如果社会让每个人都能自由地追求个人利益,最终就会实现公共利益,使社会的绝大多数人得到最大的幸福。这种最大的幸福是社会的道德标准或功利原则。从社会的道德标准出发,这种功利原则不但规定个人应该做什么和将要做什么,还规定社会应该做什么和将要做什么。由于社会是个人的总和,所以功利主义认为,政府应该让个人充分地、毫无阻碍地去追求自己的利益。

边沁的功利主义原则的经济理论和政策含义是,社会幸福作为社会成员幸福的总和,最大多数人的最大幸福原则是社会的道德标准,也是立法和制定政策的标准。如果个人与社会之间、少数人与大多数人之间在幸福方面存在矛盾,那么就需要协调这种矛盾。但总体上说,个人只能在整体的利益中获得自己的幸福;从长期的趋势来说,少数人将随着社会幸福的增进而分享到利益。边沁认为,只有个人才能对于自己的苦乐有深刻的了解,知道并且是唯一知道什么是构成自己幸福的人,因此,个人追求私利是正当的,社会不应对这种追求进行任何干预。从这种观念出发,边沁主张经济的自由放任,要求国家不干预私人的经济活动。

---

① 参见厉以宁等著:《西方福利经济学述评》有关章节,商务印书馆 1984 年版。

边沁的功利主义学说后被同时代的英国经济学家詹姆斯·穆勒所吸收。穆勒认为,经济学应该关心人的幸福所在,资本主义制度可以使个人得到幸福,也可以使社会绝大多数的公众得到幸福。此后,随着资本主义社会经济矛盾的日益激化,宪章运动、工会运动和社会主义的思想风起云涌,以约翰·穆勒为代表的经济学家坚持边沁的功利主义学说,认为凡是能促进最大多数人的最大幸福的行为,就是正义的、有道德的行为。他们主张采取某些国家干预政策,直接或间接地促进人民福利的改善;主张在保护资本主义自由竞争和政府不干预个人自由的前提下,应限制遗产的继承,发展合作社,增加对贫民的救济等。

(二)福利经济学理论

福利经济学是从福利的观点对经济体系的运行进行评估的经济学,它判断一种经济体系的运行究竟是增进福利还是减少福利,因此,福利经济学成为社会保障制度重要的理论基础。

福利经济学正式形成于第一次世界大战期间及以后,以庇古的《福利经济学》的出版作为标志。庇古的福利经济学是建立在边际效用价值学说基础之上的。他认为,一个人的福利在于其本人的满足度,包括对物质占有的满足,也可以是知识、情感、欲望等方面的满足;全部的福利即是对上述所有要素的满足。这种满足在经济学上可用效用加以表达和衡量,边际效用越大,其满足程度就越高。在经济学中,通常可以用单位商品的价格和价格的波动来计算效用的大小和波动。对于一个国家而言,全社会的经济福利可以用国民收入来表示,国民收入是一国国民的个人福利的总和,国民收入总量愈大,意味着国民福利或全社会的福利愈大。

因此,要增加经济福利,就要增加国民收入。这涉及两个方面,一是通过资源在生产中的配置使得社会产品的数量增加,国民收入量达到最大化。这里,要增加社会产品量,就必须使生产部门中的配置能够达到最优状态,否则就不能最大限度地增加国民收入量。为此,庇古从边际私人纯产值与边际社会纯产值的概念和关系加以论证。他认为,在边际私人纯产值与边际社会纯产值相等时,社会资源配置达到最优化,国民收入达到最大量。但在现实经济生活中,这两者依靠自由竞争市场是难以求得平衡的。所以需要政府制定政策、采取税收措施加以调节。二是通过国民收入的分配和均等化,即把富人的一部分收入转移给穷人,以增加穷人的实际收入而又不减少国民收入的措施来增加经济福利。为什么通过收入的转移能够增进社会经济福利水平呢?庇古是以边际效用递减规律为根据得出通过收入转移能够增进社会经济福利水平的结论的。按边际效用递减规律,货币等财富的边际效用是随着数量的增加而递减的。一个人的收入越多,货币收入的边际效用越小;而收入越少,其货币收入的边际效用就越大。因此,政府通过一些收入转移的措施,把货币收入从高收入者处"转移"一些给低收入者或无收入者,就可以增加社会总的货币边际效用,使社会总的满足度增加。

富人向穷人转移收入,有征收累进的所得税和遗产税等强制的转移,也有富人自愿地捐赠和举办福利设施等自愿的转移。庇古认为,自愿转移比强制转移要好,福利措施应当以不损害资本增值和资本积累为宗旨,否则会减少国民收入和社会福利。具体地说,收入转移后,补贴穷人的方法包括多种社会保障服务计划,如养老金、免费教育、失业保险、医疗保险等。通过这些途径的收入转移,可以增加穷人的实际所得。

(三)新福利经济学

新福利经济学产生于 20 世纪 30 年代以后,以罗宾斯、希克斯、卡尔多、霍推林的补偿原则论及柏格森和萨缪尔森等的社会福利函数论为代表。之所以被称为新福利经济学,原因在于它虽承继了旧福利经济学的研究对象和一些基本论说,但在研究方法和观点上却有较大的差异。新福利经济学认为,社会福利取决于组成社会的各个人的福利,而不取决于其他。与庇古的观点不同,新福利经济学认为,穷人和富人从不同收入所得到的效用或满足是无法比较的,社会福利并不能通过收入分配加以增进。要实现社会福利最大化,就要在一定的经济组织、收入分配和价格条件下，求得一系列在交换上、生产上和生产与交换结合上的最优化条件。因此，新福利经济学以无差异曲线、边际替代率、消费可能线等作为分析工具和方法，得出交换的最优化条件是在一定的收入、价格和偏好基础上，任何两种商品之间的边际替代率，对于使用这两种商品的每个人来说，必须是相等的。在未达到相等的这一点以前，每一个人从他继续交换来的商品中获得的效用大于他所放弃的效用；超过这一点的任何交换率，又必然会使一方或多方所丧失的效用超过他所换来的效用。生产的最优化条件是，边际成本比率与价格比率相等。在生产多种产品的情况下，边际成本比率与边际产品转换率相等，因此，社会生产的最优化条件是所有生产单位生产产品的边际转换率相等。如果社会要达到最大的福利水平，就必须满足上述交换和生产的两种最优化条件。同时，新福利经济学从帕累托的效用序数论及其“帕累托最优化状态”理论也获得了其理论基础。按“帕累托最优化状态”理论，如果生产资源在各部门之间的分配和使用已经达到这样一种状态，即生产资源的任何重新配置，已经不可能使一些人的境况变好而不使另一些人的境况变坏；或者说，社会分配已经达到这样一种状态，即任何分配的改变都不可能使任何人的福利有所增加而不使其他人的福利减少，那么这种资源配置状态被称为资源最优配置状态，即“帕累托最优”。最优状态是一种理想的状态，在这种状态下可以得到最大化福利。由这一论述来推理，如果任何的变动能使一些人境况改善而又不使其他人的境况变坏，经济福利就能增加。由此，新福利经济学对于福利的增进问题提出了两种论说。

其一，补偿原则论。补偿原则论认为，经济政策的改变意味着价格体系的改变，而任何价格体系的改变，都会使一方得利，另一方受损。但如果通过税收政策或价格政策，使那些得利者补偿受损者而有余，那就是有效的政策，就能增进社会福利。这里，补偿实际上就是收入的再分配。

其二，社会福利函数论。社会函数是社会所有个人的效用水平的函数。社会福利函数论强调收入分配应该由一定的道德标准来决定,因此,这一理论试图提出达到“最大福利”的道德标准和满足条件。社会福利函数论认为,组成社会福利的个人福利,取决于社会上各个人的收入分配。收入分配不同,各个人所消费的各种商品数量就不同,各个人所提供的劳务以及社会资源配置于各种商品生产上的情况也就不同。因此,要实现最大福利,除了交换和生产的最优化必要条件外,还必须有“理想的收入分配”这一充分条件。但是需要指出,福利函数论所提出的收入分配,实质上是强调垄断资本对收入分配的自由决定权,他们反对收入的均等分配。新福利经济学通常用多元函数来表示社会福利函数。1950年以后,一些国家还依据社会福利函数建立经济模型,以便于制定有关经济政策。

新福利经济学在发展过程中,各个学派不断出现,也形成了其他的一些学说,如外部经济理论、次优理论、相对福利学说、平等与效率交替学说、国民福利尺度以及宏观福利理论等。这里介绍对福利政策影响较大的相对福利学说和平等与效率交替学说。

1. 相对福利学说

该学说是在20世纪60年代发展起来的,代表人物有米商、伊斯特林等人。相对福利学说认为,一个人对自身福利程度的看法,并不是取决于绝对收入水平,而取决于相对收入水平,即取决于同别人的收入的比较,特别是取决于同自己心理上与之联系的那些人(关系集团)的收入的比较。由于福利是相对的,因此,福利与个人收入的增长之间并无必然的联系。如果周围人的收入增加了,而某人的收入也按同一比例增加,那么这不会给他增加福利。如果所有的人收入都增加了,但周围的人增加的幅度比某人大,那么这个人不仅不会由于收入的增加感到幸福,反而会感到苦恼。既然一个人的福利只存在于同别人相比较的自我感觉之中,那么收入均等化的措施不可能增加低收入者的福利。故一切旨在缩小居民之间的收入差距,以便增加低收入者的福利的政策措施,实际上都不可能达到预定的目标。相对福利经济学进一步论证认为,福利是相对的,贫穷也只可能是相对的,在任何经济发展水平阶段,都存在相对贫穷的人,所以,任何旨在消除贫困的政策措施都是不会成功的。随着经济的发展和收入的提高,人们的欲望也会随之增加,在人们的欲望永无止境的前提下,绝对的福利是实现不了的。

2. 平等与效率交替学说

平等与效率是福利经济学中两个核心的问题。在福利经济学看来,收入均等化意味着"平等",资源有效配置意味着"效率"。福利经济学要解决平等问题,但同时又要使经济有效率。但许多学者认为,平等与效率这两大政策目标是相互抵触的,两者之间存在着此消彼长的交替关系。如果要实现平等(收入均等化),那就要牺牲效率;反之,如果要提高效率,那就可能扩大收入差距,难以实现平等。这就是平等与效率的交替问题。在他们看来,这一问题是难以解决的,因为在资本主义社会,收入分配的基本依据是市场对个人贡献的评价和市场付酬制度,效率的作用也是市场的作用。任何方面的调节和干预,都会导致另一方面的失衡和损失。但是在现实经济中,存在着平等与效率的先后次序问题,也存在着平等与效率发生冲突时的解决方案问题,这既涉及价值判断,也关系到经济的政策与措施。为此,福利经济学各派提出了许多观点。其中有一种观点采用协调的主张,在理论研究和政府政策制定中影响较大,这就是阿瑟·奥肯的平等与效率的协调模式——混合的经济制度。

阿瑟·奥肯认为,在平等和效率发生冲突时,应当寻求达成妥协的办法。在冲突的情形下,追求某种平等就将以牺牲效率为代价,期待某种效率就将以牺牲平等为代价,但如果以牺牲一项为必要手段,以获得更多的另一项是可取的。也就是说,市场竞争机制在某些情况下需要加以限制,但不能过分地限制;社会需要采取收入平等化的措施,但不能过度。这是因为,为了实现平等,需要政府进行干预,但政府的干预多少会影响或损害个人与企业的自由,产生官僚主义,因此,需要同时发挥市场的作用,以限制官僚制度的权力,维护个人的自由,鼓励创新和增加产品;反之,如果国民经济完全按照市场机制运作,不加任何限制,资本、货币等将按其自身规律运作,在私有经济制度下,低收入者将得不到保障。基于上述理论,阿瑟·奥肯等经济学家主张实行"混合经济"结构,使一国既保存私人财产权和个人自由，使之不受国家权力的侵犯；又存在国家对收入再分配的调节（如累进所得税制和低收入补助），以促进较大程度的平等。

（四）凯恩斯主义理论

凯恩斯是英国著名的经济学家。1936年他出版了《就业、利息与货币通论》，形成了经济学说史上影响深远的凯恩斯主义。由于他主张政府对经济的干预，因此，成为各国政府举办社会保障事业的理论依据。

凯恩斯历经第一次世界大战和20世纪20年代末的经济大危机，在危机时期，企业因产品滞销而倒闭，工人大量失业。因此，社会急需寻找恢复经济和增加就业的办法。但是按照古典的"供给创造需求"的理论，难见成效。为此，凯恩斯提出了经济萧条和危机的根本原因是有效需求不足。他认为，只有扩大总需求，刺激总供给，从而增加就业机会，才能使经济保持一定的增长速度。凯恩斯认为，在经济萧条时期，私人消费和投资急剧减少，要扩大总需求，除了鼓励私人消费、扩大中央银行信用等措施之外，重要的是政府应实行积极的财政政策，直接投资举办公共工程，以增加有效需求和就业机会。自由市场机制不能达到充分就业的均衡点，国家应该干预经济。

凯恩斯理论发表后，受到各主要资本主义国家的高度重视。美国实行"罗斯福新政"，一些国家增加了国有经济的成分，另一些国家大大增加政府对公共产品生产的投资。

第二次世界大战以后，凯恩斯主义分解为两个学派：一是美国的后凯恩斯主流派，把宏观经济与微观经济结合起来分析，强调国民经济运行中财政政策的重要性。主要学派有萨缪尔森的新古典综合学派、索罗的经济成长理论、托宾的资产选择理论等。二是英国的新剑桥学派，以琼·罗宾逊为代表。新剑桥学派强调收入分配理论，坚持凯恩斯的"投资支配储蓄"观点。但他们认为，在资本主义经济中，工人的储蓄是微不足道的，储蓄主要来自企业，而作出投资决策的是企业家，故利润率的高低对国民收入中工资和利润的相对份额起着决定作用。其结果是资本主义的经济增长,将有利于利润收入集团,而不利于工资收入集团,这种状况将会导致社会消费品和资本品两大生产部类的不平衡。要消除此弊端,必须改变收入分配制度,提高工人的实际收入。新剑桥学派主张要改变收入不合理的分配状况,必须通过国家的各种干预方式来实现。

(五) 民主社会主义、新自由主义、中间道路

社会保障制度的发展,促进了社会保障理论的繁荣。不仅经济学家对社会保障理论进行研究,社会学界、政治学界对社会保障理论的研究,对于推动全球社会保障制度的改革和完善,同样起到了十分重要的作用。20 世纪下半叶以来,西方社会的一些社会福利思想,如民主社会主义、新自由主义、中间道路等,为社会保障制度改革提供了理论基础。①

1. 民主社会主义的主要福利观点

民主社会主义是二战后英国工党提出的,它最大的贡献是将福利国家的理论变为了执政的纲领和政府的现实政策。在道德价值观方面,民主社会主义崇尚平等、自由和博爱,希望社会能够减少不平等与不公正,人们可以拥有社会的、政治的和法律的权利,人们可以在利他主义的理念下实现他助、互助和自助。民主社会主义认为,福利国家能够消除资本主义社会的痛苦,可以不通过暴力革命的方式达到消除贫困和实现平等的社会目标;福利也是以国家的经济繁荣为目的的投资,可以通过发展社会福利来促进经济和社会的发展。因此民主社会主义主张全面的社会保障计划。它希望通过国有化与计划经济,以高税收、高公债和通货膨胀来支撑高福利政策。高福利的民主社会主义政策主张已经受到现实的挑战,在教育及卫生等领域民主社会主义也排斥引入私人服务,社会福利民主化进程也随着时代的发展而逐步得到发展。

---

① 参见郑功成著:《社会保障学——理念、制度、实践与思辨》,商务印书馆 2003 年版;李珍主编:《社会保障理论》,中国劳动社会保障出版社 2001 年版。

2. 新自由主义的主要福利观点

新自由主义的哲学基础是自由、公正和不干涉主义，其核心思想是个人自由的至高无上。新自由主义是反对福利国家政策的。该理论学派认为，以个人自由为基础的私人企业制度和自由市场制度是最有利于个人独立发展的制度。因此，该学派反对社会主义、计划经济和国家干预经济，强调市场化的作用，主张限制政府权力。新自由主义学派认为，经济增长对于提高国民福利和促进社会平等比任何平等的政策都重要，而福利国家强调通过再分配来求得平等是对人的本性和社会特征的错误认识。新自由主义学派对于福利国家的理论和政策提出了严厉的批评。认为福利国家对个人自由造成了威胁，导致了效率低下，对经济社会和政治发展具有破坏作用。

在对福利国家理论和政策提出批评的同时，新自由主义提出了对于社会保障制度建设的设想。该派学说认为，福利服务的市场化是最好的选择，应该让市场在社会保障制度建设中发挥重要作用。国家应该出台政策，鼓励不同经济成分参与竞争。

新自由主义学派对于发挥市场在社会保障制度建设中作用的主张，为全球范围内的社会保障制度改革提供了重要的理论基础。

3. 中间道路理论的主要福利观点

中间道路的理论基础是建立在对自由市场的辩证认识之上的，它主张将刺激经济增长与保持社会公平有效地结合起来。它认为自由市场是需要管理的，政府有责任对自由市场进行干预，使其在经济运行和社会发展之间求得一种平衡，政府的干预也是有控制的。

在社会保障方面，中间道路论者认为，应该发挥国家在福利领域的主导作用，同时主张国家应当与社会和个人共同承担在社会福利方面的责任。国家主要是对最需要帮助的社会成员提供有限的、基本的服务，同时应倡导发展私人的和志愿的福利事业作为对国家福利的补充，以便使社会成员有一定的选择服务的权利。中间道路学派提出了用“社会投资国家”来取代“福利国家”的主张，强调福利开支由政府、社会、个人等共同承担。

民主社会主义、新自由主义、中间道路理论等从不同的角度强调了国家和市场的作用，强调了政府、社会、个人在社会保障制度建设中的角色和贡献，它们对于社会福利理论的论述，丰富了社会保障制度的改革路径。

第二章
社会保障制度

作为一种社会经济制度，社会保障在各国的建立与发展，因一国的社会基本经济制度、国民收入水平、政府与企业的关系等因素而有较大的差异。这不仅表现在建立的时间和发展的程度上，还表现在社会保障的运行机制和保障方式上。对于社会保障在社会发展中的地位和作用，尽管20世纪70年代曾得到主要资本主义国家的重视，但随后的经济危机，以及高福利所产生的一系列问题，使大部分所谓的"福利国家"重新检讨社会保障的适度性和经济效率，导致了一场世界范围内的社会保障制度改革运动。这场改革所带来的影响是巨大的，尤其是强调社会保障的适度性和建立有效的运行机制，已成为世界各国的一种共识。

一、社会保障制度的建立和发展

由于学术界对"社会保障"一词的理解不同，因此对于社会保障的起源和由来也有多种解释。从社会保障的目的和精神出发，有人认为，现代社会保障的渊源可追溯到《圣经》中关于利他主义的道德说教，认为现行的保障方式是若干世纪以来人类为了使人与人之间的关系更加人道而进行不懈努力的成就，是扶贫救弱的道德力量恢宏发扬的结果；持反对意见者认为，社会保障是经济社会形态和社会发展中的一种制度，不应以"性善"或"性恶"、"利己"或"利他"等哲学伦理的范畴来解释它的生成与发展。从社会保障的实施措施的起源考虑，有些学者把英国伊丽莎白一世时期实行的旧《济贫法》看作是现代欧洲社会保障的开端。但反对意见认为，旧《济贫法》的重要内容是强迫劳动、惩罚贫困，与"福利"毫无关系，所以不应当被看作是以福利为主旨的现代社会保障的起源。还有些学者认为，社会保障的起源自俾斯麦在德国实行的早期社会保险措施始。总之,如果把由国家承担部分或大部分责任的社会保障形式看作人类历史上各种社会自我保护形态的现代发展,那么社会保障的渊源的确可以追溯到几个世纪以前。因此,理清社会保障发展的脉络,有助于我们全面理解现代社会保障制度的发展和变革过程,有助于在未来的发展中进一步地完善它。

在社会发展史上,通过国家立法加以确立的社会保障制度,其演化大致可以分为四个发展时期,即萌芽时期、发展时期、成熟时期和改革时期。

1. 萌芽时期(15 世纪末—19 世纪 80 年代)

这一时期,工业革命的兴起和推广,使人类社会发生了巨大的变化。英国作为工业革命的发源地,在工厂制企业和大机器生产得到迅速发展的同时,社会经济结构也发生了很大的变化。16 世纪后期,封建制度崩溃,土地被征收,宗教改革使大量寺院和尼庵被解散,向来依赖寺院供给食住的贫民失去了栖身之地,各地游民人数有增无减,失业和贫困人口迅速增加。在这种情况下,政府传统性的惩罚和抑制措施已难以解决日益严重的社会问题,且会导致社会更加动荡不安。因此,英国政府基于社会稳定的需要,也出于救助贫民及履行社会责任的要求,将以往各种有关贫民救济法规加以编纂合并,于 1601 年制定了《济贫法》,即通常所称的"伊丽莎白第 43 号法"。它以法律的形式规定了救济贫民的福利措施,据此,各教区向居民和房地产所有者征收济贫税,为失业者寻找就业机会,安排孤儿去当学徒。1834 年,英国政府又通过了《济贫法》修正案,即《新济贫法》。《济贫法》和《新济贫法》的诞生表明贫民救济已成为政府所必须承担的责任,济贫已由社会慈善事业过渡到以国家为责任主体的社会救济事业。其中一些规定和原则至今仍是许多资本主义国家公共救助立法的重要依据,因此被称为西方社会救济立法和贫民救济事业史上的一个重要里程碑。

2. 发展时期(19 世纪 80 年代—20 世纪 20 年代)

英国的《济贫法》颁布后,其对稳定社会和促进资本主义经济发展起到了一定的促进作用。对此,后起的资本主义国家给予了充分的重视,欧洲各国在工业化和资本主义发展过程中,纷纷制定了单项社会保险法并予以实施,但初期都没有形成全国性的和整体性的保障制度。直到19世纪80年代,德意志帝国政府陆续推出三项社会保险法,才标志着社会救济开始演化到社会保险制度,社会保障趋向法制化和制度化。1883年德国政府制定了世界上第一部《疾病保险法》,1884年通过了《工人赔偿法》,1889年又施行了《老年与病残强制保险法》。这三部保障法规强调权利与义务的统一,规定以缴费作为享受保险待遇的条件,其待遇与收入相关联,并确定了使受保人的最低基本生活得到保障的目标。同时也规定保险费用由国家、单位(雇主)和个人三方面负担,这些原则为以后很多国家建立和发展社会保险制度奠定了基础。此后,德国在原有的法规和保障制度基础上,还采取了一系列新的社会保障措施。同时期,挪威在1854年通过了《穷人法》,1884年建立并实施了防治职业伤害保险,1900年颁布了《社会援助法》,1911年试行《病人权益法》等,这一系列法规使挪威初步建立了社会保障体系。在此时期,法国在1898至1910年也建立和实施了工伤、失业和老年三项社会保险制度;瑞士在1908至1913年实行了疾病、工伤和老年三项社会保险制度。至此,社会保障制度在西方资本主义国家逐渐普及,并开始走向成熟。

3. 成熟时期(20世纪30年代—60年代)

20世纪30年代,世界经济危机席卷全球,企业破产、工人失业等社会问题十分严重。针对资本主义经济危机及市场经济的缺陷,英国经济学家凯恩斯提出了反危机理论。其中,凯恩斯强调了政府应对经济进行宏观调控和干预,以提高有效需求,解决失业问题,缓解资本主义社会全面经济危机。此时期,其他一些经济学家也提出了"福利国家"的观点及其政策措施。福利经济的理论和政策,以及凯恩斯主义关于政府在国民经济中的作用的观点,马上得到了西方社会的普遍响应。1933年,美国通过实行"罗斯福新政"使政府全面介入经济活动。1935年美国制定和实施了《社会保障法》,此法规设立了五个基本的保障项目,即老年社会保险、失业社会保险、盲人补助、老年补助和未成年人补助等，从而形成了较为完整的社会保障体系。该法规强调“财务自理”原则，即老年、残废保险基金来源于雇员和雇主共同缴纳的保险税（工资税），其养老金与雇员在职时的工资挂钩，统称“社会保险”待遇；老年人、儿童福利及公共卫生项目由联邦政府和州政府出资举办，统称“国家援助”或“社会援助”。《社会保障法》是美国历史上第一部由联邦政府承担义务的、全国性的、以解决老年和失业问题为中心内容的社会保障方面的立法，它不仅确立了社会保障制度的一般原则，奠定了美国社会保障制度的基础，也对现代市场经济体制中社会保障制度的发展产生了重要影响。

第二次世界大战后，英国也先后颁布了《社会保障计划》（1942年）、《国民保险法》（1946年）、《国民医疗保健法》（1946年）、《国民救济法》（1948年）等一系列社会保障法规，强调全面、普遍、平等、充分的原则，并宣布社会成员从“摇篮到坟墓”均有社会保障，声称英国已成为“福利国家”。同时期，瑞士在原有的社会保障法规基础上，1939年又颁布了《失业权益法》，1946年颁布了《儿童权益法》等。欧洲、北美洲、大洋洲、亚洲的一些发达国家也相继宣布实施“普遍社会福利政策”，社会保障事业得到迅猛发展，在发达国家及地区之间形成了一个以“高福利”为主要内容的社会保障制度。至此，现代社会保障的基本概念、原理、对象和项目等都已趋于成熟。

4. 改革时期（1960年至今）

一些主要的资本主义国家在实行全面的、高福利的社会保障制度后，对促进社会公平与稳定、缓解经济危机产生了一定的作用，它体现了一种社会的进步。然而，20世纪70年代以后，受世界石油危机的影响，西方经济重新面临困境，高福利的社会保障制度的经济基础受到动摇。同时，“普遍福利”政策所带来的弊端也日益显现，主要表现为在社会保障福利标准不断提高的情况下，其覆盖面和给付水平超过了国家的经济增长率和经济实力，导致社会保障资金入不敷出，影响了国民经济的正常运行，也影响了国家的经济竞争力。例如，1960至1975年间，英、法、德、意、比各国GDP年均增长率为

2.6%～4.6%,而社会保障开支的增长率在5.6%～9.1%。① 英国的福利支出1982年比1972年增长了4.6倍;1991年法国医疗费用占GNP比重已经高达10%;德国社会保障开支1985年以后一直占GNP的30%;美国1990年福利开支占GDP的比重也达到30%。② 高福利、高补助的社会保障制度,也助长了人们的依赖心理。一些人不愿从事报酬低、工作难度大、社会地位低的职业,而宁愿失业享受救济,或提早退休领取退休金。这种状况一方面导致了大量社会资源的浪费,另一方面也降低了经济效益和效率。

对此,世界各国政府在社会保障问题上面临着经济增长与福利水平、财政负担与社会稳定之间的两难选择。为消除高福利所带来的社会弊端,自20世纪70年代起,西方发达国家相继走上了社会保障的改革道路,对原有的社会保障制度作了不同程度的改革和调整。这种改革的总趋势是修改和调整社会保障的项目以及各项费用的支付标准,最大限度地节约使用社会保障费用,提高社会保险税的征收标准,并充分利用各种社会筹资渠道,尽力扩大和增加社会保障资金的来源;淡化社会保障制度中的"普遍性"原则,增强社会保障制度只是社会"安全网"的观念,使之成为一种只是仅仅帮助真正贫穷者的救助制度;改变社会保障制度结构,建立多层次的,国家、企业、个人多方参与的综合体系;实行社会保障制度的私营化、资本化运作,等等。经过多年努力,西方发达国家在社会保障制度改革中,取得了一定的成效,但与建立一个有效的、完善的体制和机制的目标,距离还很远。目前,各国根据本国的特点和条件,仍不断地对社会保障制度加以改革和调整。

二、中国的社会保障制度

1949年以后,我国建立和发展了适应计划经济体制的社会保障

① 参见李琮主编:《西欧社会保障制度》,中国社会科学出版社1989年版,第37页。

② 参见中国社会保障改革项目课题组编:《社会保障制度的国际比较》,《经济学动态》,1994年第8期。

制度,并形成了较为完整的体系。但其保障的社会性差、运行机制僵化、保障程度低等弊病非常明显。改革开放以后,随着社会主义市场经济的发展,传统的社会保障制度越来越不适应新的体制,因此,20世纪80年代初,我国对社会保障制度进行了全面的改革。经过约30年的摸索和实践,并吸取国际经验,我国已初步建立了以社会保险、社会福利、社会救助制度为主体的社会保障体系。随着我国经济和社会的发展,社会保障制度将逐步规范和完善。

1. 中国社会保障制度的建立和发展

中国社会中,社会保障的意识和措施由来已久。孟子曾说,鳏寡孤独"此四者天下之穷民而无告者。文王发政施仁,必先斯四者"①。在古代,我国对于老弱病残和鳏寡孤独的照顾采用多种多样的方式,有宗族设立的公产、义田和义仓,也有政府设立的常平仓等。但总体上这些救济措施大多都是临时性的、局部的,作用非常有限。历代政府施赈和实行其他救济的目的,主要是在天灾人祸中安抚百姓。同时,以小农为主体的自然经济特性,也缺乏形成现代意义上的社会保障制度的经济基础。

早在新中国诞生前的1949年4月1日,中国共产党已在东北地区公布实行了《东北公营企业战时劳动保险条例》。建国后,中央人民政府于1951年公布了《中华人民共和国劳动保险条例》。同时,以独立法规的形式,制定和实行了公共卫生保健、社会救济、社会福利等社会保障制度。此后,我国逐渐建立了适应计划经济体制的社会保障制度,并发挥了一定的作用。20世纪80年代初期,随着我国经济体制改革的不断深入,传统的社会保障制度越来越不能适应市场经济发展的需要,暴露的问题也越来越多,社会保障制度的改革便成为必然。从20世纪90年代开始,我国社会保障制度的改革取得了实质性的进展。因此,总结50年来中国社会保障制度的形成和发展过程,大致可分为五个阶段:

第一阶段,从建国初期到1966年,这是我国社会保障制度的创

---

① 《孟子》,上海古籍出版社1987年版,第12页。

建阶段。

中国共产党在未取得全国政权之前，在革命根据地已开始实行以为人民服务为宗旨的社会保障制度，并颁布了相应的条例法规。如1931年在中央苏区颁布的《中华苏维埃共和国劳动法》、1940年颁布的《陕甘宁边区劳动保护条例》、《苏皖边区劳动保护条例》、《晋冀鲁豫劳动保护条例》，1948年东北行政区颁布的《东北公营企业战时暂行劳动保险条例》等。

1949年新中国成立后，经济萧条、通货膨胀、工人失业等社会问题严重影响了社会的稳定和经济的发展。为保障职工生活，促进经济发展，中央政府在1951年2月颁布了《中华人民共和国劳动保险条例》(以下简称《劳动保险条例》)。作为新中国成立后的第一个社会保障法规，建立了包括职工养老保险，职工疾病及医疗保健，职工因工致伤、致残、死亡保险，职工生育保险，职工供养直系亲属医疗及死亡保险等多种保险项目；具体规定了保险的实施范围为100名工人职员以上的国营、公私合营、私营及合作经营的工厂、矿场及其附属单位与业务管理机关；铁路、航运、邮电三行业的各企业单位与附属单位。条例具体规定了职工在疾病、伤残、死亡、生育以及养老等方面可以享受的保险待遇。并规定职工享受劳动保险的各项费用，全部由实行劳动保险的各企业行政单位或资方负担。劳动保险费的缴纳由中国各级工会组织办理。中华全国总工会为全国劳动保险事业的最高领导机关，统一负责全国劳动保险事业。中央人民政府劳动部为全国劳动保险业务的最高监督机关，负责监督《劳动保险条例》的实施。

《劳动保险条例》的颁布实施，使我国形成了除失业保险以外的老年保险、工伤保险、疾病保险、生育保险、遗属保险等社会保险体系，标志着中国以社会统筹为特征的社会保险制度已初步确立。

1953年1月，政务院根据当时国民经济恢复任务已基本完成、国家开始社会主义建设的情况，修订了《劳动保险条例》，劳动部又颁布了《劳动保险条例实施细则修正草案》。与1951年的《劳动保险条例》相比，修订后的条例和实施细则草案把实施范围扩大到一般工厂、厂矿和交通事业的基本建设单位及国营建筑公司；同时提高了部分劳动保险项目的待遇水平，如退休费替代率由原来的35%～60%提高到60%～80%，因工死亡丧葬费由两个月的企业平均工资提高到三个月等等；还规定合作社经营的工厂、矿场及其附属单位，按国营企业办法实施劳动保险待遇。1956年，企业社会保险的实施范围扩大到商业、外贸、粮食、供销合作社、金融、民航、石油、地质、水产、国营农场、造林等13个产业和部门，社会保险覆盖了当时各类企业职工的94%。①

在企业社会保险建立的同时，适用机关事业单位的社会保险也逐步建立起来。如1952年政务院颁布的《关于对人民政府、党派、团体及所属事业单位的国家机关工作人员实行公费医疗预防措施的指示》、1955年国务院颁布的《国家机关工作人员退休处理暂行办法》和《国家机关工作人员退职处理暂行办法》、1956年颁布的有关女工保护条例等，使养老、疾病、死亡、生育等主要社会保险项目基本建立起来。

此外，我国政府开始建立社会救济、社会福利和优抚安置等保障制度，如1950年内务部公布的有关革命军烈属优抚工作的五个条例、1950年颁布的《工会法》中对工会在改善职工福利方面的有关规定、1956年全国总工会颁布的《职工生活困难补助办法》、1957年国务院发出的《关于职工生活方面若干问题的指示》等。到1957年末，我国社会保障制度建设取得了重大进展，社会保险、社会救济、社会福利和优抚安置等一系列社会保障法规都基本建立起来，它对保障职工权益、稳定社会生活、促进经济发展起了重要作用。

从1957年至1966年，政府根据实施的情况，对社会保障制度作了一些调整。在养老保险方面，1958年国务院通过了《关于工人、职员退休处理的暂行规定(草案)》和《关于工人、职员退职处理的暂行规定(草案)》，将原来企业与行政事业单位分设两套的退休、退职制

---

① 参见宋晓梧等著:《中国社会保障制度建设20年》,中州古籍出版社1998年版,第3页。

度合并为一体。在退休、退职的条件、待遇、标准上也都作了修正，如增加了职工因身体衰弱可以经医生证明提前退休的规定，制定了职工因工作致残完全丧失劳动能力后退休的待遇，适当放宽了退休的一般工龄，对有特殊贡献职工的退休待遇提高5%，进一步把退休制度扩大到供销合作社和部队无军籍职工。

在医疗保险方面，针对企业劳动保险医疗和国家机关公费医疗中存在的浪费现象，1965年中央批转了卫生部党委《关于把卫生工作的重点放到农村的报告》，卫生部和财政部发出了《关于改进公费医疗管理问题的通知》，劳动部和全国总工会发出了《关于改进企业职工劳保医疗制度几个问题的通知》，分别对公费和劳保医疗的整顿作出了具体规定。新规定要求职工就医要收挂号费；营养滋补品除特批外一律自理；职工因工受伤或因职业病住院，本人承担1/3的膳费等。此外，1963年，国务院在批转劳动部的有关报告中，对硅肺病人的生活待遇和保险福利等也作了具体规定。

在精简下放职工的安置方面，1962年国务院颁布了《关于精简职工安置办法的若干规定》和《关于精简退职老职工生活困难救济问题的通知》，规定凡精简下来的老弱病残职工，符合退休条件的作退休安置，不符合退休条件的作退职处理。对家庭生活有依靠者，发给退职补助费；家庭生活无依靠的，由当地民政部门按月发给相当本人原工资40%的救济费。同时，对大量"大跃进"时期从农村招收的工人也采取了精简回乡的措施，规定了相关的待遇。

1960年7月，全国总工会制定颁布了《关于享受长期劳动保险待遇的易地支付试行办法》。该办法规定：凡享受退休金、因工致残抚恤金和非因工致残抚恤金的职工，以及享受遗属抚恤金的家属，若已迁移居住地点，可由本人提出申请，办理易地支付手续，并到新迁移地的工会组织领取劳动保险金。迁入新居住地的职工若死亡，由迁入地区的工会组织负责向其遗属支付丧葬费和遗属抚恤金。迁入新居住地的职工患病，有权在新区指定的医疗机构就医，所需医疗费用由支付保险待遇的工会组织报销。

在社会福利和社会救济、优抚方面，1963年，国家提高了国家机关工作人员的福利费待遇;1962 年,内务部和财政部颁发了《抚恤、救济费管理使用办法》,对合理使用抚恤、救济费起了很大作用;1965 年国务院发出通知,要求对精简回乡的职工做好生活困难救济工作,等等。

第二阶段,1966 年至 1976 年。在这个时期,我国政治、经济、文化和社会生活各方面都受到严重破坏,社会保障事业也处于停滞和倒退之中。社会保险管理机构被撤销,工会、劳动部、民政部、卫生部、人事部等长期处于瘫痪状态;建国以来建立的各种社会保障法律法规和制度实际被废止,社会保障工作无章可循;社会保障基金被停止提取,退休费用的社会统筹被取消。社会保险变成了企业保险。1969 年 2 月,财政部发出《关于国营企业财务工作中几项制度的改革意见(草案)》,规定"国营企业一律停止提取劳动保险金,企业的退休职工、长期病号工资和其他劳保开支,在营业外列支",从此逐步形成了社会保障由企业自保的格局。由于社会保障倒退为企业自保,社会保险的统一调剂便失去了前提条件,保险金易地支付也被迫停止。

第三阶段,从 1978 年到 1992 年。随着社会主义市场经济的逐步建立及企业制度和劳动制度改革的不断深化,社会保障制度也被作为经济体制改革中的一项重要内容进行研究和推进。但此阶段主要的工作还是根据新的情况,对原有制度进行一些修改和补充。具体内容包括:

(1) 在企业劳动保险方面,政府逐步颁发了有关劳动保险的通知,对手工业合作社职工的社会保险待遇、集体卫生人员的退休退职等作出了规定。1980 年 3 月 14 日,国家劳动总局、全国总工会联合发出《关于整顿与加强劳动保险工作的通知》,规定了整顿劳动保险的目的、内容、业务分工等问题。接着,在全国范围内开展了对国营企业中断的企业劳动保险管理工作的整顿和恢复工作。主要内容是清理 10 年动乱期间各种不符合国家劳动保险政策规定的错误支付并加以纠正,恢复和健全劳动保险的管理机构,对从事社会保险业务的工作人员进行专业培训。

(2) 在职工退休退职方面,1978 年 6 月 2 日,国务院颁发了《关于安置老弱病残干部的暂行办法》和《关于工人退休、退职的暂行办法》,对老弱病残干部及工人退休退职后的安置、退休待遇等作了明确的规定。

(3) 在死亡抚恤待遇方面,1979 年 1 月 8 日,财政部、民政部联合发出《关于调整军人、机关工作人员、参战民兵民工牺牲、病故抚恤金标准的通知》。1980 年 6 月 4 日,国务院颁发了《革命烈士褒扬条例》。

(4) 在社会福利方面,1976 年以后,修改和增设了若干职工福利补贴制度,提高了职工福利补助起点标准,增加了福利基金的来源。

1984 年起,部分地区开始探索养老保险制度改革,在国有企业和大部分城镇集体企业中推行了养老社会统筹,确定实行职工个人缴费制度。一些地区还推行了社会统筹与个人账户相结合的制度。机关事业单位和部分农村也进行了养老保险制度改革的试点。

从养老保险制度的实践来看,从仅覆盖国有企业扩大到集体经济,正式确立了国家、企业、个人三方负担的原则,统一了对建立多层次的养老保险制度的认识。医疗保险制度也开始恢复和进行初步探索,并确立了待业保险制度。总体来说,此阶段是中国对传统社会保障制度进行反思和对新制度进行探索的时期。

第四阶段,从 1992 年起至 1998 年。党的十四大及政府工作报告在第一次提出建立社会主义市场经济体制的同时,也第一次明确地把深化社会保障制度改革作为经济体制改革的重要环节之一。党的十四届三中全会通过的《关于建立社会主义市场经济体制若干问题的决定》(以下简称《决定》),进一步明确了建立新型的社会保障制度的目标和原则。提出我国社会保障制度改革的目标是,到 20 世纪末,基本建立起适应社会主义市场经济体制需要的资金来源多渠道、保障方式多层次、权利和义务相对应、管理和服务社会化的社会保障制度。为了实现新时期我国社会保障制度改革目标,建立符合社会主义市场经济要求的社会保障制度,我国在社会保障制度改革中坚持了几项重要的原则:一是政策、机构统一的原则,二是政事分开的原则,三是服务社会化的原则,四是普遍覆盖的原则,五是城乡有别的原则,六是逐步建立的原则,七是多方共办的原则。

根据我国社会保障制度改革的目标和原则,《决定》提出了我国社会保障体系包括社会保险、社会救助、社会福利、优抚安置和社会互助、个人储蓄积累等制度,我国社会保障制度的框架大致由三个方面组成(包含了13个社会保障项目):一是由国家财政支撑的保障项目,包括社会救助、社会福利、优抚安置、社区服务等四个项目;二是由国家法律强制实行的社会保险,包括养老、失业、医疗、工伤、生育保险和住房保障等六个项目,这是社会保障体系的主体部分;三是遵循自愿原则,以盈利为目的的商业保险,包括个人投保、企业投保和互助性保险等三个项目,这是社会保险最主要的补充形式。具体地说,三个方面保障项目的内容和保障方式都有一定的规定。

(1) 由国家财政支撑的保障项目。在我国,社会救助、优抚安置、社会福利主要是由国家财政支付资金,属于国民收入再分配的范畴,体现国家对达不到基本生活水平的人群与特殊人群应尽的救助责任,体现公平的原则。

社会救助的目标是扶危济困,救助社会弱势群体。其对象是低收入人群和困难人群。低收入人群指在有生之年不可能通过自己的劳动达到基本生活水平的人群,如残疾人、鳏寡孤老等。困难人群是指因天灾人祸等暂时达不到基本生活水平的人群,如孤儿、长期失业者等。国家通过救助,使他们获得最基本的生活条件。实施社会救助,是为了在短时期内消灭绝对贫困现象,同时在中长时期内尽可能地减少相对贫困。这是实施社会保障的最低要求。社会救助要更多地运用生产自救、以工代赈、科技扶贫等方式,把救济性扶贫与开发性扶贫相结合,提高国家救助基金的社会效益和长期效益。

优抚安置属于国家的特殊保障。其对象是对国家和人民有功的人员,一般是军烈属、伤残军人、退伍义务兵、志愿兵等。优抚保障的目标应高于当地群众平均生活水平,并建立优抚标准随经济发展逐步增长的机制。

社会福利的对象是无依无靠的孤老残幼、精神病人等。通过社会福利院安置没有家庭生活及经济来源的老人和幼儿、通过社会福利企业安置有部分劳动能力的残疾人，这是中国当前社会福利的主要内容。

社区服务对社会保障具有重大意义。社区服务组织主要是在各级政府的支持鼓励下，由人民群众自发组织起来为自己和社会提供服务的组织，受到国家的经济支持和法律的保护。社区服务的发展目标是，在城市基本建立起与经济发展水平相适应、社会共同参与、多种经济成分并存、标准有别、服务质量较高、服务效益较好的社会福利服务网络，逐步实现社区老有所养、幼有所托、孤有所抚、残有所助、贫有所济、难有所帮。社会服务业必须做到政策系统化、管理法制化。

(2) 由国家、单位、个人三方承担资金的社会保险项目。目前我国社会保险包括养老保险、失业保险、医疗保险、工伤保险和生育保险这几个方面。社会保险均由国家立法，强制实施。

关于住房保障。住房制度改革的方向是商品化、社会化。国家的住房保障并非覆盖全体居民，只能顾及城镇中低收入者。住房保障也是实行国家、单位、个人三方负担，按政府制度法规实施。体现国家支持的住房保障，主要是社会保障住房体系，包括国家实施的"安居工程"。即根据城镇小康居住目标，对于中低收入者和住房困难户，实施经济适用住房的开发建设，提供适应其承受能力的社会保障商品住房。这类住房的用地靠国家无偿划拨，住房价格相当于成本或略低于成本，国家财政予以补贴。经济适用住房不以盈利为目的，最终实现"居者有其屋"的目标。

(3) 由单位、个人出资承担的商业保险项目。商业保险是以盈利为目的的，投保人有充分的自主权和选择权。商业保险包括个人投保、企业和单位投保、互助性保险三项。商业保险是社会保险的重要补充形式。对于由商业保险公司经办的企业补充保险和个人储蓄型保险，国家给予一定的政策优惠。

自《决定》对我国社会保障制度改革的目标、原则和基本内容作出明确规定以来，我国社会保障事业的发展取得了较快发展，社会保障制度的基本框架已基本建立，在养老保险、失业保险、医疗保险、社会救助、管理体制改革、法律建设等方面均取得了实质性进展。

第一,城镇企业职工养老保险制度的改革。新中国成立以来,我国城镇企业职工养老保险采取现收现付制社会统筹办法,养老保险费全部由国家和企业承担,个人不缴费。1991 年 6 月,国务院《关于企业职工养老保险制度改革的决定》提出,改变养老保险由国家和企业包下来的办法,实行国家、企业、个人三方共同负担,即职工个人也要缴纳一定的费用。同时规定,企业和职工个人缴纳的基本养老保险费转入“养老保险基金账户”。1995 年国务院发出《关于深化企业职工养老保险制度改革的通知》,提出了企业职工养老保险制度改革的目标和原则。规定基本养老保险费由企业和个人共同负担,实行社会统筹和个人账户相结合。1997 年国务院颁发了《关于建立统一的企业职工养老保险制度的决定》,要求各地现行的多种养老保险制度,向全国统一的养老保险制度并轨,到 1998 年底,全国除个别地区外,都已按统一的社会统筹与个人账户相结合的养老保险制度运行。

第二,失业保险制度的改革和建立国有企业下岗职工基本生活保障制度。改革开放以来,失业问题一直是有争议的问题,为避免冲突,1986 年国务院第一次制定“国有企业失业保险暂行规定”时,采用了“待业保险”的概念。1993 年国务院颁发了《国有企业职工待业保险规定》和《国有企业富余职工安置规定》,初步建立了失业保险制度。1999 年 1 月国务院颁发了《失业保险条例》,对失业保险制度起到了规范作用。这标志着中国失业保险制度的改革进入了新的发展阶段。

第三,建立城镇职工医疗保险制度。针对我国传统劳保医疗、公费医疗制度的弊端,自 1994 年以来,经国务院批准,在镇江市和九江市进行了医疗保险制度改革试点,许多大城市也积极开展医疗改革试点。在总结医疗改革经验的基础上,国务院于 1998 年 11 月召开了全国城镇职工医疗保险制度改革工作会议,同年 12 月颁发了《关于建立城镇职工基本医疗保险制度的决定》,要求自 1999 年起,全国城镇所有用人单位及其职工都要参加基本医疗保险,实行属地管理;基本医疗费由用人单位、职工双方共同负担。基本医疗保险基金实行社会统筹和个人账户相结合的原则。鉴于我国各地基金发展水平、财政和企业承受能力差别较大的状况，这一《关于建立城镇职工基本医疗保险制度的决定》在对重要政策作出原则规定的基础上，要求各地结合当地的实际情况制订实施方案，努力探索行之有效的改革办法，逐步把医疗保险改革推向深入。

1998 年以来，医疗保险制度改革不断推进。同时，医疗机构、药品生产流通体制的改革也进入到整个医药卫生体制改革的进程中。

第四，改革完善社会救助，逐步建立城市居民最低生活保障制度。随着改革的不断深入，在经济结构调整和企业转换经营机制的过程中，我国各地城市出现了由于失业、下岗而导致的新的贫困群体。面对这一社会问题，国务院于 1997 年 9 月颁发了《关于建立城市居民最低生活保障制度的通知》，并要求在 1999 年年底以前全国所有城市都要建立这一制度。目前，这一制度基本上已在各城市建立和实施，它对于帮助社会成员抵御生存危机、防止贫困、维护社会安定，已产生积极的影响。

在建立城市居民最低生活保障制度的同时，一些地区还进行了建立农村最低生活保障制度的试点工作。最低生活保障制度的建立是对我国社会救助制度的改革和完善，目前已取得了很大进展，但还存在需要进一步探索和完善的问题，如保障对象和保障标准如何确定，如何开拓保障资金渠道，以及如何使保障制度法制化和规范化等。

第五，社会保障管理体制的改革。长期以来，我国的社会保障工作，尤其是社会保险工作，由多部门管理，相互扯皮，办事效率低下。由于管理体制不顺，影响了社会保障制度改革的进程和改革绩效，也给实际工作造成许多矛盾和困难。1998 年 3 月，国务院通过了机构改革方案，新组建了劳动和社会保障部。劳动和社会保障部的职责是全面制定、组织劳动和社会保障工作，包括基本方针、政策及总体改革方案的拟订，发展规划和年度工作计划的编制、组织和实施等。劳动和社会保障部的建立和运作，使社会保险由劳动部、人事部、全国总工会、民政部、卫生部等分头主管的局面得到改变，形成了社会保险的统一管理体制,为提高管理效率和管理水平创造了条件。

第六,社会保障的法律制度建设有了较大发展。1994 年 7 月,《中华人民共和国劳动法》颁布实施,对保护劳动者的合法权益、调整劳动关系、建立和维护适应社会主义市场经济的劳动制度和社会保障制度、促进经济发展和社会进步发挥了重要作用。为了规范商业保险活动,保护保险当事人的合法权益,加强对保险业的监督管理,促进保险事业的健康发展,1995 年 6 月,《中华人民共和国保险法》颁布实施。在对特殊人群的社会保障方面,1995 年 6 月,颁布了《中华人民共和国残疾人保障法》。在社会保险各险种的立法方面,20 世纪 90 年代先后颁布了城镇职工养老、医疗、失业、生育等社会保险条例,2003 年颁布了工伤保险条例。同时,关于社会保险基金的专门立法也相应制定并颁布。这些社会保障法律法规的制定和实施,有效地促进了我国社会保障事业的发展。

第五阶段,1998 年起至今。自 1998 年以来,经过不断探索和实践,我国社会保障体系初步建立。

(1) 覆盖城乡的养老保险体系初步建立。2000 年,国务院颁布了《关于完善城镇社会保障体系的试点方案》,开始探索社会统筹和个人账户的分账管理运行机制。到 2008 年末,部分积累制开始逐步实现。2004 年,劳动和社会保障部发布了《企业年金试行办法》与《企业年金基金管理试行办法》,明确了养老保险的第二支柱为企业年金制度,养老保险三支柱制度日渐显现。2005 年,国务院颁布了《关于完善企业职工基本养老保险制度的决定》,养老金制度与缴费的关联程度有所提高,养老金制度初具激励效应。2008 年,国务院召开会议,决定于 2009 年在全国 10%的县(市、区)开展新型农村社会养老保险试点,明确提出新农保采用社会统筹与个人账户相结合的模式,统账结合与三方负担这两个新农保最重要的制度创新得到明确。

(2) 覆盖城乡的医疗保障体系初步建立。自 1998 年提出个人账户和社会统筹相结合的城镇职工基本医疗保险制度实施以来,新制度取代了原有的公费医疗和劳保医疗,覆盖率不断提高,医疗保险制度保障能力日益增强。2003 年,国务院办公厅转发了《关于建立新型农村合作医疗制度的意见》,新型农村合作医疗制度的试点工作在全国迅速展开。2007 年,国务院颁布了《关于开展城镇居民基本医疗保险试点的指导意见》,指出城镇居民医疗保险主要覆盖城镇非从业人员,以大病统筹为主,实行现收现付制。至 2008 年底,城镇居民医疗保险参保人数增长迅速。

(3) 失业保险制度基本建立。1999 年,国务院颁布了《失业保险条例》,标志着失业保险制度进入一个新的发展阶段。

(4) 城乡最低生活保障制度基本建立。1999 年,国务院颁布了《城市居民最低生活保障条例》,这标志着城镇居民最低生活保障制度已正式建立起来。2007 年,国务院决定在全国建立农村最低生活保障制度,保障对象是家庭年人均纯收入低于当地最低生活保障标准的农村居民,所需资金由地方政府纳入财政预算,中央政府对贫困地区予以补贴。自此,农村最低生活保障制度得以启动。

(5) 推进了对农民工的社会保险,提高了农民工在各项社会保险中的参与度,尤其是强化了对农民工的工伤保险。

(6) 社会保障制度的法律体系逐渐建立。2010 年 10 月 28 日,全国人大常委会通过的《中华人民共和国社会保险法》,是中国社会保障体系建设的最重要的法律,它也是中国社会法律体系建设中最重要的支架性法律。社会保险法的建立对于促使社会保险制度定型至关重要,标志着我国社会保险制度正按照预期目标走上轨道。

我国社会保障制度的改革,经过三十余年的发展,许多制度从保障方式到管理体制,都进行了彻底的变革,新的制度和保障体系已初步形成。不可否认,在变革过程中,还存在着许多不足之处。从目前社会保障制度的现状来看,存在的问题主要有以下几个方面。

第一,社会保障还没有实现全社会的覆盖。社会保障制度中,最基本、最核心的内容是社会保险,以实现社会公平为目标的基本社会保险,在客观上要求全社会覆盖。或者说,全社会覆盖是社会保险实现社会公平的基本要求和条件。但从目前来看,现行的社会保险离全社会覆盖还有较大距离。整个社会保险制度还存在城乡、企业、事业、公务员系列等不同地区和系统间的分割现象。全国统一的社会保险制度的建立还任重道远。

第二,各项社会保险制度有待进一步改革和完善。近年来,政府陆续出台了一些社会保险制度和条例,起到了一定的社会保险事业制度保证和法律规范作用。但从社会保险制度的实际运行情况看,还存在不少问题。在养老保险方面,新老职工的养老保险实施方案有所不同,一些企业由于经营情况较差,无力承担养老保险费用,老职工的养老金来源得不到解决。因此,出现了企业挪用职工个人账户资金来支付老职工养老金,造成职工个人账户空账的问题。在失业保险方面,失业保险并没有覆盖全体失业者和下岗者,失业保险金支付水平较低,不能满足失业者的基本需求。按规定,失业保险基金的来源为财政、社会、企业各占 1/3,但从目前来看,失业保险资金的来源存在缺口,尤其是企业由于资金缺乏,无法支付失业保险基金的 1/3,因而也将得不到来自财政和社会的另外的 2/3 资金。在医疗保险方面,各地虽在实行医疗保险改革,但原体制所遗留下来的弊病仍然存在,如不合理的医疗行为导致医疗资源严重浪费,医疗费用大幅度增长,医疗服务质量效果不能令人满意等。在基本社会保险制度建立的同时,补充层次的保险制度发展滞后,多层次的社会保险体系建设还十分艰难。

第三,社会保障管理体制和法律体系尚需建设。目前,社会保障管理体制存在的主要问题是中央与地方社会保障权责划分不够清晰,社会保障基金的监督与管理机制不健全。在社会保障法律体系建设方面,社会保障法制建设滞后的问题日益暴露。同时在法律条文制定方面,仅由国务院有关部委制定法规或地方出台改革方案,这与社会保障法应有的地位不相称,有时还会产生部门规章之间不衔接、地方标准差距过大等问题。

第四,从社会福利方面来看,各项社会福利事业面临着资金短缺、服务设施老化等问题,社区社会福利服务也正在建设中。如何提高社会成员的生活质量,对社会弱势群体给予更多的关注,是社会福利制度建设的关键所在。从社会救助方面看,虽然国务院要求尽快建立城市居民最低生活保障制度,但目前仍有部分城市未建立起这项保障居民最基本生存需要的制度。

不过，我们有充分的理由相信，在新的社会保障制度和改革的基本构架下，我国社会保障制度能够逐渐克服上述问题，在完善和发展中，实现保障社会成员的基本生活和提高社会成员生活质量的目标。

2. 我国“十二五”时期(2011—2015)社会保障建设的主要目标和任务

《中共中央关于制定国民经济和社会发展第十二个五年规划的建议》提出了把坚持保障和改善民生作为加快转变经济发展方式的根本出发点和落脚点的指导思想。提出要完善保障和改善民生的制度安排，把促进就业放在经济社会发展的优先位置，加快发展各项社会事业，推进基本公共服务均等化，加大收入分配调节力度，坚定不移地走共同富裕道路，使发展成果惠及全体人民。为此，十二五规划纲要提出的主要目标之一是实现人民生活持续改善；城镇居民人均可支配收入和农村居民人均纯收入分别年均增长7%以上；新型农村社会养老保险实现制度全覆盖，城镇参加基本养老保险的人数达到3.57亿人，城乡三项基本医疗保险参保率提高3个百分点；城镇保障性安居工程建设3 600万套；贫困人口显著减少。

根据上述指导思想和主要目标，十二五规划纲要提出要健全覆盖城乡居民的社会保障体系。要坚持广覆盖、保基本、多层次、可持续方针，加快推进覆盖城乡居民的社会保障体系建设，稳步提高保障水平。

(1) 加快完善社会保险制度，实现新型农村社会养老保险制度全覆盖。完善实施城镇职工和居民养老保险制度，全面落实城镇职工基本养老保险省级统筹，实现基础养老金全国统筹，切实做好城镇职工基本养老保险关系转移接续工作。逐步推进城乡养老保障制度有效衔接。推动机关事业单位养老保险制度改革。发展企业年金和职业年金。扩大工伤保险覆盖面，提高保障水平，健全预防、补偿、康复相结合的工伤保险制度。完善失业、生育保险制度。发挥商业保险的补充性作用。继续通过划拨国有资产、扩大彩票发行等渠道，充实全国社会保障基金，积极稳妥地推进养老基金的投资运营。

(2) 加强社会救助体系建设。完善城乡最低生活保障制度,规范管理,分类施保,实现应保尽保。健全低保标准动态调整机制,合理提高低保标准和补助水平。加强城乡低保与最低工资、失业保险和扶贫开发等政策的衔接。提高农村"五保户"的供养水平。做好自然灾害救助工作。完善临时救助制度,保障低保边缘群体的基本生活。

(3) 积极发展社会福利事业和慈善事业。以扶老、助残、救孤、济困为重点,逐步拓展社会福利的保障范围,推动社会福利由补缺型向适度普惠型转变,逐步提高国民福利水平。坚持家庭、社区和福利机构相结合,逐步健全社会福利服务体系,推动社会福利服务社会化。加强残疾人、孤儿的福利服务。加强优抚安置工作。加快发展慈善事业,增强全社会的慈善意识,积极培育慈善组织,落实并完善公益性捐赠的税收优惠政策。

(4) 健全医疗保障体系。健全覆盖城乡居民的基本医疗保障体系,进一步完善城镇职工基本医疗保险、城镇居民基本医疗保险、新型农村合作医疗和城乡医疗救助制度。逐步提高城镇居民医保和新型农村合作医疗(简称新农合)人均筹资标准及保障水平,并缩小差距。提高城镇职工医保、城镇居民医保、新农合最高支付限额和住院费用支付比例,全面推进门诊统筹。做好各项制度间的衔接,整合经办资源,逐步提高统筹层次,加快实现医保关系转移接续和医疗费用异地就医结算。全面推进基本医疗费用即时结算,改革付费方式。积极发展商业健康保险,完善补充医疗保险制度。

从十二五规划纲要提出的我国社会保障制度建设的目标和任务来看,它更为注重民生保障的普惠型的社会保障体系建设,特别是适度普惠型社会福利体系的构建,已经成为当下我国社会保障制度深化改革的主要方向。

三、国外的社会保障制度

国外的社会保障制度有不同的模式,一般来说有英国模式、德国模式和东南亚模式。英国模式即所谓的福利国家模式,它按普遍性原则建立起社会保障制度,实行全民保障。除英国外,北欧诸国都实行这种模式。德国模式的特点是实行自助原则,由雇主和雇员承担主要社会保障责任,政府作适当资助。实行这种模式的还有荷兰、奥地利、美国、日本等国。东南亚模式的特点是由国家立法强制实行,保障所需经费完全由雇主、雇员分担,政府不提供任何资助。这种模式以新加坡为代表,实行这种模式的国家还有马来西亚、印度尼西亚、斯里兰卡以及若干非洲国家。世界各国的社会保障制度都有其特点和值得借鉴的方面,随着世界社会经济的发展,各国社会保障制度也在不断地改革和完善中。

(一) 英国的社会保障制度

英国的社会保障是按普遍性原则建立起来的全民保障,其特点是保障对象无所不包,保障经费由国家通过国民收入再分配来组织实施。英国的社会保障模式是其实行所谓"福利国家"的结果,也被称为"普遍保险模式"或"贝弗里奇社会保险模式"。

1. 英国社会保障制度的发展历程

英国社会保障制度建立得较早,初期仅是零星措施,主要是针对贫困者的社会救济,以后逐步形成社会保障体系,其宗旨也转为社会成员基本生活的保证和生活质量的提高。总体来说,英国的社会保障制度可分为以下几个时期。

(1) 17 世纪至 20 世纪初,是《济贫法》体制时期。在资本主义发展初期,欧洲就出现了社会福利制度的萌芽。当时,在资本原始积累的同时,贫困的积累也迅速增加,大量工人和平民的生活水平每况愈下,他们的生存得不到保障,社会的稳定也受到威胁。因此,出于有产者的利益和维持社会经济的需要,有必要为伤、老、病、残等丧失劳动能力的人和失业者提供最基本的生存保障。1601 年,英国政府颁布了世界历史上第一部具有社会保障性质的《济贫法》(旧《济贫法》),它以法律的形式规定了救济贫民的社会措施。各教区根据《济贫法》的规定,以教区为单位负责向居民和房产所有者征收济贫税,以此为无力谋生的人提供社会救济,同时还负责为失业者寻找就业机会,安排孤儿当学徒等。1601年的《济贫法》为英国奠定了政府主持公共救济事业的基本方式。1834年英国议会修正《济贫法》,即英国历史上的新《济贫法》。根据新《济贫法》的规定,济贫资金主要来源于各地区的地方税,而济贫事务仍由地方当局和教区共同负责。新《济贫法》对救济领取者作了严格规定,领取救济的贫民必须住进济贫院或去习艺所,否则不予发放。到20世纪初期,由于资本主义经济危机的爆发,致使大量贫民出现,《济贫法》的一些规定已经难以适应新的社会状况。为此,英国政府在对贫民济贫现状进行调查的基础上,于1905年提出了实行社会救济与社会保险相结合的建议,1929年英国政府相继撤销了由地方政府和教会负责的救济机构和济贫院监护委员会。至此,实行了三百多年的英国济贫法体制终于解体,同时,现代意义上的社会保障制度开始建立。

(2) 20世纪初到第二次世界大战结束,是英国现代社会保障制度的奠基时期。20世纪初,自由资本主义逐渐演化为垄断资本主义。以1906年英国工党成立为标志,英国工人运动也进入了新的阶段。工党以费边社的渐进社会主义理论为指导,把解决社会贫困、保证充分就业等要求纳入它的纲领之中。日益发展壮大的英国职工会和它的政治代表——英国工党成为争取和推动社会改良的主要力量,新时代的社会改革就此开始。1906年政府颁布《教育法》,规定学校为贫困家庭儿童提供免费膳食。1908年颁布《儿童法》,规定全社会禁止虐待儿童和少年;同年颁布《养老金法》,规定国家为年满70岁、年收入低于21英镑的老年人提供每周5先令的养老金。1909年制定并实施《劳工介绍法》,规定建立劳工介绍所,为失业者寻找工作。1911年,颁布了《国民保险法》这一重要的社会保障法规。它规定有薪劳动者都必须参加医疗保险,参加失业保险者方可享受失业救济。政府以加征烟、酒、汽车、汽油税的办法来增加社会保障资金,从而开创了以国家财政手段来保证实行社会保障制度的先河。

1920年,经济学家庇古的《福利经济学》的出版,为福利国家的建立提供了经济理论基础。1936年,凯恩斯的《就业、利息与货币通论》的发表,也为以后英国政府实行社会福利政策提供了理论根据。在这样的基础上,1942 年底,英国发表了一个战后实行社会保障的计划《社会保险及有关的服务》,即"贝弗里奇报告"。它不仅对英国,而且对西欧各国的社会保障事业都产生了巨大影响。①

"贝费里奇报告"以消除贫困、疾病、肮脏、无知和懒散等五大社会病害为目标,制订了一个以社会保险制度为核心的全面的社会保障计划。它主张实行普遍和公平的社会保障的基本原则,对每一个公民提供七个方面的保险,包括儿童补助、养老金、残疾津贴、丧葬补助、丧失生活来源的补助、妇女福利、失业津贴等。它所遵循的具体原则是不论收益者收入多少,按统一标准发放津贴或救济;不分贫富,按统一比例缴纳生活保险费;统一社会福利的行政管理。"贝弗里奇报告"在英国被称为"贝弗里奇革命"。其"革命性"主要表现为:把社会福利作为一项社会责任确定下来;把救济贫困的概念由原来的救济贫民改变为保障国民的最低生活标准;规定凡是由于各种原因达不到国民最低生活标准的公民,都有权从社会获得救济,使自己的生活水平达到这个标准。自从"贝弗里奇报告"诞生之后,英国在1942—1947 年相继通过了《家庭津贴法》、《国民保险法》、《国民工伤保险法》、《国民医疗保健法》、《国民救济法》等五个法案,并于 1948 年 7 月 5 日全面付诸实施,由此英国成为最早建立起完整的社会保障制度的国家。

(3) 第二次世界大战至今,是社会保障制度的调整时期。第二次世界大战以后,英国的社会经济结构发生了很大的变化,市场经济的体制与政府的作用方式也发生了变化,因此,根据新的情况,英国对已经发展起来的社会福利项目进行调整和改革,协调和统一诸多分散的福利项目,提高福利项目使用的效率,寻求新的筹资方式。1965 年通过的《社会保障法》对 1946 年的《保障法》作了大量补充和修改。20 世纪 70 年代以后,针对在实行"福利国家"政策中出现的诸多问题,英国又对社会保障制度进行了较大的改革,主要是对原有的

① 参见李琮主编:《西欧社会保障制度》,中国社会科学出版社 1989 年版,第 189 页。

社会保障金的缴纳体制进行了调整。改革和调整的目标是使社会福利体制适应新的社会经济形势,使其更为有效和稳固,而不是从根本上改变或否定整个体制。总之,英国现行的社会保障体制是经过长期曲折的发展、调整和改革以后形成的。

2. 英国社会保障制度的特点

英国社会保障制度有其自身的特点,主要表现在以下几个方面。①

(1) 社会保障制度的类型。英国的社会保障项目大约有 30 种,按照资金缴纳和用途可以分为三类:一是国民保险制度。凡是在工作期间缴纳国民保险基金者,均可享受国民保险待遇,如养老金、失业保险金、疾病补助金、遗孀津贴和生育津贴等。二是一般社会福利制度。这类福利不用缴纳国民保险基金,而是根据规定的条件,符合条件者可以申请儿童补助金、单亲补助金、工伤残疾补贴、监护人津贴、严重病残津贴等。三是收入关联福利制度。这类福利是根据收入和存款情况,保证最低生活保障。主要包括收入补贴、家庭信贷、房屋福利、社区税回扣及社会基金给予的帮助等。

(2) 社会保障的主要项目。其一,退休养老金。英国实行国家养老金计划,为缴纳国民保险基金的受保人提供基本的养老金。到 1990 年大约有 60%的雇员加入了国家养老金计划。享受退休养老金的有几种情况:一是在工作期间缴纳了国民保险基金的,退休后可以享受基本养老金和附加养老金。二是按自身条件不能享受国民保险基金给付的养老金的已婚妇女,可以在其丈夫的国民保险基金中得到养老金。对离婚或守寡的妇女也有特殊的规定。三是如果抚养孩子或需赡养另一个成人,可以得到额外的退休金。四是对由于在家照顾病人、照料孩子而不能外出工作的人,按照 1978 年制定的《家庭责任保护条例》,即使现在没有缴纳国民保险基金,也可帮助其在日后取得退休养老金。五是对 80 岁或 80 岁以上的人们,如果符

① 参见杜俭、郑维桢主编:《社会保障制度改革》,立信会计出版社 1995 年版,第 352—359 页。

合 60 岁以后至少在英国或是在欧共体国家居住 10 年的条件，无需缴纳任何国民保险基金，便可享受 80 岁以上的养老金。其二，失业保险金。失业保险制度是英国国民保险制度中的一项重要制度。领取失业保险金必须符合在失业前两年已缴纳国民保险基金，以及有能力工作并有愿意工作的条件。发放失业保险金是为了鼓励有能力者积极寻找工作，如在失业期间找到了非全日制的小时工作，要相应减少失业保险金，超过 13 周仍然找不到适合的工作，也要相应减少，12 个月还找不到工作，就要停发失业保险金，改为发放失业救济金。其三，儿童福利。每一个养育 16 岁以下儿童的人士或家庭都可以享受，不论贫富。接受全日制教育的可以享受到 18 岁。其四，收入补助。收入补助实际上就是最低生活保障金，主要是保障那些收入低下者能够维持最低的生活水平。只要收入低于维持基本生活水平所需标准的，即使拥有自己的住宅或有一定数额的存款，都可以申请收入补贴。其五，家庭津贴。家庭津贴主要是给予低收入的、需要养育孩子的家庭的补贴。家庭的最低收入每周少于 66.6 英镑，但成人每周工作必须在 24 小时以上的，可以根据家庭收入、孩子的多少及年龄申请家庭津贴。

(3) 社会保障基金的来源与运用。社会保障的资金主要来源于国民保险基金和一般财政税收。国民保险基金分为四类缴纳：第一类是工资收入达到最低数额的雇员，分别按 2%和 9%的比例缴纳。每周工资收入为 46 英镑的按 2%缴纳，46 英镑以上的按 9%缴纳，每周工资收入超过 350 英镑的部分免予缴纳。雇主也须根据雇员的工资，按照四种不同的比例为雇员缴纳保险基金，其缴纳比例为雇员周工资的 5%～10.45%。第二类是个体雇主按定额定期缴纳，每周缴纳 4.55 英镑。第三类是没有工资收入的或工资收入低于规定标准的，可以自愿缴纳，也是按定额定期缴纳，每周缴纳 4.45 英镑。第四类是个体业主缴纳的国民保险基金。规定个体业主的收益若超过规定数额，在最低基数至最高限额之间，按收益的 6.3%缴纳。英国的国民保险基金来源中，由雇员缴纳的占 22%，由雇主缴纳的占 29%，国民保险基金投资收益占 2%左右。

根据缴纳国民保险基金的不同类别,给付不同的国民保险待遇。缴纳第一类的,可以享受所有的国民保险待遇,包括收入补助;缴纳第二类的,可以享受除失业保险金之外的大部分保险待遇;缴纳第三类的,只可以享受固定数额的退休养老金和遗孀补助;缴纳第四类的,缴付者不享受任何待遇。这是社会收入再分配的一种手段。

英国 1991—1992 财政年度的社会保障总支出为 684.94 亿英镑,其中来自国民保险基金的收入为 359.27 亿英镑,占 53%,其余的收不抵支部分由财政税收加以弥补,约占 47%。从支出情况看,按保障类型分,国民保险占 53%,收入关联福利占 25%,其他一般福利占 17%,行政经费开支占 5%。按给付对象或用途分,用于老年人的占 48%,用于家庭的占 18%,用于失业的占 11%,用于长期病假和丧失工作能力的占 19%。按中央或地方政府支出分,中央政府支出占 89%,地方政府支出占 6%,社区支出占 5%。此外,在国民保险基金给付中,退休养老金占 68%,失业保险金占 4%,病残补助占 12%,收入补助占 5%,遗孀津贴占 2%。

(4) 社会保障管理机构。英国的社会保障由中央政府的社会保障部统一管理。社会保障部长是内阁成员,该部负责制定社会保障政策和管理制度。社会保障部下设若干局,如:基金收入局,主要负责保证依法缴纳国民保险基金,分别按规定条件向受保人发放国民保险号并加以记录,并且对按收入缴付的人员进行评估和调查;福利救济局,主要负责发放社会保险金等,使资金得到最有效的使用;信息和技术服务局,主要负责通讯和信息系统服务,处理各种信息资料,为有关政府部门提供服务;住房安置局,主要负责为无家可归的人重新安置住房;儿童福利局,主要负责儿童福利,特别是为离异家庭的儿童提供保障待遇。这些管理部门在职责范围内相对独立地工作,改革后正在逐步实行企业化管理。

英国的社会保障制度已形成完整的体系,其保障程度已达到较高的水平,对维护社会稳定、保障社会成员的基本生活和社会安全感都起到了一定的作用。它实行统一立法、统一管理,使社会保障的各项制度能够有效实施。但同时,英国的社会保障制度也面临着许多问题,主要是由于财政支出对社会保障基金的补贴过大,造成财政收支失衡,对国民经济的正常运行和企业的竞争力造成了一定的影响。同时,随着人口老龄化的到来,退休人员不断增多,在职人员缴纳基金的数量相对减少,社会保障基金支出负担过重,这也会影响国民社会保障待遇。

1997年,以布莱尔为首的英国工党上台执政,提出了"第二代福利"思想。首先,强调社会保障的功能应由仅仅提供救济,发展到为民众创造和提供发展的条件;其次,现代社会福利的目标应该是鼓励人们从事工作以改变自己的处境,提高人们的进取意识与自立精神,而不是仅仅依靠社会救济生活;第三,改革社会保障管理体制,减少政府在社会保障制度方面的过多干预,发挥其他各种社会组织在英国社会保障制度中的作用与影响;第四,强调健全各种具体的社会保障措施,并为民众提供合理的社会保障。①

在社会保障制度改革措施方面,布莱尔政府相对比较谨慎,主要在失业保障制度改革方面有较大推进,尤其是解决青年失业者的失业保障成为政府的首要任务。社会福利部门不仅为年轻失业者提供就业咨询和就业培训,而且为雇佣年轻失业者的雇主提供补贴,鼓励他们尽可能雇佣失业者。同时鼓励年轻失业者受雇于志愿性工作,政府保证接受各种就业培训和受雇于各种志愿性工作的失业者应得的各种福利。

提高单亲家庭的自我保障能力,增强残疾人的自我保障意识和责任,以及在养老、医疗等保障领域个人自保责任和能力的提升,都是布莱尔政府社会保障制度改革的重要内容。

(二)德国的社会保障制度

在社会保障制度的演化过程中,德国是世界上最早建立和实行社会保险制度的国家。其基本方式是,保险费用基本上由雇主和雇

① 参见布莱尔:《新英国》,世界知识出版社1998年版。

员共同负担,国家仅提供伤残和养老保险补贴,即实行“收入关联保险模式”。

德国的社会福利事业最初是在民间发展起来的,主要是一些警察、宗教社会团体创办收容所、孤儿院等社会慈善机构,从事救济贫民的活动。19 世纪中叶,工人和工会开始创办“劳动者福利中心”、“社会福利联合会”等群众团体。工人自己筹资,通过这些团体,在工会会员遭遇死亡、事故、病残等不幸时,开展互济互助。这些活动虽与现代社会保障制度有性质上的差异,但它却是社会保障制度的萌芽。

德国现代的社会保障制度是德国工业化及阶级之间社会矛盾激化的产物。19 世纪中叶以后,德国资本主义经济迅速发展,劳资矛盾日益尖锐,以俾斯麦为宰相的德国政府为缓和社会矛盾,对工人阶级实行“鞭子”加“糖果”的政策,一方面对工人进行镇压,另一方面筹划实行社会保险制度,以改善工人境况和增加福利待遇的方法,促进社会稳定。1883 年颁布的《疾病保险法》,对手工业者和非手工业者实行强制性保险。此后,政府不断增加和完善各项保险法规,于 1884 年颁布了《劳工伤害保险法》。1887 年修改了《疾病保险法》,并增加了生育保险内容。1889 年颁布《伤残和养老金保险法》,1911 年颁布《遗属及职员保险法》。在二十余年间,建立了五种社会保险制度,形成了包括伤害、残疾、疾病、生育、养老等保险项目的社会保险体系。俾斯麦社会保险模式以缴纳保险费为享受保险的条件,保险费由雇主和雇员共同出资缴纳,国家仅提供伤残和养老保险补贴。保险待遇取决于雇员的收入和缴纳保险费的多少。这种保险模式还遵循权利和义务对等的原则,强调社会成员在享受社会保障权益的同时,也必须承担相应的义务和责任。在德国,原则上所有的雇员都要以某种形式参加养老和事故保险,94%的就业者都以某种形式参加医疗保险。除公务员外,所有就业者都参加失业保险。德国社会保险制度贯彻的“资金自助”原则,有助于把社会成员对社会保障的享受与参与市场竞争的责任心联系起来。但它忽视了那些先天不具备劳动能力或现在尚未具备劳动能力的社会成员所应享有的基本生活保障权利。

德国社会保障制度主要有三个方面的内容：一是社会保险，二是社会救助，三是社会福利。社会保险是德国社会保障制度的主要方式，它由养老保险、医疗保险、失业保险、长期护理保险和工伤事故保险这五个险种组成。它是国家用法律的形式规定的义务保险，除公务员实行《公务员法》另有保障规定外，所有雇员原则上都必须参加社会保险。社会保险的管理机构由两部分组成：一是按规定由雇主和雇员分别选出的代表参加的代表会议，作为最高权力机构行使组织与管理权；二是负责监督代表会议的行政机构，主要负责立法和监督代表会议的合法性等。只有失业保险由联邦劳工局领导的公务机关负责。

社会救助对象主要是那些丧失劳动能力的人，目的是为了帮助被救济者能够维持最低生活水平，并使被救济者在最短的时间内依靠自身的力量达到“自救”。根据《联邦社会救济法》的有关规定，凡是生活在德国的居民，不论是德国人还是外国人，只要达到该救济法所规定的条件，都可以要求得到社会救助。社会救助资金主要来自财政拨款；各市、县、州和联邦政府设立各级社会救济管理机构，对社会救助事务进行管理。

社会福利是国家、社会、单位共同组织起来的第二层社会保障网，是当社会中下层家庭因收入过低或某种特殊负担太重，而发生生活困难时予以福利待遇的制度。社会福利的给付不以收益人是否事先缴纳费用为条件，而是主动予以帮助。社会福利分为直接福利待遇和间接福利待遇两个方面。直接福利待遇是社会福利的主体，主要包括母亲保护和儿童补贴、住房补贴、社会救济等内容；间接福利主要是指国家利用减征或免征个人所得税及其他一些税收的办法给予的福利待遇。社会福利也是德国社会保障的重要组成部分。

（三）美国的社会保障制度

美国社会保障制度的建立和发展大致经历了分散、统一、改革和调整的过程。美国建国后，受当时联邦政府奉行的经济自由与放任主义的影响，除了地方政府和私人慈善机构方面有些社会保障事务外，全国没有统一的社会保障制度。20 世纪 20 年代末，美国发生了严重的经济危机，工人大量失业，贫困者急剧增加，社会动荡不安。危急的社会局势迫使政府改变以往不参与社会保障的政策，开始建立社会保障制度。1935 年美国国会通过《社会保障法》，形成了统一的社会保障制度，明确了政府在社会保障事务中的责任和地位。

美国《社会保障法》坚持公平和效率原则，规定了社会保障制度的基本内容和管理方式。保障法规定对在职职工实行强制性联邦养老保险，向雇主和雇员征收社会保险税；鼓励各州建立失业救助系统；对老年人、盲人和抚养未成年人子女的家庭提供援助；增加对州公共服务和康复设施拨款，增加对母子保健、残疾儿童服务的拨款。此后，随着美国社会经济的发展和结构的变化，社会保障的范围进一步扩大。1945 年国会通过《军人调整法》，向复员军人提供教育津贴；1958 年国会通过《国防教育法》；尔后又提高了老年、遗属和残疾保险范围，放宽了保险条件；1964 年国会通过了《民权法》及一系列社会立法，重要的如《住房法》、《食品券法》、《医疗照顾法》、《高等教育法》等；20 世纪 70 年代政府又增加了残疾人社会保险，扩大了失业保险的范围。

20 世纪 80 年代以来，与其他西方国家一样，美国社会保障制度也出现了费用支出过大、社会保障税不断提高等问题，于是美国政府对社会保障制度进行了调整和改革。主要改革措施是运用税收手段刺激私营企业养老制度和个人养老储蓄制度的发展，完善医疗保险制度等。同时，也积极探索社会保障基金的商业化私营方式。

现阶段美国社会保障制度主要包括社会保险、社会救助、社会福利等制度。其中，社会保险是政府举办、个人投保的一种社会保障计划，它由残疾与遗属保险、失业保险、医疗保险、工伤保险、养老等保险项目组成。其一，养老、残疾与遗属保险。美国法律规定，全体社会公民，均是养老、残疾、遗属保险的对象，其涉及范围极其广泛。该项保险资金来源于雇主和雇员缴纳的保险费以及政府的补贴，其中，雇主和雇员的缴付比例相同。该项保险按保险项目分项给付。其二,医疗保险。美国没有统一的适合于全体公民的医疗保险制度。其医疗保险的对象通常是工商业雇员和其他劳动者。农业工人和独立劳动者可以自愿参加保险。美国的医疗保险种类繁多,既有普通医疗保险、特别医疗保险,也有单项医疗保险。医疗保险范围包括住院、抢救、门诊、预防,也包括与妊娠有关的医疗、家庭护理及出院后的家庭治疗、门诊检查和治疗等。其三,工伤保险。美国的工伤保险范围包括工商业雇员、大多数公务员、大部分农业劳动者、部分家庭佣人及临时工。联邦政府雇员和码头工人、矿工另有保险制度。工伤保险的资金来源主要是雇主和雇员缴纳的保险金以及政府的拨款。其中,大多数雇主负担全部费用,少数州由被保险人负担极少量的费用,政府负担公务员的保险费用。其四,失业保险。关于失业保险的对象,联邦政府和各州政府有不同的规定。联邦立法规定,失业保险的对象包括工商业雇员、家务佣工和 2/5 的农场工人;而州立法规定,按联邦立法规定的雇员是失业保险的对象,而农业雇员、临时雇员、家务劳动者、独立劳动者和宗教组织的雇员,不列为失业保险的对象。美国失业保险资金来源于雇主和雇员缴纳的保险费,但大多数州规定雇员不缴纳保险费。政府只负担失业保险管理机构所需的管理费。

社会福利作为美国社会保障体系中的组成部分,主要是由政府向社会一般成员和特别对象提供的福利措施。这些福利项目主要包括住房、医疗与教育等方面的待遇。同样,社会救助作为社会保障体系中的一项制度,在美国亦起着重要的作用。社会救助一般由政府财政拨款,救助对象主要是没有参加投保的老人、残疾者、抚养未成年子女的贫困家庭以及两年内没有找到工作的失业者等,救助的项目主要有提供救济金、医疗补助或食品券补贴等。

美国社会保障制度在发展过程中形成了一些特点,主要表现为以下几个方面:一是常常把社会保障作为扩大有效需求的手段。二是管理的多层次。社会保障项目由政府和社会各组织团体分别管理,形成多层次的管理体制,政府在以效率为原则的指导思想下,尽量减少联邦政府的开支,州政府和企业在组织实施及项目设置方面有决定权,而联邦政府只作重要的决策。三是资金来源的多渠道。

美国社会保障资金的来源不像西欧国家那样部分或全部由政府提供,而是采取财务自理的原则,强调职工必须在就业期间缴纳保险税,专款专用。此外,社会保障资金还来源于各种非营利民间组织,如工会、基金会、慈善机构、宗教组织、社区组织、居民团体等。从发展趋势看,私营企业也将成为社会保障基金的主要来源。四是根据地区经济发展的不平衡性,实行差别化的社会保障。在经济条件好的地区及企业,社会保障的程度和待遇较高,反之则低些。五是实行强制和自愿相结合的原则。美国社会保障制度在实施过程中,对一些普遍的、人人可能遇到的、经费开支较大的项目,比如失业保险、老年保险、住院保险,政府实行强制参加的原则。对于影响面小、经费开支不大的项目,则实行自愿参加的原则。

随着美国社会保障体系覆盖面的日益扩大,财政支付压力日益上升,社会保障体系改革的呼声也越来越高。2001 年 5 月,布什政府成立了"强化社会保障总统委员会",负责研究以允许部分社会保障税投资金融市场从而获得较高回报率为核心的改革计划,提出要引入自愿性的个人账户,使社会保障计划得以强化,这意味着部分私有化的改革措施已在逐步执行中。

(四) 日本的社会保障制度

日本在 20 世纪 20 年代开始建立社会保障制度,到第二次世界大战后,日本的社会保障逐渐形成完整的体系。战后的日本,经济几乎处于崩溃的边缘,直到 50 年代中期,国民经济才得以恢复和发展,并进入高速发展阶段。在这段时期,日本政府先后颁发了《生活保护法》、《儿童福利法》、《残疾人福利法》、《失业保护法》和《环境保护法》等。60 年代初,日本基本实行全民医疗保险和全民年金制度。到了 70 年代,日本国民的社会保障程度达到了最高水平,如政府规定 70 岁以上的老人免费看病,国民的年金月收入达到 5 万日元,对多子女的家庭实行补贴等。① 1973 年的石油危机,使日本经济从持续增长

① 参见胡乐亭主编:《社会保障概论》,中国财政经济出版社 1996 年版,第 224 页。

的高峰转向缓速增长,高社会福利水平所导致的社会保障基金入不敷出的现象日益严重。因此,自70年代后期开始,政府对社会保障制度进行了一系列的调整和完善,逐步降低了福利水平。

根据1950年日本社会保障制度审议会提出的“关于社会保障制度的劝告”,日本的社会保障制度由社会保险、政府援助、社会福利、公共卫生等方面构成。按实施制度,可分为收入保障制度、医疗保险制度和社会福利事业。①

1. 收入保障制度

日本的收入保障制度主要包括养老金制度、劳动保险制度和公共救助制度。其中,养老金制度是收入保障制度的基本制度。

日本的养老金以公共年金为主体,根据加入者的职业不同,公共年金分为共济年金、厚生年金、国民年金和福利年金。1986年的养老金制度改革,将国民年金改为适用全体国民的基本年金,共济年金和厚生年金的加入者可同时享受国民年金。各种年金的内容及给付方式主要有:其一,国民年金(也称基本年金)。1986年通过的养老保险制度规定,凡20～60岁的日本国民都必须加入国民年金,均为国民年金的被保险人。被保险人分为三类:第一类是个体经营者和无业人员;第二类是工资收入者;第三类是第二类的配偶,无需缴纳保险金,只要办理手续,即可成为国民年金的领取人。国民年金的领取条件是:按规定缴纳保险金25年以上,满65岁者,则可领取国民年金。其二,厚生年金。以民间企业的工资收入者为对象。法律规定凡未满65岁的民间企业就业者都必须加入厚生年金保险。保险费的缴费由被保险人和业主各负担一半,领取条件与国民年金一样。1986年的改革规定,厚生年金的加入者也是国民年金的加入者。其三,共济年金。这是以国家公务员、地方公务员、私立学校教职员和农林渔业团体职员等工资收入者为参加对象的共济组合的活动内容之一。其四,福利年金。对70岁以上、由于特殊或历史原因而无法

① 参见复旦大学日本研究中心编:《日本社会保障制度——兼论中国社会保障制度改革》,复旦大学出版社1996年版。

享受上述年金者或可享受的数额很少者,可获得以税金为财源、数额固定的福利年金。

劳动保险制度分就业保险和意外劳动灾害保险两种。就业保险制度的前身是失业保险制度,1947 年开始实施,目的是稳定失业者的生活。1975 年经改革调整,改为现名。该制度以促进就业,提高劳动者的劳动技能为目的。就业保险分为普通保险(长期工)、短期就业保险(季节工)和临时就业保险(临时工)。保险金来源于政府、雇员、雇主三方出资。一般来说,政府承担保险金的 1/4,雇主按同类被保险人平均工资的 0.9%缴纳保险费,雇员按工资的 0.55%缴纳保险费。意外劳动灾难保险的适用对象是所有民间企业的就业者。公务员、原公营企业的职员等另有适用他们的意外灾难救助制度。意外劳动灾难保险分为义务灾难保险和通勤灾难保险。前者为工作时间内引起的受伤、疾病、伤残和死亡等事故发生时的赔偿;后者为通勤途中引起的伤害、疾病、伤残和死亡事故发生时的赔偿。意外劳动灾难保险金的支付可分为医疗费、病假补贴、伤残年金、伤残金和家属抚恤金。

公共救助制度,又称生活保障制度,是国家负责保障贫困者生活的收入保障制度。日本于 1946 年制定了《生活保护法》,目的是保障国民健康的、文明的最低生活水平,该法经 1950 年修改后,一直沿用至今。公共救助制度是帮助被保护家庭实现自立的社会保障制度。公共救助的内容包括生活、教育、住宅、医疗、出生、就业、殡葬祭祀等七种。各救助的范围由法律明文规定,具体内容和标准由厚生大臣制定的"保护标准"规定,至于实施细则,也由厚生大臣颁布的"保护实施要领"、"医疗救济运营要领"等文件具体规定。公共救助方式分现金保护和实物保护两种,从实际情况来看,除医疗救助外,各种救助原则上都是现金给付。

2. 医疗保险制度

日本的医疗保险制度由健康保险、共济救助、国民健康保险、老人保健四大部分组成。日本的医疗保险包括医疗费的支付和负担、分娩补贴、养病补贴、孩童养育补贴和丧葬费等。被保险的对象包括被保险人及其赡养的家属。

其一,健康保险。健康保险由政府管理健康保险和工会管理健康保险组成。职工人数700人以上的大企业参加工会管理健康保险,不能参加工会管理健康保险的中小企业,参加政府管理的健康保险。健康保险费按被保险人月收入额的等级分比例缴付,月收入分为42等,被保险者按自己所属等级按一定比例缴纳。1992年,政府管理健康保险的缴付比例为投保人收入的8.2%,由政府和被保险人各负担一半。工会管理健康保险,按收入的3%~9.5%缴付。

其二,共济救助。共济救助即共济组合的短期支付制度,主要是向组合成员及其家属提供医疗和意外灾难的救助服务。由于共济组合的短期支付制度是以收支平衡为原则的,因此,根据组合成员的年龄构成、平均收入、赡养人口的不同,各组合间的缴费比率也不相同,一般在6.4%~11.46%。

其三,国民健康保险。凡不能参加健康保险、船员保险、共济保险的农林水产业从业人员、个体经营者和无业人员等,则为国民健康保险的参加者。国民健康保险是一种区域保险,投保者为地区政府。地区不同,保险费的缴付也不同,一般是根据地区国民健康保险金的支出及被保险人的收入、财产、人数等计算得出。一般来说,国民健康保险金的支付水平低于健康保险,被保险人及其家属的医疗费只有70%可获得保险支付,但它是覆盖范围最广的初级医疗保险网。

其四,老人保健。1983年,日本政府建立了独立的老人保健制度,该制度规定,凡70岁以上,或65岁以上70岁以下身体有残疾的老人均为该制度的保障对象,所需医疗费的70%由中央政府负担,其余30%由地方政府负担,个人仅在入院治疗及门诊治疗时负担部分费用。

3. 社会福利事业

日本的社会福利事业主要包括儿童保护、儿童补助、残疾人保护、孤寡老人救助等,内容较为广泛。

日本社会保障制度起步较晚,但发展较快,普及面较广。其特点主要有:一是社会保险制度多元化。日本的社会保险由政府和民间组织共同或分头举办。医疗保险、养老保险由政府举办,民间大企业参加。各共济组合和保险组合管理一部分保险事业。政府各部门和特殊行业也有自己的保险制度,它们之间既统一又具有独立性。对特殊人员、特殊行业则设有专门的保险制度,如老人保健制度、船员保险制度等。这种因地制宜的保险制度解决了社会各阶层人员多样化的需要。二是年金制度趋向于一体化。日本的年金制度原来并不统一,1959 年制定了《国民年金法》,1961 年 4 月开始实行。这样,日本的全体国民都能享受某种年金待遇。政府还着手建立基础年金,逐步把各种年金统一起来,使全体国民都有平等的享有权。三是保险费负担全民化。日本正致力于完善全民保险制度,即保险费用由全体国民共同负担,在国民收入再分配时向老人、妇女、儿童和残疾人倾斜。

日本的社会保障水平在经济高速增长后已有较大幅度的提高,保障范围也已经很广泛,各种基本保险和辅助保险制度相辅相成,形成了完整的社会保险体系。

随着日本少子化和老龄化问题的日趋严重,加上失业人数有增无减,日本的社会保障制度遇到了前所未有的严峻考验。其中最严重的是养老保险制度陷入了困境,养老基金运作出现了巨额亏损;养老保险费的缴纳不断减少,养老金领取者不断增加。

为了确保社会保障制度得到持续稳定的发展,日本政府和执政党已开始了以养老金制度改革为主要内容的社会保障制度改革。

(五)新加坡的社会保障制度

新加坡社会保障制度的核心是公积金制,也就是"储蓄基金制"。"储蓄基金制"是由社会立法强制雇主和雇员按工资的一定比例为雇员个人缴纳养老储蓄金。公积金由新加坡中央公积金局统一管理。公积金计划涉及退休、住房、保健、保险以及投资等几个方面。此外,社会保障制度中还包括社会救助和雇主责任制的社会保障内容。

新加坡公积金制度是一种完全的强制储蓄计划。最初公积金制度主要是保障公积金会员退休或因伤残丧失工作能力后的基本生活,没有涉及住房、保健、保险以及投资等方面的内容。这种公积金制度有它的局限性,主要表现为:一次性付款的规定使存款较少的公积金会员不能保障其晚年生活;存款可能会受通货膨胀的影响;因患病与分娩、工伤、失业等原因使职工的生活不能得到补偿。为了克服上述弊端,新加坡政府在原来的公积金计划基础上,对社会保障制度及其公积金制度进行了改革,推行了一系列新的公积金计划,形成了现行的社会保障体系。新的公积金制度除了包括养老金、失业、医疗等基本的社会保障项目外,对公积金的储蓄、运用、管理等制订了补充计划。这种新的补充计划包括:一是最低存款计划。实行这一计划的目的是保证会员有足够的公积金存款额,以应付退休后的基本需求。计划规定会员退休后,必须在公积金账户中保留最低存款额。最低存款可以存在公积金退休账户上,也可以向特准的保险公司买年金保险,或存入特准的银行领取较高的利息。二是最低补充计划。这一计划的宗旨是协助没有公积金或公积金不足的非会员及会员增补其退休账户储存额,以应付年老时的基本需要。只有新加坡公民和永久居民才可以参加。用于补充计划的如果是现金,则给予免税,但对填补数额有一定限制。三是公共住屋计划。公共住屋计划是使公积金会员能够用自己的公积金购买建屋发展局所建的住屋。会员就业,向公积金局缴纳公积金,公积金局用公积金购买政府债券,政府把所筹债券资金的一部分贷给建屋发展局,建屋发展局建造住屋出售给会员,会员用公积金购买住屋,若公积金不够,则可向政府低息贷款,贷款可用每月所缴公积金分期偿还。四是住宅产业计划。其宗旨是使会员能用自己的公积金在新加坡购买私人产业作为住宅或用作投资。住宅可以出租。会员可以向金融公司或银行贷款,可用公积金还贷,但对所用公积金数额有一定限制。五是家庭保障保险计划。其宗旨在于确保公积金会员及其家属在会员终身残疾或死亡时能够继续保有他们的住屋。所保障的是正在分期偿还建屋局贷款的会员,当会员残疾或死亡时,这一计划就自动为他偿还贷款。此外,当会员残疾或死亡时,公积金计划还可以为会员及其家属提供一笔钱以应付往后几年的生活所需。六是投资计划。其宗旨是使会员能自己管理公积金并增加他们的公积金储蓄以作退休之用。会员可以用公积金投资于信托及特准股票、特准贷款股、单位信托及黄金。投资数有一定限额，投资所得必须存回公积金投资账户。七是非住宅产业计划。其宗旨是使会员能够用自己的公积金在新加坡购买非住宅产业作为自用或投资。在这一计划下，会员能动用的公积金数额相当于他所购买的产业估值的70%。八是新加坡公共汽车股票计划。其宗旨是使会员能用公积金购买公共汽车股，以享受乘车优惠和分红。九是教育计划。其宗旨是使会员能用自己的公积金支付本身或子女的高等教育费，但不能缴纳在国外的高等教育费。所提出的款项须在毕业后连同利息存回原公积金账户中。十是保健计划。其宗旨是使新加坡人能够应付他们本身及家属住院就医的开支。新加坡保健计划的另一部分是预防性的，教育人民保持身体健康以减少医药费开支。十一是保健双全计划。其宗旨是使公积金会员及其家属能够支付由于重病治疗带来的高额医疗费。当会员及其家属因重病住进医院，住院费的开销达到一定限额时，就可以得到这一计划的保障。

新加坡公积金制度由政府、雇主、雇员三方参与，雇主和雇员按一定比例缴纳公积金，政府则为公积金缴付款及其利息提供免税政策。此外，由于公积金法规定公积金存款一定要投资于政府的债券，政府对公积金储备提供保证，所以，会员不必担心到时收不回存款，政府还对公积金制度提供法律保证。

每个公积金会员在公积金局拥有三个账户：一是普通账户。此账户存款可用于所有公积金计划，即可以购买保险、购屋、投资等。此账户存款的缴付比例为薪金的30%。二是特别账户。此账户存款不能随便支用，只用作养老金给付和紧急财务用途，但在特殊情况下也允许会员动用此账户存款。三是保健账户。这一账户仅作会员的保健用途，即只有在会员患病需支付政府或私人医院的住院费用时方可使用。存入这个账户的比例为薪金的6%。

公积金的给付是与公积金计划所保障的内容相联系的。具体内容有：一是在会员55岁退休时，其公积金除保留最低存款外，其余均可一次性提取。如果其公积金不够最低存款额,可以用现金填补,也可以用其子女的公积金填补。二是当会员因残疾失去工作能力时,可以一次性提取所有的公积金。三是当会员死亡时,其公积金可以转给其指定的受益人。受益人可以是其亲属、朋友等。公积金局鼓励会员指定自己的家人为受益人。四是当会员永久离开新加坡时,可以领取其公积金。五是会员在住屋计划下可以用公积金购买两类住屋:一类是建屋发展局建造的低价公共住屋,购买这类住屋必须具备一定的条件;另一类是私人住屋。六是在家庭保障保险计划下,会员如果不幸去世或终身残废,其尚未还清的购屋贷款由公积金局负责归还;在家属保障保险计划下,如果会员发生意外,公积金局可为其家属提供一定金额的保障。七是会员在投资计划下,可以用公积金购买新加坡公共汽车服务公司的股票。其公积金也可以作为特准投资购买股票、黄金等,还可以购买非住宅产业,以获取比公积金储蓄利率更高的投资回报率。新加坡政府还推出特准教育计划,允许会员用公积金为其本人或子女缴付高等学院的学费。八是会员在保健计划下,可用其保健账户的公积金支付其本人或家属生病住院的费用。若所患的是重病,当住院费用超过一定限额时,有相当一部分可从保健双全计划中支取。

新加坡的公积金管理和运作由中央公积金局负责。公积金局由劳工局管辖,内设董事会,为最高管理机构,负责制定重要的保障政策。比较重大的保障计划,需经劳工部批准。公积金董事会由一名主席(由劳工部长任命)、两名政府代表、两名雇主代表、两名雇员代表以及三名专家组成。

与其他国家的社会保障制度相比较,新加坡公积金制度是强制储蓄型保险制度,它更强调社会成员的自我保障责任,把保障待遇与个人的劳动贡献紧密相连,更有利于调动社会成员的积极性。新加坡的公积金制度允许会员在退休前动用公积金购买住房、投资、买保险、支付医疗费等,把公积金的保值增值与保障功能的扩大有机地结合起来。由于中央政府直接管理公积金,并运用公积金制度直接参与和调控社会经济活动,使得公积金管理更有效率,对社会经济的调节作用更大。新加坡社会保障制度的自我保障原则及高效、多元的运作机制,对各国社会保障制度的改革和完善有一定的借鉴意义。

但新加坡公积金制度也存在一些不足及值得探讨的问题：一是过高的投保费率,阻碍了多层次养老保险制度的出台,迫使退休者只能享受到一种养老保险;二是缺乏社会互助共济的功能;三是对经济发展具有一定的负面作用,不断提高的缴费率会导致生产经营成本过高,影响经济竞争力。因此,近年来新加坡政府也在不断修改调整公积金政策,以期能使其发挥更好的作用。

第三章
养老保险

劳动者作为经济活动的一个主体，在其生命周期中，会经历成长期、劳动期和养老期等多个阶段。因此，作为个体的人及其家庭，存在经济收入在个人和家庭生命周期中的合理配置问题。处于养老期的个人不再参加生产劳动，他或他的家庭的生活费来源有时会出现问题。为了使老年人能过上体面的生活以及依靠退职老年人为生的家庭能够正常地维持生计，需要由社会来统一配置在职劳动者的部分收入，以承担和安排退职后老年人的生活。这样的一种养老保险制度是社会经济发展到一定程度的客观要求和必然结果，也是社会化大生产的产物。由于各国的社会经济制度不同，养老保险制度的具体内容和管理方式也有较大的差异，但其宗旨是相同的。我国的养老保险制度经过了较长时期的建立、扩展和改革，在发展中已形成了较健全的制度体系，并具有一定的特色。

一、养老保险制度概述

养老保险制度是社会保险制度的重要组成部分。养老保险既关系到在职职工，又与退休职工密切相关，涉及面很广。养老保险制度的有效实施，与养老保险基金的筹集与管理、养老金的给付条件及标准制定等相关联，它是一个复杂的系统工程。

（一）养老保险制度的含义和特征

养老保险制度是指由政府立法确定的社会劳动者在年老失去劳动能力或退出劳动岗位时享有退休养老的权利，并依靠政府、企业和个人的养老保险基金，以维持基本生活水平而建立的一项社会保险制度。

养老保险制度一般规定,企业、政府或受益人需在法律规定的受益人劳动期间(一般为16～65岁)缴纳养老保险金,并在他们年老丧失劳动能力离开工作岗位后,向保险金管理机构申请领取养老金。由于养老金保险是社会成员的一项基本和重要的保险基金,因此,常由国家制定法规加以强制性实施。

养老保险是社会保险制度中被保险人身份最稳定、享受时间最长、费用开支最大的项目,国际上常以此作为衡量一个国家和社会保障制度的广度和深度的标准。

与其他的社会保障项目比较,社会养老保险具有下列特征：一是强制性。养老保险由于保险范围广、受益人众多、影响到整个社会和绝大部分家庭,因此,一般由国家立法实施,政府出面筹划,指定社会保险机构专门经营,对于养老保险,任何企业和个人都必须参加。二是由于养老保险基金数额巨大,一般需要多渠道筹集资金。通常的模式是由国家、企业和个人三方共同出资建立养老保险基金。为强化和有效管理,养老基金实行社会统筹,或社会统筹与个人账户相结合的模式。三是由于养老金保险费的缴付及待遇的给付时间较长,一般来说,养老金的给付水平应考虑到物价上涨因素和社会平均的收入水平,给付额的计算须考虑到物价指数的变动和工资率的变动。

(二)养老保险制度的模式

各国实行的社会养老保险制度,归纳起来可分为三种模式,即投保资助模式、强制储蓄模式和国家统筹模式。其中,绝大多数国家实行的是投保资助模式。①

1. 投保资助式养老保险

投保资助模式是企业和个人按规定比例定期缴纳养老保险费,同时政府给予适当的养老金补助。实行投保资助模式的国家,受保人受益要具备下列条件并履行下列义务：一是定期缴纳养老社会保

① 参见馨芳等编译:《世界各国的社会保障制度》,中国物资出版社1994年版。

险费，二是达到退休年龄并解除劳动义务。

在投保资助模式下，养老金的给付原则是受益人的待遇与其缴纳的保费成正相关关系，但同时，退休者又有权获得政府的资助，享受经济增长所获得的社会福利。在具体的给付上，养老金通常与物价挂钩，并考虑到被抚养人口等因素。

投保资助型的社会养老保险大多实行多重的退休金支付方式。一般有两大养老金，即国家法定的退休金和企业补充退休金。此外，在存在劳动者个人养老储蓄、养老互助储蓄和人寿保险的情况下，则受益人可同时享受多种养老金。

在一些国家，国家法定的养老退休金有普遍养老金与雇员退休金之分，两者都把附加退休金包括在内。其中普遍养老金制度，是西方"福利国家"法定养老退休金的一种。普遍养老金覆盖全体公民，甚至覆盖侨居一定年限的外国人，而不管其是不是工资劳动者，也不管其退休前个人收入的多寡。但享受普遍养老金需具备一定的资格，主要是需要参加社会养老保险，且投保一定年限；需要达到法定的退休年龄。如英国 1948 年开始实行的《国民保险法》规定，凡达到劳动年龄，即 16 岁的公民，必须参加国民保险，强制缴纳保险费并交满三年 156 次，同时，每年还得交足 50 次。凡符合上述条件者，到退休年龄时便有权享受普遍养老金。普遍养老金只能保障最低生活，只有加上企业补充退休金后才能保障其基本生活。

普遍养老金的给付，从各国实践来看，有两种方式。第一种是英国方式，按绝对金额给付的方式。英国 1997 年规定，无论男女退休老人，普遍养老金一律按每人每周 61.15 英镑给付，但每年平均缴纳保险费不足 50 周的，按减额给付养老金。第二种是北欧方式，即按过去某个时点制定的一个"基数"的一定比例给付普遍养老金的方式。一个"基数"的金额相当于享受最低生活水平所需的各种消费性商品和服务之和。

雇员退休金制度是以挣工资的被雇佣劳动者为保险覆盖范围的。非雇佣者，包括雇主甚至独立劳动者，都不属于保险覆盖范围。

因此,领取雇员退休金仅限于工资劳动者。雇员退休金的给付,一般包括两个部分,其中一部分属工资挂钩退休金,另一部分属附加退休金。雇员退休金中的主要部分是工资挂钩退休金,它的给付额与挂钩工资有关。有关挂钩工资,就是计发退休金所依据的工资额。通常,各国都采用受益人退休前最后数年或十年中工资最高几年的平均值作为年度挂钩工资,如意大利采用退休前最后十年中工资最高三年的平均值作为挂钩工资。

实行企业补充退休金制,是投保资助型老年社会保险的最大特色之一。例如在美国,国家统一的社会保障退休金,覆盖了96%的全国社会劳动者。但由于给付标准低,只能满足最低生活需要,为保障投保者的基本生活,需要企业加以补充。这种企业补充退休金在许多发达国家得到普遍运用。

实施企业补充退休金制,从各国实践来看,对国家、雇主、雇员都要求具备一定的条件。对国家来说,要求制定并颁布有关实施企业补充退休金制的法规,作为国家强制要求企业、政府机关为各自雇员建立补充退休金制的法律手段,也作为各企业、机关筹措补充退休基金的法律依据。从各国推行的企业补充退休金制来看,大多具有如下特点:一是退休金标准千差万别,依企业经营情况而异;二是一般不与物价变动挂钩;三是只付给雇员个人,且仅一个层次;四是鼓励连续工龄延长,因而有的企业对超过规定标准的工龄,按高一档次的退休金率计发退休金;五是若雇员中途离职,该企业便将取消其补充退休金的享受权利;六是补充退休金基本上靠雇主投保并加进存款利息而形成。

为保障人们安度晚年,在实施投保资助型的许多发达国家也鼓励个人储蓄养老。有的国家通过政府发行个人养老公债等金融手段,鼓励人们多进行养老储蓄。美国还为未被企业养老保险覆盖的个体劳动者、个体业主设计并实施了个人储蓄养老计划。此外,许多发达国家商业人寿保险公司的个人养老保险也十分发达,如美国民间的互助养老储金会、日本的生命保险公司等,对保障老年人较好地度过晚年,也起到了一定的作用。

2. 储金型社会保险

储金型社会保险,又叫强制储蓄模式。这是由国家强制雇主和雇员按一定比例定期储蓄养老保险金的一种社会养老保险类型。其起源最早可追溯到18世纪英国产业革命时期实施的"职业保障基金"。现代的储金型社会保险,以新加坡为典型代表,马来西亚、印度、印度尼西亚等一些发展中国家的社会保险基本上都属于这种类型。储金型养老保险的基本特征是,国家通过立法强制要求雇主和雇员缴纳定额保险费,共同出资建立特别基金,专款专用,分别记入每个雇员的账户。其给付方式有多种:一种是当受保人发生事故(生、老、病、死、伤残和失业)时,连本带息一次性将工作期间缴纳的保险费发给受益人;在少数情况下,受保人也可以自行选择分期领取年金,或将存款保留给遗属。储金型社会保险在受保人之间,不存在收入再分配,不能互助互济,不共担风险。一般情况下,储蓄基金由于存储时间较长,容易受通货膨胀的影响,难以保值和增值。一些国家为避免这些风险,制订了养老金储蓄的投资原则和计划,形成了良好的养老储蓄和投资的机制。

3. 国家统筹式社会保险

国家统筹式社会保险是按照国家保险的原则建立的一种社会保险类型。以中国、前苏联及东欧社会主义国家为代表。其基本特征是:社会总产品在个人分配之前先扣除社会保障方面的费用(即"必要的扣除")。凡丧失劳动能力(生、老、病、死、伤残和死者遗孤)和失业者都能得到国家的保险,职工到退休年龄,由政府支付退休金。养老保险费由单位负担;各种保险都由统一的保险机构经办,并由职工共同管理。我国的社会保险制度在改革以前,就是采取这种模式。

实践证明,实行国家统筹式养老保险,由于采取多种年金的办法(按职业分),不利于劳动力的流动;一些行业及其企业留存或缴纳的保险费用很高,且朝着"不可逆"方向增加,严重影响企业正常的生产经营活动;老年、伤残年金偏低,不利于保障老年人的基本生活。自20世纪90年代初开始,实行国家统筹式养老社会保险的国家便对这种制度进行了改革。

(三) 养老保险制度的内容

社会养老保险制度主要由以下几部分组成，即养老金给付条件，养老金待遇，养老保险基金的筹集、管理和使用等。

1. 养老金给付条件

享受养老保险待遇必须具备一定的条件，主要包括国家法定的退休条件、缴纳规定期限的保险费年限和具有受保职业规定的工龄等。

(1) 退休条件，主要强调的是退休年龄。多数国家规定，职工年满60岁或65岁即可享受退休养老金待遇，如日本、美国、西欧一些国家规定的退休年龄为男女均应满65岁，或女满60岁。世界各国规定的法定退休年龄最低的为45岁，最高的为70岁。随着科学技术的进步、医疗水平的提高，人的平均寿命正在延长，劳动者受教育的程度也在不断提高，劳动的起始年龄在后移，退休年龄也出现了推迟的趋势。据统计，在24个西方发达国家，规定65岁退休的占67%，67岁退休的占17%，60岁退休的占13%，55岁退休的占3%。在41个发展中国家，规定60岁退休的占44%，55岁退休的占33%，65岁退休的占17%，规定50岁、57岁、67岁退休的各占2%。对于从事艰苦劳动和有毒有害工种的工人，有40个国家规定可以提前5年退休，还有30个国家规定因病致残的劳动者可以提前退休。① 近年来，欧洲各国面临金融危机的压力，又推迟了退休年龄，奥地利等国推迟到65岁，德国和丹麦推迟到67岁，英国推迟到68岁，法国将最低退休年龄推迟到62岁。中国于1953年修正公布的《劳动保险条例》规定的职工退休年龄为：男年满60岁，女工人及女职工年满50岁；少数从事有毒、有害工种的职工，在其岗位上工作满一定的年限后，可以提前5年退休，其从事有毒有害工种的年限可以增加计算工龄。②

(2) 缴纳保险费年限的条件。各国规定的年限不同，有3～5年

① 参见《社会保障实用手册》，上海辞书出版社1995年版，第91页。
② 《青年文摘》，2011年4月上半月刊，第38页。

的，也有15～20年的。如英国规定缴纳保险费满3年者就可享受养老金待遇，奥地利规定缴费满15年者才能享受养老金待遇。美国则规定缴费满60个季度(即15年)才能享受养老金待遇。

根据国务院《关于建立统一的企业职工基本养老保险制度的决定》(国发1997)，我国现行规定个人缴费年限累计满15年的，退休后才能按月发给基本养老金。

(3) 受保工龄条件。一般在社会主义国家有此条件限制。实行计划经济的社会主义国家，劳动者个人一般不缴纳养老保险费，劳动者对社会的贡献通过工龄来体现。如中国1953年公布的《劳动保险条例》规定，男职工连续工龄满25年、本企业工龄满5年者，女工人和女职员连续工龄满20年、本企业工龄满5年者，即可享受养老金待遇。在瑞典等福利型国家，享受养老金待遇的条件一般以在该地区住满一定年限为条件。

2. 养老保险待遇

养老金待遇的高低与养老保险的形式及其待遇的计算办法有关。按不同的养老保险形式投保，其养老保险待遇便有不同。从现有的养老保险形式及养老金待遇的计算方法看，有以下几种①：

(1) 投保资助型养老保险及其养老金待遇的计算办法。这种筹资方式由政府、企业和个人共同缴费，因此，养老金的给付标准通常取决于职工退休前在职期间的工资收入、退休者投保年限和养老金率(即投保一年获得的占工资收入一定比例的养老金)等三个要素。其计算公式为：

养老金＝工资收入×投保年限×养老金率

以这种方法计算养老金给付标准的有意大利、德国、芬兰、美国等国家。

(2) 基本储蓄型养老保险及其养老金待遇的计算办法。这种筹资方式主要是由国家强制企业、职工或双方向社会保险机构缴纳养

① 参见《社会保障实用手册》，上海辞书出版社1995年版，第92—93页。

老保险费,待职工退休时,根据其个人账户累计储蓄额分批或一次性支付养老金。其养老金的支付标准主要取决于职工在职期间的工资水平、总投保率、国家社会保险机构规定的年利率。假设这些条件在几年内不变,那么投保几年后连本带息一次性领取的养老金可用下列计算公式:

$$一次性领取养老金=\sum_{i=1}^{n}月工资\times 12\times 总投保费率\times(1+年利率)$$

其中,养老金与总投保费率、工资水平、年利率成正比。

(3) 统筹型养老保险及其养老金待遇的计算办法。这种筹资方式主要是国家(常由政府机构、事业单位或企业作为代理人)以财政支出来负担养老金,不设专项基金。其养老金的计算有两种方法,第一种计算方法为:月养老金=月标准工资×按工龄标准为基础的折扣比例。其中,月标准工资取决于退休前最后一个月或若干年的工资水平。养老金与工龄长短成正比,工龄越长,养老金所占的工资比例就越高。在养老保险制度改革前,我国的养老金就是按这种方式计算的。第二种方法是养老金标准与工资水平成反比,即退休者在职期间的工资水平越高,养老金标准占工资的比例就越低,但养老金的绝对数额较多。前苏联就是按这种方式计算的。

3. 养老保险基金的筹集和管理

社会养老保险基金一般来源于三个方面:一是劳动者按本人的工资或薪金的一定百分比缴纳的保险费,二是雇主按雇员工资总额的一定百分比缴纳的保险费,三是政府财政的补贴。

实行投保资助型社会保险制度的国家,养老保险基金基本上来源于上述几种情况,约有半数国家是由三方出资。雇主和雇员缴纳的保险费通常与收入相关联,即保险费的征收按个人的工资或薪金的固定百分比缴纳。大多数国家雇主缴纳的费用和比例一般大于雇员的数额。少数国家,主要是东欧诸国,只规定企业负担保险费,职工除了在某些规定范围内向政府纳税,以供财政拨款用于社会保险外,一般不缴纳保险费。政府对保险基金的补贴,通常来自财政收入,也有来自指定征收的专用税款或消费税(如烟草税、汽油税、含酒精的饮料税等)。这部分政府的保险资金拨款,可用于不同的列项开支,如管理费、弥补亏空,甚至还可以负担某一分支保险项目的全部费用。政府提供的财政补贴,或者采取一次性拨款的方式,或者采取差额补助的方式,以弥补雇主和雇员双方缴纳的保险费与总的保险基金之间的差额。

若干实行社会保险制度的国家,对最低收入的工人实行保险费的减免。有些国家甚至免征他们的保险费,因而他们的保险金待遇由总保险基金负担,但也有雇主为其负担的情况。由劳、资和政府三方分摊保险金,其比例可以是相同的,也可以根据工资高低或工资类别的不同而按累进比例递增。至于独立劳动者缴纳的保险费有所不同,通常规定他们需缴纳比工薪劳动者更高比例的保险费,以弥补雇主缴纳保险费的不足。

大多数国家的养老保险管理机构,是由各种不同的半自治性机构或基金会组织负责。这些机构和组织通常由政府某个部所属的司、局管理,但在其他方面有很大的自主权。管理机构通常由受保人、雇主和政府三方代表组成的理事会领导。但在有些国家,这种理事会仅由受保人及雇主双方的代表,或由受保人和政府双方的代表组成。凡是按照职业分类或人员分类(如工薪雇员、独立劳动者)组织保险事业的国家,通常是每类保险工作各有其单位负责管理基金会的机构。少数国家的年金业务,由政府的一个部或一个司、局直接管理。

(四) 养老保险制度的层次

多层次的养老保险制度是指社会基本养老保险与补充养老保险、个人储蓄型养老保险相结合的养老保险制度。

1. 社会基本养老保险

社会基本养老保险,又称基本养老保险。基本养老保险一般由国家立法、政府直接举办和管理。养老保险基金的资金来源由企事业单位和职工双方缴费(税)或由财政预算拨款。基本养老保险通常由国家强制实施,保险面覆盖至全社会职工。建立基本养老保险的目的在于保障退休人员最基本的生活需求。基本养老保险在各国的名称不一,英国称为国家退休金计划,美国称为公共养老金计划,在日本则称为国民年金计划。

基本养老保险制度有其鲜明的特点:一是通过法定的形式,由政府统一制定,对任何单位和劳动者个人强制实施的一种养老保险制度;二是不论采用哪种筹资模式,其资金的来源方式相对固定,具有稳定性。基本养老保险是多层次社会养老保险制度的基础。

2. 单位补充养老保险

单位补充养老保险是相对于法定的基本养老保险而言的养老保险,它与基本养老保险相比较,至少有以下一些区别:一是基本养老保险具有强制性质,而补充养老保险则基本上遵循自愿原则。二是基本养老保险大都属于政府行为,其资金将来还有可能纳入国家的财政预算体系;补充养老保险多由独立的经济主体和受益人经办。三是基本养老保险在法律基础上具有统一性和规范性,补充养老保险计划则具有多样性和差异性。四是基本养老保险在承保范围内对受保人负有无限责任;补充养老保险则按照市场机制运作,有一定的经营风险,因此,其提供的保障有一定的局限性。五是补充养老保险在发挥其社会性功能的同时,具有一定的商业性。

单位补充养老保险的管理和运作有多种形式,一般可分为以下三种:一是单位账户制。即由单位开户为其职工储存养老金,所积累的基金所有权归单位,单位向其职工承诺在其退休后一次性得到若干补充养老金;职工若中途离开单位,或未达到劳资双方约定的服务期限,将得不到这份补充养老金。二是个人账户制。即将单位缴纳或单位和职工共同缴纳的补充养老保险费记入职工个人账户,所有权归个人,但须退休后方能领取,否则将缴付高额税款。三是单位账户和个人账户结合制。即将前两种形式结合起来实施,单位缴纳的补充养老保险费记入单位账户,个人缴纳的补充养老保险费记入个人账户。职工退休时,按职工个人账户所储存的补充养老保险金的一定比例,从单位账户中支付给个人。

各国建立单位补充养老保险的时间都比较晚,一般都是在基本养老金的工资替代率较低的情况下，为了缓解中产阶级及高收入阶层退休后养老金与在职时收入落差过大的矛盾而实施的。如英国1960年建立企业年金制度(即单位补充养老金制度)，使基本养老金与企业年金相加，达到原收入的50%；瑞典于1960年采取以就业年限为标准的方法。职工就业如满30年的，可得到的补充养老金约占其原收入的40%左右，如不满30年的，每少1年工龄，减发1/30的补充年金。1974年美国国会通过《职工退休收入保险法》，规定在一定数额内免征个人所得税，以鼓励资方实行单位补充养老保险。在美国，对50%左右的职工建立了补充养老保险制度，一般大公司实行所谓的"固定福利计划"(即单位账户制)，中型公司实行"固定缴费计划"(即个人账户制)，小公司一般不设立这一保险项目。

中国在企业改革的深化过程中，也已逐步建立了单位补充养老保险制度。该保险制度将单位的经济效益与职工利益紧密结合，对企业的发展和职工的积极性的发挥产生了较好的效果。

2003年12月30日，我国劳动和社会保障部通过《企业年金试行办法》。2004年5月1日起，《企业年金试行办法》、《企业年金基金管理试行办法》正式施行。2005年3月1日，《企业年金基金管理机构资格认定暂行办法》正式施行。2010年颁布的《中华人民共和国社会保险法》，对企业年金作出专门规定。2011年2月23日，新修订的《企业年金基金管理办法》正式公布，自2011年5月1日起施行。这标志着中国企业年金市场运行的法规体系基本形成，企业年金制度正趋于规范运作之中。

3. 个人储蓄型养老保险

个人储蓄型养老保险是投保人根据自己的实际收入水平，定期或不定期地向保险机构投保，以保障自己退休后基本生活的一种养老保险。这是多层次养老保险制度中的组成部分，其特点是实行个人自愿投保的原则，投保数额不限，所储款项一般按高于城乡居民个人银行储蓄存款的同期利率计息。退休时，经办机构一次或分次发给，平时不得提前支取。在职时或退休后死亡的，记入在职人员个人账户的储蓄养老保险金一次性发给法定继承人。个人储蓄型养老保险项目的设立,从职工个人和家庭的长远利益出发,有利于保障退休者的晚年生活。

目前,中国正在逐步建立以社会基本养老保险、单位补充养老保险和个人储蓄型养老保险三位一体的社会养老保险体系。

二、中国养老保险制度

我国的养老保障在计划经济体制下即已形成了完整的体系。但这种制度对于养老基金的筹措和运用,对于企业的负担和受益人的待遇等都存在一系列的问题。在中国企业制度和劳动力制度进行改革后,传统的养老保险制度越来越不适应新的体制,与市场经济体制相适应的、与国际接轨的新的社会养老保险制度的建立便成为必要。

(一)中国养老保险制度的建立

我国的养老保险制度始建于20世纪50年代初期,1951年2月5日,政务院第73次会议批准并颁布实施了《中华人民共和国劳动保险条例(草案)》,对企业职工年老退休、疾病、伤残、死亡、生育等作出了给予必要物质帮助的规定。1953年1月2日,政务院对《劳动保险条例(草案)》作出修正并公布实行。1955年12月29日,国务院又颁发了《国家机关工作人员退休处理暂行办法》和《国家机关工作人员退职处理暂行办法》,从而在国家机关和事业单位也初步建立了工作人员的养老保险制度。由于全民所有制企业职工和国家机关工作人员的养老保险在某些规定和待遇标准等方面存在着差别,因此,国务院又于1958年2月9日公布了《关于工人、职工退休处理的暂行规定》,统一了全民所有制企业、事业和国家机关职工的退休制度。同年3月7日,国务院又公布了《关于工人、职员退职处理的暂行规定(草案)》,从而又统一了企事业单位、机关职工的退职办法。至此,养老保险从《劳动保险条例》中独立出来,并成为单项立法。统一后的养老保险制度实施了20年,对养老条件及养老待遇作了明确规定,形成了完整的计划经济体制下的养老保障体系。

1. 对退休、退职、离休条件作了明确规定

(1) 对于退休条件的规定。按规定，男工人和男干部年满 60 周岁，女工人年满 50 周岁，女干部年满 55 周岁，连续工龄满 10 年的，可以办理退休手续。在特殊工种岗位工作的，男工人与男职员年满 55 周岁，女工人和女职员年满 45 周岁，连续工龄满 10 年的，均可以退休养老。党政高级干部，其退休年龄延长至 65 周岁。高级知识分子其退休年龄经主管部门批准，也可以适当延长。

(2) 对于退职条件的规定。根据规定，凡是不具备身体条件的男女工人与干部，如果由医院出具有效证明，并经劳动鉴定委员会确认，已经丧失劳动或工作能力的，可以而且应该提前退职。

(3) 对于离休条件的规定。按照规定，在 1949 年 10 月 1 日中华人民共和国成立之前，参加由中国共产党领导的革命战争，脱产享受供给制待遇的干部和在国民党统治区从事地下工作或参加民主党派的人员，以及 1948 年以前在解放区工作，享受当地人民政府制定的薪金待遇的干部，男满 60 周岁，女满 55 周岁，均可以离休。

2. 退休、退职、离休养老金待遇的规定

(1) 关于退休养老金的待遇。按照规定，工人和干部符合退休条件退休后，按其连续工龄的长短，逐月付给退休养老金。退休养老金的数额一般为本人退休时月标准工资的 60%～75%，一直给付至职工死亡为止；在解放战争期间参加工作而不够离休条件的职工，其退休养老金为本人标准工资的 80%。对于因工致残而退休的职工，视其生活自理能力具备与否，发给本人标准工资 80%～90%的退休养老金，并酌情发给护理费。退休人员除了每月可以按规定领取退休养老金外，还可以享受国家规定而发给的各种生活补贴费。

(2) 关于退职养老金的待遇。职工符合退职条件退职后，每月可以领取相当于本人退职时月标准工资 40%的退职养老生活费。如果退职养老生活费不足 40 元的，则按 40 元发给。

(3) 关于离休养老金的待遇。按照 1982 年的有关规定，凡符合离休条件的离休干部，均按本人离休前的标准工资领取离休养老金。此外，还分别按参加工作时间的先后，以一定比例加发生活补贴。离休人员除了享受以上各项养老金待遇之外,同样还享受国家规定的有关生活补贴待遇。

(二)中国旧有的养老保险制度存在的主要问题

中国旧有的养老保险制度是计划经济体制下社会经济制度的一项产物。随着中国经济改革的不断深化,特别是在社会主义市场经济得到发展后,旧有的养老保险制度越来越不适应社会经济的发展和现代企业的运作机制,其问题主要表现在以下几方面。

1. 国家和企业包揽过多,个人权利与义务相脱节

单一层次的养老保险难以分散负担,不利于建立体现国家、单位、个人三者合理负担的多层次养老保险体系。旧有的退休养老制度,个人不缴费,保障项目均由企业统包,职工自我保障观念薄弱,一切依赖国家和企业,退休后的生活依靠单一的"企业养老保险金",养老金替代率(养老金相当于工资的比例)不断上升,达到了85%。而国际社会保障协会关于最低社会保障标准的公约指出,一个人缴费30年,退休后领取的养老金相当于缴费工资的40%。而国外许多国家把养老保险金的整体替代率确定为60%~70%,其中基本养老保险金的替代率为40%~50%,补充养老保险金的替代率为20%~30%。我国居高不下的替代率阻碍了多层次养老保险体系的建立和发展。

2. 覆盖面窄

旧有的社会保险主要在全民所有制企业、事业和机关团体中实行,城镇集体所有制单位只有区县以上的"大集体"企业参照国有企业实行。小集体企业、私营企业、三资企业的职工以及个体工商户业主都未被纳入养老保险范围。

3. 筹资模式不适应人口老龄化趋势下的社会需要

我国实行的筹资模式是现收现付模式,这是根据收支平衡的原则筹集资金,即本期社会保险基金的收入仅仅用来满足本期保险费支出的需要,本期征收,本期使用,收支基本保持平衡,不为以后的支付储备资金。但我国人口众多,人口老龄化的进程加快,且人口老龄化出现于经济尚不发达时期，因此，如果处理不当，资金补充不足，将面临养老金支付的危机。我国基本的养老保险基金统筹率已由1978年的3%上升到1995年的20.76%。据世界银行预测，到2030年将上升到48%，远远超过了国际上公认的20%～25%的警戒线。过高的基本养老保险统筹率使企业和个人难以承受，也严重影响了经济的发展和社会的稳定。

4. 管理体制不健全，管理机构分散，缺乏宏观协调

这首先表现为管理服务的社会化程度低，离退休人员的各项管理和服务工作均由企业来承担。行政管理、法律监督、营运实施等各项工作缺乏合理分工，管理效率低下。其次表现为企业的社会职能与生产职能不能分离，不利于企业转换经营机制，建立现代企业制度。

（三）中国养老保险制度改革

随着经济改革的逐步深化，国务院根据社会经济发展的实际情况，于1978年6月2日颁布了《关于安置老弱病残干部的暂行办法》和《关于工人退休、退职的暂行办法》，在1958年实施的职工养老保险制度的基础上，对干部和工人的养老保险分别作出了新的规定。1980年和1992年又对干部安置的暂行办法作了两次修改。其后，又制定了一系列修改条例和法规。其中重要的有1991年国务院颁发的《关于企业职工养老保险制度改革的决定》(国发[1991]33号)，1995年颁发的《关于深化企业职工养老保险制度改革的通知》(6号文件)，1997年国务院颁发的《关于建立统一的企业职工基本养老保险制度的通知》(26号文件)，从而初步建立了符合社会主义市场经济体制的中国社会养老保险制度。2005年国务院颁发了《关于完善企业职工基本养老保险制度的决定》(国发[2005]38号)，在养老保险账户结构、计发办法等方面有了调整。2009年在全国开展了新型农村社会养老保险试点。2010年，《中华人民共和国社会保险法》颁布，明确规定"国家建立和完善城镇居民社会养老保险制度"。2011年"十二五"规划纲要也要求"完善实施城镇职工和居民养老保险制度”。自此,我国的社会养老保险制度日趋完善。

1. 养老保险制度改革进程

1978—1997 年,中国养老保险制度在以下几个方面进行了改革。

第一,改革旧有的退休费用企业负责制,建立和实施退休费用社会统筹制。① 在旧有的养老保险制度下,以企业为单位负责本企业退休人员的养老金,但由于各企业的经营状况不同、新老职工的比例不同等原因,使各企业之间退休费用负担畸轻畸重的矛盾非常突出。在纺织、粮食、轻工等传统行业中的一些老企业,退休费用达到工资总额的 50%以上,有的企业甚至超过了工资总额;而在电子、仪表、化工等一些新兴行业的企业中,退休费用不到工资总额的 5%。为此,1983 年 10 月在郑州召开的全国保险福利工作会议上提出了全民所有制企业退休费用实行社会统筹的方案。1984 年,国有企业职工退休费用社会统筹试点工作取得初步成效。1986 年 1 月,国家体改委、劳动人事部联合印发《转发无锡市实行离退休职工养老保险统筹制度的通知》,要求各地扩大试点。同年 7 月,国务院发布关于改革劳动制度的有关规定,决定国有企业新招工人一律实行劳动合同制,并规定了劳动合同制工人退休养老保险办法,企业按劳动合同制工人工资总额的 15%左右,劳动合同制工人按不超过本人标准工资的 3%缴纳退休统筹养老费。国务院关于劳动制度改革的规定发布后,推动了退休费用社会统筹工作的开展。1987 年 5 月,国家体改委、劳动人事部印发了《关于转发退休费用社会统筹工作座谈会纪要的通知》,提出要求全国有条件的市县在两年内实行退休费用社会统筹,部署了做好确定保险费缴纳比例、妥善处理企业经济效益的变化与养老金的关系等工作,明确中央直属企业(除铁道、水电部门外)都可参加当地的养老统筹基金,同时提出了要加强基金管理和财政监督等项工作。由此,国有企业职工养老保险进入了社会化改革的进程。

第二,建立城镇集体所有制企业职工养老保险制度。在全民所

---

① 参见宋晓梧等著:《中国社会保障制度建设 20 年》,中州古籍出版社 1998 年版,第 46—49 页。

有制单位推行养老保险社会统筹制度的同时,鉴于集体所有制企业同样存在的职工退休费用问题,1984 年 10 月,中央财经领导小组会议决定,城镇集体所有制企业也实行养老保险制度,并规定全民所有制企业职工养老保险由劳动部管理,城镇集体所有制企业职工养老保险由企业向中国人民保险公司(以下简称“人保”公司)缴付,由“人保”公司统一经营。为此,“人保”公司起草了《城镇集体所有制企业职工养老保险条例》(草案),1985 年,劳动部和“人保”公司联合发文,对国有企业和集体企业养老保险分工与交接作出了规定。截至 1988 年 4 月,“人保”公司已在全国 18 个省、自治区、直辖市,两百多个市(县)的城镇集体企业职工中建立了养老保险统筹制度,参加职工达三百多万人。1988 年起,劳动部认为养老保险是政府职能,应把“人保”公司所管的城镇集体企业职工养老保险改为由劳动部办理,因此,劳动部门所属的社会保险机构同时经办集体企业职工养老保险,形成政府部门和保险公司共办养老保险的格局。

第三,逐步建立企业职工基本养老保险制度。经过多年的改革,各地区以退休费用社会统筹为主要内容的养老保险制度改革取得了一定的成效。但鉴于我国经济发展水平及人口老龄化发展迅速的情况,有必要进一步改革和完善养老保险制度。为此,1991 年国务院颁发了《关于企业职工养老保险制度改革的决定》(国发[1991]33 号),对养老保险制度的多层次体系、费用筹集、基金管理以及部门分工等作出了政策性规定。

第四,探讨和实施社会统筹与个人账户相结合的筹资模式。旧有的社会养老保险制度是现收现付制,资金由国家和企业统筹。从 20 世纪 80 年代中期开始,我国在社会养老保险制度改革试点工作中,借鉴和研究了国际上养老保险制度改革的经验,认为由社会统筹和个人账户相结合的部分基金积累制模式取代单一的现收现付制社会统筹模式是改革发展的趋势,只有引入和发展个人账户储存基金制模式,使其成为养老保险新制度的主体,同时建立完善的社会统筹制度,使社会统筹与个人账户有效结合,才能建立起合理有效的社会养老保险制度。为此,我国开始了社会养老保险的社会统筹与个人账户相结合模式的试点工作。1989 年 7 月,福建省推出了实施城镇集体企业职工养老保险的办法,即采用现收现付统筹式的基本养老保险与个人账户储蓄积累式的补充养老保险相结合的双层式养老保险制度,委托人民保险公司承办,这是我国社会统筹与个人账户相结合的养老保险的首次探索试点。此后,在深圳市和海南省的社会养老保障制度综合试点工作中,也采用了个人账户和共济基金账户相结合的筹资模式。深圳的改革方案经反复论证和修改后,于 1992 年正式实施,为探索我国社会统筹和个人账户相结合的养老保险筹资模式积累了经验。1993 年,上海市人大也通过了以个人储存和统筹互济相结合的筹资模式为核心的基本养老保险制度改革方案,几年来,方案的实施取得了成功。1993 年 11 月,党的十四届三中全会通过的《关于建立社会主义市场经济体制若干问题的决定》确定了"城镇职工养老和医疗保险金由单位和个人共同负担,实行社会统筹和个人账户相结合"的改革方向。1995 年 3 月,国务院颁发《关于深化企业职工养老保险制度改革的通知》(国发[1995]6 号),随通知颁发了企业职工基本养老保险社会统筹与个人账户相结合的实施办法。1997 年,国务院颁发了《关于建立统一的企业职工基本养老保险制度的通知》(26 号文件),统一了全国养老保险的实施办法。这些都标志着我国的社会养老保险制度改革取得了实质性的进展,基本养老保险社会统筹与个人账户相结合的模式基本形成,使基本养老保险制度建设逐步进入法制化轨道。

1998 年 8 月,国务院发布了《关于实行企业职工基本养老保险省级统筹和行业统筹移交地方管理有关问题的通知》,主要内容包括:将原来 11 个行业的行业内养老统筹移交地方(省、直辖市)管理;提高统筹层次,实施省级统筹;养老金的差额缴拨改为全额缴拨,并实施养老金社会化发放。

2005 年 12 月 3 日,国务院正式颁布了《国务院关于完善企业职工基本养老保险制度的决定》(以下简称《决定》)。随着人口老龄化、就业形式多样化和城市化的发展,现行的企业职工基本养老保险制度显现出一些与经济社会发展不相适应的问题,如覆盖范围不够广,大量的城镇个体户和灵活就业人员还没有参与其中;基本养老保险的个人账户空账运行,没有真正实现部分积累的制度模式,难以应对人口老龄化的实际需求;基本养老金计发办法不尽合理,缺乏参保缴费的激励约束机制;基本养老金的调整机制还不健全,养老金总体水平还不高;统筹层次比较低,基金调剂能力也比较弱;企业年金发展滞后,多层次的养老保险体系还没有建立起来等。针对上述问题,国务院颁布了完善企业职工基本养老保险制度的决定。这一决定的主要内容包括:

(1) 确保基本养老金按时足额发放,以保障离退休人员的基本生活。

(2) 扩大基本养老保险覆盖范围,城镇各类企业职工、个体工商户和灵活就业人员都要参加企业职工基本养老保险。城镇个体工商户和灵活就业人员参加基本养老保险的缴费基数为当地上年度在岗职工平均工资,缴费比例为20%,其中8%记入个人账户,退休后按企业职工基本养老金计发办法计发基本养老金。

(3) 逐步做实个人账户,完善社会统筹与个人账户相结合的基本制度;2006年1月1日起,个人账户的规模统一由本人缴费工资的11%调整为8%,全部由个人缴费形成,原本由单位缴纳、打入个人账户的3%,转而注入统筹基金;而缩小后的个人账户资金也不得再挪用。

(4) 加强基本养老保险基金的征缴和监管。

(5) 改革基本养老金计发办法,规定在1997《决定》实施后参加工作、缴费年限(含视同缴费年限,下同)累计满15年的人员,退休后按月发给基本养老金。基本养老金由基础养老金和个人账户养老金组成。退休时的基础养老金月标准以当地上年度在岗职工月平均工资和本人指数化月平均缴费工资的平均值为基数,缴费每满1年发给1%。个人账户养老金月标准为个人账户储存额除以计发月数,计发月数根据职工退休时城镇人口平均预期寿命、本人退休年龄、利息等因素确定。在1997《决定》实施前参加工作、2005《决定》实施后退休,且缴费年限累计满15年的人员,在发给基础养老金和个人账户养老金的基础上,再发给过渡性养老金。本决定实施后到达退休年龄,但缴费年限累计不满 15 年的人员,不发给基础养老金;个人账户储存额一次性支付给本人,终止基本养老保险关系。本决定实施前已经离退休的人员,仍按国家原来的规定发给基本养老金,同时执行基本养老金调整办法。

(6) 建立基本养老金正常调整机制,合理确定基本养老金水平,根据职工工资和物价变动等情况,国务院适时调整企业退休人员基本养老金水平,调整幅度为省、自治区、直辖市当地企业在岗职工平均工资年增长率的一定比例。

(7) 在完善市级统筹的基础上,尽快提高统筹层次,实现省级统筹,为构建全国统一的劳动力市场并促进人员的合理流动创造条件。

(8) 建立多层次的养老保险体系,具备条件的企业为职工建立企业年金,企业年金基金实行完全积累,采取市场化的方式进行管理和运营,并严格监管规范运作。

(9) 进一步做好退休人员社会化管理工作,提高管理和服务水平。①

我国在建立和实施基本养老保险制度的同时,从 20 世纪 80 年代起,企业补充型养老保险制度的建设也得到了发展。

2010 年颁布的《中华人民共和国社会保险法》第二章,对建设基本养老保险有了更明确的规定,尤其提出国家要建立基本养老金正常调整机制,要根据职工平均工资增长、物价上涨情况,适时提高基本养老保险待遇水平。个人跨统筹地区就业的,其基本养老保险关系可随本人转移,缴费年限累计计算。提出国家要建立和完善新型农村社会养老保险制度,建立和完善城镇居民社会养老保险制度。各省、自治区、直辖市人民政府根据实际情况,可以将城镇居民社会养老保险和新型农村社会养老保险合并实施。

2. 养老保险制度改革所遵循的基本原则

在上述国务院颁发的关于建立企业职工养老保险制度的有关

---

① 参见国发[2005]38 号《国务院关于完善企业职工基本养老保险制度的决定》。

文件中,明确地提出了我国养老保险制度改革所遵循的基本原则。第一,保障水平要与我国社会生产力发展水平及各方面的承受能力相适应。随着我国人口老龄化程度的日益提高,社会对养老保险资金的需求日益突出。我国目前基本养老保险金的替代率已高达80%左右,需要随着工资水平的逐步提高和养老保险结构的调整,逐步降低基本养老保险金的替代率。同时,应该吸收西方国家由于高福利而引起诸多社会弊端的教训,使养老保险的水平与我国经济社会发展水平相一致。因此,必须贯彻基本养老保险只能保障退休人员基本生活的原则。第二,社会互济与自我保障相结合,公平与效率相结合。如果单一地依靠社会基本的保险给付,一方面社会承受的压力过大,另一方面也不利于受益人合理地安排经济收入,不利于提高养老保险基金的运行效率和受保人给付水平的提高,因此,需要两方面相结合。第三,权利与义务对等的原则。应该改变传统的以工龄、职级等因素确定给付标准的做法,充分考虑受保人的工作年限、投保期限和投保数额等因素,确定其合理的获得养老保险金的条件和给付水平等。第四,统一决策,分级管理,实行行政管理与保险基金管理分开的原则。养老保险制度的建立和实施涉及面广,影响大,需要由中央政府对重大的政策进行决策,有些涉及原则性的长远的问题,还需要提交法制部门制定统一的法规予以确定。但在具体实施过程中,存在着许多操作上的问题,需要各级政府和相应的社会保障管理机构根据实际情况予以处理,实行分级管理。此外,社会保险基金的筹措和运作,需要有专门的机构和专业的管理人员加以管理,需要根据经济的变动情况和金融市场情况来合理安排、投资和使用基金,因此,必须成立专门的保险基金管理机构,严禁行政部门任意干预和行政划拨。第五,分享社会经济发展成果的原则。随着经济社会的发展,在消费水平普遍提高的情况下,退休人员的实际生活水平有可能下降。因此,有必要建立基本养老金调整机制,使退休人员的收入水平随着经济社会的发展和职工工资水平的提高而不断提高,以共同分享社会经济发展的成果。

3. 中国养老保险制度改革的目标

1993年党的十四届三中全会提出到20世纪末，基本建立起适应社会主义市场经济体制要求，适用城镇各类企业职工和个体劳动者，资金来源多渠道、保障方式多层次、社会统筹与个人账户相结合、权利与义务相对应、管理服务社会化的养老保险体系。在2010年前后，建立起比较完善和规范的、国际先进的、三方面有机统一的养老保险制度。建立的社会化养老保险体系包括三个层次，即基本养老保险、企业补充养老保险和个人储蓄型养老保险。三个层次的关系是：基本养老保险保障退休人员的基本生活，它由政府举办，采用社会统筹和个人账户相结合的模式，以征税或缴费方式筹集资金。基本养老保险强制性地覆盖到全社会劳动者，保障退休人员获得的替代率为社会平均工资20%～25%的基础养老金，以保障退休人员最低的生活水平。企业补充养老保险是在贯彻按劳分配原则和考虑地区发展水平及企业经济效益的基础上，使离退休人员的生活随着经济与社会发展不断得到改善。企业缴纳补充养老保险，政府可给予一定的税收优惠，补充养老保险的养老金替代率设计为50%～60%，这一部分将成为退休人员养老金收入的主要部分。个人储蓄型养老保险主要是增加退休人员养老金的给付额，提高投保人退休后的生活质量。同时，也要发挥商业保险的补充作用。个人储蓄型养老保险由商业保险公司举办，个人自愿投保，政府也给予适当的税收优惠。

总体上说，三个层次结构的养老保险制度是总结和借鉴了许多国家的实践经验并根据中国的国情设计的，它有利于抵御和度过老龄化高峰期的支付困难，政府、企业、个人三者权利与义务清晰，有利于社会主义市场经济体制的建立和社会的安定。

经过近二十年的发展，我国养老保险改革的目标已基本实现。《中华人民共和国国民经济和社会发展"十二五"规划纲要》又明确指出了完善我国基本养老保险制度的主要目标和任务，提出实现新型农村社会养老保险制度全覆盖。完善实施城镇职工和居民养老保险制度，全面落实城镇职工基本养老保险省级统筹，实现基础养老金全国统筹,切实做好城镇职工基本养老保险关系转移接续工作。逐步推进城乡养老保障制度的有效衔接。推动机关事业单位养老保险制度改革。发展企业年金和职业年金。我国的基本养老保险制度将随着社会主义市场经济体制改革的深入而不断得到完善。

(四) 城镇养老保险制度的实施及改革

城镇养老保险制度实行多层次的养老保险体系,其内容主要包括城镇企业职工基本养老保险和城镇居民社会养老保险。

1. 城镇企业职工基本养老保险

(1) 基本养老保险。其主要内容包括养老保险的实施范围、社会统筹资金的筹集和社会保险管理体制等。目前,我国养老保险的实施范围已明确规定为城镇各类职工、劳动者以及个体工商户、私营企业主等非工薪收入者。

基本养老保险基金分为社会统筹基金和个人账户基金。社会统筹基金的资金来源为企业缴纳的基本养老保险费。企业总的基本养老保险缴费比例一般不得超过企业工资总额的20%,具体比例由省、自治区、直辖市人民政府确定。少数超过此比例的省、自治区、直辖市应报劳动和社会保障部、财政部审批。自2006年1月起,个人账户统一由本人缴纳工资的11%调整为8%,全部由个人缴费形成,原本由单位缴纳、打入个人账户的3%,转而注入统筹基金;而缩小后的个人账户资金也不得再挪作他用。

基本养老金的计发条件和计发办法如下:

根据2005年《关于完善企业职工基本养老保险制度的决定》的规定,《国务院关于建立统一的企业职工基本养老保险制度的决定》(国发[1997]26号)实施后,参加工作、缴费年限(含视同缴费年限,下同)累计满15年的人员,退休后按月发给基本养老金。基本养老金由基础养老金和个人账户养老金组成。退休时的基础养老金月标准以当地上年度在岗职工月平均工资和本人指数化月平均缴费工资的平均值为基数,缴费每满1年发给1%。个人账户养老金月标准为个人账户储存额除以计发月数,计发月数根据职工退休时城镇人口平均预期寿命、本人退休年龄、利息等因素确定。

国发[1997]26号文件实施前参加工作，本决定实施后退休，且缴费年限累计满15年的人员，在发给基础养老金和个人账户养老金的基础上，再发给过渡性养老金。各省、自治区、直辖市人民政府要按照待遇水平合理衔接、新老政策平稳过渡的原则，在认真测算的基础上，制订具体的过渡办法，并报劳动和社会保障部、财政部备案。

本决定实施后达到退休年龄但缴费年限累计不满15年的人员，不发给基础养老金；个人账户储存额一次性支付给本人，终止基本养老保险关系。

本决定实施前已经离退休的人员，仍按国家原来的规定发给基本养老金，同时执行基本养老金调整办法。

(2) 企业(单位)补充养老保险。补充养老保险是相对于法定的基本养老保险而言的养老保险。它是根据企业自身的经济能力，由企业与本企业职工根据国家政策，在协商一致的基础上为本企业职工建立的。目前企业补充养老保险的形式是企业年金。2004年5月1日，《企业年金试行办法》正式实施。由此，中国企业补充养老保险制度改革趋于法制化和规范化。

按照《企业年金试行办法》的规定，建立企业年金的企业必须依法参加基本养老保险并履行缴费义务，具有相应的经济负担能力，已建立起集体协商机制。《企业年金试行办法》还具体规定了企业年金方案内容、企业年金缴费规定、企业年金基金组成、企业年金基金管理规定等内容。

为使《企业年金试行办法》得到有效实施，劳动和社会保障部同时颁布了《企业年金基金管理试行办法》，提出了企业年金基金的市场化运作原则，明确了企业年金的治理结构以及各管理机构的职责和法律关系，对规范企业年金的市场运作意义重大。

(3) 个人储蓄型养老保险。职工个人储蓄型养老保险，是在国家宏观指导和给予一定政策性优惠的条件下，按照个人自愿的原则，由职工个人根据自己经济收入的情况，或多或少地向社会保险事业管理机构缴纳一定的养老保险基金，有的也可以委托单位代扣，金额不限。个人储蓄型养老保险可缓解社会高消费，改善职工退休待遇，提高退休人员的生活质量，起到居安思危的作用。个人储蓄型养老保险由职工个人自愿选择经办机构。

从以上内容可以看出，基本养老保险体现了职工平等的养老保险权，它采用以支定收、略有结余、留有部分积累的办法筹集基金。企业补充养老保险和个人储蓄型养老保险则因企业经济效益和个人收入不同而有所差别，体现了效率原则，它采用完全积累办法，设立个人账户，所有款项及利息归个人所有。基本养老保险、企业补充养老保险、个人储蓄型养老保险三个层次的有机结合，构成了多元化的中国养老保险制度。

2. 城镇居民社会养老保险的基本内容①

1997 年，我国统一了全国城镇企业职工基本养老保险制度，确立了社会统筹与个人账户相结合的制度模式，覆盖范围逐步扩大到城镇个体工商户和灵活就业人员；2005 年，进一步完善城镇企业职工基本养老保险制度。2009 年，在全国开展了新型农村社会养老保险(以下简称“新农保”)试点，建立了个人缴费、集体补助、政府补贴相结合的新农保制度，标志着我国养老保险制度第一次突破城镇局限向广大农村发展。2010 年，《中华人民共和国社会保险法》颁布，明确规定“国家建立和完善城镇居民社会养老保险制度”。2011 年，全国人民代表大会通过“十二五”规划纲要，要求“完善实施城镇职工和居民养老保险制度”。城镇中未就业人员以及就业不稳定而无法纳入职工基本养老保险制度的居民的养老保险制度建设也被列入社会保险体系建设之列。国务院决定，从 2011 年 7 月 1 日起开展城镇居民社会养老保险(以下简称“城镇居民养老保险”)试点，并印发了《国务院关于开展城镇居民社会养老保险试点的指导意见》(国发〔2011〕18 号)。对建立城镇居民社会养老保险制度的意义、任务、原则等作出了规定。

---

① 本部分主要参考《关于印发开展城镇居民社会养老保险试点工作宣传提纲的通知》，人社部发〔2011〕81 号。

第一，建立城镇居民养老保险制度的意义。

建立城镇居民养老保险制度，是深入贯彻落实科学发展观，让广大人民共享改革发展成果的重要决策。科学发展观的核心是以人为本，要把保障和改善民生作为一切工作的出发点和落脚点，使发展成果惠及全体人民。城镇居民养老保险是我国养老保险制度全覆盖的最后一项空白，制度所覆盖的城镇非从业居民这个群体，成分构成多样，其中一部分青壮年多是残疾人或劳动能力不强，常常在就业和无业之间徘徊，收入低或无收入；而老年人的生活来源没有可靠的制度保障，相当一部分是城镇中的困难群体。党中央、国务院决定开展城镇居民养老保险试点工作，正是从广大人民群众的根本利益出发，通过社会化的养老保险制度改善这些困难群众的老年生活状况和未来预期，使得改革发展成果更好地惠及更多的群众。

建立城镇居民养老保险制度，是加强和创新社会管理的重要步骤。我国正处于经济快速增长时期，由于社会利益群体日益多元化，收入分配差距拉大，容易导致社会矛盾凸显和不稳定。当前特别需要加强和创新社会管理，切实解决好群众最关心、最直接、最现实的切身利益问题。健全的社会保障制度，有助于缓解社会矛盾，被称为社会的稳定器和安全网。建立城镇居民养老保险制度，是社会管理的制度创新，有利于发挥社会保障的再分配调节功能，改善低收入群众的生活质量，建立起缩小收入差距的长效机制，更公平地分配公共服务资源，这对于促进经济发展、维护国家稳定和社会和谐起着积极作用。同时，城镇居民养老保险采取与新农保相同的制度模式，普惠公平、城乡统筹，有助于培育和引导自尊自信、理性平和、开放包容的社会心态，促进社会和谐。

建立城镇居民养老保险制度，是建立完善覆盖城乡居民社会保障体系的重要环节。党的十六大以来，我国社会保障体系建设取得了重大进展。党的十七大提出“加快建立覆盖城乡居民的社会保障体系”，并强调“以基本养老、基本医疗、最低生活保障制度为重点”。现在，基本医疗保险和最低生活保障在制度上基本实现了城乡全覆盖。在养老保险领域，城镇职工和农村居民已经有了制度安排，建立城镇居民养老保险制度,标志着我国养老保险城乡全覆盖的制度体系最终形成,全体国民都纳入了社会养老保障体系,从而实现几千年来中国人"老有所养"的愿望。第6次全国人口普查结果表明,我国60岁以上老年人口的比重已达13.26%,近几年平均每年提高0.5个百分点,老龄化趋势明显。将养老保险制度的覆盖范围扩大到全体城乡居民,对于应对我国老龄化挑战,保障老年居民的基本生活,促进经济社会协调发展,意义重大。

第二,开展城镇居民养老保险试点的目标任务和基本原则。

城镇居民养老保险试点的目标任务是,建立个人缴费、政府补贴相结合的城镇居民养老保险制度,实行社会统筹和个人账户相结合,与家庭养老、社会救助、社会福利等其他社会保障政策相配套,保障城镇居民的老年基本生活。2011年7月1日启动试点工作,首批试点覆盖面为60%,2012年基本实现城镇居民养老保险制度全覆盖。

城镇居民养老保险试点的基本原则是"保基本、广覆盖、有弹性、可持续"。这一原则与中央确定的社会保障体系建设的总方针是一致的,同时根据城镇居民的特点,强调了"有弹性"。一是从城镇居民的实际情况出发,低水平起步,筹资标准和待遇标准要与经济发展及各方面承受能力相适应;二是个人(家庭)和政府合理分担责任,权利与义务相对应;三是政府主导和居民自愿相结合,引导城镇居民普遍参保;四是中央确定基本原则和主要政策,地方制订具体办法,城镇居民养老保险实行属地管理。

第三,城镇居民养老保险制度与新农保基本一致。

城镇居民养老保险与新农保在制度模式和政策框架等方面基本保持一致,即实行社会统筹与个人账户相结合,筹资方式是个人(家庭)缴费与政府补贴相结合,待遇支付结构是基础养老金与个人账户养老金相结合。这主要是考虑到:首先,城镇居民养老保险制度所覆盖的城镇居民,没有单位给他们缴费,只能依靠自己缴费和政府补贴,这与农村居民有共性,而与职工有较大差异,因此不宜采用职工基本养老保险制度模式;其次,社会保险法规定,"省、自治区、直辖市人民政府根据实际情况,可以将城镇居民社会养老保险与新型农村社会养老保险合并实施”，二者模式一致，有利于制度衔接融合，将来还可以整合成统一的城乡居民社会养老保险制度；再次，已有部分地区按照这一模式开展了先行探索，得到群众认可，取得了初步的实践经验。

第四，城镇居民养老保险试点的主要政策。

（1）参保范围。年满16周岁（不含在校学生）、不符合职工基本养老保险参保条件的城镇非从业居民，可以在户籍地自愿参加城镇居民养老保险。对灵活就业人员，应鼓励他们参加职工基本养老保险，缴费确有困难的，可以自愿参加城镇居民养老保险。

（2）基金筹集。城镇居民养老保险基金主要由个人缴费和政府补贴构成。其一，个人缴费。城镇居民养老保险缴费的最低标准为每年每人100元（与新农保一样），让收入较低的居民也有能力缴费参保；对城镇重度残疾人等缴费困难群体，地方人民政府为其代缴部分或全部最低标准的养老保险费。考虑到城镇居民收入水平和缴费能力普遍高于农村居民，为体现多缴多得，因此规定缴费标准从100元至1 000元设10档（新农保为100元至500元5档）；统一合并实施城乡居民养老保险制度的地区，可以不分城乡，由参保人在多档中选择，有利于适应不同收入水平群体的需求；地方政府还可以根据实际情况增设缴费档次，这为各地因地制宜留出了空间。其二，政府补贴。地方政府对城镇居民参保缴费的补贴标准不低于每人每年30元；中央确定的基础养老金最低标准目前为每人每月55元，中央财政按此标准对中西部地区全额补助，对东部地区补助一半。

（3）缴费资助。与新农保制度相比，城镇居民没有集体经济组织，因此没有规定“集体补助”的筹资渠道，但是保留“鼓励其他经济组织、社会组织、个人为参保人缴费提供资助”，作为国家提倡的辅助渠道。

（4）个人账户。城镇居民的个人缴费、地方政府对参保人的缴费补贴及其他来源的缴费资助，全部记入个人账户，实账管理。参保人员死亡，个人账户中的资金余额，除政府补贴外，可以依法继承；政府补贴余额用于继续支付其他参保人的养老金。个人账户储存额目前每年参考中国人民银行公布的金融机构人民币一年期存款利率计息。城镇居民养老保险基金纳入社会保障基金财政专户，实行收支两条线管理，单独记账、核算，按有关规定实现保值增值。

(5) 养老金待遇及领取条件。参加城镇居民养老保险待遇的领取年龄，无论男女都是 60 周岁。养老金由基础养老金和个人账户养老金组成。目前，中央确定的基础养老金标准为每人每月 55 元；地方政府可以根据本地实际情况提高基础养老金标准，对长期缴费的参保城镇居民，可适当加发基础养老金，提高和加发部分的资金由地方政府支出。个人账户养老金的月计发标准为个人账户储存额除以 139(与职工基本养老保险及新农保个人账户养老金计发系数相同)。城镇居民养老保险制度实施时，已年满 60 周岁，未享受职工基本养老保险待遇以及国家规定的其他养老待遇的，不用缴费，可按月领取基础养老金；距领取年龄不足 15 年的，应按年缴费，也允许补缴，累计缴费不超过 15 年；距领取年龄超过 15 年的，应按年缴费，累计缴费不少于 15 年。要引导城镇居民积极参保、长期缴费，多缴多得；引导城镇居民养老保险待遇领取人员的子女按规定参保缴费。

(6) 相关制度衔接。有条件的地方，城镇居民养老保险应与新农保合并实施。其他地方应积极创造条件将两项制度合并实施。关于城镇居民养老保险与职工基本养老保险等其他养老保险制度、城镇居民最低生活保障、社会优抚等政策制度的配套衔接办法，国务院有关部门将在充分调研、论证的基础上，按照城镇居民利益不受损、待遇标准不降低的原则，妥善做好制度衔接工作。

3. 城镇养老保险制度的深化改革

1997 年以来，我国的养老保险制度建设取得了突破性进展，在制度建设上，着眼于引进基金积累制；在激励机制上，收缴难度有所下降；在替代率方面也逐年下降；养老金的分配差距比以往实施方案有所缩小，低工资的替代率略高，高工资的替代率略低，基本割断了养老金与退休前工资的直接联系。

但在实施过程中，新的制度和实施方案仍面临一些突出的难点和问题，主要有以下几个方面：

第一,社会养老保险覆盖面问题。社会养老保险覆盖面不到位始终是个现实问题。造成社会养老保险覆盖范围窄、扩面难的原因复杂,如有关组织和个人的社会保险意识淡薄,征缴机构的行政能力不足,各地仅依靠地方性文件、法规实施,缺乏法律刚性的保障和全国性的统一政策等,而最核心和根本的问题是缴费率过高。从国际上看,企业缴纳的养老保险费水平一般在10%左右,而国际公认的企业养老保险缴费率的预警线是20%。现在我国绝大多数地区的企业缴费比例都超过了20%,有的甚至高达30%;个人缴费率也达工资的8%。① 过高的缴费率会影响企业的运作成本和盈利水平,其结果必然使企业以各种方式逃避参保。而职工个人也由于缺乏长远眼光,更倾向于既得收入,尤其是非公有制经济单位的职工,由于工作稳定性差,对养老保险缺乏足够的了解和认识,参保积极性普遍不高,监督和督促企业为其办理养老保险就更是无从谈起了。②而城镇个体户和灵活就业人员"门槛高、待遇高、负担重"③则又成为这一群体扩面难的重要原因。④

第二,养老金债务与做实个人账户的问题。养老金债务是指旧的养老金制度对养老金领取者承诺的期望养老金价值,是目前世界上很多国家都面临的问题。⑤ 20世纪90年代,我国确定了基本养老保险模式从现收现付向"统账结合"转变。在实际操作过程中,采取的是一步到位的改革模式。已退休人员和在职职工在现收现付体制中积累的养老金权益,作为一种旧体制的遗留责任,全部进入新体

---

①② 陈佳贵、王延中主编:《中国社会保障发展报告》,社会科学文献出版社2004年版,第185页。

③ 除了部分职业的灵活就业者(如演职人员、律师、会计师等)的工资水平较高,大部分灵活就业人员的工资水平低于当地平均工资水平,往往只能维持现有的基本生活,而灵活就业人员的缴费基准是由当地上一年度的平均工资水平确定的,这抬高了参保"门槛",由于他们的缴费率低于企业职工而待遇水平并不降低,意味着国家对未来养老金的高福利承诺,加剧了远期财政的负担。

④ 王积全:"灵活就业人员基本养老保险问题探讨",《财会研究》,2004年第3期。

⑤ 孟昭喜:"做实个人账户建立可持续发展养老保险制度",《中国社会保障》,2005年第1期。

制。制度转轨确定以后,由于政府没有支付必要的改革成本,为了解决企业已退休职工的养老问题,不得不动用本应留作积累的个人账户基金,使得目前的“中人”进入新制度后,个人账户继续成为“空账”,这就是我国养老保险隐性债务的由来。

受人口老龄化与隐性债务的双重影响,在将统筹基金与个人账户资金混账管理、合并使用的情况下,我国企业养老保险当期收不抵支的情况日益严重,缺口越来越大。从2004年到2050年间,预计养老保险年平均缺口近2 900亿元,越往后缺口越大,2041年到2050年的10年间,年平均缺口将高达11 300亿元。届时,不仅会给企业、财政和国民经济带来沉重的负担,而且会直接危及制度的生存与发展。于是做实个人账户,成为当前各界普遍关注的重点。

第三,计发办法和养老金调整机制的问题。按照以前的计发办法,缴费满15年以上的,基础养老金按当地在岗职工上一年度平均工资的20%计发,个人账户养老金按账户储存额的1/120计发。这种办法存在两个问题:一是缺乏参保缴费的激励约束机制。缴费15年以上的参保人员多缴不能多得,不符合社会保险权利与义务相对应的原则;二是不符合退休人员实际情况。目前我国退休人员退休后的平均余命在25年以上,而按现行计发办法,个人账户储存额领取10年后就空了,需要由政府来负担,这显然会给国家财政带来很大压力。① 对照1997《决定》,2005《决定》最大的政策调整是养老金计发办法的改变,按照新的基本养老金计发办法,退休时的基础养老金月标准以当地上年度在岗职工月平均工资和本人指数化月平均缴费工资的平均值为基数,缴费每满1年发给1%。个人账户养老金月标准为个人账户储存额除以计发月数,计发月数根据职工退休时城镇人口平均预期寿命、本人退休年龄、利息等因素确定。这样,参保人员每多缴1年,增发一个百分点,上不封顶,有利于形成“多工作、多缴费、多得养老金”的激励约束机制,而且这样也更加符合退休人

① 郑京平:“‘银色浪潮’对我国养老保险体制的冲击及对策”,《统计研究》,2002年第1期。

员平均余命的实际情况。

此外,2005《决定》对养老金调整机制也给予了充分的重视。退休人员养老金水平不仅取决于退休时计发的数额,还要随国家基本养老金水平的调整而增加。计发办法只是计算确定了参保人员退休时的养老金待遇水平,而参保人员退休后平均还要生活25年以上,需要分享经济社会发展成果。因此,必须建立基本养老金的正常调整机制。2005《决定》明确规定,根据职工工资和物价变动等情况,国务院将适时调整企业退休人员基本养老金水平,调整幅度为省、自治区、直辖市当地企业在岗职工平均工资年增长率的一定比例,各地根据本地实际情况提出具体调整方案。

第四,统筹层次低的问题。所谓省级统筹,是企业职工基本养老保险基金以省为单位实行统筹的简称。从已实行省级统筹省市的实践来看,真正意义上的省级统筹,并非仅指作为离退休费用实行社会统筹过程中的一种较高层次的基金调剂方式,而是指在一个省的范围内,实施统一的企业职工基本养老保险制度、统一的养老保险费缴纳标准和基本养老保险待遇支付项目及计发办法、统一的养老保险业务管理、统一的基金调剂与管理。

养老保险制度以"大数法则"为基础,只有实现较大范围的统筹,才能提高抵御风险的能力,确保养老金发放。实行省级统筹可以在全省范围内合理调剂、均衡各地所需费用的负担水平。我国各地区经济发展状况不同,基本养老保险负担能力差别较大。养老保险负担重的地区,企业缴纳养老保险费的比例偏高,在一定程度上影响了企业的经营,同时也不利于基金的积累,由于地方财力有限,一旦出现意外突发事件,当地应对风险能力极差。实行省级统筹,可在较大范围内实现资金统一调剂使用,平衡各地区的苦乐不均,分散风险,使基金合理积累。目前我国大部分地区仍是市级统筹水平,有的地区甚至是地县级统筹。由于管理、决策层次低,对养老保险基金的完整与安全极为不利,导致了养老保险基金的被挤占、被挪用。实行省级统筹,养老保险基金由省级劳动保障、财政部门和社会保险经办机构共同管理、调剂使用,可以有效地遏止地、县级政府和有关部门挤占、挪用养老保险基金问题的发生,达到保证基金完整与安全的目的。实行省级统筹不是最终目的,在实现省级统筹的基础上,必将最终实行全国范围的基本养老保险费用社会统筹,以便在更大的范围内分散风险、调剂基金,进而实现更高层次的统筹管理,从根本上保证养老保险基金的完善与安全,发挥基金的最大调剂功能,也为统一劳动力市场和促进人力资本的合理、有效配置创造条件。这也是建立完善社会主义市场经济体系的需要。①

第五,养老金的工资替代率问题与建立多层次的养老保险体系。养老金的工资替代率,指职工退休以后所领取的退休金占在职职工的基本工资的比例。养老金的替代率直接关系到对被保障者的保障程度,关系到职工退休后的生活问题。替代率过低,职工退休前后的生活条件差距过大,不利于稳定退休职工的情绪;替代率过高,国家或企业的负担过重,也不利于提高在职职工工作的积极性。我国目前养老金的替代率表面较高而实际却较低,原因是改革开放后,基本工资在职工收入中所占的比重逐渐下降,许多人甚至只占50%或者更低。而我国的养老金是以基本工资作为计算基数的,所以,实际的收入替代率是很低的。然而从另一个角度来看,考虑到我国人口老龄化快速发展的现实困境,通过提高国家法定基本养老金的方式来提高替代率已不具备可行性。因此,需要建立多层次的养老保险体系来应对。

建立多层次的养老保险体系是国际上较为成熟的经验,这包括国家法定基本养老保险、企业补充养老保险和个人储蓄型养老保险。国家法定基本养老保险。即现行体制下我国对城镇职工实施的强制型养老保险;企业补充养老保险,是企业根据自己的经济实力为职工办理的保险,根据国家规定的实行条件、范围、标准、资金来源、支付

① 朱长伟、吕博:“基本养老保险省级统筹管理模式”,《中国审计》,2004年第5期;胡晓义:“关于逐步提高养老保险统筹层次——十六届三中全会《决定》学习札记之二”,《中国社会保障》,2004年第1期;郑京平:“‘银色浪潮’对我国养老保险体制的冲击及对策”,《统计研究》,2002年第1期。

办法以及政府的监督管理实施。个人储蓄型养老保险,是职工在职时为自己退休后储蓄一笔退休金,使自己能在退休后维持一定的生活水平,职工根据自己的能力和不同需求定期或不定期地向社会保险事业管理机构或其他机构投保,退休时受保机构按规定支付养老金给投保人。依据国际经验,这三者结合既可以减轻国家负担,又能使养老金达到一个较高的替代水平。①

2005《决定》明确提出了建立多层次养老保险体系,具备条件的企业为职工建立企业年金,企业年金基金实行完全积累,采取市场化的方式进行管理和运营,并严格监管规范运作。从实际情况来看,建立多层次的养老保险体系情况并不乐观,目前多数企业还处于完善国家基本养老保险的层次,尤其是非公有制经济部门,有的甚至还游离于国家基本养老保险制度之外,广泛建立企业年金制度还需要很长一段时间。这需要国家进一步完善相关政策,通过税收政策及劳动力市场竞争手段等,鼓励企业建立企业年金制。②

第六,管理服务社会化的问题。长期以来,我国退休金的发放和退休人员的管理,都是由原用人单位负责的。养老保险制度改革的一个重要目标就是要减轻企业负担,对退休人员实行社会化管理和服务是改革的必然趋势。目前来看,在养老金的发放环节上,许多地区已采取了由银行或邮局发放养老金的办法。2005《决定》提出要按照建立独立于企事业单位之外社会保障体系的要求,继续做好企业退休人员社会化管理工作。要加强街道、社区劳动保障工作平台建设,加快公共老年服务设施和服务网络建设,条件具备的地方,可开展老年护理服务,兴建退休人员公寓,为退休人员提供更多更好的服

---

① 丁水木:《转型中的稳定器:社会保障面面观》,上海社会科学院出版社 2004 年版;张文学"人口老龄化背景下的中国养老保险制度分析",《统计与决策》,2005 年第 8 期;刘永富"养老保险的挑战与任务",《中国社会保障》,2005 年第 6 期;撒奕"试论我国养老金工资替代率的适度水平",《中国社会保障》,2004 年第 9 期。

② 关于企业年金,理论界讨论的文章很多,但从具体建立情况来看,并未大规模实施。笔者认为,关于养老保险的核心问题一段时间内还将集中于国家法定基本养老保险方面,也由于篇幅和个人关注点所限,本书未对这一问题作充分论述。

务，不断提高退休人员的生活质量。①

与其他国家相比较，我国具有健全而系统的基层组织。充分利用这一特有的优势可以缓解老龄化社会快速到来所带来的矛盾。通过互相照顾、互相帮助、多开展集体活动等，从精神上传递社会的关爱。如大连市在各行政区成立了离退休人员管理服务中心，在街道(现均已合并成社区)成立了离退休人员管理服务站，在社区又成立了离退休人员管理服务片，这种从"服务中心"到"服务站"再到"服务片"的运作模式形成了对离退休人员管理服务的一个网络。这些机构的主要职责是：熟悉辖区内离退休人员的基本情况，建立必要的信息档案；负责对辖区内离退休等各类人员享受养老金、最低生活保障金等待遇的资格认定、咨询及跟踪管理；负责协调有关部门妥善解决离退休人员的特殊生活困难；协调有关部门积极开展适合老年人的娱乐健身活动、实用技能培训及社会公益活动，提高老年人的生活质量，促进社区精神文明建设；负责辖区内死亡的离退休人员办理丧葬费结算手续，对其供养的直系亲属进行资格认定及发放遗属生活补助费，并协助家属做好善后工作。这一组织形式受到离退休人员、养老保险机构、企业和政府部门的普遍认同。离退休人员感到，自己离退休后又重新找到了家(这对长期习惯于组织关照的数代人来说是十分重要的)；保险机构则认为，养老金发放有了监督帮手，可以减少错发概率(实际上，对最低生活保障费、失业保险费的发放也是如此)；这也使企业能够轻装上阵参与市场竞争。

社会化管理服务是完善社会保障体系的重要内容，在社会保障体系中占有重要的地位，因此要大力强化以街道社区为基础的劳动保障社会化管理服务体系建设，建立健全机构，完善工作职能，规范业务程序，最大限度地发挥街道社区在就业服务、贫困救助、企业退休人员管理服务等方面的作用，加快推进我国社区独立于企业事业

① 张郧："养老保险社会化应依托社区建设与服务"，《特区理论与实践》，2003年第5期。

之外的社会保障体系建设步伐。①

(五)农村养老保险制度改革

建立农村养老保险制度,完善农村社会保障体系,是我国农村社会经济发展的重要标志。从世界各国的经验来看,大范围地建立无固定收入社会成员的养老保障制度,还没有比较成熟的经验。我国是一个发展中国家,农村人口比重还比较大,经济发展相对落后,这更为在农村建立养老保障制度增加了难度。

从20世纪80年代开始,我国一些富裕地区的农村自发地建立了小社区型的退休养老制度或老人补贴制度。1987年初起,部分乡村从自发试验进入到比较规范的养老保险制度试点。具有代表性的如上海市嘉定区马陆乡、大连甘井子区凌水镇庙岭村等,经过几年的建设工作,建立起了比较规范的农村养老保险制度。1989年,全国19个省、市、自治区的八百多个乡、八千多个村开始实行养老保险制度的试点工作。1991年10月,民政部在山东牟平县召开全国农村社会养老保险试点工作会议,确定了建立农村社会养老保险制度的基本原则,1992年1月3日,《县级农村社会养老保险基本方案》由民政部颁布。至此,农村社会养老保险工作迅速展开。截至2005年底,全国31个省、自治区、直辖市的1 900个县(市、区、旗)开展了农村社会养老保险工作,5 442万农民参保,积累保险基金310亿元,约302万参保农民领取了养老金。实行农村养老保险制度的地区,地方政府都已制定了《农村社会养老保障办法》,开始建立起省、市、县、乡、村上下贯通的管理体系,初步规范了操作和管理程序。保险基金基本上能够按规定要求运作和增值,显示了巨大的发展潜力。

2009年9月,国务院新出台了《国务院关于开展新型农村社会养老保险试点的指导意见》,成为目前农村养老保险的指导性文件。

---

① 博广:"社会化管理服务工作加大力度",《中国社会保障》,2003年第8期;闫增强,王娟:"深化城镇养老保险制度改革的思考",《财经问题研究》,2005年第5期;罗晖,罗炜:"企业养老保险改革中的问题与对策",《企业活力》,2004年第12期;戴民辉:"完善我国养老保险制度的几点设想",《中国财政》,2004年第9期。

国务院决定,从2009年起开展新型农村社会养老保险(以下简称"新农保")试点。根据新型农村社会养老保险试点的指导意见的内容,目前我国农村养老保险制度有以下几个特点:①

第一,原则。新农保试点的基本原则是"保基本、广覆盖、有弹性、可持续"。一是从农村实际出发,低水平起步,筹资标准和待遇标准要与经济发展及各方面承受能力相适应;二是个人(家庭)、集体、政府合理分担责任,权利与义务相对应;三是政府主导和农民自愿相结合,引导农村居民普遍参保;四是中央确定基本原则和主要政策,地方制订具体办法,对参保居民实行属地管理。

第二,任务目标与参保范围。新农保试点的任务目标是探索建立个人缴费、集体补助、政府补贴相结合的新农保制度,实行社会统筹与个人账户相结合,与家庭养老、土地保障、社会救助等其他社会保障政策措施相配套,保障农村居民的老年基本生活。2009年试点覆盖面为全国10%的县(市、区、旗),以后逐步扩大试点,在全国普遍实施,2020年之前基本实现对农村适龄居民的全覆盖。参保范围为年满16周岁(不含在校学生)、未参加城镇职工基本养老保险的农村居民,可以在户籍地自愿参加新农保。

第三,基金筹集。新农保基金由个人缴费、集体补助、政府补贴构成。

(1) 个人缴费。参加新农保的农村居民应当按规定缴纳养老保险费。缴费标准目前设为每年100元、200元、300元、400元、500元5个档次,地方可以根据实际情况增设缴费档次。参保人自主选择档次缴费,多缴多得。国家依据农村居民人均纯收入增长等情况适时调整缴费档次。

(2) 集体补助。有条件的村集体应当对参保人缴费给予补助,补助标准由村民委员会召开村民会议民主确定。鼓励其他经济组织、社会公益组织、个人为参保人缴费提供资助。

---

① 该部分内容主要参考《国务院关于开展新型农村社会养老保险试点的指导意见》,国发〔2009〕32号。

(3) 政府补贴。政府对符合领取条件的参保人全额支付新农保基础养老金,其中,中央财政对中西部地区按中央确定的基础养老金标准给予全额补助,对东部地区给予50%的补助。

地方政府应当对参保人缴费给予补贴,补贴标准不低于每人每年30元;对选择较高档次标准缴费的,可给予适当鼓励,具体标准和办法由省(市、区)人民政府确定。对农村重度残疾人等缴费困难群体,地方政府为其代缴部分或全部最低标准的养老保险费。

第四,建立个人账户。国家为每个新农保参保人建立终身记录的养老保险个人账户。个人缴费,集体补助及其他经济组织、社会公益组织、个人对参保人缴费的资助,地方政府对参保人的缴费补贴,全部记入个人账户。目前,个人账户储存额每年参考中国人民银行公布的金融机构人民币一年期存款利率计息。

第五,养老金待遇及领取条件。养老金待遇由基础养老金和个人账户养老金组成,支付终身。中央确定的基础养老金标准为每人每月55元。地方政府可以根据实际情况提高基础养老金标准,对于长期缴费的农村居民,可适当加发基础养老金,提高和加发部分的资金由地方政府支出。个人账户养老金的月计发标准为个人账户全部储存额除以139(与现行城镇职工基本养老保险个人账户养老金计发系数相同)。参保人死亡,个人账户中的资金余额,除政府补贴外,可以依法继承;政府补贴余额用于继续支付其他参保人的养老金。

年满60周岁、未享受城镇职工基本养老保险待遇的农村有户籍的老年人,可以按月领取养老金。新农保制度实施时,已年满60周岁、未享受城镇职工基本养老保险待遇的,不用缴费,可以按月领取基础养老金,但其符合参保条件的子女应当参保缴费;距领取年龄不足15年的,应按年缴费,也允许补缴,累计缴费不超过15年;距领取年龄超过15年的,应按年缴费,累计缴费不少于15年。国家根据经济发展和物价变动等情况,适时调整全国新农保基础养老金的最低标准。

第六,基金管理和监督。建立健全新农保基金财务会计制度。新农保基金纳入社会保障基金财政专户,实行收支两条线管理,单独记账、核算，按有关规定实现保值增值。试点阶段，新农保基金暂实行县级管理，随着试点的扩大和推开，逐步提高管理层次；有条件的地方也可直接实行省级管理。各级人力资源社会保障部门要切实履行新农保基金的监管职责，制定完善新农保各项业务管理规章制度，规范业务程序，建立健全内控制度和基金稽核制度，对基金的筹集、上解、划拨、发放进行监控和定期检查，并定期披露新农保基金筹集和支付信息，做到公开透明，加强社会监督。财政、监察、审计部门按各自职责实施监督，严禁挤占挪用，确保基金安全。试点地区新农保经办机构和村民委员会每年在行政村范围对村内参保人缴费和待遇领取资格进行公示，接受群众监督。

按照要求，开展新型农村养老保险试点，争取于 2009 年年底前覆盖全国 10％有农业人口的县(市、区)。新农保制度正在全国施行和开展。建设建立新型农村社会养老保险制度，是加快建立覆盖城乡居民社会保障体系的重要组成部分，对确保农村居民基本生活、实现农民基本权利、推动农村减贫和逐步缩小城乡差距、维护农村社会稳定意义重大，推动社会和谐，同时对改善心理预期、促进消费、拉动内需也具有重要意义。

与农村养老保险试点工作同步进行的是 2009 年年初，“事业单位养老保险制度改革方案”正式下发，山西、上海、浙江、广东、重庆五省市进行试点。此次改革的重要内容是将事业单位养老保险下调至与企业一致。这标志着我国城镇和农村的社会养老保险制度已经全面深入地开展，并建立起了较为完整的社会养老保险体系。

三、外国养老保险制度

养老保险制度是各国社会保障制度中最基本和重要的保险制度，亦是较早建立和比较成熟的保障制度。尽管各国实施的养老保险制度内容各异，但其养老保险的社会化、雇主和雇员共同承担养老保险费、养老基金的有效管理和较小风险下的商业性投资，以及政府予以各方面的支持等已成为共同的特点。同时，随着经济的发展和公共福利水平的提高,养老金的给付标准和水平的提高也已成为一种趋势。①

1. 英国的养老保险制度

英国作为典型的实行福利型社会保障的国家,养老保险制度是英国社会保障制度的重要组成部分。1908 年,英国公布了老年年金法。政府为年满 70 岁、收入低于一定水平的老年人提供养老金,这是英国历史上第一次认为社会有责任无偿地为低收入的老年人提供生活保障。1925 年,英国开始实行养老保险(个人需缴纳保险费),同时设立孤寡保险项目;1948 年,实行了全国统一金额的养老保险制度。1975 年,英国通过了社会保障年金法,成为实施至今的养老保险法规。由于几经修改,现行的养老保险制度由养老保险、残疾保险和遗属保险三部分构成。另外,对老年人的保障还包括老年人的福利和救济。

英国的养老金包括基本养老金、附加养老金、企业职业养老金。受保人退休后,除领取基本养老金外,还可以领取国家附加养老金或企业职业养老金,但两者只能享受其中之一。

第一,基本养老金。基本养老金的给付条件为:达到男年满 65 岁、女年满 60 岁的退休年龄,缴纳每一"可计算年度"内的保险费(52 周次保险费)。另外,"可计算年度"数相当于其整个工作年度的 9/10。否则,养老金按比例减发。如继续工作,退休年龄可推迟,但不能超过五年。继续工作者,周收入低于一定水平的,可以享受基本养老金,超过一定数额的,则不能领取基本养老金。但男年满 70 岁、女年满 65 岁,无论收入多少,均可申请全额基本养老金。如果领取的养老金不足以维持生活,可以申请补助津贴。受保人的配偶和子女也可以享受一定的保险待遇。

第二,附加养老金。附加养老金于 1975 年开始建立,1978 年 4 月实行。附加养老金又称为与工资挂钩的养老金。养老金的给付标

① 参见岳颂东著:《呼唤新的社会保障》有关章节,中国社会科学出版社 1997 年版。

准为,从 1978 年 4 月以后起,一生中收入最高 20 年的平均工资的 25%(即每工作一年,为最高 20 年平均工资的 1.25%)。目前采用的附加养老金的给付办法是,首先根据受保人退休时全国平均工资的增长幅度,将其自 1978 年 4 月起退休前一年历年的工资收入进行调整,然后用调整后的数字分别减去退休当年用于基本养老金的部分,再将得数相加,求出计算附加养老金的基数。用该基数×1.25%÷52 即为受保人每周应领取的附加养老金额。

第三,企业职业养老金。建立职业养老金的企业,首先应由雇主和雇员达成协议,然后报请政府的职业养老保险委员会审查批准。一般来说,职业养老金标准要高于或等于附加养老金标准,否则就不会被批准,所以又被称为“有保障的最低养老金”。受保人死亡后,还提供 50%的遗属抚恤金。总体上,受益人获得的养老金水平为,如领取国家发给的基本养老金和国家发给的附加养老金,其数额约为原工资的 50%;如领取国家发给的基本养老金和企业职业养老金,约为原工资的 50%~66%。

英国还特别制定了残疾人的养老保险条例,其待遇有残疾养老金和残疾补贴。残疾养老金的给付方法为受保人连续领取 28 周疾病补助金或疾病津贴后,自动转入残疾养老金。残疾养老金给付标准为每周 57.6 英镑。残疾补贴的给付条件和标准是残疾养老金领取者在 60 岁(男)或 55 岁(女)前,除领取残疾养老金外,还给予残疾补贴,补贴数额根据受保人生病时的年龄而定。具体标准分为每周 12.5 英镑、7.6 英镑和 3.8 英镑三种。

当受保人死亡时,遗属可享受相应保险待遇,主要有寡妇一次性补贴和寡居母亲补贴。

第一,寡妇一次性补贴。受保人死亡时,未满 60 岁的遗孀和 60 岁以上的遗孀,如果其丈夫生前没有领取过养老金的,可以支付一次性补助,其标准为 1 000 英镑。

第二,寡居母亲补贴。受保人的遗孀至少抚养一个未成年子女的,可以领取这项补贴,标准为每周 57.6 英镑,每增加一个孩子,增加10.85英镑,一直支付到孩子 16 岁为止。

英国在实行一般的养老保险制度的同时，还实行了内容广泛和全面的老年人福利与救济制度，主要包括高龄补助、补充养老金、老年服务、住房补贴、圣诞节补贴、交通优待等。一是高龄补贴，主要是对年满80岁以上低收入公民给予帮助。申请高龄补贴的条件是，凡年满80岁没有资格享受养老保险待遇，或者领取的保险待遇低于一定标准的，在最近的20年中至少在英国定居10年的老年人。二是补充养老金，这是对低收入的老年人给予的一种社会救济。凡年满60岁，现定居英国，私人储蓄不足3 000英镑，日常收入不足以维持基本生活的，可以申请补充养老金。年满80岁的，每周增发一定数额的高龄津贴；盲人增发一定数额的盲人津贴。三是老年服务。根据老年人的收入和身体状况，由社会提供某种特别服务，如家庭服务、家庭护理、代烹食品等。另外，还设有老年人日托中心、老年人活动站、老年人公寓等服务设施。四是住房补贴。老年人退休后，仍可根据个人收入、家庭人口及房租标准申请住房补贴。住房补贴有三种形式：减收房租、发放补贴、减少房地产税。五是圣诞节补贴。每年圣诞节前夕，享受养老金、抚恤金及其他某些社会保障的受保人可以得到一定数额的圣诞节补助。六是交通优待。已达到退休年龄者，可购买老年公民铁路卡，至少可在一年内享有购买减价车票的优惠待遇。有的地方为老年人提供免费或优惠价乘坐公共汽车或地铁。

英国的养老保险管理体制比较健全。养老保险的政策、工作目标和计划、社会保障预算的制订等由英国社会保障部门负责；另外设立了津贴发放机构、缴费机构、信息技术服务机构、司法服务机构、社会基金检查机构等服务机构，作为执行政策的机构，具体办理养老保险和福利等业务。英国还建立了独立的司法和监督机构，以监督社会保险的合法实施。

2. 德国的养老保险制度

德国于1881年颁布《社会保险法》，1889年建立养老保险，迄今已有一百多年的历史。1882—1892年，德国法定养老保险的对象仅限于工人，1921年扩大到职员，1938年扩大到手工业者。1957年农民也纳入社会法定的养老保险范围。1972 年规定所有的公民都可以参加社会养老保险。目前,全国已有 90%的公民参加了社会养老保险。①

养老保险分为法定义务养老保险和自愿保险两种。除国家官员和军人外,所有工资超过最低限额的雇佣从业人员都是义务保险对象。此外,部分收入不高的独立经营者和自由职业者也是法定的义务保险人。自愿保险者主要是医生、律师、零售商等,他们不受法定义务保险的约束,但这些人从 16 岁开始可以经过申请,自愿加入法定的养老保险。

德国法定养老保险基金主要来源于雇主和雇员缴纳的法定养老保险费和联邦财政补贴。其中,由雇主、雇员缴纳的法定养老保险费构成投保人退休后所领取的养老金的主要部分。保险费率相当于投保人月收入的 17.7%,由雇员、雇主各承担 50%。而政府对法定养老保险金的补贴是根据年份而有所调节的。1991 年,联邦政府对法定养老金的补贴约占养老金支出总额的 20%。

养老金的支付可分为企业雇员法定养老保险金的支付、企业雇员补充养老金的支付、公务员养老保险金的支付、农民法定养老保险金的支付等。

第一,企业雇员法定养老保险金的支付。领取法定养老金的条件是:受保人年龄达到 65 岁;无职业能力(即无法完成原工作任务的一半)、无工作能力时;被保险人的遗属。受保人领取养老金时必须已缴满 5 年保险费。在特定的情况下受保人可以在 65 岁以前领取"提前养老费",其条件是已达到 60 岁的妇女,并且在 40 周岁以后至少缴纳了 10 年的保险费;已达到 60 岁,但至少失业了 1 年,并且在 50 周岁以后至少缴纳了 8 年的保险费;已达到 63 岁,已缴纳了至少 35 年保险费的所有雇员。

德国养老金的水平,以 65 岁退休、投保 45 年为条件,平均达到

---

① 参见岳颂东著:《呼唤新的社会保障》,中国社会科学出版社 1997 年版,第 44—46 页。

退休前工资净收入的70%。

第二,企业雇员补充养老金的支付。企业补充养老保险的资金由雇主承担,政府不补贴,但在税收上给予优惠。企业补充养老金有三种支付形式:一是由企业直接把补充养老金支付给退休者,这种方式占支付总额的60%;二是与本企业相关的养老保险机构签订合同,企业把补充养老保险费支付给保险机构,再由其支付给退休人员,这种方式占支付总额的30%;三是企业与商业性人寿保险公司签订合同,由企业预先把补充养老保险费支付给人寿保险公司,雇员退休后由人寿保险公司给付养老金,这种支付方式占总额的10%。

第三,公务员养老保险金的支付。依照《联邦公务员劳保法条例》,公务员的养老金全部由政府负担。公务员的养老金支出列入国家年度财政预算,采取"现收现付"的办法,给付水平随物价的增长而适时增加。公务员养老金的计算依据是退休者的工龄和退休前最后一个月的工资。其计算办法是:公务员工龄满10年者,每月发给相当于最后一个月工资35%的养老金;工龄满25年者,其后15年工龄在35%基础上每年加发原工资2%的养老金;工龄满26年以上者,从第26年起,工龄每增加一年,再加发原工资1%的养老金。但每月养老金的数额最高不超过其最后一个月工资的75%。公务员领取的退休金要上缴工资税。

第四,农民法定养老保险金的支付。农民养老保险是根据1957年颁布的《农民老年救济法》建立的。养老保险金的来源系投保者缴纳的养老保险费和联邦政府补贴。给付条件为,年满65岁,缴纳180个月以上的保险费。同时,享受养老金的农民必须把一部分财产,如土地、农具、场院等转给后代或他人。德国实行农民法定养老保险制度的目的在于,一是体现社会福利惠及全社会公民的公平原则;二是通过这种方式把农业生产资料转给文化程度较高的年轻人,以利于提高农业劳动生产率。与企业雇员和公务员养老保险相比,农民缴纳的养老保险费和领取的养老保险金都相对较低。

第五,独立经营者、手工业者和自由职业者虽不属于法定义务养老保险对象,但可以申请加入法定义务保险。其养老保险制度与企业雇员的养老保险制度相类似,另外,他们也可以在商业性保险公司投保养老保险。

德国的养老保险由专门的社会养老机构管理。这些机构基本上是按州和行业建立的,共有六大养老保险机构。在养老保险的管理上,实行依法行事和自治相结合的原则。保险机构必须依照法规进行活动,并有义务接受国家的监督。政府专设保险监督局履行检查和监督功能,但保险机构拥有自主经营的权利。其最高的权力机构为雇主和雇员各选50%代表组成的代表大会。

3. 新加坡的养老保险制度

新加坡实行的是典型的"个人储蓄型"养老保险制度,由政府强制执行。1953年新加坡通过了中央公积金制度,1955年成立了中央公积金局,最初的中央公积金仅为养老储蓄制度。经过几十年的发展,现已演化为综合性的社会保障制度。

中央公积金制度养老计划的实施范围包括月收入50新元以上的受雇人员(受雇于同一雇主一个月以后)以及若干独立劳动者。公积金由雇主和雇员共同缴纳,政府不给予财政补贴。公积金的缴费率由隶属于劳工部的全国工资理事会提出建议,经政府同意后执行。工资理事会将根据经济状况及工资增长情况对公积金率的升降作出建议。

1955年公积金建立时,缴费率(雇员按本人工资收入的一定比例缴纳,雇主按雇员工资总额的一定比例缴纳)比较低,为10%,雇主、雇员各缴5%;1968年缴费率提高到13%,雇主、雇员各缴6.5%。1984年,对公积金的缴纳规定是:月收入低于200新元者,不缴纳;收入在200~363新元的,缴纳月总收入的10%,另加200新元以上收入的33.33%,363新元以上的,缴纳月总收入的25%,雇主也同样缴纳月总收入的25%。公积金局在经过计算后认为,从长远看,如果要保证会员退休后有相对于其最后工资20%~40%的养老金,并拥有一套住房和1.5万新元的医疗费用,缴费率至少要达到工资的40%,雇主和雇员各缴20%。目前,新加坡公积金的缴费率已提高到工资的 40%(雇主 18.5%,雇员 21.5%)。①

公积金只能在年满 55 岁取得退休资格或移民到国外时才能领取。年满 55 岁仍继续工作的,也可以领取公积金。1987 年,新加坡制订了最低存款计划,规定每一个年满 55 岁的退休者在领取公积金时,账户里必须留下最低存款 3.16 万新元(夫妇两人为 4.7 万新元),以保障他们退休后的基本生活,防止一些人把存款全部取出后消费殆尽。新加坡还制订了"填补退休账户计划",如果会员退休时,账户里不足 3 万新元时,允许其子女把自己账户里的存款转到父母账户里去,或者用现金补足,直至账户上留有 3 万新元存款。此存款允许会员做三种选择:一是继续储存,到 60 岁时,每月发给 200 多新元,发完为止。如会员中途亡故,余款付给生前指定的受益人。二是允许把钱存入特准的银行,由银行按上述办法支付。三是允许到特殊的保险公司购买年金保险,到 60 岁时,按保险办法每月发给 300 新元左右,发到亡故为止,但会员中途亡故,不予退款。

新加坡的中央公积金由中央公积金局统一管理。中央公积金局隶属于劳工部。劳工部制定中央公积金及其他有关的社会保障政策,并进行监督。中央公积金局依法独立操作,其他部门不加干预。公积金的投资运营也由中央公积金局根据《公积金法》和《信托投资法》进行,主要用于购买国债,少数投放金融市场。

4. 智利的养老保险制度

智利的养老保险制度主要建立的是"个人养老储金资本化账户",也称"个人资本积累账户"。其目标是保证退休后的工人具有稳定的收入,保证其基本的生活水准。

智利的养老保险制度改革历时 17 年,形成了自己的特色,取得了较好的成效。"个人养老储金资本化账户"制度于 1980 年由政府颁布实施,主要内容有以下几个方面:

第一,个人养老储金资本化。凡新就业者被强制要求参加,并成

---

① 参见岳颂东著:《呼唤新的社会保障》,中国社会科学出版社 1997 年版,第 70 页。

为会员。每人设一个资本账户,每个职工按其上税月工资的10%缴纳,逐月积累,退休后,将其储存的缴费及资本增值的资金支付给该会员,或退还给本人指定的受益人。

第二,由政府管理基金改为私人管理基金。管理基金的私人机构称为养老基金管理公司,属于股份制公司。其功能和业务是依法收取缴费、管理账户、投资运作和发放养老金。目前正常运作的公司有17家,这些公司具有行业性特征,有8家是由工人自己组织的。投保者也可自由选择养老基金管理公司,并可以自由转移账户。

第三,在强制性账户之外开办自愿储蓄账户。1987年8月,养老基金管理公司开办自愿储蓄账户,亦称2号账户,作为对个人强制性账户的一种补充。两个账户分别核算,2号账户可以选择定期和不定期存款,这些存款可以自由提取,但每年最多只允许提取四次。除上述两个账户外,养老金制度还鼓励会员自愿多储蓄,多储蓄者,可以提前退休,享受养老金。

第四,养老金的发放。凡达到法定退休年龄的所有会员,男65岁、女60岁均可领取退休金。法律允许提前退休,可以获得等于或高于最近10年工作期平均应税收入50%的养老金;或获得等于或高于国家保证的最低养老金110%的养老金。退休金与会员的储存额挂钩,多储多得,少储少得。一般按月支取,每月按物价水平调整一次支取金额。

第五,养老保险制度中的政府功能。国家设立法规和运作机制,设立养老基金管理总监,对养老基金管理公司依法监督。法律规定每个管理公司逐月将过去12个月的资金收益率与社会全部养老基金平均收益率比较,对于高出两个百分点或50%以上部分的收益,建立“收益波动准备金”,对低于两个百分点或50%的部分必须用“准备金”或公司自有资金补足,以使基金保证有最低的收益。如果资金补充不足时,就责令其破产,由总监署负责清算,补足差额后,把其会员的基金转到另一家公司。国家承担对低收入阶层给付最低养老金的职能,国家对投保会员因个人账户储存额不足或管理公司破产时给付补足最低养老金。另外,智利政府还对社会上不能享受任何养老金的人发放救济津贴，并承担了对旧有养老保险体制改造所支付的费用。对于在旧体制下的就业者，国家发给其前期劳务储金券，或称“认可债券”。储金券可以到期向政府兑付。据测算，至2037年，基本上可以使旧体制下的就业者退出工作岗位，最终实现新旧体制的交替。智利法律允许养老基金管理公司可依法对资金进行金融市场投资。但要求养老基金管理公司公开业务信息，便于会员监督。

智利实行新的养老金制度后，会员的储蓄金额得到了保值增值，职工利益得到维护，同时也促进了经济的发展。

5. 各国养老保险制度的共同特征和经验

从各国养老保险制度的规定和实行情况看，有许多共同的特点，也有在我国养老保险制度改革中值得借鉴的经验。

第一，养老保险基金来源的多渠道。一般来说，各国养老保险基金都有三个方面的来源：其一，雇员按其工资总额的一定百分比缴纳保险费(税)；其二，雇主按工资总额的一定百分比缴纳保险费；其三，政府负担一部分养老保险费。目前，由雇员、雇主和政府三方提供养老保险基金的国家约占半数。

第二，筹资模式由原来的现收现付制逐渐变为部分积累制，一些国家已经形成了以个人积累制为主的筹资模式。这种模式将个人的储蓄与将来的支付紧密联系了起来，使养老保险制度变成激励劳动者生产积极性的制度，变成促进生产力发展和经济持续增长的制度。

第三，形成了多层次的养老保险制度。一般有三个层面的养老保险：一是法定的基本养老保险，由政府举办，通过立法强制实行，实行高度统一的管理，待遇标准基本上定为保障退休者的基本生活；二是企业的补充养老保险，由各企业自愿建立，政府给予一定的优惠；三是个人储蓄养老保险，由国家统一筹划并制定出一定的鼓励和优惠政策，如较高的储蓄利率和免征个人所得税。多层面的养老保险体系构成了完整的养老保险网络。

第四，政府逐渐退出社会保障的实施工作，其功能主要为制定社会养老保障政策和计划,以行政、法规和经济的手段宏观调控养老保险的运作,监督养老保险的实施。智利在这方面的成功经验尤为值得推广。社会保障基金的运作和管理由管理机构和相关的金融机构进行市场运作,保证基金的保值增值。

第四章
失业保险

在市场经济体制下,由于经济增长的周期性和经济结构的变动等原因,社会难以实现对劳动力的均衡配置,因此,失业成为一种正常的且经常产生的经济现象。长期以来,各国采取多种措施增加就业机会,降低失业率,同时也制定了各种社会保障制度来保障失业者及其家庭的基本生活,提高其再就业的能力。在失业保障制度中,最基本的是失业保险制度。在许多国家已实施了多种失业保险制度,取得了较大的成效。我国自改革开放以来,也开始逐步建立失业保障制度,并发展得很快,已初步形成了具有中国特色的失业保障体系和失业保险制度。

一、失业保险制度概述

失业保险制度是社会保障制度中的一项基本制度。建立失业保险制度,可以使失业者及其家庭的基本生活得到保障,并使其在失业期间获得培训机会,提高再就业的能力,以更好地适应市场的需要。

1. 失业保险制度的含义和特征

失业是指既具有劳动能力又有就业要求的人员在劳动年龄内不能就业的状况。一般对是否失业有明确的界定,构成失业有以下几个条件:一是在劳动年龄内,二是具有劳动能力,三是有就业愿望,四是在一定期限内没有找到任何工作。那些由于患有严重疾病或因残疾而丧失劳动能力的人、未到或超过劳动年龄没有就业者、为就学而暂时未就业或愿从事家务劳动者等,都不列入失业范围。失业的含义界定是制定失业保险制度的前提条件。

失业保险是指依据国家法规,通过国家、企事业单位和个人等渠道筹资建立失业保险基金,在劳动者失业时给予失业救济以保障其最基本生活需要的社会保障制度。失业保险制度最早起源于比利时。比利时在1901年开始实施的失业保险,为自愿性的保险,类似现在的失业救助。以立法形式颁布的失业保险,于1911年首创自英国的《国民保险法》,此法规包括的失业保险条款,以后为大多数国家所采用。

失业保险一般有强制性保险和自愿性保险两种。强制性保险是指由国家以法律的形式规定多种条件,如缴纳保险费的次数、非自愿失业等。雇主和雇员都必须参加失业保险,缴纳失业保险费。实施强制性失业保险的国家,保险的覆盖面较广,大部分工资收入者都被纳入了保险的范围。其保险资金主要来源于投保人和雇主缴纳的保险税,不足部分由政府给予财政补贴或低息贷款。目前,世界上大多数国家都实行强制性失业保险制度。自愿性保险一般是失业者自愿参加的由公共团体对失业人员支付一定数额保险金的保险。工业、商业、手工业、运输业等企业的职工及独立劳动者可自愿参加,但工会会员被要求强制参加。在丹麦和瑞典,就是由工会自愿建立的失业基金会经营失业保险业务。

失业保险金的领取者,必须是非自愿性失业、缴纳一定期限的保险金或达到受保工作一定工作年限的人员。失业保险制度在向失业人员提供基本生活保障的同时,还具有帮助和促使失业者重新就业的功能。在实际工作中,失业保险与职业介绍、再就业培训、生产自救等项工作密切配合、互有联系。因此,失业保险制度也是劳动就业服务体系中的一个重要组成部分。

与其他社会保险项目比较,失业保险具有一些自身的特点:一是针对的劳动风险不同。失业保险针对的劳动风险是劳动者因各种原因失去工作而失业,劳动者的劳动能力并未丧失,这与养老、疾病、工伤等保险所针对的劳动者暂时或永久丧失劳动能力而面临的劳动风险有所不同。二是间接目的不同。失业保险同其他社会保险项目一样,其直接目的都是保障劳动者的基本生活,而失业保险的间接目的是提高劳动者的就业能力和增加工作机会,促进劳动者再就业。三是享受条件不同。失业保险的享受条件不仅同劳动者的工龄、保险费缴纳情况有关，而且还取决于劳动者的就业意愿。四是失业保险属于短期保险项目，超过一定期限，失业者如果还没有找到新的工作，就将纳入社会救助体系，按社会救助制度给予生活补助，不再属于失业保险的享受范围。

2. 建立失业保险的原则和范围

建立失业保险必须遵循一定的原则，主要有以下几个方面：一是准确确定失业保险的对象和范围。这是制定失业保险制度的基本前提，其关键是要分清失业的类型，如果是自愿失业，将不在失业保险范围内。在我国，还要正确区别失业与下岗职工的不同，他们分别属于两个不同的保障体系。二是失业保险金的享受人只能是非自愿失业者。三是失业保险需要在较大范围内实行社会统筹。失业保险基金是专门给付职工在失业期间保障基本生活的、法定的经费，实行专款专用。如果能在较大范围内做到社会统筹，应有利于失业保险基金的平衡调剂，避免出现地区或行业间负担畸轻畸重的问题。失业保险要体现共济性原则。四是制定适度的失业保险待遇标准和享受期限。完整的失业保险内容包括：保证失业职工在失业期间的基本生活需要；提供接受培训的机会和职业介绍服务。制定失业保险待遇标准和享受期限的原则，必须保证基本目标的实现。待遇标准要适度，失业保险金的大小既要适当低于本人失业前的工资水平，又要适当高于社会救济金的标准。对领取失业保险金的期限也必须作出规定，这将有利于失业者减少依赖，积极寻找重新就业的机会。

失业保险的范围是指有关法律规定的享受失业保险的人员范围。失业保险的享受者，一般指依靠工薪生活、有劳动能力和从业意愿的受雇用者，在从事有报酬工作期间，因受社会或经济因素影响而失业的非自愿性失业者。按照国际惯例，下列人员不在失业保险范围之内：一为无正当理由自动离职者，二为因过失而被革职者，三为直接参与劳资纠纷而罢工者，四为拒绝接受为其提供适当工作者。这里，关于提供的“适当工作”，各国的规定差异较大，一般来说，适当的工作涉及所介绍工作的工资与失业前收入高低的关系，所介绍工作的地点与失业者住家地点的远近关系，所介绍工作与失业者以前职业、工作能力、职业培训之间的关系,以及所介绍工作的危险性和有碍健康的程度等方面。五为故意失掉就业机会者。六为拒绝接受职业培训者。七为不在职业介绍所等有关机构登记寻找职业者和拒绝职业介绍所的安排者。

在实行强制保险制度的国家中,约有半数的国家其失业保险范围包括所有行业的大多数受雇人员。其他国家的保险范围则只限于工业和商业工人。少数国家的保险范围不包括收入超过一定金额薪金的雇员。有些国家对于临时工和季节工的失业保险另有规定。此外,有些国家对建筑工人、码头工人、铁路工人和海员等一些特别行业的职业实行专门的失业保险方案。

实行自愿保险制度的国家,其保险范围一般只限于工会已建立失业基金会的那些产业。保险范围的大小,视这些产业工会的组织程度而有所不同。在实施自愿保险的产业,工会会员参加基金会是强制性的,非工会会员则可在自愿的基础上参加。在丹麦和瑞典,实施自愿保险制度后,至今已有 2/3 的雇员参加失业保险。这两个国家中未参加失业保险的工人(主要是新近从学校毕业的学生或独立劳动者),失业时有资格领取政府的补助救济金等津贴。

我国在 1986 年颁布了《国有企业职工待业保险规定》,此规定只把国有企业职工列入失业保险范围。1999 年 1 月又颁布了《失业保险条例》,此条例规定的失业保险范围扩大到了国有企业、城镇集体企业、外商投资企业、城镇私营企业及其他城镇企业。随着社会经济改革的不断深入,我国的失业保险实施范围将逐步扩大到全体工资收入者。

3. 失业保险的待遇标准

失业保险的待遇标准是指根据法律规定对参加失业保险的人员在失业时给予物质帮助的数额或水平。其基本标准是:凡符合享受失业保险待遇的失业者,可以领取失业保险金。大多数国家对失业保险金标准的规定为该失业者一个时期(失业前最后一个月或六个月或一年不等)平均工资的一定百分比。但有的国家按工资等级计发,而不是采纳按单一的百分比支付的方式。国际劳工组织曾通过三项建议,作为各国制定失业保险金标准的参考,该建议的内容包括:其一,失业保险金的制定,或以失业者在业期间的工资为标准,或以失业者的投保费为依据,视各国的具体情况而定;其二,失业保险金应有上下限之分;其三,失业保险金不低于失业者原有工资的50%。1988年,第75届国际劳工大会通过了《关于促进就业和失业保护的公约》(第168号公约),在这一公约的第15条中,对失业保险的给付标准作了明确的说明:在完全失业和因临时解雇而收入中断但就业关系未发生中断,并当这种意外情况属于保护之列的情况下,应以定期支付的方式提供津贴,其计算方法如下:第一,当津贴数额以受保护人所缴的费用或以其名义缴纳的费用或以前的收入为依据时,其数额应定为以前收入的50%以上。对津贴的数额和所考虑的收入可定出最高限额,这一限额可与技术工人的工资或有关地区工人的平均工资挂钩。第二,当津贴数额不以所缴纳费用或以前的收入为依据时,应按不少于法定最低工资或一个普通工人工资的50%或按基本生活费用的最低额确定,以其中最高者为准。

由于各国的失业保险政策不同,失业保险金给付标准的计算方式也存在着较大的差异,归纳起来,主要有以下几种方法:第一,薪资比例制,即失业保险金发放的标准以失业人员在失业前一定时期内的工资收入为基数,按比例发放。一般依据工龄、投保期限、工资水平和缴费年限等来确定,给付标准通常为平均工资的45%~75%。如加拿大规定,失业保险金为失业人员失业前平均工资的60%,但瑞典和丹麦则规定为工资的90%。第二,均一给付制,即对符合条件的失业者,一律按相同的绝对额给付失业保险金,不与失业前的工资收入相联系。如英国规定,失业者的失业津贴统一为每周37.35英镑,65—69岁(女性60—64岁)者为40.90英镑。第三,混合给付制,即失业保险金采取比例制和均一制相结合的方式计发,一部分按失业前工资收入的一定比例给付,另一部分则按绝对额给付。如瑞士规定,失业保险金为失业者最近3个月平均工资的65%,供养1人以上者为70%,此外,供养亲属补助金为第一个供养者每天6瑞士法郎,其余每人每天3瑞士法郎,但失业保险金和供养亲属补助金的总额不得超过其工资的85％。第四，一次性给付制，即对失业者一次性支付一定数额的失业保险金，其数额根据工资和工龄而定。

在大部分实施失业保险制度的国家，无论实行何种失业保险制度，一般都辅之以失业救济。英国由于失业保险金很少，便结合实行失业救济制度，以保证失业者能够维持一定的生活水平。1980年，获得失业保险金和失业救济金的失业者比例，在法国分别为81％和19％；英国为52％和41％，另有7％的人同时享受两种失业补助。

4. 失业保险金的给付期限

失业保险金的给付期限，指根据法规所制定的给付失业保险待遇的最长期限，也是失业保险待遇的标准之一。1934年，国际劳工组织通过的第44号《对非自愿失业者保证给予津贴和补助公约》规定，领取失业保险金通常应限制在一年不超过156天、不低于78天的限度内。此后，各国和各地区都分别制定了适合于自己国情的失业保险金给付期限。各国规定的给付保险金最高期限各有不同，少则8周，多则36周，有的国家甚至更长，但最常见的是26周。

失业保险金给付期限的确定标准，各个国家有所不同。一类是按每个工人失业前的受保时间和缴纳保险金的持续时间，确定其可以享受保险金的连续时间。在法国，凡投保满24个月、年龄达到55岁的职工，可以享受45个月的失业保险待遇。德国、瑞典等国亦是按投保时间决定给付的期限。按此规定，对那些参加受保时间较短的职工，其连续领取失业保险金的期限有可能被缩短。而受保时间长的职工，他们连续领取失业保险金的期限又有可能比较长，甚至会超过法律规定的最高期限。另一类是根据失业者的工龄长短决定失业保险金的领取时间，如希腊等国实行此种给付制度。还有的是根据失业者的年龄和投保时间决定失业者享受失业保险待遇的期限，如日本和法国等国按此标准给付。此外，有许多国家，包括中国，失业保险金给付期限的决定因素更多些，也更有弹性。它可以视失业者工龄、投保时间、年龄等诸多因素而定。中国在1999年《失业保险条例》出台以前，按失业者工龄的长短来决定失业保险待遇的享受时间。如1993年中国政府颁布的《国有企业职工待业保险规定》中规定：待业人员待业前在企业工作连续1年以上不足5年的，领取待业救济金的期限最长不超过12个月；连续工作5年以上的，领取待业救济金的期限最长为24个月。在1999年颁布的《失业保险条例》中则新增了缴费时间的规定：失业人员失业前所在单位和本人按照规定累计缴费时间满1年不足5年的，领取失业保险金期限最长为12个月；累计缴费时间满5年不足10年的，领取失业保险金期限最长为18个月；累计缴费时间10年以上的，领取失业保险金期限最长为24个月。再次失业的，缴费时间重新计算，领取失业保险金的期限可以与前次失业应领取而未领取的失业保险金的期限合并计算，但最长不得超过24个月。

失业保险金的受益人，在领取保险金之前，必须有几天的等待期。这样的规定，一方面是有利于保险金的管理，另一方面也有助于防止保险金的冒领。因为如果失业时间很短，要查明失业情况是否属实是有困难的。有的国家等待期规定得较短，为3～7天；有些国家对每次失业都有一个规定的等待期；有些国家则限定一年内只能领取一次失业保险金；有些国家对某些职工如季节工则规定了较长的等待期。

二、中国失业保险制度

在中国的经济改革过程中，随着企业制度的变革和劳动力市场的发育，失业以及失业人员的保障问题已成为社会经济生活中的重要问题，在一定的时期甚至成为非常严重的社会问题。为此，我国政府借鉴国际经验，并根据中国的实际情况，开始逐步建立失业的保障制度。经过二十余年的建立、发展和完善，我国已初步形成了失业保障体系，建立了行之有效的失业保险制度。

1. 计划经济时代解决失业问题的方式

新中国成立初期，为解决旧中国遗留下来的失业问题，1950年，我国政务院颁布了《关于救济失业工人的暂行办法》。救济基金的来源主要有：国家财政拨款、实行失业救济地区的国营企业和私营企业雇主缴纳的失业保险金、工商企业在职职工缴纳的救济金等。当时政府拨付了4亿斤粮食作为失业保险金。在一些失业严重的地区还建立了失业救济委员会,并以"以工代赈"①为主要救济方法。这一时期实施的失业救济办法基本上是临时性和短暂性的,并没有形成一种制度。20世纪50年代中期以后,随着中国经济的发展,就业机会逐渐增加,失业率逐步降低,到1957年我国宣布消灭了失业,自然也就失去了建立失业保险制度的基础和要求。

在以后的20年中,我国实行行政调拨资源的计划经济体制,对于劳动力也实施了严格的"统包统配"的劳动制度。国家对城镇劳动力的就业实行统一分配,劳动部门根据其掌握的信息和企业的要求,以行政方式把劳动力调配到相关的企事业单位,就业后的劳动者以固定工的形式与企业保持终身的劳动关系。实施这种劳动力配置方式的结果是,企业不能按照生产的实际需要及其变动相应地增减劳动力,而劳动者也无选择职业和工作岗位的权利。因此,劳动者一旦进入企业,生老病死都依附于企业,由企业承担了劳动者一生中的各种社会风险。这种状况决定了经济生活中不存在公开的失业现象,因此也失去了建立社会失业保障制度的基础。这也是我国失业保障制度远远落后于其他社会保障制度的原因。

2. 失业保险制度的建立、发展和完善

20世纪80年代以后,随着经济体制改革的不断深化,劳动用工制度也得到较大的改革,开始实施由市场机制配置劳动力资源的制度,劳动力市场逐步发育。在此背景下,隐蔽的失业公开化和新增的失业都提出了对失业保障的要求,建立失业保险制度成为非常必要和迫切的工作。

总结改革以后中国失业保险制度的建立和发展过程,大致可分

---

① "以工代赈"是指政府用赈济资金为有劳动能力的救助对象开拓就业机会,主要是修建公共工程,如兴修水利、疏浚河道、修建码头、修堤筑坝、修整公园、筑路、植树等,使他们通过劳动取得收入维持生活。它不但赈济了救助对象,解决了他们的实际困难,减轻了政府的经济负担,而且兴建了公共工程,是一个一举两得的社会救助办法。

为两个阶段：第一阶段为1986—1993年，是失业保险制度的建立阶段；第二阶段为1993年以来，是失业保险制度的发展和逐步完善阶段。

第一阶段，失业保险制度的建立。

1986年，国务院颁布了《国营企业实行劳动合同制暂行规定》，要求企业面向社会公开招工、公开招考，择优录取，并对新职工实行劳动合同制。这项规定标志着对我国传统体制所形成的行政配置劳动力和终身就业制度的变革。劳动用工制度的改革意味着失业问题将出现在我国的经济生活中。同年，第六届全国人民代表大会常务委员会第18次会议通过了《中华人民共和国企业破产法(试行)》，破产法要求国家通过各种途径妥善安排破产职工重新就业，并保证他们重新就业前的基本生活需要。事实上，破产法的实施将直接产生职工的失业问题。为适应国有企业改革的需要，1986年7月，国务院颁布了《国营企业职工待业保险暂行规定》(国发[1986]77号，以下简称《规定》)，由于当时对于社会主义社会是否存在失业，在理论上有较大的争议，所以，《规定》中回避了"失业"的概念，而是用"待业"一词来表述。《规定》的颁布，标志着我国建立失业保险制度工作的开始。

《规定》包含了待业保险的适用范围、职工待业保险基金的筹集和管理、职工待业保险基金的使用、管理机构等方面的内容。在适用范围上，《规定》明确表明适用于以下四种人：宣告破产企业的职工、濒临破产企业在法定整顿期间被精简的职工、与企业终止和解除劳动合同的职工及企业辞退的职工。在待业保险金来源上，明确待业保险基金的主要来源是，企业按全部职工标准工资总额的1%缴纳待业保险费、基金利息和地方财政补贴。对于待业保险金的领取期限，规定工龄5年以上的最多为24个月，工龄不足5年的最多为12个月。待业保险金的发放标准规定为，待业第1到第12个月的，每月为本人标准工资的60%～75%；第13到第24个月的，为本人标准工资的50%。《规定》对待业保险基金的开支项目也作了限制，其开支项目包括宣告破产企业职工和濒临破产企业法定整顿期间被精简职工待业期间的待业救济金、医疗费、死亡丧葬补助费、供养直系亲属的抚恤费、救济费；宣告破产企业的离退休职工和濒临破产企业法定整顿期间被精简而又符合离退休条件职工的离退休金；企业辞退职工和终止、解除劳动合同的工人在待业期间的待业救济金、医疗补助费，待业职工的转业培训费、扶持待业职工的生产自救费以及待业职工和待业保险基金的管理费。《规定》第一次通过以建立和实施保险制度的方法来处理我国新出现的失业问题，虽然它所适用的范围仅仅是国营企业职工中的一小部分，但却使失业保险走上了法制化、制度化的轨道。

在上述《规定》颁布实施后，随着国有企业改革的进一步深化，劳动就业制度和职工就业状况也发生了较大的变化。1986—1993 年，为了适应新的情况，妥善处理失业问题，我国政府对失业保险制度的内容加以不断的补充和修正。在这一时期，政府有关部门相继颁布了近十个有关失业保险的规定，对失业保险制度的建立和完善进行了有益的探索。1989 年，劳动部发布了《国营企业职工待业保险基金管理办法》(劳力字[1989]15 号)；1990 年，劳动部发布了《关于使用职工待业保险基金解决部分企业职工生活问题的通知》(劳电明发[1990]12 号)；1991 年，劳动部和国务院生产办公室下发了《关于对关停企业被精简职工实行待业保险的通知》，要求对经省、直辖市、自治区人民政府或其授权的市人民政府，或国务院有关产业主管部门批准关停的，已缴纳失业保险基金的企业精简职工，比照《规定》中有关对濒临破产企业法定整顿期间给精简职工的规定，实行失业保险。上述关停企业在法定整顿期间，为组织职工开展生产自救和转业训练需失业保险基金扶持的，可以给予支持。1992 年，劳动部在给国务院《关于待业保险工作情况的报告》(劳力字[1992]48 号)中提出，“八五”期间失业保险工作的任务是，逐步扩大实施范围，确保失业职工的基本生活，促进失业职工再就业，支持企业深化改革。

经过二十余年的探索和变革，我国失业保险制度取得了一定的成效。各省市基本建立了各级失业保险管理机构，其中大多数地区是在劳动就业服务机构内设立失业保险管理机构。同时，逐步建立了各项规章制度，失业保险工作开始走上制度化和规范化的轨道。

实施的结果表明，通过对失业保险基金的发放和合理使用，缓解了失业职工的生活困难，为深化国有企业改革和促进社会稳定提供了制度保证。截至 1992 年底，全国参加失业保险的单位为 47.6 万个，参加失业保险的职工数为 7 440 万人。全国共建立 2 100 多个专门管理机构，利用失业保险基金建立了 750 多个就业训练基地和 400 多个生产自救基地。用失业保险基金支持企业安置富余人员、发展劳动就业服务企业的资金投入达 9 200 万元。①

第二阶段，失业保险制度的发展和完善。

在对前阶段实施各项失业保险暂行规定和办法进行总结的基础上，1993 年 4 月，国务院颁布了《国有企业职工待业保险规定》。1993 年 11 月，党的十四届三中全会通过的《中共中央关于建立社会主义市场经济体制若干问题的决定》专门表述了“失业保险制度”。到 1999 年 1 月，国务院正式颁布了《失业保险条例》。至此，我国建立了较为规范的失业保险制度，使失业保险制度的制定和实施进入了规范和不断完善的时期。

在 1993 年《国有企业职工待业保险规定》所规定的基本内容中，其一，对待业保险实施范围作了规定。共有七类人员可以享受待业保险，分别是：依法宣告破产企业的职工；濒临破产的企业在法定整顿期间被精简的职工；按照国家规定被撤销、解散企业的职工；按照国家有关规定停产整顿企业被精简的职工；终止或解除劳动合同的职工；企业辞退、除名或开除的职工；依照法律、法规或按照省、自治区、直辖市人民政府规定，享受待业保险的其他职工。其二，对待业保险基金来源作了规定。规定待业保险基金由三个来源组成，即企业缴纳的待业保险费、待业保险基金的利息收入和国家财政补贴。在《国有企业职工待业保险规定》中，没有要求职工缴纳一定比例的待业保险金，但在一些省市具体制定和实施方案时，已经规定职工个人也要缴纳少量的待业保险费。企业缴纳的待业保险费按规定为全

---

① 宋晓梧等著：《中国社会保障制度建设 20 年》，中州古籍出版社 1998 年版，第 78 页。

部职工工资总额的0.6%。待业保险基金不足或节余较多的,经省、自治区、直辖市人民政府决定,可以适当增加或者减少企业缴纳的待业保险费,但企业缴纳的待业保险费总额最多不超过企业职工工资总额的1%。其三,待业职工失业保险金的领取期限。待业职工待业前在企业连续工作1年以上不足5年的,领取待业保险金的期限最长为12个月;待业职工待业前在企业连续工作5年以上的,领取待业保险金的期限最长为24个月。其四,待业保险金的发放标准。待业保险金的发放标准相当于当地民政部门规定的社会救济金额的120%~150%,具体金额由省、自治区、直辖市人民政府规定。其五,待业保险金的支付项目。待业保险金的支付项目包括待业救济金、医疗费、丧葬补助费、其供养的直系亲属的抚恤费、救济费、转业训练费、生产自救费和管理费,以及经省、自治区、直辖市人民政府批准,为解决待业职工生活困难和帮助他们再就业支付一定必要的费用。

1993年《国有企业职工待业保险规定》与1986年《国营企业职工待业保险暂行规定》相比较,在制度规定和具体的实施措施上均有了较大的进步。其一,实施范围扩大了,由1986年的四类职工扩大到1993年的七类职工作为待业保险的实施对象。其二,企业缴纳失业保险金的基数不同,由1986年的按企业全部职工标准工资的1%缴纳保险费,改为按企业全部职工工资总额的0.6%~1%缴纳,从而保证了保险基金的来源。其三,失业保险金的发放标准不同。1986年的暂行规定中,救济金按本人原标准工资的50%~75%发放,1993年失业保险金的支出标准规定为相当于当地民政部门规定的社会救济金额的120%~150%。这符合失业保险金应该高于社会救助标准的国际惯例。其四,失业保险金的统筹层次有所不同。1986年规定待业保险基金由省、自治区、直辖市统筹使用,但在实际实施过程中很难落实。为此,1993年的规定中提出待业保险基金可以实行市、县统筹,省、市、自治区可以集中部分待业保险基金调剂使用,直辖市可以根据需要统筹使用全部或部分待业保险基金。它反映了1993年的规定更注重实施的有效性和灵活性。其五,管理机构的不同。1986年的失业保险管理机构为当地劳动行政主管部门所属的劳动服务公司。1993 年的规定中确定了失业保险管理机构为地方待业保险机构。虽然仍隶属于劳动行政主管部门,但已有失业保险管理事务社会化的迹象。总体上说,1993 年《国有企业职工待业保险规定》的颁布,使失业保险制度更趋规范,对体制改革、社会稳定和经济发展都起到了积极作用。

由于我国失业保险制度建立较晚,特别是我国正处在计划经济体制向市场经济体制的转轨过程中,经济生活中出现了许多旧体制难以解决的新问题,如随着国有企业改革的深入发展,减员增效、下岗分流,将企业中的富余劳动力分离出来已成为不可避免的现实问题,现有的失业保险制度也难以解决失业人员的生活保障问题。而且目前的失业保险实施范围仅限于国有企业,不能解决非国有企业职工的失业问题;失业保险资金来源单一,只有国有企业按职工工资总额的一定百分比缴纳保险金;失业保险统筹层次仅限于市、县;失业保险金水平较低等。为此,亟须进一步规范失业保险条例,完善失业保险制度。

1999 年 1 月,国务院颁布了我国第一部《失业保险条例》,这标志着我国的失业保险制度进一步走向成熟。

3. 我国现行失业保险制度的基本内容

按照《失业保险条例》,我国的失业保险制度已具有较全面的内容和较完整的管理体系。其一,就实施范围看,目前我国失业保险的实施范围已包括所有的城镇企事业单位的职工。这里所指的城镇企业,是指国有企业、城镇集体企业、外商投资企业、城镇私营企业以及其他城镇企业。其二,失业保险的资金来源。主要有四方面:城镇企事业单位和城镇企事业单位职工缴纳的失业保险费、失业保险基金的利息、财政补贴、依法纳入失业保险基金的其他资金等。其中,城镇企事业单位按照本单位工资总额的 2%缴纳失业保险费,城镇企事业单位职工按照本人工资的 1%缴纳失业保险费。但城镇企事业单位招用的农民合同制工人本人不缴纳失业保险费。其三,保险金的领取期限。失业保险金的领取期限为失业人员失业前所在单位和本人按照规定累计缴费时间满 1 年不足 5 年的,领取失业保险金的期限最长为 12 个月;累计缴费时间满 5 年不足 10 年的,领取失业保险金的期限最长为 18 个月;累计缴费时间 10 年以上的,领取失业保险金的期限最长为 24 个月。重新就业后,再次失业的,缴费时间重新计算,领取失业保险金的期限合并计算,但最长不得超过 24 个月。其四,发放标准。失业保险金的发放标准,按照低于当地最低工资标准、高于城市居民最低生活保障标准的水平,由省、自治区、直辖市人民政府确定。单位招用的农民合同工连续工作满 1 年、本单位已缴纳失业保险费、劳动合同期满未续订或者提前解除劳动合同的,由社会保险经办机构根据其工作时间长短,对其支付一次性生活补助。补助的办法和标准由省、自治区、直辖市人民政府规定。其五,支付项目。失业保险金的支付项目有失业保险金、领取失业保险金期间的医疗补助金、领取失业保险金期限内死亡的失业人员的丧葬补助金和其供养的配偶及直系亲属的抚恤金、领取失业保险金期间接受职业培训和职业介绍的补贴、国务院规定或批准的与失业保险有关的其他费用等。

现行的《失业保险条例》与 1993 年颁布的《国有企业待业保险规定》相比较,在主要的保险内容和管理方式上均有了新的特点和进步。一是扩大了失业保险覆盖面。1993 年颁布的《国有企业待业保险规定》的实施范围仅为国有企业内部的职工。而现行的《失业保险条例》(以下简称《条例》)其实施范围扩大到城镇所有企事业单位和职工,包括非国有企事业单位及职工。据统计,1997 年参加失业保险的人数为 7 961 万人,仅占同期城镇企事业单位职工人数的 55.4%,其中国有企业职工占参加失业保险职工人数的 85.4%。截至 2004 年底,全国参加失业保险的人数已超过 1 亿人。失业保险覆盖面的扩大,有利于保障失业人员的基本生活,有利于广开就业门路,扩大就业渠道。二是扩大了资金来源渠道,提高了缴费比例和统筹层次。《条例》规定,城镇企事业单位的职工必须按本人工资的 1%缴纳失业保险费,这是第一次把职工个人承担一部分失业保险费纳入制度中加以规定,符合现代失业保险制度的国际惯例。《条例》把企事业单位缴纳失业保险费的比例由 1993 年的占全部工资总额的 0.6%提高到2%,同时规定失业保险金在直辖市和设区的市实行全市统筹,其他地区的统筹层次由省、自治区人民政府规定。失业保险基金社会统筹层次的提高,可以充分发挥现有失业保险基金抵御风险的能力,也能解决失业保险基金畸轻畸重、分布不均的问题,有利于完善劳动力市场。三是把农民合同工纳入了失业保险体系中。《条例》第二十一条专门规定了农民合同工的失业保险问题。对工龄满1年以上,雇用单位已为其缴纳失业保险费的农民合同工,可由社会保险经办机构对其支付一次性生活补助。在传统的社会保障制度中,始终把农民排除在保险体系之外,新《条例》把农民合同工纳入社会保险体系中,在观念上和制度上是一个大的突破,在实践中是一大进步,其社会意义和经济效益都很好。四是新颁布的《条例》明确规定了失业保险金的标准应该为低于当地最低工资标准、高于城市居民最低生活保障标准的水平,并由省、自治区、直辖市人民政府具体规定。这就弥补了原保险规定实施过程中出现的各地区、各行业由于失业保险金水平不一而造成的部分职工失业保险金低于城镇最低生活保障线,基本生活得不到保障的问题。这一标准的制定,也符合失业保障制度的国际惯例。五是《条例》还包括了监督、处罚等内容。这对规范失业者、社会保险管理机构的权利和义务,保证失业保险基金的专款专用,完善失业保险制度起到了较大作用。

《失业保险条例》的颁布,使现有的失业保险制度得到了进一步的完善。

4. 失业保险与失业救济、再就业服务的关系

(1) 失业保险与失业救济。失业保险与失业救济是失业保障体系中需要相互衔接、互为补充的两个方面,其关系非常密切。按照西方社会保险制度的实践经验,失业保险制度与失业救济应同时实行,保障对象、享受条件和待遇标准等应厘定清楚。任何国家的失业保险都不可能对所有的失业人员进行全部的保障。建立和完善失业保障制度,目的在于最大限度地解决失业人员的基本生活问题,缩短失业人员的待业时间,促使其再就业。但在现实生活中,由于受在职职工的保险年限、工龄、待业时间等因素的影响,失业保险金的给付常常无法惠及所有的失业者以及失业者的整个失业期限。因此,社会必须建立失业救济制度,使那些不能享受或超过失业保险金给付期限的失业者得到最低限度的生活救济款,以维持其生存的需要。

在我国目前保险水平低下和覆盖面较小的情况下,失业保险所发挥的作用还相对有限,有相当一批失业者没有领取到失业保险金,所以在积极推进和扩展失业保险的同时,很有必要建立失业的社会化救助体系,以补充失业保险制度的不足。

(2) 失业保险与再就业服务。为了避免失业现象,不仅需要失业保险,更需要政府与社会采取有效措施来增加失业者的再就业机会。对社会经济的发展和劳动力市场的完善来讲,失业保险显然是一种必要的但又是事后补救的措施,而再就业则是一种积极的且是最终解决失业问题的方法。因此,必须处理好失业保险与再就业服务的关系。首先要合理确定失业保险基金的使用结构,保证转业训练等费用的落实和运用。对于参加失业保险的职工,凡属非自愿性中断就业,并在失业前累计工作时间满 1 年、进行失业登记并有积极求职表现的,在按规定领取失业保险金、享受失业保险待遇的同时,失业保险机构和职业介绍机构要根据劳动力市场供需信息,有针对性地为这些失业人员开展转业培训,多次无理由拒绝职业介绍机构推荐工作的,可以停发失业保险金,从而把失业救济与再就业工作有机结合起来。在实施过程中,有些省市在提供再就业服务方面已有一定经验。如上海市的失业保险基金,在促进失业人员就业方面投入了大量资金,至今上海市已建成市、区、县职业介绍所 24 个,培训基地 19 个,生产自救基地 3 600 个,并培训 25 万人次和安置了 50 万人,为失业者转业、再就业培训起到了相当大的作用。其次是要扩大再就业工程的实施范围,使全体失业者都能得到再就业服务。目前,对下岗职工的再就业工程已取得一定成效,但毕竟只限于下岗职工范围。如何扩大正在实施的再就业工程,并把它与整个社会再就业工作结合起来,是目前需要解决的一个非常重要的社会问题。

5. 我国失业保险制度的改革和完善

随着市场经济体制的逐步完善,失业保险制度也必须适应社会经济的发展，不断改革和完善，这样才能充分发挥应有的功能和作用。但是，我国目前的失业保险制度还不够完善，依然存在着一些明显的问题，具体表现在以下几个方面。

第一，失业保险的覆盖面过窄，不能适应市场经济的发展要求。我国《失业保险条例》规定的失业保险的覆盖范围，比过去的待业保险范围有所扩大，但覆盖范围仍然过窄。社会团体及其专职人员、民办非企业单位及其职工、有雇主的城镇个体工商户及其雇工、机关人员、乡镇企业职工、城市农民打工族都被排除在失业保险的范围之外。

第二，失业保险费收缴困难，保险基金筹集不力，欠费现象比较严重。从我国失业保险基金来源看，企业及其职工的缴费占主要部分。但在实际实施过程中，各地普遍存在着缴费主体欠缴失业保险费的现象。从拖欠失业保险费的情况看，大体上有两种：一是企业效益不好，无力缴纳；二是效益尚可，但不愿缴纳。1998 年下半年的统计数据显示，全国企业拖欠社会保险费总额达 365 亿元。

第三，失业保险基金统筹层次较低，地区之间的调剂作用难以发挥。在基金统筹层次上，按照《条例》规定，失业保险基金实行市、县统筹，在设区的市要实行全市统筹，省、自治区可以集中部分失业保险金调剂使用。但从实施情况看，多数地区的统筹层次停留在县一级，只有部分地区建立了调剂金制度。由于统筹层次偏低，目前失业保险基金的整体承受能力比较脆弱。

第四，失业保险监管滞后，制度运行成本较高。由于管理体制上的不完善和缺乏相关法律法规的规范和约束，因此在基金运行中，行政干预行为时常发生，挤占挪用也难以避免，由此导致了基金管理上的混乱。我国失业保险基金中，管理费支出的比例之高已列世界前茅。在国外，失业保险基金中的管理费支出一般只占基金总支出的 3%～4%，而我国则连续几年高达 30%以上。

为了保证我国失业保险制度能够适应现有的就业结构及未来可能出现的就业结构的变化，我们必须建立一个适应市场机制的全国统一的失业保险制度，以消除失业保险在地区之间、所有制之间、行业之间、城乡之间的差别，实现真正的权利与义务对等、公平与效率兼顾，使失业保险既能保证失业者及其家人的基本生活需要，又能有效地促进再就业，形成有利于经济发展和社会稳定的良性循环。

第一，在失业保险的对象方面，应按“国民待遇”原则，扩大失业保险范围，尽快使城乡所有劳动者在失业保险制度方面享受同等的权益。

第二，根据就业结构的变化，对处于不同结构状态中的失业者实行不同的失业保险政策。比如，可以采取累进失业保险费率制，在保证基准失业保险费率的前提下，随着收入水平的提高而提高失业保险费率；对于失业风险较大的行业，制定相对较高的失业保险费率等。

第三，在失业保险基金的使用上，应该充分发挥并实现失业保险的两大功能，即保障失业者的基本生活需要和促进再就业。

第四，在失业保险基金的管理上，应实行专户统一管理，由劳动保障行政部门设立的社会保险经办机构负责征收失业保险费，并对所有失业人员缴、领失业保险费进行管理。

第五，在失业保险待遇发放标准上，应进一步加强调查研究，制定出合理的发放标准，在条件允许的情况下，可以针对不同的缴费情况实施不同的发放标准。

第六，进一步加强失业保险制度与其他相关社会保险制度的有效衔接，让失业人员各方面的基本需求都能得到有效保障，使得我国的社会保障体系不断完善。

第七，加紧制定失业保险的法律法规，为构建和完善失业保障体系提供法律基础。

三、外国失业保险制度

失业保险制度的发展与一个国家的工业化和市场化水平密切相关。到目前为止，在西方发达的工业化国家，失业保险制度已比较完善，因为这些国家劳动力市场的组织程度较高，为失业保障制度提供了一定基础。现在,经济发达的西方国家都实行了强制性和自愿性的失业保险制度,失业保险的范围已扩展得很广。这些失业保险制度大部分是在第二次世界大战以前建立的,但各国针对新的社会经济环境和市场变化,不断地修改和完善失业保险制度。①

1. 英国的失业保险制度

英国是世界上建立失业保险制度较早的国家,其失业保险制度的内容和实施方法对其他的国家产生了一定的影响。英国对失业保险的首次立法在 1911 年,此后经过多次修改,确定了现行的立法。

英国实行的是强制性失业保险制度。英国失业保险制度的实施范围很广,按规定,凡周收入在一定数额以上的雇员均在失业保险范围之内,其中,独立劳动者、缴纳减额保险费的已婚妇女和遗孀不属参加保险的对象。

失业保险的基金来源于雇员和雇主缴纳的保险费、政府的社会保险财政支出。此外,失业救济金的费用全部由政府承担。

失业保险的给付条件:一是任何纳税年度缴纳的保险费,至少为该年度周收入的 25 倍,在适当的纳税年度,缴纳或视同缴纳的保险费,至少为该年度较低周收入限度的 50 倍;二是已在职业介绍所登记失业,能工作并能适应工作;三是具有劳动能力并愿意工作、年龄在 65 岁以下的失业者。如果本人无正当理由而自动离职,或由于行为不端而失业,或拒绝接受适当的工作介绍,或错过工作机会与培训机会(取消保险金资格至多长达 6 周),或介入行业纠纷(介入期内取消资格),都将取消保险金的领取资格。

失业保险金的给付标准和期限:权利型失业保险(非自愿失业、接受失业介绍所为其介绍的工作、具有劳动能力并愿意从事全时工作;在职业介绍所登记,每两周到介绍所填表一次;年龄在 18 周岁以上的失业者,或每周工作低于 16 小时的工作者,最近两个纳税年度中有一年足额缴纳失业保险费,且缴纳基数不应低于应税周收入下

---

① 参见美国社会保障总署编:《全球社会保障制度》有关国家条目,华夏出版社 1989 年版。

限的 25 倍)的待遇为:年龄在 25 岁以上的失业者,每周为 49.15 英镑;18～24 岁的失业者,每周为 38.90 英镑;18 岁以下的失业者每周为 39.60 英镑。最长支付时间为六个月,等待期为三天。收入调查型失业保险(失业救助)待遇要根据年龄、家庭收入和家庭结构而定,最长支付期为六个月。期满仍未获得工作的,可申请其他救济金。①

2. 德国的失业保险制度

德国实行强制性和自愿性相结合的双重制度。1927 年,联邦德国颁布了《失业介绍法》和《失业保险法》,开始建立失业保险制度。1969 年颁布了《劳动促进法》和《职业培训法》,使失业保险体系逐步得以完善。1974 年又颁布了《失业救济条例》,使失业保险更加法制化、规范化。德国建立失业保险制度的目的在于通过向失业者支付失业补贴和失业救济,以维持他们的基本生活。按《劳动促进法》规定,失业保险还包括就业介绍、职业咨询、职业培训、职工教育、提供帮助就业的福利和康复福利、制订增加就业机会的计划等。

德国失业保险的实施范围为适用于除法律有特殊规定之外的所有雇员,包括农业工人和家庭用工,但不包括临时工及每周工作不足 18 小时的短工,也不包括自营人员和公务员。

德国失业保险的资金来源是全国实行统一的失业保险费率,目前费率为工资基数的 3.3%,由雇主和雇员各承担一半,这比之前的 6.5%下降了近一半。之前《就业促进法》规定,雇主和雇员分别缴纳雇员工资的 6.5%。作为失业保险缴纳基数的工资,每月最多不超过 5 600 马克。即如果一个雇员月收入在 5 600 马克以上,仅按 5 600 马克为基数计算失业保险,如雇员工资很少,低于保险金总计限额的 1/10,那么雇主需缴纳全部应缴失业保险费,而雇员则免于缴纳。

德国失业保险的给付标准主要考虑两个因素:一是净工资,二是有无抚养子女。后者对失业保险金标准影响较大。失业保险金标准

---

① 杨勇:《中英失业制度比较分析》,兰州大学学报(社会科学版),2006 年第 6 期,第 109 页。

约相当于失业前净工资的67%,单身职工为60%。具体标准依失业者年龄及其参保时间长短而定。①

德国还实行失业援助计划,对无权享受正常保险金和在正常保险金给付期过后的失业者,按在职时税后收入的58%支付(独身者为56%)救济金,无期限限制。失业援助计划的资金完全由政府财政负担,失业者不承担缴费义务,但受助者每年必须接受劳工局对其家庭经济状况的调查。其待遇水平比失业保险给付标准低。

德国实行失业援助计划的目的在于促进失业人员的再就业。从实施的情况看,失业保险与失业援助相结合,为失业人员提供了多层次的保障体系,避免了部分失业者因未能就业而陷入生活贫困、就业更加困难的境况。

3. 美国的失业保险制度

美国实行的是强制性失业保险制度。1935年联邦政府颁布《失业保险法》,但各州实行的失业保险办法并不统一,各州立法时间大致在1932—1937年。失业保险由联邦政府劳工部通过其就业培训总署失业保险服务局管理全国失业保险金,各州由州职业保障局主管。劳工部负责监督州政府执行失业保险的情况,各州收缴的失业保险基金上缴财政部,设立各州专户。各州需要支付的失业保险金,由州劳工局上报劳工部,劳工部再通知财政部拨给各州。劳工部还核定并拨付各州管理失业保险机构的行政费用。

根据美国的联邦立法,失业保险实施范围包括工商企业的雇员、一年中有20周雇佣人数在4人以上的非营利机构的雇员、所有各州地方政府的工人、家仆以及约2/5的农场工人。各州的失业保险范围按联邦立法的范围实施,美国《失业保险法》中,把农业雇员、宗教组织雇员、家庭劳工劳动者和独立劳动者排除在保险范围之外。此外,铁路员工、联邦雇员和退伍军人,各有专门的失业保险规定。

失业保险的资金来源:按照联邦法规规定,各州政府都要建立失

---

① 杨文忠:《德国失业保险和促进就业》,中国劳动保险,2009年第4期,第61页。

业保险基金。如果哪个州不建立失业保险，这个州必须按雇员工资的6.2%向联邦政府缴纳失业保险税。目前各州均已建立了失业保险制度。全国平均失业保险税率为2.8%，其中，联邦政府的失业保险税率为雇员年收入7 000美元部分的0.8%。州税率由各州自定，平均为雇员年收入的2%。雇员本身不缴纳失业保险税，失业保险税由雇主缴纳。联邦政府从联邦税中给各州拨付管理费(余款用于贷给各州或作为延期补助方案的资金)。缴纳保险费和享受保险金的收入最高限额，根据联邦税制和19个州的规定，每年为7 000美元。其余32个州较高。

失业保险金的给付条件：一为受保人失业前的最低工资数和受雇时数。约3/4的州规定，前一基数年的最低收入应为周救济金的若干倍数，或为高的季节工资的若干倍数，或达到规定的数额。13个州具体规定需受雇一定周数(如14～20周)。如加利福尼亚州规定，失业人员在申请失业保险金前一年内，必须在任何一个季度内获得1 200美元工资，或在最高工资的那个季度内获得900美元工资，并在这一年内的工资总额不少于最高的季度工资收入的1.25倍。二为在失业登记所登记失业，具有工作能力，并能工作。三为失业而不是自动离职。有不正当行为、劳动争议和拒绝适当工作安排者，不包括在失业保险金的给付条件范围内。

失业保险金的给付标准一般为收入的50%，但各州的规定有所差异。每周保险金的最低起点为5～60美元(1/2的州为30美元以上)，最高为84～224美元(1/2的州为170美元以上)，因州而异。如加利福尼亚州的保险金给付标准为：季度工资收入为900～948.99美元的，每周失业保险金为40美元；季度工资收入为949～974.99美元的，每周失业保险金为41美元；季度工资收入为6 300美元以上的，为190美元。约有1/4的州规定，子女每周可以享受1～76美元的亲属供养补助。

失业保险金给付期限：大多数州规定一周等待期后支付，最多为26周，视各州情况而定。联邦法律规定，在失业高峰期间，可将正常保险金给付期限延长一半，最多可延长13周。根据联邦与州援助办法,对某些工作期限达不到规定条件,以致无权领取保险金者和领取权限到期的贫穷失业者,可给予援助。

为了不使失业者及其家庭在失业后的基本生活受到严重影响,美国还推出了企业补充失业津贴。如美国福特汽车公司从 1955 年起,率先在企业内实行了补充失业津贴制度,并逐渐扩延到行业内其他企业乃至其他行业。享受企业补充失业津贴的条件是:获得领取法定失业保险金的资格;企业工龄一年以上,企业补充失业津贴的费用由雇主和工会共同承担,津贴标准约为本人失业前工资收入的 30%左右,领取期限为一年。企业补充失业津贴制度的建立,是对法定失业保险的较好补充。

4. 瑞典的失业保险制度

瑞典实行的是自愿性失业保险制度和失业援助相结合的双重制度。失业保险首次立法于 1934 年,其后在 1956 年颁布了《工会关联方案》,1973 年颁布了《劳动力市场支持方案》,对失业保险制度作了修正和完善。

失业保险的实施范围:瑞士《工会关联方案》规定,失业保险的实施对象为参加工会自愿捐助,并经批准建立的失业基金会的会员。工会会员参加失业基金会,通常带有强制性。但允许产业工会的任何雇员均可自愿加入基金会(现有会员约占全部雇员的 2/3)。15 岁以下或 64 岁以上的雇员以及不适合就业的人员及家庭劳动者,不具备基金会会员资格。《劳动力市场支持方案》规定的实施对象为雇员和 16 岁以上愿为雇员但不符合《工会关联方案》规定的人员。

失业保险基金的来源主要有三个方面:雇员和雇主缴纳的保费以及政府的补贴。《工会关联方案》规定,受保人根据各基金会的不同,每月缴纳 1.5～40 克朗;雇主缴纳工资总额的 0.4%。政府每日基本补贴和各种费用约为全部费用的 46%。《劳动力市场支持方案》规定,受保人不缴纳失业保险费,雇主缴纳工资总额的 0.4%,政府每日基本补贴和各种费用约为全部费用的 33.33%。

失业保险金的给付条件:根据《工会关联方案》规定,失业保险金的给付条件有:一是享受失业保险的会员必须有失业基金会会龄

12 个月,包括失业前最近 12 个月内的 5 个月;二是在公立职业介绍所登记失业,具有工作能力;三是系失业而非自动离职。对于有不正当行为、有劳动争议、拒绝介绍适当工作的人员(通常取消资格 4 周),取消或不给保险金的待遇。在《劳动力市场支持方案》中,是否给予失业保险金取决于对收益人的馈赠所得和经济情况调查结果(另需结合本人的经济来源,调查其配偶的收入状况)。

失业保险金的给付标准和期限:《工会关联方案》规定之给付标准为:每天 80～300 克朗(1985 年 7 月 1 日起为 315 克朗),具体视基金会和雇员的工资等级而定。失业保险金的支付有 5 天等候期。一年最多支付 300 天(每周支付 5 天)。在给付标准和期限方面,各基金会有所不同。另按《劳动力市场支持方案》,失业保险金的给付标准为每天 130 克朗。55 岁以下者,5 天等候期后支付,至多支付 150 天;55—59 岁者,最多支付 300 天;60—64 岁者,支付 450 天。

瑞典由劳动力市场管理局监督失业保险法规的实施。工会失业基金会,经国家劳动力市场局批准后,管理全国各行业的保险业务。基金会由若干工会干部和一个政府代表组成的理事会管理。基金会的地方分支机构,连同工会会费征收保险费,并与地方职业介绍所密切合作管理保险金。在《劳动力市场支持方案》中,主要由县劳工局和地方职业介绍所管理失业保险。

5. 国外失业保险制度的经验

西方各主要国家实施失业保险制度已有半个多世纪的历史。在不断的实践过程中,积累了许多宝贵的经验。了解以及借鉴这些经验,将对我国失业保险制度的改革和发展有较大的促进作用。从以上几个国家失业保险制度的方案来看,主要有以下值得借鉴的经验:

第一,失业保险逐步向多重保障发展,建立复式保障结构。如失业保险与失业救济的结合、失业保险与企业失业补助的结合、失业保险与援助计划的结合等。这对提高失业者及其家庭的基本生活保障程度都有较大作用。

第二,普遍强调失业保险的给付条件。如法定劳动年龄、非自愿失业、必要的劳动经历、缴纳保险费的年限以及在就业机构登记等。

各国在实施过程中由于国情不同,在给付条件方面的侧重点也有所不同。有的国家非常强调就业期,以表明保险对象有劳动能力且有劳动愿望,因此有非常严格的就业期规定。有的国家在强调就业期的同时,根据失业率的变化来规定就业期的长短。如加拿大的规定是失业率在6%以下时,就业期要求是20周/年,失业率在11%时,就业期要求是15周/年。失业率越高,就业期要求越低。有些国家规定了失业者要享受失业保险必须履行应尽的义务,如定期向失业保险部门报告就业状况、接受失业部门对失业者的阶段审查、接受失业保险部门的职业介绍及有关部门的职业培训等。

第三,约有半数以上的国家要求由企业、个人、政府三方共同承担失业保险费,尤以德国、加拿大、日本、英国等国家为典型。

第四,给付标准方面。目前许多国家的失业保险给付水准都有一种标准化趋势,即一般都在本人原工资收入的40%～60%。国际劳工组织第102号公约所规定的给付标准为"四口之家给付标准应达到原工资收入的45%以上"。不少国家都把给付标准定在最低工资标准之上,以便于与失业救济拉开距离。在给付标准的计算基数上,目前世界上大致有四种做法:一是按接近社会平均工资的一定比例,如加拿大为60%,美国为50%;二是按本人失业前工资的一定比例,如德国为53%;三是按本人失业前工资的一定比例加上定额给付,如法国为工资的40%加每月46.32法郎的定额补贴;四是按最低工资标准的一定比例给付,如波兰的给付标准为最低工资标准的95%。

第五,把促进就业作为失业保险制度的重要内容。在失业保险支出的分配上,也开始注重促进就业功能的发挥。如德国保险费支出中,除60%用于保险金给付外,余下40%主要被用作职业介绍、职业培训以及补贴、补助企业雇用等促进就业的工作中。在支持再就业培训方面,有些国家的做法是:对参加培训并取得资格证书的失业人员,有增加失业保险金给付额的奖励;参加职业培训的失业者可延长失业保险给付期、享受生活补贴和免费培训、享受其他险种的给付待遇等。

第五章
医疗保险

医疗保险与人们日常生活的关系最为密切,对提高人们的生活质量的意义也最为明显。医疗保险有着广泛的内容,并与各种其他保险制度有密切的关系。值得注意的是,在许多国家,疾病、伤残保险常常与医疗保险同时实行,成为一种配套的制度。近一段时期以来,医疗保险的费用不断增长,迫使许多国家不得不重新检讨医疗保险与经济增长水平的关系,更加注意医疗保险的实施效益和管理效率。医疗保险制度的改革已成为各国社会保障制度改革的热点。我国在建立社会主义市场经济体制的过程中,也正在致力于对传统的医疗保障制度的改革,以期建立有效的、公平的和与经济发展水平相适应的社会医疗保险制度。

一、医疗保险制度概述

本节论述社会成员在患病或遭受非因工伤害时所需的医疗保险制度。社会医疗保险制度与其他社会保险制度有所不同,它具有多个行为主体,既涉及患者等受保人、企业或患者本人等投保人,还涉及医院、疗养所等医疗主体。在医疗保险待遇较高的国家,政府又常常成为医疗保险基金的主要出资者和医疗机构的所有者。此外,医疗保险所投保的是经常发生的事件,其治疗所需程度和给付标准弹性较大,因而难以确定。因此,医疗保险是社会保险制度中较难运作和管理的制度。

1. 医疗保险制度的含义和特征

医疗保险是指劳动者(或公民)因患病、负伤、年老、生育、失业或因其他原因收入中断时需要医疗费用,由国家或企业提供医疗和物质保障的制度。它构成社会保险制度的一项重要内容。

医疗保险制度同样起源于 1883 年德国俾斯麦政府颁布的《疾病保险法》。随着世界人口老龄化趋势的加快及其所带来的诸多社会问题,医疗保险的作用日益突出。国际劳工组织早在 1964 年召开的第 48 届大会通过的第 120 号公约中,就把医疗保险排在首位。世界卫生组织和国际劳工组织提出:每个熟练劳动者都代表着一份"社会投资","保持健康,意味着社会受益"。

医疗保险制度的特征主要有以下几个方面:其一,医疗保险承保的风险为疾病、负伤及因生育等引起生理机能由健康转为不健康状况时所需的医治。这种风险是每个人从出生到死亡过程中都不可避免和预测的,因此,医疗保险伴随着劳动者一生。其二,医疗保险的覆盖面广、发生率高,并与其他社会保险项目密切交织在一起。被保险人不论是享受生育保险、养老保险、工伤保险及失业保险,只要发生生育、负伤、疾病等都必须同时享受医疗保险,而养老保险与生育保险之间则不会发生交叉关系。其三,医疗保险主要为劳动者直接提供实物和医疗服务,并通过服务帮助劳动者尽快恢复健康和正常的劳动能力。其四,医疗费用难以预测和控制。因受多种因素影响,医疗费用变化较大,难以掌握。医疗保险一般都采取免费或少缴费的办法,随着人民生活水平的提高和健康意识的改变,医疗需求随之不断提高,决定了医疗费用也会不断增长。

医疗保险的特点决定了医疗保险必须建立医疗保险基金,以集中社会力量,由社会保险机构统筹并运用互济手段向病患者提供医疗服务,增强承担风险的能力。同时,必须加强医疗保险基金的管理,控制支出,避免浪费。

2. 建立医疗保险必须遵循的原则

医疗保险制度的建立,必须遵循以下原则:第一,医疗保险的待遇,应实行机会均等的原则。凡被保险人符合享受医疗保险待遇的有病就医、伤残用药,完全依据病伤情况来决定。这里不存在经济收入、职业、性别的限制和影响。享受的前提条件是患病与伤残,特别是要强调对弱者的保障,即对退休人员、因工残废者、长期病号和危重病人的优先照顾。第二,建立医疗保险基金的专款专用制度。医疗保险费用必须确保用在患者身上，不得挪作他用。因此，必须严格加强管理，遵循规章制度，确保“保证医疗、克服浪费、有利生产、节约开支”。第三，医疗保险必须遵循“风险共同分担”原则，个人必须承担一部分的医疗保险费。医疗保险具有物质帮助和救济性质，坚持政府、企业、职工共同负担的原则，有助于医疗保险基金的筹集和合理使用，有助于职工医疗风险的互助互济。

3. 医疗保险的给付方式和服务方式

医疗保险的给付方式是指医疗保险机构对保险者（或投保人）患病就医所需要的医药费用的支付报销形式或过程。从支付对象来看，一般分为支付投保人和直接支付服务提供者（医疗机构）两种。从支付时间来看，又可分为预付制和后付制两种。支付投保人，是指医疗保险机构对被保险者（或投保人）就医时所需的费用给予全部或部分直接报销或补偿。直接支付服务提供者，是指被保险者（或投保人）不直接向医疗服务提供者（医疗机构）支付医疗费用，而是通过转账形式由医疗保险机构向医疗服务提供者支付医疗费用，这种方式较为常见。

预付制，是医疗保险机构将医药费用按人头定额或疾病诊断分类等方式事先支付给医疗服务提供者。后付制，是医疗保险机构将实际发生的医药费用按一定补偿标准支付给医疗服务提供者。预付制较后付制更容易抑制过高的医疗需求，减少医疗费用，但也可能降低医疗质量。

医疗保险的服务方式是指医疗机构向被保险者（或投保人）提供的各种服务内容和医疗服务方式。服务内容主要有：专科、普通科、住院、门诊、生育护理、家庭护理、牙科治疗、化验、物理诊断及病人运送等。在医疗服务方式方面，不同的国家有不同的医疗服务方式，大致有三种：其一，由国家、医疗保险机构或企业根据服务项目、类别、诊治人数，将医疗经费（包括相应的报酬或薪金和医药费用）直接支付给提供医疗服务的医师、医院、保健院和药品供应者及其代理人，被保险者与医疗机构不发生直接的经济和财务关系。其二，被保险人先行垫付医疗所需的一切费用，然后由国家、医疗保险机构或企业予以补偿。其补偿范围一般为全部医疗费用，也有按规定的比例给付补偿额的。其三，国家、医疗保险机构或企业自行设立医疗机构，直接为被保险者服务。采取这种医疗服务方式的国家多实行由政府或医疗保险机构与公立或私立医院签订合同的办法，将后者视作附属的医疗机构，直接为被保险者服务。被保险者除向国家或医疗机构缴纳医疗保险费外，不再支付其他费用。

4. 医疗保险的类型

如果按医疗保险承担的主体为标志，目前世界各国的医疗保险制度有三种类型：第一种是由私营保险公司实施的医疗保险，如美国的“蓝十字—蓝盾”医疗保险公司。居民可以根据个人的经济承受能力和个人意愿选择承保机构，享受与其投保金额相应的医疗保险待遇。第二种是由国家实施的医疗保险，即对全体社会成员实行强制性的医疗保险，国家将其业务委托给某些医疗保险公司承办。第三种是由企事业单位实施的医疗保险。从各国医疗保险制度改革的趋势看，社会医疗保险有逐渐向以国家医疗保险为主体的方向发展的趋势。我国过去实行的“公费医疗”和“劳保医疗”制度，实质上都属于国家保险。

二、疾病伤残保险制度概述

在无保障的社会中，职工一旦遭遇伤害或患病，将主要面临两种困难：一是医疗所需费用的支出；二是由于患病及治疗而无法工作或减少工作时间，因而没有收入或收入减少。因此，为了减轻、避免患病和发生意外伤害职工的双重压力，保障其基本的生活和医疗权利，社会需要给予劳动者以疾病伤残的医疗保险，也需要给予其患病、伤残所需治疗和疗养时间的待遇及维持生活所需的收入补偿保险。前者，一般称之为社会医疗保险，后者称之为社会疾病保险，或疾病、伤残保险。这里的伤残保险，主要是对非因工伤残的保险。因工伤残一般另行建立工伤保险制度予以保障。本节着重论述社会疾病保险制度及其主要内容。

1. 疾病保险制度的含义和特征

社会疾病保险，指公民或劳动者在疾病、非因工伤残等情况下，能从社会企业获得物质帮助的一种权利。它最早起源于企业劳工之间的互助组织，后逐渐发展成为立法形式的社会保险。疾病保险始创于1883年德国俾斯麦政府颁布的《疾病保险法》，距今已有一百多年的历史。

与其他社会保险项目相比，疾病保险具有以下几方面的特征：一是享受疾病保险待遇的前提条件是由于疾病而导致劳动能力的丧失；二是致病的原因是由于人体内在的原因，包括细菌的侵入、人体抵抗力的减弱、人体生理机能的失调等，而非来自外部的、剧烈的伤害；三是疾病保险承担的是一般的疾病而非由于工作、职业关系而造成的职业病等；四是疾病保险只限于在发生劳动关系的单位内进行。

2. 疾病、伤残保险的主要内容

(1) 疾病保险的给付标准与给付期。疾病保险金的给付条件是被保险人因病或非因工负伤进行治疗期间暂时丧失劳动力，在规定的期限内停止工作。凡符合上述条件者，均能获得法定基本生活保障的待遇。世界各国因经济发展水平不同，此项待遇的给付标准也不同。职工患病停工治疗期间的补助费，多数国家规定为职工工资收入的50%～75%，少数国家规定为80%～90%，最高的达100%。如意大利政府规定，职工停工治疗疾病的前20天，补助费为其工资的50%，以后为其工资的2/3。西班牙政府规定，职工患病治疗初期，补助其基本工资的60%，患病治疗三周以后，补助工资的75%。苏联政府规定，凡8年工龄以上、供养3口人的，职工患病治疗初期，补助其工资的100%。国际劳工组织在1952年通过的《社会保障最低标准公约》对疾病补助给付标准给予了明确规定，即疾病补助不得低于正式工人(包括供养妻子和两个子女)收入的45%，1969年改为60%。中国的社会疾病保险给付标准与国际公约基本吻合。其具体内容是：职工停工连续治疗疾病的前6个月，发给本人工资的60%～100%；职工连续治疗时间超过6个月以后的，改为发放疾病救济金，其标准为本人工资的40%～60%。①

疾病保险的给付期，即疾病补助金的发放期限，最早在1883年的德国《疾病保险法》中规定为13周。随着疾病保险的普及，此期限规定为26周。1952年国际劳工组织大会通过的《社会保障最低标准公约》规定为26周，1969年规定为不少于52周。目前大多数国家规定为39～52周。我国疾病救济金的发放期优于国际公约的规定，可发放至职工重新工作或死亡为止。

(2) 伤残保险的给付标准。当被保险人非因工致残，经劳动鉴定委员会鉴定，确认完全丧失劳动能力、退出劳动岗位、终止劳动关系时，按社会保险法规规定，可以享受伤残保险待遇，即伤残津贴。非因工伤残职工医疗期间的享受条件和待遇与疾病津贴相同。医疗期满，被保险人非因工致残，经医生或医疗机构认定患有难以治愈的慢性病，应由劳动鉴定委员会参照工伤和职业病致残程度鉴定标准进行劳动能力鉴定。按国际惯例，非因工致残人员超过疾病津贴领取期后，退出劳动岗位，改发伤残津贴。待符合享受养老金条件后，改发养老金。伤残津贴也由养老保险基金支付。目前，我国还没有伤残津贴的规定，仅规定被鉴定为5～10级伤残的，医疗期内不得解除合同；被鉴定为1～4级的，应当退出劳动岗位，解除劳动关系，并办理退休、退职手续，享受退休、退职待遇。

三、中国医疗保险制度

中国的医疗保险制度建立较早，尤其是在20世纪70年代积极地建立和发展以合作医疗为主体的农村医疗保险事业，在世界范围成为较成功的一种农村医疗保险制度。但总体上说，作为与计划经济体制相适应的医疗保险制度，其内在的弊端也是极为明显的。随着我国经济改革的深化和市场经济制度的建立，社会医疗保险制度

① 参见胡逢云主编：《社会保障实用手册》，上海辞书出版社1995年版，第119页。

也面临着改革。近年来,社会保险制度改革的各种试点工作取得了较好的效果,我国新的社会医疗保险制度已在逐步建立中。

(一) 中国的传统医疗保险制度

我国传统的医疗保险制度分为城市医疗保险制度和农村合作医疗保险制度两部分。城市医疗保险制度又分为公费医疗制度和劳保医疗制度。公费医疗制度是指对国家机关、事业单位的工作人员和高等学校学生实行的一种免费医疗和预防疾病的医疗保险制度。劳保医疗制度是指根据《中华人民共和国劳动保险条例》规定所实施的企业职工及其供养的直系亲属可享受的一种医疗保险制度。农村合作医疗保险制度是由中国农村居民自愿参加,由集体经济和农民共同筹集资金的一种初级医疗保险形式。

1. 公费医疗制度

公费医疗制度在新中国成立前的老革命根据地就开始实行。中华人民共和国成立后,逐渐扩大到其他地区。1952 年,政务院发布《关于全国人民政府、党派、团体及所属事业单位的国家工作人员实行公费医疗预防的指示》,规定对全国各级人民政府、党派、团体及事业单位的工作人员、革命残废军人,实行公费医疗预防制度。医疗费用由各级人民政府领导的卫生机构,按照各单位编制人数比例分配,统收统支,不能分给个人。门诊、住院所需的诊疗医疗费按规定拨付,住院的膳费、就医路费由个人负担。1952 年 8 月,政务院批准发布《国家工作人员公费医疗预防实施办法》,进一步明确了享受公费医疗待遇人员的范围。1964 年,国务院批转卫生部、财政部文件,明确了享受公费医疗的国家工作人员经批准到外地就医的路费可参照旅费的规定报销,未经批准,不准报销。1979 年 6—11 月,卫生部和财政部先后发布了《关于公费医疗两个问题的复函》及《关于公费医疗几个问题的答复》,补充规定了以下六方面的内容:第一,原来不享受公费医疗的行政事业单位的职工,凡是符合国务院退休办法,退休后由民政部门发放退休金的,可以享受公费医疗待遇,其医疗费用由当地公费医疗管理部门报销;凡是退休后由原单位发放退休金的,仍享受原单位医疗待遇，其医疗费用由原单位报销。第二，高等学校带工资的大学生，一律在学校所在地办理公费医疗，不应回原单位报销医疗费。第三，享受公费医疗的职工，由于打架斗殴、交通肇事以及医疗事故等造成伤残，其医疗费用应视情况由肇事者单位或本人负担，不应在公费医疗经费中开支。第四，享受公费医疗人员施行计划生育手术的费用和手术后遗症的治疗费用，在公费医疗经费中开支。第五，已开除公职或劳动教养的人员，不属于公费医疗待遇的享受范围，其医疗费用在原单位其他费用中支付。第六，原享受公费医疗待遇的人员退休后，如易地安置，由新居住地的卫生部门安排其公费医疗。

公费医疗经费主要来源于各级财政拨款，实行差额预算管理及自收自支预算管理的事业单位的公费医疗经费从提取的医疗基金中开支。

1989 年 8 月，卫生部、财政部颁布了《公费医疗管理办法》，对享受公费医疗待遇的范围、公费医疗经费开支范围、公费医疗管理、公费医疗管理机构和职责、公费医疗工作的监督检查、公费医疗工作的考核奖惩等方面都作了详细规定。

2. 劳保医疗制度

劳保医疗制度的建立始于 1951 年政务院颁发的《中华人民共和国劳动保险条例》(以下简称《条例》)和 1953 年 1 月颁发的该《条例》修正草案。劳保医疗制度的基本内容有以下几个方面。

(1) 劳保医疗的实施范围。《条例》规定，劳动保险的实施范围是：职工人数在 100 人以上的国营、公私合营、私营及合作社经营的工厂、矿场及其附属单位；铁路、航运、邮电部门各企业单位与附属单位；工、矿、交通事业的基本建设单位；国营建筑公司。根据上述规定，享受劳保医疗待遇的对象主要是国营企业的职工。县以上城镇集体所有制企业职工可参照国营企业执行。

(2) 劳保医疗的待遇。第一，因工负伤、残废待遇的规定。职工因工负伤，其全部诊疗费、药费、住院费、住院时的膳食与就医路费，均由企业负担，在医疗期间工资照发。职工因负伤确定为残废时，酌情按月发放抚恤金或补助金。具体的待遇视丧失劳动能力程度、饮食起居是否需人辅助、是否能继续工作等情况而定。补助金付至死亡时为止。伤残人员待劳动力恢复后应由企业给予适当工作;部分丧失劳动力尚能工作者,应由企业分配适当工作,按其残废后丧失劳动力的程度,付给因工残废补助费。第二,疾病、非因工负伤,其所需诊疗费、手术费、住院费、普通药费均由企业负担;贵重药费、住院的膳费及就医路费由本人负担,如本人经济状况确有困难,酌情予以补助。病人是否应住院或转院治疗,由医院决定。第三,职工因病或非因工负伤停止工作医疗时,根据其停止工作医疗期间的时间长短和企业工龄,由企业发给数额为本人工资一定比例的病伤假期工资,直到能工作或确定残废或死亡时止。第四,职工因病或非因工负伤医疗终结确定为残废,完全丧失劳动力退职后,发给非因工残废救济费,其数额按饮食起居是否需人辅助而定,发放至复职或死亡时止;部分丧失劳动力尚能工作者不予发给。第五,职工供养的直系亲属患病时,得在该企业医疗所、医院、特约医院或特约中西医院处免费诊治,手术费及普通药费,由企业负担 1/2,贵重药费、就医路费、住院费、住院时的膳食费及其他一切费用,均由本人自理。

针对企业劳保医疗中国家和企业包得过多、医疗工作紧张和药品浪费等情况,1966 年 4 月,劳动部和全国总工会颁发了《关于改进企业劳保医疗制度几个问题的通知》,对劳保医疗作了一些新的规定:第一,企业职工患病或非因工负伤,在指定的医院(包括分设的和独立的门诊部)或本单位附设的医院医疗时,其所需的挂号费和出诊费,均由职工个人负担。第二,职工患病和非因工负伤,医疗时所需的贵重药品,由企业负担,但服用营养滋补品(包括药用食品)的费用,应由职工负担。第三,职工因工负伤或患职业病住院医疗期间的膳费,由本人负担 1/3,企业负担 2/3。第四,按照劳动保险条例规定享受医疗待遇的职工供养的直系亲属患病医疗时,除了手术费和药费仍然实行半费外,挂号费、检查费、化验费等均由个人负担。第五,职工实行计划生育进行手术时,所需的挂号费、检查费、手术费、药费和住院费全部由企业负担,住院膳费由本人负担。

因病手术的输血费、理疗费、X光透视费问题,凡经医师决定为治疗时所必需的,均由企业负担。这些规定除少数条件作了修改外,一直实施到改革以前。

国务院对因病或非因工负伤的临时工及农民工医疗待遇也作了明确规定:临时工因病或非因工负伤,停工医疗期限按其在本企业工作时间确定,最长不超过3个月,在医疗期内其医疗待遇应与合同制工人同等对待;农民工有6个月的停工医疗期,停工医疗期的医疗待遇和病假工资与城镇合同制工人相同。停工医疗期后不能从事原工作而被解除劳动合同的,企业发给相当于本人3～6个月标准工资的医疗补助费。

国务院对因工负伤的劳动合同制工人、临时工、农民工的医疗待遇作了规定:劳动合同制工人患职业病或因工负伤,以及女工孕期、产后和哺乳期间,应当与所在企业同工种的原固定工人同等对待;临时工在企业工作期间,因工负伤的,其医疗期间的待遇与合同制工人相同,农民工因工负伤,由企业给予免费医疗,医疗期间,该农民工原标准工资照发。

(3) 劳保医疗经费的来源。劳保医疗经费在1953年以前,全部由企业负担。1953年后改为根据行业性质分别按工资总额的5%～7%提取。为了便于企业统筹和运用基金,1969年,财政部规定将原按工资总额的2.5%提取的福利费、3%提取的奖励基金和5.5%提取的医疗卫生费合并改为按工资总额的11%提取职工福利基金。职工福利基金主要用于医疗卫生费和福利费开支。如果按11%提取的福利基金仍不敷使用,企业可以从税后留利中提取职工福利基金进行弥补。1992年底和1993年初,财政部对企业财务制度进行了全面改革,颁布了《企业财务通则》和分行业的企业财务制度,规定企业按工资总额(包括副食品价格补贴和全部奖金)的14%提取职工福利费,并且规定企业职工福利费主要用于企业的医疗卫生支出和职工的其他福利支出,企业职工福利设施费用从税后利润提取的公益金中开支,不再从职工福利费中开支。提取的职工福利费分别计入企业的成本。

3. 农村合作医疗制度

合作医疗制度是农民依靠集体经济的力量,按自愿互利互助的原则建立起来的一种集资医疗制度,基金由集体与个人分担,筹集的标准和比例各地不一样,补偿的项目与比例也不相同。

4. 免疫和疾病预防网络的建立

新中国成立以来,我国一贯强调疾病预防和免疫工作,采取免费和少收费的办法对广大群众进行普遍的预防免疫。预防免疫工作包括:给儿童和成人分别注射(或口服)预防免疫针(药)、孕妇围产期保健、大范围的改善环境等。

(二)传统医疗保险制度的弊端

我国传统的医疗保险制度是按计划经济体制的要求建立起来的,它在保障职工身体健康、保证社会稳定等方面起到了重要作用。但随着经济体制改革和企业改革的深化,传统医疗保险制度存在的问题日益突出。其问题主要表现在以下几个方面:

第一,职工医疗费用由国家和企业负担,个人基本上不负担医疗费。公费和劳保医疗费用增长过快,国家和企业负担过重。据统计,我国公费和劳保医疗费用支出,1978 年为 27 亿元,1990 年为 276 亿元,12 年间增长了 9 倍多。1994 年,全国公费和劳保医疗支出合计达 558 亿元(其中,劳保医疗支出 411 亿元,公费医疗支出 147 亿元),大大超过了同期国民收入增长速度。①

第二,对医疗费用的使用缺乏有效的监控机制,医疗费浪费现象严重,职工医疗费用普遍超支。从医疗单位来看,一些单位为追求医院和诊所的经济收入,开“大处方”,重复检查,滥施治疗;从职工就医过程看,由于个人基本不缴费,个人缺乏费用意识,以致小病大养、以药牟利、追求过高医疗服务等现象比比皆是。

第三,缺乏合理的医疗经费筹集机制和个人积累机制,医疗费用

① 宋晓梧等著:《中国社会保障制度建设 20 年》,中州古籍出版社 1998 年版,第 100 页。

没有固定来源。我国劳保医疗经费由企业自提自用,实质上是“企业自我保险”。因此,企业经营状况的好坏直接影响到职工医疗经费的筹集。特别是一些经济效益差的企业,职工的基本医疗需求难以得到保障。就公费医疗而言,若将有限的医疗经费再分配到各单位管理,从全社会来看,无法通过社会机制对分散包干到单位的医疗经费进行合理的分配和调剂,从而使承担疾病风险能力随着有限经费的再分配而大大降低。农村合作医疗由于分散集资,而且集资额与年份的经济好坏直接相关,因此,很难承担大的疾病风险。

第四,医疗管理水平低,管理体制不健全。我国传统医疗保险管理可分为:公费医疗管理由财政、卫生部门共同负责,公费医疗办公室负责日常管理工作;劳保医疗由各级劳动部门综合管理,主要负责劳保医疗的宏观管理、行政立法等工作,具体工作由各企业自行管理;农村合作医疗的管理是由各建立合作医疗的经济组织自行负责管理。这种由公费、劳保、农村合作医疗组成的医疗保险管理体制,由于主管单位不同,难免机构重叠,政出多门,最终使医疗保险管理效率低下,管理社会化程度较低。

传统医疗保险制度所暴露出的问题不仅使其本身难以维持,而且严重阻碍了整个经济体制改革的进程。因此,深化医疗保险制度改革成为我国经济体制改革的一个重要环节。

(三)医疗保险制度的改革

为解决传统医疗保险制度所面临的问题,从 20 世纪 80 年代开始,我国对医疗保险制度进行了逐步的改革探索。1988—1993 年,主要是研究和制定改革方案,并开展职工医疗保险制度的试点改革。1994—1998 年,根据党的十四届三中全会通过的《关于建立社会主义市场经济体制若干问题的决定》中关于社会保险制度改革的目标、原则和基本思路,经国务院批准,在江苏省镇江市、江西省九江市开展了医疗制度改革试点。1996 年以来,在总结镇江、九江两城市医疗改革试点经验的基础上,国务院决定在全国扩大医疗保障改革试点,从而开始了全国范围的全方位的医疗保险制度改革。1998 年 12 月,国务院在总结各地经验的基础上，颁布了《关于建立城镇职工基本医疗保险制度的决定》，对城镇职工医疗保险制度改革的任务、原则、医疗保险覆盖范围、缴费办法、基本医疗保险统筹基金和个人账户的建立、基本医疗保险基金管理和监督机制、医疗服务的管理、组织领导等方面作出了规定。这标志着中国医疗保险制度由过去国家财政包干医疗费用的传统模式向国家、企业、职工共同负担医疗费用的新模式的转变基本完成。1998 年以来，随着城镇职工基本医疗保险制度的建立，城镇医药卫生体制改革也开始进行。国家体改委等八部委于 2000 年 2 月联合下发了《关于城镇医药卫生体制改革的指导意见》，就城镇医药卫生体制改革的目标、内容等作了规定，与医疗保险制度相适应的医药卫生体制配套改革全面启动。

2002 年 10 月，国务院下发了《关于进一步加强农村卫生工作的决定》，明确提出要求建立以大病统筹为主的新型农村合作医疗制度。2003 年，国务院办公厅转发了卫生部等部门《关于进一步做好新型农村合作医疗试点工作的指导意见》，从 2003 年起，新型农村合作医疗在全国展开。

2007 年，国务院下发了《关于开展城镇居民基本医疗保险试点的指导意见》，要求通过试点，探索和完善城镇居民基本医疗保险的政策体系，形成合理的城镇居民基本医疗保险制度。

2009 年，《中共中央国务院关于深化医药卫生体制改革的意见》(简称"新医改")正式公布。新医改提出了"有效减轻居民就医费用负担，切实缓解'看病难、看病贵'"的近期目标，以及"建立健全覆盖城乡居民的基本医疗卫生制度，为群众提供安全、有效、方便、价廉的医疗卫生服务"的长远目标。覆盖城乡居民的多层次的医疗保障体系正在建立和完善之中。

1. 城镇职工医疗保险制度的改革

根据党的十四届三中全会通过的《关于建立社会主义市场经济体制若干问题的决定》中关于进行医疗保险制度改革的决定，为推进医疗保险制度的改革，1994 年 4 月，国家体改委、财政部、劳动部、卫生部联合印发了《关于职工医疗制度改革试点意见》的通知，通知中对我国医疗保险制度改革的目标、原则等内容作了具体阐述。

我国医疗保险制度改革的目标是：建立适应社会主义市场经济体制要求和提高职工健康水平的社会统筹医疗基金与个人医疗账户相结合的社会医疗保险制度，并使之逐步覆盖城镇全体劳动者。

我国医疗保险制度改革的原则是：第一，适应建立社会主义市场经济体制的要求，使城镇全体劳动者都能获得基本医疗保障，有利于整个社会保障制度的推进，有利于减轻企事业单位的负担，有利于转换国有企业经营机制，建立现代企业制度。第二，基本医疗保障的水平和方式要与我国社会生产力发展水平以及各方面的承受能力相适应，国家和企业不能包揽全部医疗费用。第三，公平与效率相结合。职工享受的基本医疗保障待遇要与个人对社会的贡献适当挂钩，以利于调动职工的积极性。第四，建立对医患双方的制约机制，最大限度地减少浪费，保障职工基本医疗。第五，公费、劳保医疗制度要按统一的新制度和政策同步改革，职工医疗保险基金的筹集方式和基本结构要统一，基金使用可以分别管理，独立核算。第六，实行政事分开。政府主管部门制定政策、规章、标准，职工医疗保险基金的收缴、给付和营运等由相对独立的社会医疗保险事业机构承担；各方面要加强管理和监督，保证资金的合理使用。第七，职工医疗保险基金要纳入国家财政预算管理，专款专用，不得挤占挪用，也不得用于平衡财政预算。第八，职工医疗保险制度实行属地管理，中央和省(自治区、直辖市)两级机关与所属企事业单位都要参加所在地的社会医疗保险，执行当地统一的缴费标准和改革方案。

经过近十年的改革，医疗保险制度建设面临着新的挑战。中共十六届三中全会在《关于完善社会主义市场经济体制若干问题的决定》中，又提出了当前医疗保险制度改革的主要目标和任务，即在基本医疗保险改革的基础上，完成医疗保险制度、医疗卫生系统和药品生产流通体制的“三同步”改革，建立多层次、广覆盖的医疗保险和医疗救助体制。

经过十多年的医疗保障制度改革，试点工作已取得了初步成效。但试点工作中也暴露出一些深层次的矛盾和问题。一些城市实行医疗保险制度改革后，财政和企业负担不但没有下降，反而加重，企业参加保险的比例也比较小；还有一些城市社会统筹医疗基金超支较多。在总结试点经验及深入调查的基础上，国务院于1998年11月召开了全国城镇职工医疗保险制度改革工作会议，对建立城镇职工基本医疗保险制度进行了探讨，并颁布了《关于建立城镇职工基本医疗保险制度的决定》(以下简称《医疗保险制度的决定》)，它标志着我国职工医疗保险制度改革进入了一个新的阶段。

按照上述《医疗保险制度的决定》的要求，从1998年开始，用3～5年时间，在我国初步建立起城镇职工基本医疗保险制度，实行社会统筹与个人账户相结合，覆盖城镇全体劳动者，并逐步形成包括基本医疗保险、企业补充医疗保险和商业医疗保险等多种形式在内的医疗保险体系。

改革的基本思路是"低水平、广覆盖、双方负担、统账结合"。其中，"低水平"是指建立城镇职工基本医疗保险制度，要从我国的经济社会发展水平和国情出发，根据国家、企业和个人的实际承受能力，确定合理的基本医疗保险水平；同时要合理确定基本医疗保险的用药目录、诊疗项目的范围和标准。"广覆盖"是指城镇所有用人单位及其职工都要参加基本医疗保险。"双方负担"是指实行基本医疗保险费由单位和个人共同负担，形成稳定的基本医疗保险基金的资金，使职工医疗更有保障，以利于增加职工的自我保障责任和节约费用意识。"统账结合"是指建立社会统筹和个人账户相结合的基本医疗保险制度，这是建立城镇职工基本医疗保险制度的核心。

"统账结合"有一整套具体的制度规定。其具体内容是职工个人缴纳的基本医疗保险费全部记入个人账户，用人单位缴纳的基本医疗保险费分为两个部分，一部分用于统筹基金，一部分划入个人账户。用人单位缴费中的30%左右划入个人账户，具体比例由统筹地区根据个人账户的支付范围和职工年龄等因素确定。统筹基金和个人账户各自的支付范围要加以明确，并要分别核算，不能互相挤占。个人账户主要支付小额医疗费用或门诊医疗费用，统筹基金主要支付大额医疗费用或住院医疗费用，同时还必须明确统筹基金的起付标准和最高支付限额。超过最高支付限额的医疗费用,可以通过商业医疗保险等途径解决,以保证统筹基金的收支平衡。这里所指的"统筹基金起付标准",是指在统筹基金支付参保职工费用前,职工个人按规定须先用个人账户支付或个人自负一定数额医疗费后,统筹基金才开始按规定的一定比例给付的标准。统筹基金起付标准一般控制在当地职工平均工资的10%左右。"统筹基金的最高支付限额"即通常所说的"封顶线",是指由统筹基金支付的基本医疗费用最高限额,超出最高支付限额以上的医疗费用,则不在基本医疗保险范围内给付,而要由企业补充医疗保险、商业医疗保险等途径解决。最高支付限额控制在当地职工平均工资的4倍左右。起付标准以下的医疗费用由个人账户支付或个人自付。起付标准以上、最高支付限额以下的医疗费用,主要从统筹基金中支付,个人也要负担一定比例。统筹基金的起付标准、最高支付限额以及起付标准以上和最高支付限额以下医疗费用的个人负担比例由各统筹地区按照以收定支、收支平衡的原则具体确定。

为了在改革的进程中建立起完善的城镇职工基本医疗保险制度,下列几个方面也成为医疗保险制度改革的重要内容:其一,加快医疗机制的转换,在建立新型的医疗保险费用筹措机制、医疗费支出约束机制的同时,应加快建立医疗保险基金监督机制。其二,基本医疗保险基金由社会保险经办机构负责筹集、管理和支付。其三,建立和健全预决算制度、财务会计制度和内部审计制度。其四,保险基金做到专款专用,加强对保险基金的监督和审计。为保证基金的安全,要实行收支两条线管理。社会保险部门要建立健全的预决算审批制度。其五,目前的基本医疗保险基金由财政部门审核。医疗保险机构和财政部门要增强服务意识,做到基金的及时拨付和结算,提高工作效率。

基本医疗保险基金支付范围和标准是有限的,超出基本医疗范围和标准的医疗费用,只能通过企业补充医疗保险和商业保险来解决。国家公务员在参加基本医疗保险之外,政府也将为他们提供一定的医疗保险。而一些特困人群的医疗问题,则需要通过社会救助制度来解决。因此,发展企业补充医疗保险、商业医疗保险,建立社会医疗救助,也是我国社会医疗保障制度的重要内容。

在这次医疗保险制度改革中,离休人员、老红军和二等乙级以上革命伤残军人的医疗待遇不变,政府承担他们的全部医疗费用。退休人员参加基本医疗保险,个人不缴纳基本医疗保险费。主要原因是新制度要体现社会医疗保险的互助共济原则,也是为了平衡企业的经济负担,为企业创造公平竞争的环境。同时,也是因为退休人员在以前的工作期间,已经为社会作出了贡献,退休后收入低,特别是现在已退休的职工,没有足够的用于医疗支出的积累,医疗负担较重。因此,《医疗保险制度的决定》除规定退休职工个人不缴纳医疗保险费外,还规定了在单位缴费划入个人账户的金额和个人负担医疗费用的比例上给予照顾。下岗人员的基本医疗保险费,由再就业服务中心按规定代职工缴纳。经过 1998 年以来的改革,截至 2003 年 11 月底,医疗保险制度已经推进到全国绝大多数城市,参保人员达到 10 647 万人,其中,在职职工占 73%,退休人员占 27%,49%的国有困难企业职工参加了医疗保险。原公费、劳保医疗享受人群基本纳入新的医疗保障制度。

在职工医疗保障制度改革的同时,医药卫生体制改革的步伐也日益加快。医药卫生体制改革围绕着建立职工基本医疗保险制度展开,改革的重点在于:一是建立和实行医药分开核算、分别管理的制度。打破医药不分的垄断体制,建立药品流通的竞争机制,合理控制医药费用水平。二是深化医疗机构改革,主管医疗保险的部门在指定医疗机构时,引进竞争机制,促使医院加强管理、减员增效,降低成本,提高医疗质量和效率。三是理顺医疗服务价格,体现医务技术劳务价值。四是提高医疗人员的素质,努力提高医疗服务质量。五是合理调整医疗机构布局,优化医疗卫生资源配置,发展社区医疗防疫卫生服务。

为确保基本医疗保险制度的建立和健康运行,劳动和社会保障部、原国家计委、国家经贸委、财政部、国家药品监督管理局等部门联合出台了《城镇职工基本医疗保险定点医疗机构管理暂行办法》、《城镇职工基本医疗保险定点零售药店管理暂行办法》和《城镇职工基本医疗保险用药范围管理暂行办法》等三个医疗保险改革配套办法(以下简称《暂行办法》)。按照这些《暂行办法》规定,参保职工可选择3～5家定点医疗机构作为自己的定点医院,一年后还可根据自己意愿更换定点医疗机构,并可自主决定在定点医疗机构或持处方到定点零售药店购药。除急诊和急救外,参保人员在非定点医疗机构就医发生的费用,不得由基本医疗保险基金支付。如遇到定点医疗机构不能治疗的疾病,可转诊、转院。《暂行办法》对医疗保险的用药范围也作了详细规定。

2. 新型农村合作医疗制度的建立

我国农村合作医疗兴起于20世纪60年代,到70年代,传统农村合作医疗一度覆盖了全国行政村的90%以上。改革开放后,随着家庭联产承包责任制的实施,以农村集体经济为依托的合作医疗制度开始解体,传统农村合作医疗覆盖面急剧下降,到1985年,继续坚持合作医疗的行政村占全国的比例不到5%。

2002年10月,国务院下发了《关于进一步加强农村卫生工作的决定》,明确提出要求建立以大病统筹为主的新型农村合作医疗制度。2003年,国务院办公厅转发了卫生部等部门《关于进一步做好新型农村合作医疗试点工作的指导意见》。从2003年起,农村新型合作医疗在全国展开。

目前开展的新型农村合作医疗制度是由政府组织、引导、支持,农民自愿参加,个人、集体和政府多方筹资,以大病统筹为主的农民医疗互助共济制度,该制度的主要内容有以下几个方面:

(1) 目标和原则。目标:从2003年起,各省、自治区、直辖市至少要选择2～3个县(市)先行试点,取得经验后逐步推开。到2010年,实现在全国建立基本覆盖农村居民的新型农村合作医疗制度的目标,减轻农民因疾病带来的经济负担,提高农民健康水平。新型农村合作医疗制度所遵循的原则有:① 自愿参加,多方筹资。农民以家庭为单位自愿参加新型农村合作医疗,遵守有关规章制度,按时足额缴纳合作医疗经费;乡(镇)、村集体要给予资金扶持;中央和地方各级财政每年要安排一定的专项资金予以支持。② 以收定支,保障适度。新型农村合作医疗制度要坚持以收定支、收支平衡的原则,既保证这项制度持续有效地运行,又使农民能够享有最基本的医疗服务。③ 先行试点,逐步推广。建立新型农村合作医疗制度必须从实际出发,通过试点总结经验,不断完善,稳步发展。要随着农村社会经济的发展和农民收入的增加,逐步提高新型农村合作医疗制度的社会化程度和抗风险能力。

(2) 筹资标准。新型农村合作医疗制度实行个人缴费、集体扶持和政府资助相结合的筹资机制。

农民个人每年的缴费标准不应低于 10 元,经济条件好的地区可相应提高缴费标准。乡镇企业职工(不含以农民家庭为单位参加新型农村合作医疗的人员)是否参加新型农村合作医疗,由县级人民政府确定。

有条件的乡村集体经济组织应对本地新型农村合作医疗制度给予适当扶持。扶持新型农村合作医疗的乡村集体经济组织类型、出资标准由县级人民政府确定,但集体出资部分不得向农民摊派。鼓励社会团体和个人资助新型农村合作医疗制度。

地方财政每年对参加新型农村合作医疗农民的资助不低于人均 10 元,具体补助标准和分级负担比例由省级人民政府确定。经济较发达的东部地区,地方各级财政可适当增加投入。从 2003 年起,中央财政每年通过专项转移支付,对中西部地区除市区以外的参加新型农村合作医疗的农民按人均 10 元安排补助资金。

(3) 资金管理。农村合作医疗基金是由农民自愿缴纳、集体扶持、政府资助的民办公助社会性资金,要按照以收定支、收支平衡和公开、公平、公正的原则进行管理,必须专款专用,专户储存,不得挤占挪用。

农村合作医疗基金由农村合作医疗管理委员会及其经办机构进行管理。农村合作医疗经办机构应在管理委员会认定的国有商业银行设立农村合作医疗基金专用账户,以确保基金的安全和完整,并建立健全农村合作医疗基金管理的规章制度,按照规定合理筹集、及时审核支付农村合作医疗基金。

农村合作医疗基金中,农民个人缴费及乡村集体经济组织的扶持资金,原则上按年由农村合作医疗经办机构在乡(镇)设立的派出机构(人员)或委托有关机构收缴,存入农村合作医疗基金专用账户;地方财政支持资金,由地方各级财政部门根据参加新型农村合作医疗的实际人数,划拨到农村合作医疗基金专用账户;中央财政补助中西部地区新型农村合作医疗的专项资金,由财政部根据各地区参加新型农村合作医疗的实际人数和资金到位等情况核定,向省级财政划拨。中央和地方各级财政要确保补助资金及时、全额拨付到农村合作医疗基金专用账户,并通过新型农村合作医疗试点逐步完善补助资金的划拨办法,尽可能简化程序,易于操作。要结合财政国库管理制度改革和完善情况,逐步实现财政直接支付。关于新型农村合作医疗资金具体补助办法,由财政部会同有关部门研究制定。

农村合作医疗基金主要补助参加新型农村合作医疗农民的大额医疗费用或住院医疗费用。有条件的地方,可实行大额医疗费用补助与小额医疗费用补助相结合的办法,既提高抗风险能力又兼顾农民受益面。对参加新型农村合作医疗的农民,年内没有动用农村合作医疗基金的,要安排进行一次常规性体检。各省、自治区、直辖市要制订农村合作医疗报销基本药物目录。各县(市)要根据筹资总额,结合当地实际,科学合理地确定农村合作医疗基金的支付范围、支付标准和支付额度,确定常规性体检的具体检查项目和方式,防止农村合作医疗基金超支或过多结余。

加强对农村合作医疗基金的监管。农村合作医疗经办机构要定期向农村合作医疗管理委员会汇报农村合作医疗基金的收支、使用情况;要采取张榜公布等措施,定期向社会公布农村合作医疗基金的具体收支、使用情况,保证参加合作医疗的农民有参与、知情和监督的权利。县级人民政府可根据本地实际,成立由相关政府部门和参加合作医疗的农民代表共同组成的农村合作医疗监督委员会,定期检查、监督农村合作医疗基金的使用和管理情况。农村合作医疗管理委员会要定期向监督委员会和同级人民代表大会汇报工作,主动接受监督。审计部门要定期对农村合作医疗基金的收支和管理情况进行审计。

2006 年,卫生部等七部委又联合下发了《关于加快推进新型农村合作医疗试点工作的通知》。至 2007 年底,新型农村合作医疗的参合率达到 85.7%,这标志着新型农村合作医疗制度在全国初步建立。[①] 2008 年,新型农村合作医疗制度已经全面覆盖农村地区,2009 年第一季度参保人数达到 8.3 亿。

3. 城镇居民基本医疗保险制度的建立

城镇居民基本医疗保险制度是继建立城镇职工基本医疗保险制度和新型农村合作医疗制度之后又一医疗保险制度建设的巨大举措。为解决城镇非从业人员,特别是中小学生、少年儿童、老年人、残疾人等群体的医疗保险问题,国务院决定从 2007 年开始开展城镇居民基本医疗保险试点工作。2007 年 7 月,国务院下发了《关于开展城镇居民基本医疗保险试点的指导意见》,确定了 79 个试点城市,并决定用 3 年时间逐步在全国铺开。

(1) 目标和原则

试点目标:2007 年在有条件的省份选择 2～3 个城市启动试点,2008 年扩大试点,争取 2009 年试点城市达到 80%以上,2010 年在全国全面推开,逐步覆盖全体城镇非从业居民。要通过试点,探索和完善城镇居民基本医疗保险的政策体系,形成合理的筹资机制、健全的管理体制和规范的运行机制,逐步建立以大病统筹为主的城镇居民基本医疗保险制度。

试点原则:试点工作坚持"低水平、广覆盖、居民自愿、属地管理、统筹协调"的原则。具体来说,试点工作要坚持低水平起步,根据经济发展水平和各方面的承受能力,合理确定筹资水平和保障标准,重点保障城镇非从业居民的大病医疗需求,逐步提高保障水平;坚持自愿原则,充分尊重群众意愿;明确中央和地方政府的责任,中央确

① 赵曼:《中国医疗保险制度改革回顾与展望》,湖北社会科学,2009 年第 7 期,第 61 页。

定基本原则和主要政策,地方制订具体办法,对参保居民实行属地管理;坚持统筹协调,做好各类医疗保障制度之间基本政策、标准和管理措施等的衔接。

(2) 参保范围和筹资水平

参保范围:不属于城镇职工基本医疗保险制度覆盖范围的中小学阶段的学生(包括职业高中、中专、技校学生)、少年儿童和其他非从业城镇居民都可自愿参加城镇居民基本医疗保险。

筹资水平:试点城市应根据当地的经济发展水平以及成年人和未成年人等不同人群的基本医疗消费需求,并考虑当地居民家庭和财政的负担能力,恰当确定筹资水平;探索建立筹资水平、缴费年限和待遇水平相挂钩的机制。

缴费和补助:城镇居民基本医疗保险以家庭缴费为主,政府给予适当补助。参保居民按规定缴纳基本医疗保险费,享受相应的医疗保险待遇,有条件的用人单位可以对职工家属参保缴费给予补助。国家对个人缴费和单位补助资金制定税收鼓励政策。

(3) 费用支付

城镇居民基本医疗保险基金重点用于参保居民的住院和门诊大病医疗支出,有条件的地区可以逐步试行门诊医疗费用统筹。

城镇居民基本医疗保险基金的使用要坚持以收定支、收支平衡、略有结余的原则。要合理制定城镇居民基本医疗保险基金起付标准、支付比例和最高支付限额,完善支付办法,合理控制医疗费用。探索适合困难城镇非从业居民经济承受能力的医疗服务和费用支付办法,减轻他们的医疗费用负担。城镇居民基本医疗保险基金用于支付规定范围内的医疗费用,其他费用可以通过补充医疗保险、商业健康保险、医疗救助和社会慈善捐助等方式解决。

对城镇居民基本医疗保险的管理,原则上参照城镇职工基本医疗保险的有关规定执行。要将城镇居民基本医疗保险基金纳入社会保障基金财政专户统一管理,单独列账。试点城市要按照社会保险基金管理等有关规定,严格执行财务制度,加强对基本医疗保险基金的管理和监督,探索建立健全基金的风险防范和调剂机制,确保基金安全。

我国医疗保险经过多年来的探索，在制度改革和发展上已经取得显著成就，表现为：一是初步建立了以城镇职工基本医疗保险、城镇居民基本医疗保险、新型农村合作医疗和城乡医疗救助为主体的全民医疗保障体系，从制度上实现了对城乡居民的全面覆盖。截至2010年底，全国参加城镇基本医疗保险人数为43 263万人。其中，参加职工基本医疗保险人数为23 735万人，比上年末增加1 797万人；参加城镇居民基本医疗保险人数为19 528万人，比上年末增加1 319万人。参加城镇基本医疗保险的农民工人数为4 583万人，比上年末增加249万人。① 二是公共财政作用不断扩大，形成了政府主导的多元筹资格局，参保者受益面不断扩大。2008年，城镇职工医疗保险、居民医疗保险和新农合政策范围内住院医疗费用的报销比例分别达到70％、50％、38％。三是初步形成了对定点医药服务机构的监督和调控机制，医疗费用不合理增长初步得到控制。

《我国国民经济和社会发展十二五规划纲要》指出，要健全医疗保障体系。提出要健全覆盖城乡居民的基本医疗保障体系，进一步完善城镇职工基本医疗保险、城镇居民基本医疗保险、新型农村合作医疗和城乡医疗救助制度；逐步提高城镇居民医保和新农合人均筹资标准及保障水平，并缩小差距；提高城镇职工医保、城镇居民医保、新农合最高支付限额和住院费用支付比例，全面推进门诊统筹；做好各项制度间的衔接，整合公办资源，逐步提高统筹层次，加快实现医保关系转移接续和医疗费用异地就医结算；全面推进基本医疗费用即时结算，改革付费方式；积极发展商业健康保险，完善创立医疗保险制度。

为更好地发挥医疗保险制度的保障功能，在今后的改革进程中，要进一步完善以下几方面的内容：

第一，进一步完善城镇职工基本医疗保险制度，采取有效措施将混合所有制、非公有制经济组织从业人员以及灵活就业人员纳入城

---

① 参见中华人民共和国人力资源和社会保障部：《2010年全国社会保险情况》。

镇职工基本医疗保险;大力推进进城务工农民工参加城镇职工基本医疗保险,重点解决大病统筹问题;继续着力解决国有困难企业、关闭破产企业等职工和退休人员的医疗保障问题;鼓励劳动年龄内有劳动能力的城镇居民以多种方式就业,并参加城镇职工基本医疗保险;进一步规范现行城镇职工基本医疗保险的支付政策,强化医疗服务管理。加快实施新型农村合作医疗制度。进一步完善城市和农村医疗救助制度。完善多层次医疗保障体系,搞好各项医疗保障制度的衔接。

第二,协同推进医疗卫生体制和药品生产流通体制改革。根据深化医药卫生体制改革的总体要求,统筹协调医疗卫生、药品生产流通和医疗保障体系的改革与制度衔接,充分发挥医疗保障体系在筹集医疗资金、提高医疗质量和控制医疗费用等方面的作用。进一步转变政府职能,加强区域卫生规划,健全医疗服务体系。建立健全卫生行业标准体系,加强对医疗服务和药品市场的监管。规范医疗服务行为,逐步建立和完善临床操作规范、临床诊疗指南、临床用药规范和出入院标准等技术标准。加快城市社区卫生服务体系建设,充分发挥社区卫生服务和中医药服务在医疗服务中的作用,有条件的地区可探索实行参保居民分级医疗的办法。

四、外国医疗保险制度

在西方资本主义经济发展过程中,随着经济发展和社会福利水平的提高,各国都建立了社会医疗保险制度,在瑞典、英国等许多福利国家,社会医疗保险已达到很高的水平。与此同时,这些国家也产生了医疗保险费用支出过大、超过经济增长和财政预算的水平以及医疗资源浪费等问题。因此,自 20 世纪 80 年代开始,许多西方发达国家也对社会医疗保险制度进行了改革,并取得了一定成效。

1. 德国的医疗保险制度

1883 年,德国政府颁布了《疾病保险法》,在这一法规中,提出了医疗保险制度的一些基本原则：第一，医疗保险是一种区别于社会救济的保障制度，医疗保险的风险由社会成员共同负担，国家原则上不给医疗保险拨款。第二，医疗保险通行的是社会一致性原则，即医疗保险费是按个人收入的一定比例征收的，但医疗保险基金的使用与被保险者缴纳保险费的多少无关。第三，医疗保险通行的是所得转移的原则，其表现为：从企业负担着一半保险金来看，形成了企业向家庭、企业主向雇员的所得转移；从保险费缴纳到支取的时间间隔来看，形成了现在向未来的所得转移；从医疗保险基金实际使用的年龄分布和地区分布来看，形成了发病率低的青年人群向发病率高的儿童和老年人的所得转移及发病率低的地区向发病率高的地区的所得转移。《在疾病保险法》实施后的一百多年间，这些基本原则虽然没有发生根本的变化，但其具体的实施办法还是发生了一系列重要变化。

德国现行的医疗保险可以分为法定医疗保险和自愿医疗保险两大类型。法定医疗保险是医疗保险体系的主体部分，它具有强制性。根据德国有关法律的规定，法定医疗保险的对象是：① 工资超过最低额度的所有雇员；② 农民、家庭手工业者；③ 所有学生、实习生、失业者、残疾人、养老金领取者；④ 投保人配偶及其子女，只要他们的收入不超过最低限额，就可以免费保险。此外，年收入超过 58 500 马克的雇员可以自愿参加法定医疗保险，也可以到私人保险公司投保。公务员、自由职业者、独立经营者不在法定医疗保险范围之内。据统计，参加法定医疗保险的人口约占全国人口的 92%。自愿医疗保险为私人健康保险，参加者大多是社会高薪阶层。自愿医疗保险需要缴纳昂贵的健康保险费用，相应地享受较高质量的医疗服务。

德国医疗保险基金(主要指义务医疗保险)的主要来源：一是工薪收入税(其中，雇员与雇主各缴纳 50%)；二是取代工薪收入税的私人保险费；三是就医时直接支付的部分费用；四是向雇主征收的财务税，主要用作支付雇员长期疾病的费用；五是其他一些税收。在上述基金来源中，工薪收入税占有较大比重。根据 1989 年的规定，雇员普通疾病的保险率为其年收入的 12.5%，由雇员和雇主各负担一半；

对低收入的雇员,保险费全部由雇主承担。

医疗保险费的支付范围主要有以下几项:一是医疗补助。包括疾病的治疗费、护理费、药品费、住院费、休养费及病休补贴等。按规定,参加医疗保险的雇员因病休假 6 周以内的,雇主应按原额发给工资;因病休假超过 6 周的,改由医疗保险部门支付病休补贴,一直支付到病休的第 78 周为止。病休补贴的标准为基本工资的 80%。雇员病休第 78 周以后,也就是一年半之后,还需继续病休的,病休补贴改为社会救济。二是丧葬费。参加医疗保险的雇员如因病死亡,可从医疗保险部门领取相当于雇员本人日工资 20 倍的丧葬费。三是生育补助。主要包括妇女在怀孕期间和分娩后的各种费用。四是家庭补助费。主要指参加医疗保险者的家属患病或死亡时,医疗保险部门所支付的各种补贴。

在德国的医疗保险制度中,医疗保险的承办机构为医疗保险基金会。各种形式的基金会都是自治的管理团体,其原则是维护投保人的权益。各医疗保险基金会由被保险人选出的代表组成代表大会,决定医疗保险章程、保险范围和保险费的支付办法,并选举产生主持基金会日常工作的常务委员会。各医疗保险基金会还分别组成联邦和州医疗保险基金联合会。根据《联邦医疗保险费用控制法》的规定,各州医疗保险基金联合会要同保险医师协会商定,医疗保险费总额的增长率不得超过工资增长率,并规定病人需住院治疗时,要凭住院费用支付卡就诊,由医疗保险基金会按天支付。日额可分为住院日额和高额医疗住院费两种。医疗保险基金联合会还同医院开业医师协会签订合同,就医疗保险的范围、项目、收费标准、费用支付方式等达成协议。与医疗保险基金联合会有合同关系的医院与开业医师被称作保险医院与保险医师。投保人患病时,需凭每季度颁发的有效医疗保险卡到保险医师处就诊。投保人凭医疗保险卡就诊时,通常是免费医疗,但要自负少量药品费及其他部分费用。一般来说,在住院费用总额中,自付费用约占 28%,在贵重药品中约占 60%,在医疗器材支出中约占 60%。对低收入者及未满 18 岁者,免收这些自付费用。参加法定医疗保险者患病后可根据自己的病症和客观医疗条件选择就医单位(包括地方政府开设的医院或私人诊所)。

德国的医疗保险制度是以社会集资为主的,国家所提供的财政补贴较少,因而可以避免医疗费用浪费的现象。在具体的实施过程中,也存在着对疾病预防工作的忽视、医疗保险基金紧缺等问题。针对这些问题,20 世纪 70 年代中期以后,德国医疗保险制度也作了一些重要改革。1977 年,政府制定了《第一次医疗费用控制法》,对医务人员工资上涨的幅度及处方药品费用总额作了限制,还提高了一些药品及补牙、镶牙等费用中自付部分的比例。1981 年,制定了《第二次医疗保险费用控制法》、《医院医疗费用控制法》。在 1985 年制定的《联邦医院付费法案》、《医师需求规划法案》中,再次提高了医疗保险费中个人自付费用的比例,进一步规范了各项费用的开支标准和幅度。经过对医疗保险制度的多次改革,1989 年,政府正式制定了《医疗保险制度改革法》,对医疗保险制度的实施作了一系列重要改革。特别对投保人负担的费用作了新的规定,如对 1/3 的保险药品实行定额支付,差额部分由投保人自理,其余 2/3 保险药品费用的 15%自理。一些辅助治疗用品和辅助疗法的费用,全部改由投保人自理。同时,还对医务人员的报酬、疾病的预防和康复费用的支出等作出新的规定。

随着人口负增长和人口老龄化,德国各大医疗保险基金会组织每年可以取得的医疗保险费的增长速度明显低于医疗保险费用支出的增长速度,在不考虑缴费基数的前提下,法定医疗保险征缴比例已从 30 年前的 8%增加到现在的 14%～15%,医疗保险赤字越来越严重。为此,德国政府于 2003 年下半年推出了医疗保险改革方案。德国医疗保险改革方案的基本内容主要为:一是扩大缴费基数。投保人在缴纳法定医疗保险金时,不仅将工资收入计入缴费基数,其他非工资性收入也同时一并计入。二是取消不应由医疗保险支出的项目,如丧葬费、安装假牙费、配戴隐形眼镜费等。三是住院治疗的费用由原来的 9 欧元提高到 10 欧元。四是建立以家庭医生为中心的护理模式。五是有生育的家庭护理费用由国家税务局承担,这笔费用通过提高烟草税收等解决。为了能使住院医疗服务成本效益更好,同时更有效地控制费用,德国政府先在全国750家医院进行使用总量维持的付费政策试点,政府还通过财政支持,激励医院志愿参加按病种付费的报销试点。试点结果显示:750家医院的平均医疗费降低35%,平均住院时间减少30%。在此基础上,从2004年起,德国强制实施按病种分类收费的制度。①

2. 英国的医疗保健制度

英国的医疗保健制度主要由国民医疗保健服务制度和私人医疗保险制度构成。英国在1911年首次对医疗保险制度立法。1948年实行了国民保健服务制度。它是由国家通过税收,对全国居民实行免费的医疗保健服务。英国的公务员以及普通公民原则上都可以免费享受国民保健服务。英国的医疗保健服务有中央、地区、地段三级医疗保健服务的管理体系。大部分公共保健服务,如疾病筛检、增进健康、家庭服务、精神保健、残疾人和老年人保健服务,均由地区和地段一级公共保健机构组织实施。在地段一级还设有环境卫生、住房、社会服务的专门机构,职业保健服务则由企业与地区或地段卫生部门结合起来进行防治。国民保健服务是大多数人医疗保健的主要渠道。

私人医疗保险是英国政府为增加医疗供给,满足部分居民的医疗需求,允许私人医生开业的一项社会保障措施。英国联合福利协会、私立病员计划和西部福利协会是英国建立较早的三家私人医疗保险组织。其中,英国联合福利协会是非营利性保险组织,参加者占私人医疗保险总数的3/4;私立病员计划和西部福利协会的参加者占私人医疗保险总数的1/4。私人医疗保险组织的参加者一般都是集体加入,即私营企业部门作为职工的一种福利,为其缴纳部分或全部保险金而集体投保。参加私人医疗保险的人一般都选择住院或外科手术保险项目,还有选择专科医师、单间病房等项目。据统计,目前英国人口中参加私人医疗保险的比例大约在20%左右。

① 郑卓、王乐民、罗明:2010年第二届全国医院医保管理学术年会会议论文,http://baike.baidu.com/view/3797162.htm。

医疗保健费用的来源:在英国,国民医疗保健服务的费用主要来源于中央政府的税收,社会保险、地方公共卫生部门和个人各占很小的部分。费用的开支权由中央政府和地区、地段卫生局掌握,中央政府决定费用的增加或削减,地区、地段卫生局的权力只限于预算范围之内。

英国医疗保健费用的分配:医疗保健费用由专门的工作组负责分配,并有财政部门代表参加。中央政府将保健费用首先分到各地区卫生局,然后由各地区卫生局分配到地段卫生局,再根据各地区居民的具体情况(如人口数量、健康状况、需求情况、年龄构成、发病率等)确定分配方案。

最近二十多年来,英国的医疗保健费用增长过快,为控制医疗保健费用的增长,英国政府采取了一系列措施加以干预:一是由政府直接控制保健费用,规定发放限额,用行政手段控制费用的增长。二是削减保健费用,精简管理机构。三是加速医院合理化改造,压缩医院服务;一方面控制住院规模,另一方面扩大社区医疗资源,发展社区医院。四是控制药品费用,限制贵重医疗设备的购置和使用。五是压缩免费医疗保健服务,增加个人的收费服务。六是鼓励并帮助私人医疗机构开展保健服务。

3. 瑞典的医疗保健制度

瑞典在 1891 年已有立法,对疾病治疗进行现金补贴。1931 年又立法对受保人进行医疗补贴。至 1962 年立法建立了完整的医疗保险制度。

(1) 医疗保健服务的内容。瑞典医疗保健服务的内容主要由三个方面构成:第一,初级医疗保健服务。这一服务主要立足于地区,每个地区负责 5 000～50 000 个居民的医疗保健服务,几个地区构成一个或几个社区医疗保健中心。社区医疗保健中心由医师、护士、理疗师、职业病医生等人员组成,提供内科、儿科、产科、急诊室、理疗康复等方面的服务。在瑞典,将近 90%的病人都是在初级医疗保健中心得到治疗服务的。第二,县级医疗保健服务。县级医疗保健服务的重点是老年人的医疗保健服务。县议会主要负责老年人的护理与医疗,市议会主要负责老年人的社会服务,包括提供服务设施。居家的老年人可以得到家庭保健机构的服务,不能独立生活的老年人由慢性病医院、老人之家或护理之家提供保健服务,由老年病房提供精神保健医疗服务。第三,医院的医疗服务。瑞典的医院分为三个等级:小型医院、县医院、大区医院。小型医院主要提供急诊医疗,同时提供少量的专科医疗;县医院主要为 70 000～300 000 个居民提供住院服务,其内容有急诊和大部分专科医疗等;大区医院则为 100 万居民提供专科医疗,同时还承担了一些教学任务。

瑞典的医疗保健制度自 20 世纪 60 年代开始逐渐规范化并形成体系。其独特之处是,以国家为主体的医疗保健服务与私人医疗保健服务的有机结合。在瑞典,90%的医疗保健服务是由公立医院和其他公立卫生设施提供的。私人开业医师主要从事初级医疗保健服务,他们大部分与国家保险机构签有合同,国家根据他们为病人提供的医疗服务量给予资助。县议会有权决定私人医师的开业、对谁开业及开业的工作量大小。

(2) 医疗保险制度。瑞典实行的是全民医疗保险制度,它具有强制性。凡 16 岁以上的瑞典公民和旅居瑞典的外国公民,只需将约 10%的收入缴纳保险金,均可享受到医疗保险。医疗保险的内容有:第一,就医者去公立医院就诊,只需付 25 瑞典克朗的挂号费,一年内只需付五次挂号费,第六次则免付挂号费;就医者去私人开业医生处就诊,直接付给医生 30 瑞典克朗;就医者首次去专科医师处就诊,则不用付费。第二,16 岁以下的儿童可以得到免费牙科保健服务。第三,疾病患者或孕妇住院免费。第四,接受理疗、矫正口吃、职业疗法和精神疗法的患者,一次最多只需付 10 瑞典克朗。第五,向公家医师、私人开业医师及在当地专门机构注册的医疗保健专业人员进行怀孕、分娩、绝育保健咨询等,可以免费。第六,参加保险者还可享受相关的车旅费津贴。车旅费津贴主要补贴就诊、探视、康复治疗、理疗和其他治疗及残疾人试用辅助器械、孕妇的产前咨询等所需的车费。不满 10 岁的孩子住院,家长也可享受部分补贴。第七,生病期间或妇女生育后 6 个月都可享受达 90%工资的病假津贴。

鉴于瑞典范围广泛和几乎免费的医疗保险，其医疗保险基金主要依靠政府财政的拨款，个人缴纳的保险费仅占很小的部分。

(3) 医疗保健管理体制。瑞典的国家医疗保健管理主要由卫生与社会事务部和国家卫生与社会福利部两大权力机构承担。卫生与社会事务部是政府机构的一个部门，代表国家行使全国的医疗保健管理权利。主要负责制定医疗卫生业务的规划，协调全国的医疗保健系统计划。国家卫生与社会福利部是一个相对独立的管理机构，主要负责管理医疗保健、药物供应和社会福利，向内阁、议会提供有关制定计划的基础资料，监督和帮助县议会实施计划，监督对门诊病人和住院病人的医疗保健，监督医疗保健部门的业务工作，开展卫生情报工作。国家卫生与社会福利部下设科学委员会、急救委员会和国际卫生与福利审计处等机构。瑞典医疗保健管理体制的特点是地方分权，即由各县议会负责为本县居民组织医疗机构，提供医疗服务。各市政当局分别担负本地区医疗保健服务、组织与管理及其他有关事项。

4. 新加坡的医疗保险制度

新加坡现行的医疗保险制度是从 1983 年开始逐步建立的，到 1993 年形成了其完整的和行之有效的制度体系。

(1) 医疗保险制度的主要内容。新加坡的医疗保险制度是以个人责任为基础，政府负担部分费用并严格控制费用增长，以保证政府和个人都能承受基本的医疗服务。新加坡的医疗保险体系由政府补贴与保健储蓄计划、大病保险计划和保健基金等三种保险计划组成，通过政府补贴和三种保险计划，以保证每个公民都能获得最基本的医疗服务。

政府补贴：政府补贴是按医疗机构提供的服务量，由政府拨付相应的补贴。病人在国立诊所接受门诊医疗服务，只需支付 50%的医疗费用，儿童和 60 岁以上的老人只付 25%，其余由政府补贴。在国立医院住院治疗，根据病床等级，病人或免费，或负担 35%～80%不等的费用，政府相应地予以全部和部分补贴。

保健储蓄计划：保健储蓄计划在全国强制性实施，政府要求个人进行储蓄以支付医疗费用。这项计划从 1984 年开始实行,凡有工作的人,包括个体户都必须按法律要求参加保健储蓄。保健储蓄的资金来源为雇主和雇员缴纳的储蓄金。一般是根据不同年龄组按工资的 6%～8%缴纳,由雇主和雇员平均分摊,存入个人公积金账户中的保健储蓄分户。缴纳的保健储蓄金可以免缴个人收入所得税。每月缴纳金额有限制,月薪超过 6 000 新元部分不用缴纳。个体户从 1992 年 7 月起实行此制度,按照年收入的一定比例缴纳,年收入超过 72 000 新元部分不计缴。保健储蓄可用于支付本人及家属成员住院治病和部分昂贵的门诊检查治疗项目费用。保健储蓄归个人所有,但规定提取限额,以控制费用的过度使用。住公立医院高级病房或私立医院的,超过提取限额部分必须支付现金。在 55 岁时,保健储蓄账户必须保存一个最低累计额,以确保年老患病时有足够的储蓄支付住院费,超过部分可提取。保健储蓄账户的缴纳人去世后,余额以现金形式归还给家属,且不缴纳遗产税。

大病保险计划:它是为了补充保健储蓄计划而制订的,于 1990 年开始实行。此项计划由个人自愿参加。参加这项计划的个人,只需支付很少的保险费,并且可以用保健储蓄金支付,具体保费额与投保人的年龄相关。当投保人及其家属因住院和接受一些如肾透、放疗、化疗等昂贵门诊治疗时,一年内医疗费用超过一定数额(即“可扣额”),大病保险计划将支付超过部分的 80%,其余 20%的“可扣额”部分可用保健储蓄金支付。

保健基金计划:该计划是由政府的捐赠基金设立的,1993 年开始实施,其目的是为那些无钱支付医疗费用的穷人提供最低保障。无力支付医疗费用的穷人可向保健基金委员会申请资助,由委员会批准和发放基金。

(2) 医疗保险的管理体制。新加坡政府的卫生机构分为两级。一级是初级综合诊所,负责管辖区内的医疗、预防保健、社会卫生等工作,负责向病人推荐医院。医院备有小型医疗设备,不设病床。经费的主要来源是政府补贴,也向患者收取少量费用。政府的补贴按照上年完成的工作量核定,收费标准由卫生部统一规定。二级是医院,接受综合诊所的转诊病人,只有经过基层转诊才能享受政府津贴。医院实行完全的成本核算,医院工作人员为政府雇员,拿固定薪金,外加按门诊量给予的津贴。医生还可以到私人诊所看门诊以增加个人收入。病人也可以选择医院。

新加坡的卫生服务和医疗保险制度,是市场机制和政府的宏观调控相结合的成功案例。新加坡在推行医疗保险以市场机制来运作的同时,政府着重在医疗保险的宏观规划、医院及医药制度管理方面采取了大量措施,其成效是比较明显的。

5. 国外医疗保险的发展趋势

世界各国的医疗保险制度在保障人们身体健康和疾病医治方面取得较大成绩的同时,也产生了诸如医疗费急剧上升、医疗保险金使用效率下降和医药浪费、政府财政压力增加的问题,因此,各国都面临着医疗保险制度的变革和完善的任务。尤其是随着经济发展水平的提高和人口结构的变化,社会对医疗的需求也在不断提高,这要求保险制度的内涵和功能不断更新。为此,各国在改革实践中,总结出了一些值得我国借鉴的经验教训。

(1) 强化医疗费用的控制机制。由于医疗需求居高不下,近年来,各国医疗保险费的财政负担日益加重。如 1993 年德国疾病保险给付额比 1985 年增长了 1.85 倍,年增 23%。美国的老残健康保险和补充健康保险的给付额,1992 年比 1980 年增长了 2.9 倍,年增 24%。① 为了遏制医疗开支的过快增长,各国都加强了对医疗费用的控制力度,并且从对药品的控制,扩大到对医患双方的种种控制。从各国的实施情况来看,对患者的控制措施主要有:提高个人缴费的基数和费率,提高个人负担的医疗费比例;缩短患者住院时间;增设处方费等。对医院的控制措施有加强对医院的审核监督、加强对高新技术引进的监督控制、控制医务人员的报酬、改变医疗服务项目的收费办法等。对药品的控制依然是一个重要的方面,主要措施有

① 郭士征、葛寿昌著:《中国社会保险的改革与探索》,上海财经大学出版社 1998 年版,第 118 页。

限制适用药品的种类、政府直接控制药价、规定医师处方药品财务指标、控制药品总额预算等。

(2) 重视和建立基础的初级医疗服务。初级医疗服务由于规模大、服务面广、分散性强，所以能更好地为社区居民服务，更能体现人人享有医疗服务的宗旨，尤其在预防医疗方面有独特的功效。初级医疗服务具有把治疗与预防达到合二为一的重要功能。一些常规的医学检查、护理、心理治疗、职业治疗、语言治疗以及急性病恢复期病人、老年病人、某些慢性病人、临终前病人、短期精神病人等所需要的医疗服务，都可通过初级医疗服务得到满足。初级医疗服务系统的完善，也体现了一国医疗服务资源得到了优化配置。

(3) 重视老年人的医疗服务。随着世界各国人口结构的变化，老年人的比例日益增大，老年人的医疗需求也日益增多，老年人的医疗费用已占到各国医疗费总支出比率中的大半，因此，引起了各国医疗保障发展战略的改变。从医疗保险范围来看，有两个重要发展：一是设立专门的老人医疗保险制度，并有专门的资金予以保证；二是在通用医疗保险制度中，实行以老人医疗为重点，如加强对老人预防治疗、家庭护理、医疗咨询、健康指导等医疗服务，由于全面突出老年人医疗，使得许多国家的医疗保险制度的功能发生了变化，医疗保险中医疗服务的功能有所加强。

(4) 加强医疗保险管理，提高医疗及其服务效率。一些国家特别是发展中国家，在医疗保险管理制度方面都作了有益的探索。如加强有效法规、制度的制定，解决分散管理，统一全国性医疗保险制度等。管理效率的提高，简化了管理程序，使机构得到优化调整，使保险制度抵抗疾病风险的能力有了整体提升，因而促进了全民健康水平的提高。

第六章
工伤保险

社会保障制度中,历史最为悠久、范围最为广泛的,就是对工伤和职业病提供补偿。在工业化给人类社会带来文明的同时,工业生产及更广泛的经济活动也给劳动者带来了许多劳动的风险。工伤事故及受到伤害的劳动者的增加,对家庭、企业和社会产生了严重影响。通过工人运动及工会组织的不断努力,以及社会给予的支持和压力,各国对工伤保险制度的建立一直予以高度的重视。现代工伤保险制度经过长期的实践和改革,实现了保障工伤劳动者生活和医疗的目的。

一、工伤保险制度概述

工伤保险是社会保险制度中的基本项目。建立工伤保险制度的目的在于保障工伤劳动者的生活和医疗需要,达到基本或部分消除工伤家庭的经济损害和稳定社会经济秩序的目的。

1. 工伤保险制度的含义和特征

工伤保险制度是依法对受保范围内的劳动者补偿其因工伤或职业病而导致的全部直接经济损失,由国家或企业单位对其生活给予一定物质保障的补偿制度,包括因工伤亡所造成的个人直接经济损失与预防、治疗护理、康复和疗养的费用。

(1) 工伤保险制度的类型。从世界范围来看,工伤保险大致可分为两种:一种是集中管理的公共基金社会保险制度。这种公共基金可以是一般社会保险制度的一部分,也可以是独立的。全球约有2/3实行工伤保险制度的国家,实施的是公共基金保险制度。凡受工伤保险法约束的雇主,都必须向社会保险机构缴纳工伤保险费,由社会保险机构支付应发的伤残补助金。因此,这种方式也称为社会保险办法,或公营保险机构强制保险办法。另一种是企业或雇主负责的工伤保障制度。就是依照法律规定,雇主按不低于最低生活保障标准,承担向雇员直接支付保险金的责任。受这种约束的雇主可以从他们自己的基金中支付伤残补助金,也可与私营保险公司或互助保险公司签订合同,以保障自己不致突然承担此类风险。私营保险公司所征收的保险费,一般是根据各企业和产业部门的工伤历史记录确定。因此,工伤保险费用在各企业和各行业之间,差别可能较大。不过,有些国家,特别是挪威和瑞典,风险因素已消除,所有雇主不论其行业差别,均按同一比率缴纳工伤保险费。

(2) 工伤保险制度的特征。主要有以下几个方面:第一,最具有强制性。工伤保险从诞生之日起,就以法律的形式规定了工伤责任必须由企业(雇主)承担,其待遇的给付不受企业(雇主)破产和停业的影响。第二,具有赔偿性。实行"无过失赔偿"和"无责任赔偿"制。对于因工伤亡的工人,不论责任在哪一方,企业(雇主)均应依法负有补偿责任。第三,不受年龄的限制。工伤者不论是学徒工还是熟练工、技术工,一旦发生伤亡事故,企业(雇主)即应给予经济赔偿,给付伤残保险金。第四,劳动者个人不缴纳工伤保险费,经费全部由企业(雇主)承担。第五,保障项目完备,待遇优厚。第六,工伤赔付与工伤预防相结合。第七,保障水平具有差异性和多层次性。

2. 工伤保险制度的原则

实行工伤保险制度,必须遵循以下几方面的原则:

(1) "无过失赔偿"原则。这一原则是指工伤事故的发生,不论是雇主还是雇员,或是双方共同的过失,雇主都应负责,依照法律给予工伤者经济损失的补偿。"无过失赔偿"的基本内容有:第一,伤害保险的损失补偿由企业负担,并非以企业有过失为主要条件,必须以国家政策和劳动政策为基础。第二,工伤保险金额的给付,应以实际的需要为基本点,即应以受伤害者以前的工资收入、家庭负担、伤残程度和性质等作为补助金给付的标准。第三,因工伤残或死亡,应以年金的形式代替一次性的抚恤。第四,工伤保险是强制性保险,必须确保受保人的补偿得到保障,补助金给付不受企业经营状况的影响。强调"无过失赔偿"的原则,并非排除追究当事者的责任,相反,必须对工伤事故进行调查、登记、统计、报告和处理,分析事故发生的原因;制订和修正原来的安全技术措施及工业卫生制度,减少事故的发生;并对直接责任者给予处理,加强管理,确保工人的安全。

(2) 严格区分工伤与非工伤界限,实行保险待遇的区别对待。因工负伤是在本职工作或执行职务过程中遭受的伤害,各国对给付工伤补偿的条件并无明确的规定,给付标准高于非因工伤害。工伤补偿包括了"物质补偿"、"物质奖励"双重含义。非因工负伤和非执行职务时遭受的伤害,各国一般都对给付条件作了明确规定,补偿待遇低于工伤补偿。

(3) 工伤保险补偿的金额应以对被伤害者所造成的直接经济损失为最高限额。直接经济损失,是指劳动者因遭遇保险法认同的伤害而造成的与其第一职业标准工资收入相关的损失,以及为消除伤害后果所需的必要开支。它是劳动者本人及其家属维持基本生活的保证。间接经济损失,是指在遭受工伤事故时所受到的其他经济收入的损失,如兼职收入、稿费收入及其他形式的收入。这些损失不是劳动者维持基本生活的直接费用,而且也很难计算。因此,工伤保险的给付,只能以已造成的直接损失为最高限额,对给劳动者造成的间接损失,一律不给予补偿。

(4) 工伤保险与预防、康复相结合的原则。工伤保险既着重于工伤补偿,同时也强调预防事故和事后对劳动者进行医疗和职业康复,帮助劳动者重新工作。这符合社会保险的立法原则。

3. 工伤保险的范围和资金来源

工伤保险一般适用于工薪劳动者,独立劳动者一般不包括在内。在一些工业化程度较高的国家实施的工伤保险制度中,保险范围包括所有雇员。在一些国家,包括美国的部分州,其工伤保险一般不包括农业雇员,或只包括那些操纵机动车的农业工人。1952年,国际劳工组织《社会保障(最低标准)公约》(第102号)对劳动者及其家属享受工伤保险待遇的范围作了规定:其一,身体受职业病伤害呈疾病状态者;其二,因工丧失劳动能力并因此中断工资收入者;其三,由于永久或暂时失去劳动能力而完全或部分失去工资收入者;其四,由于供养者因工死亡而失去生活来源者。1952 年召开的国际劳工大会,还规定把铅中毒、汞中毒和炭疽病感染等划入职业病的范围,享受工伤保险待遇。1964 年召开的国际劳工大会通过的《职业伤害赔偿公约》(以下简称《公约》)(第 121 号)把职业病的种类扩大到 15 种,到 1980 年被列为职业病的种类已达到 29 种。事实上,这些仅仅是国际劳工组织所列举职业病的最低数量目录。世界上许多国家职业病的目录,已远远超过了该《公约》所列举的范围。通常国际上对职业病的划分有"开放式列表法"和"封闭式列表法"两种。"开放式列表法"是指一些国家的职业病管理机构,可以随时把那些以前虽没有被列入,但是完全可以证明是职业环境导致的疾病列入职业病范围。所谓"封闭式列表法"是只承认过去列入的职业病,对新增加的职业病种类的审核程序极为严格,一般是通过立法才能将新的职业病种类列入。

工伤保险基金的资金一般来源于雇主缴纳的保险费。这种由雇主出资保险的办法,理由是雇主应对遭受伤害的雇员负责和进行补偿。例外的是,工伤保险的一些子项目,与其他社会保险的一个或几个子项目相关时,资金来源则包括了雇主、雇员和政府三方缴纳的保险费。在实行公共医疗保险制度的国家,这种情况较普遍。工伤保险费率,大都根据产业部门和工作岗位的危险程度而有所不同。

4. 工伤保险待遇

工伤保险通过发放补助金的方式实施。补助金大体可分为工伤补助金和医疗补助金两类。医疗补助金与疾病补助金基本相同。工伤补助金根据残疾的程度分为暂时伤残补助金、永久性完全伤残补助金和永久性部分伤残补助金三种。职工因工死亡则应对遗属支付补助金和丧葬费。对于享受工伤补助金的权利,一般没有保险期限或最低限度工龄条件的规定。现在不少国家已把"因工负伤"的概念逐渐放宽到包括往返工作地点的上下班途中发生的伤害。

暂时伤残补助金,一般是从因工丧失工作能力之日起支付。不过,有些国家规定,在实际开始支付补助金以前,须有 1～3 天的短暂等待期。暂时伤残补助金一般有连续支付期限的限制,如 26～52 周,具体视工作的时间长短而定。若丧失工作能力的时间较长,这一暂时伤残补助金可改为永久性伤残补助金。几乎所有国家的伤残补助金的计算,都是以工人负伤前最近一段时期平均收入为基础,确定一个百分比。百分比的大小虽然不一样,但一般至少为原来收入的 1/3～1/2。计算补助金通常还规定一个最高收入限额。从各国实践来看,暂时伤残补助金比一般疾病补助金的标准明显高得多。

永久性完全伤残补助金,是在发生永久性完全伤残时提供的,一般是在暂时伤残补助金停发后,并经医疗部门鉴定,确认该工人丧失工作能力并属永久性伤残性质时,即可开始支付永久性完全伤残补助金。大多数国家的伤残补助金,通常是终身支付,除非以后该工人的伤残情况发生变化。有些国家虽不给永久性完全伤残的人提供定期补助金,但也按照惯例,一次性支付一笔相当于其几年工资的伤残补助金。大多数国家永久性伤残补助金的标准,通常为受伤前平均收入的 66%～75%,一般略高于普通伤残补助金。考虑到补助金领取者有亲属需扶养或有病人需照顾,在发放永久性完全伤残补助金时,一般另增发补助金补贴。有些国家对学徒或新参加工作的工人,如因工伤或职业病而永久致残者,其补助金的支付是推测出假定性的终身工资,或根据残疾者所在行业中普通工人的平均工资计算其补助金。这种计算方法有助于解决新工人工资太低而在计算补助金时所引起的困难问题。

永久性部分伤残补助金,是支付给因工伤事故丧失部分但非全部劳动能力或全部谋生能力者的伤残补助金。通常以年金的形式支付,其数额为全额补助金的一部分,视丧失劳动能力的程度而定。但是,有些国家的永久性部分伤残补助金,采取一次性支付的形式,其数额比完全丧失劳动能力的情况要低。这种补助金的标准,大都有详细的规定。有些国家规定,如果残疾的程度低于一定的百分比,如低于 20%,则将部分伤残补助金改为一次性支付。

对伤残者所提供的医疗照顾、住院治疗、康复等服务,几乎都是免费的。从服务的范围来看,也比疾病保险的服务范围要广。服务时间的长短，一般没有硬性规定，通常到伤残完全恢复为止，或直到伤残、疾病情况稳定为止。有些实行免费医疗制度的国家，对期限等有所规定。

因工死亡工人的遗属抚恤金，也是大多数国家工伤保险方案的内容之一。遗属抚恤金支付给遗孀，不论其年龄，直到死亡或改嫁；也可支付给有残疾的鳏夫和低于一定年龄限度的孤儿。若寡妇和孤儿尚未领尽，则受供养父母或其他亲属也常有获得领取小额抚恤金的资格。关于享受遗属抚恤金的条件，不要求因工死亡者具备在受保职业有最低限度的期限。

各类遗属抚恤金的支付标准，通常按死者生前平均收入的百分比计算，或按工人死亡前可领年金的百分比计算。这种百分比要比一般年金方案规定的遗属抚恤金给付百分比稍高一些，而且不因死者工龄长短而有所不同。遗属抚恤金通常为工人平均收入的1/3～1/2，半孤儿每人约为遗孀抚恤金的1/2，全孤儿每人约为其2/3。各类遗属抚恤金的给付总额通常有一定的限制。但并不是所有的国家都给工伤死亡工人的遗属提供遗属抚恤金，一些国家对工伤死亡工人遗属和其他有权享受社会保险年金的遗属，并不多加区别。还有一些国家发给一次性的遗属抚恤金，其数额约为死者一定年限的收入。大多数国家也支付若干固定数额的丧葬补助费，按工人收入的百分比支付。

二、中国工伤保险制度

我国的工伤保险制度建立于20世纪50年代初。自实施以来，保障了职工的合法权益，对维持企业的正常生产和保障相关职工及其家庭生活发挥了积极的作用。但随着经济的发展和经济活动的多样化以及经济体制及企业制度的变革，我国原有的工伤保险制度在许多方面已越来越不适应经济社会发展的需要，产生了许多问题。因此，自20世纪90年代开始，我国对工伤保险制度进行了改革，以期建立适应我国社会主义市场经济和充分保障职工合法权益的现代工伤保险制度。

1. 中国工伤保险制度的建立

1951年2月，我国政府颁布了《中华人民共和国劳动保险条例》，标志着我国工伤保险制度的建立。此后，根据实际执行情况，多次作了修正，形成了我国社会主义计划经济体制下的劳动保险制度。其主要内容包括：

(1) 工人和职员因工负伤，全部治疗费、药费、住院时的膳食费与就医路费，均由企业行政或资方负担。在医疗期间，工资照发。

(2) 因工负伤致残，完全丧失劳动力退职后，饮食起居需人辅助者，发给本人工资75%的因工残废抚恤费，付至死亡时止。

(3) 因工负伤致残，完全丧失劳动力退职后，饮食起居不需人辅助者，发给本人工资60%的因工致残抚恤费，付至恢复劳动能力或死亡时止。

(4) 部分丧失劳动力尚能工作者，企业应给予适当工作，并按其残废后丧失劳动力的程度，发给本人残废前工资5%～20%的因工残疾补助费，至退职养老或死亡时止。

对于职业病的确认，是实施工伤保险制度的一项重要工作。1957年，卫生部制定和颁布的《职业病范围和职业病患者处理办法的规定》，首次将职业病伤害列入工伤保险的保障范畴，确定了将危害工人、职员健康和影响生产比较严重、职业性比较明显的职业中毒、尘肺、职业性皮肤病等14种职业病正式列入职业病范围，并明确规定，患职业病的工人、职员，在治疗或休养期间及医疗终结确定为残废或治疗无效而死亡时，均按《中华人民共和国劳动保险条例》有关规定作因工待遇处理。随后又将布氏杆菌病、煤矿井下工人滑囊炎、铅中毒、钩螺旋体病、接触炭黑引起的尘肺等纳入职业病范围。1958年国务院颁布了《关于工人、职员退休处理暂行办法》，1978年又颁布了《关于工人退休退职的暂行办法》等，这些政策法规，提高了工人工伤保险待遇的水平。1987年11月，卫生部、劳动人事部、财政部、全国总工会修订颁发了《职业病范围和职业病患者处理办法的规定》，确定了9大类共99种职业病。2002年，卫生部、劳动与社会保障部在"关于印发《职业病目录》的通知中将职业病增加到10大类，共115种。上述条例文件的颁布，确立了我国工伤保险制度的基本内容。

2. 中国工伤保险制度的改革

我国工伤保险制度自实施以来，在对因工受伤职工提供医疗、收入补偿和抚恤方面，起到了较大的保障作用。但由于传统的工伤保险制度是在20世纪50年代建立和发展起来的，并一直延续至今，已经不能适应我国经济发展和企业运作的要求。

(1) 传统工伤保险制度的弊端。第一，传统工伤保险制度的实施范围只限于国有和集体企业职工，不能维护所有劳动者的基本权益。改革开放以来，外资企业、私营企业、乡镇企业迅速发展，在这些企业就业的劳动力所占比例逐步提高。但同时，一些相关的劳动条件、管理设施、安全措施并没有同步完善，一旦发生工伤事故，基本上没有工伤保险制度加以保障，劳动者的权益难以维护。第二，工伤保险基本上就是"企业保险"，社会化程度较低，没有体现分散风险的社会保险原则。一旦发生特大事故，企业不堪重负，甚至会破产，既不利于保障职工的基本权益，也不利于企业的生存和发展。第三，待遇标准偏低，有些企业的工伤职工和遗属处境艰难。现行的伤残死亡待遇，基本上还是20世纪五六十年代的标准，计发基数按标准工资，而现在企业的标准工资只相当于收入的一半，因而伤亡抚恤待遇更低。随着生活水平的上升和物价的上涨，如果不建立正常的调整机制，提高待遇标准，工伤职工及家庭的基本生活将难以维持。第四，工伤认定及评残的标准和程序不健全。由于劳动能力鉴定机构不健全，使得工伤鉴定及处理缺乏统一程序。工伤处理工作往往由企业来承担，不规范因素增强。处理不当，还会出现"闹工伤"事件，不利于企业和社会的稳定发展。第五，传统的工伤保险缺乏工伤预防机制，也没有与职业病的康复有机结合，工伤保险工作只限于事故后的赔偿，没有兼顾工伤保险制度与安全生产和职业康复的相互促进，不利于贯彻"安全第一，预防为主"的安全方针。第六，工伤保险费率机制不甚合理。差别费率和浮动费率机制还没有完全形成，因而达不到费率与风险相关联的目的,其结果必然使得工伤保险与促进安全生产相结合的机制不能充分发挥作用。第七,工伤保险的法律体系不够健全,立法工作存在严重的滞后性。第八,工伤保险管理缺乏有效的监督机制。第九,工伤保险改革进展缓慢。

因此,改革我国的工伤保险制度,是贯彻实施《中华人民共和国劳动法》、保障职工合法权益、促进安全生产的需要,也是促进社会主义市场经济发展的需要。

(2) 工伤保险改革的目标和原则。1993 年,党的十四届三中全会通过的《中共中央关于建立社会主义市场经济体制若干问题的决定》中提出了要"普遍建立企业工伤保险制度"。1994 年 7 月颁布的《中华人民共和国劳动法》规定:"国家发展社会保险事业,建立社会保险制度,设立社会保险基金,使劳动者在年老……工伤等情况下获得帮助和补偿。""劳动者在下列情形下,依法享受社会保险待遇:退休,患病、负伤,因工伤伤残或患职业病,失业,生育。"以上法律法规的制定,为工伤保险制度的改革提供了政策和法规依据,从而开始了我国工伤保险制度的改革进程。

经过多年的摸索和实践,根据我国经济社会发展和企业的现实情况,我国确立了工伤保险制度改革的目标,即建立与社会主义市场经济体制相适应的,覆盖所有企业各类职工的,将工伤保险和工伤、职业病预防相结合的工伤保险制度。

在工伤保险制度改革过程中,主要遵循了以下原则:第一,根据我国社会生产力发展水平和各方面的承受能力,确定工伤保险待遇标准,使之能够保障工伤职工和遗属的基本生活需要。同时考虑到地区间的经济发展不平衡,国家规定基本待遇标准,并建立正常的调整机制。企业实行补充性工伤保险或职工互助性工伤保险。第二,工伤保险制度必须适用于城乡所有企业及劳动者。工伤保险要保障劳动者的基本权利,特别是职业伤害补偿权利。第三,工伤保险实行社会统筹,设立工伤保险基金,对工伤职工提供经济补偿和实行社会化管理服务。第四,工伤保险与事故预防、职业康复工作相结合。工伤保险的目的不仅在于为工伤职工提供保障和补偿,更重要的是积极预防工伤,减少职业伤害。同时,做好医疗康复、职业康复工作,帮助工伤职工恢复功能并能从事适合其身体状况的工作。第五,工伤保险的法制化和规范化。必须按照法律条例的具体规定,以市(地区)为基本统筹管理单位,规范、有序地处理工伤事故。

在上述改革目标和原则指导下,我国的工伤保险制度在 20 世纪 90 年代进行了较为彻底的改革。1996 年 3 月,国家技术监督局颁布了《职工工伤与职业病致残程度鉴定标准》(GB/T16180—1996),使工伤鉴定更加规范化,也更加科学化。1996 年 8 月,劳动部又发布了《企业职工工伤保险试行办法》(以下简称《试行办法》),它第一次把工伤保险作为独立的制度加以法规化并予以实施,对我国实施几十年的原有工伤保险制度作了较为彻底的改革,明确了我国工伤保险制度的体系和改革方向,提出了我国工伤保险的内容和任务是工伤预防、工伤康复和工伤补偿的有机结合。这一《试行办法》使我国工伤保险制度更加规范、更加适应现阶段社会经济条件和企业的实际,对伤残职工的保障范围和水平也有了较大幅度的提高。2003 年 4 月,国务院颁布了《工伤保险条例》(以下简称《条例》)。该《条例》包括总则、工伤保险基金、工伤认定、劳动能力鉴定、工伤保险待遇、监督管理及法律责任等内容。相比 1996 年颁布的《试行办法》,《条例》在许多方面取得了突破,如进一步扩大了覆盖范围,对医疗待遇进行了调整,加强了工伤医疗管理的具体规定。《条例》的颁布标志着我国工伤保险制度的日趋规范。2004 年 6 月,劳动和社会保障部又颁布了《关于农民工参加工伤保险有关问题的通知》,要求各级劳动保障部门切实维护农民工的权益,农民工参加工伤保险"认定难、赔付难"的困难局面有望得到改善。2010 年 12 月 8 日,国务院颁布了《国务院关于修改〈工伤保险条例〉的决定》,我国工伤保险制度日趋完善。

3. 我国现行工伤保险制度的主要内容

(1) 工伤保险范围及其对象

我国现行工伤保险制度的建立,是为了保障因工作遭受事故伤害或者患职业病的职工获得医疗救治和经济补偿,促进工伤预防和职业康复,分散用人单位的工伤风险。

(2) 工伤保险基金

第一,工伤保险基金的构成。工伤保险基金由用人单位缴纳的工伤保险费、工伤保险基金的利息和依法纳入工伤保险基金的其他资金构成。工伤保险费根据以支定收、收支平衡的原则,确定费率。国家根据不同行业的工伤风险程度确定行业的差别费率,并根据工伤保险费使用、工伤发生率等情况,在每个行业内确定若干费率档次。

第二,工伤保险费的缴纳。用人单位应当按时缴纳工伤保险费。职工个人不缴纳工伤保险费。用人单位缴纳工伤保险费的数额为本单位职工工资总额乘以单位缴费费率之积。工伤保险基金在直辖市和设区的市实行全市统筹,其他地区的统筹层次由省、自治区人民政府确定。跨地区、生产流动性较大的行业,可以采取相对集中的方式异地参加统筹地区的工伤保险。工伤保险基金逐步实现省级统筹。

第三,工伤保险基金的管理。工伤保险基金存入社会保障基金财政专户,用于本条例规定的工伤保险待遇、劳动能力鉴定、工伤预防的宣传和培训等支出,以及法律、法规规定的工伤保险的其他费用的支付。任何单位或者个人不得将工伤保险基金用于投资运营、兴建或者改建办公场所、发放奖金,或者挪作其他用途。工伤保险基金应当留有一定比例的储备金,用于统筹地区重大事故的工伤保险待遇支付;储备金不足支付的,由统筹地区的人民政府垫付。储备金占基金总额的具体比例和储备金的使用办法,由省、自治区、直辖市人民政府规定。

第四,工伤保险基金支付。我国目前的工伤保险基金支付主要包括工伤医疗费、护理费、伤残抚恤费、一次性伤残补助金、残疾辅助器具费、丧葬补助金、供养亲属抚恤金及一次性工亡补助金。

(3) 工伤认定

第一,职工有下列情形之一的,应当认定为工伤:① 在工作时间和工作场所内,因工作原因受到事故伤害的;② 工作时间前后在工作场所内,从事与工作有关的预备性或者收尾性工作受到事故伤害的；③ 在工作时间和工作场所内，因履行工作职责受到暴力等意外伤害的；④ 患职业病的；⑤ 因工外出期间，由于工作原因受到伤害或者发生事故下落不明的；⑥ 在上下班途中，受到非本人主要责任的交通事故或者城市轨道交通、客运轮渡、火车事故伤害的；⑦ 法律、行政法规规定应当认定为工伤的其他情形。

第二，职工有下列情形之一的，视同工伤：① 在工作时间和工作岗位，突发疾病死亡或者在48小时之内经抢救无效死亡的；② 在抢险救灾等维护国家利益、公共利益活动中受到伤害的；③ 职工原在军队服役，因战、因公负伤致残，已取得革命伤残军人证，到用人单位后旧伤复发的。

其他情形根据条例相关规定实行。

(4) 工伤保险待遇

第一，职工工伤医疗待遇。因工作遭受事故伤害或者患职业病进行治疗，享受工伤医疗待遇。职工治疗工伤应当在签订服务协议的医疗机构就医，情况紧急时可以先到就近的医疗机构急救。治疗工伤所需费用符合工伤保险诊疗项目目录、工伤保险药品目录、工伤保险住院服务标准的，从工伤保险基金中支付。职工住院治疗工伤的伙食补助费，以及经医疗机构出具证明，报经办机构同意，工伤职工到统筹地区以外就医所需的交通、食宿费用，从工伤保险基金中支付，基金支付的具体标准由统筹地区人民政府规定。

第二，工伤职工配置辅助器具的规定。因日常生活或者就业需要，经劳动能力鉴定委员会确认，可以安装假肢、矫形器、假眼、假牙和配置轮椅等辅助器具，所需费用按照国家规定的标准从工伤保险基金中支付。

第三，工伤医疗期待遇规定。职工因工作遭受事故伤害或者患职业病需要暂停工作接受工伤医疗的，在停工留薪期内，原工资福利待遇不变，由所在单位按月支付。停工留薪期一般不超过12个月。伤情严重或者情况特殊，经设区的市级劳动能力鉴定委员会确认，可以适当延长，但延长期不得超过12个月。工伤职工评定伤残等级后，停发原待遇，按照本章的有关规定享受伤残待遇。工伤职工在停工留薪期满后仍需治疗的,继续享受工伤医疗待遇。生活不能自理的工伤职工在停工留薪期需要护理的,由所在单位负责。工伤职工已经评定伤残等级并经劳动能力鉴定委员会确认需要生活护理的,从工伤保险基金中按月支付生活护理费。生活护理费按照生活完全不能自理、生活大部分不能自理或者生活部分不能自理三个不同等级支付,其标准分别为统筹地区上年度职工月平均工资的50%、40%或者30%。

第四,工伤补助金标准规定。职工因工致残被鉴定为一级至四级伤残的,保留劳动关系,退出工作岗位,享受以下待遇:① 从工伤保险基金中按伤残等级支付一次性伤残补助金,其标准为一级伤残为27个月的本人工资,二级伤残为25个月的本人工资,三级伤残为23个月的本人工资,四级伤残为21个月的本人工资。② 从工伤保险基金中按月支付伤残津贴,标准为:一级伤残为本人工资的90%,二级伤残为本人工资的85%,三级伤残为本人工资的80%,四级伤残为本人工资的75%。伤残津贴实际金额低于当地最低工资标准的,由工伤保险基金补足差额。③ 工伤职工达到退休年龄并办理退休手续后,停发伤残津贴,享受基本养老保险待遇。基本养老保险待遇低于伤残津贴的,由工伤保险基金补足差额。

职工因工致残被鉴定为一级至四级伤残的,由用人单位和职工个人以伤残津贴为基数,缴纳基本医疗保险费。

职工因工致残被鉴定为五级、六级伤残的,享受以下待遇:① 从工伤保险基金中按伤残等级支付一次性伤残补助金,其标准为五级伤残为18个月的本人工资,六级伤残为16个月的本人工资。② 保留与用人单位的劳动关系,由用人单位安排适当工作。难以安排工作的,由用人单位按月发给伤残津贴,其标准为:五级伤残为本人工资的70%,六级伤残为本人工资的60%,并由用人单位按照规定为其缴纳应缴纳的各项社会保险费。伤残津贴实际金额低于当地最低工资标准的,由用人单位补足差额。经工伤职工本人提出,该职工可以与用人单位解除或者终止劳动关系,由用人单位支付一次性工伤医疗补助金和伤残就业补助金。具体标准由省、自治区、直辖市人民政府规定。

职工因工致残被鉴定为七级至十级伤残的，享受以下待遇：①从工伤保险基金中按伤残等级支付一次性伤残补助金，其标准为：七级伤残为13个月的本人工资，八级伤残为11个月的本人工资，九级伤残为9个月的本人工资，十级伤残为7个月的本人工资。②劳动合同期满终止，或者职工本人提出解除劳动合同的，由用人单位支付一次性工伤医疗补助金和伤残就业补助金。具体标准由省、自治区、直辖市人民政府规定。

工伤职工工伤复发，确认需要治疗的，按照有关条例规定执行。

职工因工死亡，其直系亲属按照下列规定从工伤保险基金中领取丧葬补助金、供养亲属抚恤金和一次性工亡补助金：①丧葬补助金为6个月的统筹地区上年度职工月平均工资。②供养亲属抚恤金按照职工本人工资的一定比例发给由因工死亡职工生前提供主要生活来源、无劳动能力的亲属。其标准为：配偶每月40%，其他亲属每人每月30%，孤寡老人或者孤儿每人每月在上述标准的基础上增加10%。核定的各供养亲属的抚恤金之和不应高于因工死亡职工生前的工资。供养亲属的具体范围由国务院劳动保障行政部门规定。③一次性工亡补助金标准为上一年度全国城镇居民人均可支配收入的20倍。具体标准由统筹地区的人民政府根据当地经济、社会发展状况规定，报省、自治区、直辖市人民政府备案。

伤残职工在停工留薪期内因工伤导致死亡的，其直系亲属享受本条第一款规定的待遇。一级至四级伤残职工在停工留薪期满后死亡的，其直系亲属按照有关规定可以享受相应待遇。

职工因工外出期间发生事故或者在抢险救灾中下落不明的，从事故发生当月起3个月内照发工资，从第4个月起停发工资，由工伤保险基金向其供养家属按月支付供养亲属抚恤金。生活有困难的，可以预支一次性工亡补助金的50%。职工被人民法院宣告死亡的，按照本条例第三十九条职工因工死亡的规定处理。

(5) 其他规定

《工伤保险条例》还规定了经办机构应履行的监督管理职责，并就条例实施过程中的法律责任承担进行了具体规定。

4. 中国工伤保险制度的发展和完善

我国工伤保险制度从建国之初建立，经历了几十年的发展。1996年的《企业职工工伤保险试行办法》的颁布，建立了我国工伤保险制度的基本框架，而2004年1月1日起实行的《工伤保险条例》，又在工伤保险制度的内容上作了十分具体的规定。

2011年1月起施行的《国务院关于修改〈工伤保险条例〉的决定》（简称新《条例》）又对原有的《工伤保险条例》进行了修订，具体来说：

第一，扩大了工伤保险适用范围。新《条例》规定，除现行规定的企业和有雇工的个体工商户以外，事业单位、社会团体，以及民办非企业单位、基金会、律师事务所、会计师事务所等组织应当依照规定参加工伤保险。这一规定进一步扩大了工伤保险制度覆盖的职业人群，有利于发挥社会保险的大数法则优势，有利于保障这些职业人群的工伤保险权益。

第二，调整扩大了工伤认定范围。新《条例》规定，职工在上下班途中，受到非本人主要责任的交通事故或者城市轨道交通、客运轮渡、火车事故伤害的，应当认定为工伤。这样规定，将上下班途中的工伤认定范围由原来的机动车事故伤害扩大到机动车、非机动车的交通事故和城市轨道交通、客运轮渡和火车事故伤害，惠及了更多的职工群众，既体现了公平原则，也符合实践发展。同时，限定上下班途中"非本人主要责任"的交通事故伤害才能认定为工伤，对上下班途中本人承担主要责任的交通事故，如无证驾驶、酒后驾车等行为造成本人伤亡的，不纳入工伤的范围，这样规定，有利于提示和引导职工群众注意上下班途中的交通安全。

第三，简化了工伤认定程序。新《条例》规定，对事实清楚、权利义务明确的工伤认定申请，应当在15日内作出工伤认定的决定。新《条例》取消了工伤认定争议中的行政复议前置程序，缩短了争议处理的程序和时间，有利于保护工伤职工的合法权益。

第四，大幅度提高了工伤保险待遇。新《条例》将一次性工亡补助金的标准调整为上一年度全国城镇居民人均可支配收入的20倍，一次性伤残补助金按照伤残级别增加1～3个月职工本人工资。上述调整,大幅度提高了工伤职工的待遇,对保障工伤职工的基本生活,提高工伤职工及其供养亲属的保障水平,有着十分现实的意义。

第五,增加了基金支出项目。新《条例》借鉴了国际经验和我国部分地区的实践做法,明确了将工伤预防的宣传、培训等费用纳入基金支付的规定,并且授权人力资源与社会保障部会同财政、卫生和安全生产监督管理等部门制定工伤预防费的提取比例、使用和管理办法。还将原由用人单位支付的工伤职工"住院伙食补助费"、"统筹地区以外就医的交通食宿费"以及"终止或解除劳动关系时的一次性医疗补助金",改由工伤保险基金统一支付。进一步规范统一了工伤职工的待遇标准,保证了工伤职工待遇的及时发放,同时减轻了参保用人单位的负担,提高了企业参加工伤保险的积极性。

第六,加大了强制力度。新《条例》增加了行政复议和行政诉讼期间不停止支付工伤职工治疗工伤的医疗费用的新规定,使工伤职工能够得到及时救治,也可以从制度上遏制部分用人单位恶意诉讼。同时,增加了对不参加工伤保险和拒不协助工伤认定调查核实的用人单位的行政处罚规定。对应当参加工伤保险而未参加的,先是要求补缴应当缴纳的工伤保险费,并按日加收滞纳金;逾期仍不缴纳的,处以欠缴数额1倍以上3倍以下的罚款。这些规定,提高了工伤保险的强制力度。

此外,新《条例》对方便用人单位参保、再次和复查鉴定期限等内容也作出了具体规定。

新《条例》对实现民生保障、完善我国社会保障体系也有着非常重要的意义。①

第一,新《条例》在调整扩大工伤保险适用范围和工伤认定范围、简化工伤认定程序、提高工伤待遇水平、增强参保强制性等方面进行了修订和完善,使我国的工伤保险制度能够惠及更多的职业人群,使

① 参考人社厅"关于印发《工伤保险条例》(修订)宣传提纲的通知",人社厅发〔2010〕115号。

广大职工能够分享改革发展的成果。这充分体现了科学发展观的内在要求,体现了发展为了人民、发展依靠人民、发展成果由人民共享的以人为本的理念。

第二,新《条例》的颁布实施,是贯彻实施《中华人民共和国社会保险法》(以下简称《社会保险法》)的重要内容。《社会保险法》确立了我国社会保障体系建设的总体框架、基本方针、基本原则和基本制度,并对工伤保险作出了明确的规定,为工伤保险制度的完善和发展指明了方向。新《条例》对《社会保险法》有关规定进行了细化,使工伤保险的惠民政策更具有可操作性,对推进《社会保险法》的贯彻实施具有重要的作用。

第三,新《条例》的颁布实施,是完善工伤保险制度功能的重大举措。新《条例》对工伤预防、工伤康复费用作出了制度安排,使工伤预防、工伤补偿、工伤康复三位一体的制度框架最终形成,从而使我国的工伤保险制度在注重工伤补偿的同时,强化了事前的积极预防和事后的职业康复,对从根本上保障职工权益具有重要意义。

第四,新《条例》的颁布实施,是工伤保险事业发展的新机遇。新《条例》的颁布实施,拓宽了工伤保险制度的发展空间,为工伤保险制度的进一步完善提供了新的机遇;填补了事业单位等人员参保的制度空白,并提高了参保的强制性,为工伤保险的参保扩面工作提供了新的机遇;出台了简化程序、方便职工的新规定,为工伤保险工作进一步规范管理、便民利民、提高效率提供了新的机遇。

从目前工伤保险制度的发展来看,预防工作以及康复工作已成为工伤保险制度非常重要的组成部分,一些发达国家在 20 世纪 60 年代就在法律条文、规章制度等方面实施预防和康复工作,并建立了事故预防和康复机构。

我国的经济社会发展在各地区间十分不平衡,对于经济社会发展水平较为落后的地区,强调以工伤赔偿作为制度设计的主要内容是无可非议的,但对于一些经济社会发展水平较高的城市和地区,应该鼓励和强调工伤保险制度的完整性,并及早实现与国际社会保障发展制度的接轨。因此,我国的工伤保险制度还不能仅仅停留在工伤赔偿的层面,而应实现工伤赔偿、工伤预防以及康复工作的全面发展,真正保障劳动者的合法权益,促进劳动力的持续发展。

具体来说：第一,应继续扩大工伤保险的实施范围,建立广泛适用的社会化的工伤保险制度;第二,加快费率征缴机制改革,认真严格地执行差别费率制和浮动费率制,高风险多缴费,低风险少缴费;第三,完善“预防—保险(补偿)—康复”相结合的工伤保险体系。

三、外国工伤保险制度

在一些工业化较早的西方国家,工伤保险制度在19世纪后期即已开始建立。到目前为止,全世界约有160个国家和地区建立了工伤保险制度。在经历了一个多世纪的发展后,各国大都形成了符合本国国情的工伤保险制度,工伤保险的范围、补偿方式和补偿水准以及管理体制等都更趋成熟和完善。①

1. 德国的工伤保险制度

德国的工伤保险是为了使投保人在遇到工伤事故或患职业病时能有一定的经济保障而设立的一种强制性的保险制度。所有的雇员、大部分自主经营者(主要是农民)、学徒、学生、幼儿园幼儿以及从事家务人员都必须参加这项保险。政府雇员有专门的制度。德国的工伤事故首次立法是在1884年,职业病的首次立法在1925年。现行立法是于1963年颁布的。德国工伤保险的主要内容包括预防工伤事故及减轻和尽力消除工伤事故的不良后果。

德国工伤保险基金的资金主要来源于雇主按保险类别缴纳的保险金,平均为工资总额的1.5%左右。政府对农业工伤事故保险以及学生和幼儿园的保险给予补贴。雇员作为受保人无需缴纳保险费。工伤保险费的缴纳水平由两方面的因素决定：一是投保人所在企业可能发生事故的危险等级,这种等级是由事故的发生次数及程度所

① 参见美国社会保障总署编:《全球社会保障制度》的主要国家条目,华夏出版社1989年版。

决定的;二是投保人的工资收入。

工伤事故保险主要由行业性的工伤事故保险基金会管理和承办。工伤事故保险基金会承办一个地区或一个部门所有同类企业的工伤事故保险。工伤事故保险基金会按行业主要分为工商业工伤事故保险基金会、农业工伤事故保险基金会、消防事故保险基金会等。一些政府的雇员,另有专门的工伤事故保险公司管理和承办。雇主必须加入其所属的产业或地区工伤事故保险基金会。工伤事故保险基金会履行保险公司的职责,处理工伤保险业务。同时负责公布预防工伤事故和职业病的有关规定,并由技术监督官员具体实施。保险基金会都是自治管理的团体,由雇主和雇员选出的代表管理,联邦劳动和社会部对这些保险基金会的工作和活动实行必要的监督。

德国工伤保险制度中,对工伤补助金的给付条件无最低合格期限规定。

工伤保险费由工伤事故保险基金会给付,主要向受保人提供下述几方面的待遇:第一,为恢复就业能力的给付,主要有治疗、护理和职业救助的费用给付,也给予恢复期间的其他支付。第二,向投保人提供的现金给付。一是暂时伤残补助金,这是给投保人从事故后到重新工作或领取抚恤金期间的补助金。领取期限从工伤发生时到重新工作或开始改领抚恤金时为止。最初 6 周由雇主继续支付工资,从第 7 周开始领取暂时伤残补助金,其数额约为原工资的 80%。二是永久残疾恤金。这是给事故发生后 13 周就业能力减少 20%以上的投保人的抚恤金,抚恤金的多少由投保人减少劳动能力的程度来定。完全丧失劳动能力的,抚恤金约是本人年劳动收入的 2/3。这里的年劳动收入,指的是劳动者一年所有劳动报酬和劳动收入之和;部分丧失劳动能力的人,只能领取部分抚恤金。三是子女补贴。在投保人只能领取 50%抚恤金时,其未成年的子女(18 岁以下)可获得相当于抚恤金 10%的补贴。四是附加补贴。这是给投保人因工伤调动工作而导致收入减少时的补贴。第三,遗属补助金。主要是死亡补助金。这是支付给因工伤事故死亡的投保人的丧葬补助金,死亡补助金的数额约为死者年劳动收入的 1/12。投保人因事故死亡,其遗属可获得补助金和遗属养老金等。投保人配偶得到的养老金约为投保人生前年劳动收入的30%;如寡妇年满45岁,并至少有一个领取补助金的孩子,补助金可提高到40%。投保人子女得到的补助金约为投保人生前年劳动收入的20%,两者之和不得超过80%。对其他原因造成死亡的遗属只能得到一笔补助金,其数额约为死者生前年劳动收入的40%。第四,医疗补助。综合性治疗、伤残康复和辅助器具等费用,一般由疾病基金会补助;严重伤害由事故基金会补助。

2. 日本的工伤保险制度

日本的工伤保险首次立法是在1911年,1947年、1980年、1986年分别对原法规进行了修正,并颁布了新的工伤保险法规。日本的工伤保险是由公营保险公司实行的强制性保险。

(1) 工伤保险的实施范围。除了实行自愿保险的行业或企业及实行专门制度部门的雇员外,所有工商企业的正式雇员,都要求强制参加工伤保险。实行自愿保险的主要是指雇用人数不到5人的农业、林业和渔业企业的雇员。实行专门制度的是指独立劳动者、海员和政府雇员。

(2) 工伤保险基金的资金来源。资金来源于雇主缴纳的保险费,受保人不缴纳。雇主按工薪总额的0.6%~14.9%缴纳,其费率根据近三年来的事故频率而定。政府在国家预算范围内补贴工伤保险支出亏空的部分。

日本的工伤补助给付条件,无最低合格期限规定。

工伤保险补助金的给付内容,主要包括暂时伤残补助金、永久伤残补助金、医疗补助和遗属补助金。其一,暂时伤残补助金。最初为日平均工资的60%,外加日平均工资20%的特别补助。三天等待期后支付,最低一天为3 210日元。从第19个月起,发给长期性的暂时伤残补助,其数额因伤残程度而异,一年相当于245~313天的日平均工资,并可领取按本人每年特别津贴计发的补助金。补助金随工资变动而自动调整。其二,永久伤残补助金。严重残障者,视伤残程度的变化,一年为131~313天的日平均工资。永久伤残补助,一年为159万～342万日元,另给付根据本人特别收入计发的年补助金。较轻的残疾者,根据其残疾程度,可领取56～503天工资和数额为8万～65万日元的一次性残疾恤金。其三,医疗补助。包括内外科治疗、住院、护理、牙科诊治、药品、辅助器具以及交通费等。其四,遗属补助金。相当于一年153～245天的日平均工资,具体数额按家庭遗属人数多少而定。此外,给付300万日元的一次性特别补助,并根据其他收入情况给予额外补助。在无遗属符合恤金条件的情况下,一次性给付补助金(至多为死者1 000天的收入,另加300万日元)给非供养的遗属。这里,符合条件的遗属是指守寡的配偶、子女、父母、祖父母、孙子女以及供养的兄弟与姐妹。遗属补助中的丧葬费标准为25万日元,另加30天或60天的日平均工资。

日本的工伤保险实施机构一般为都道府县劳动基准局和都道府县劳动标准检查局。劳动省履行监督职能。

3. 美国的工伤保险制度

美国的工伤保险立法,最早在1908年,主要针对联邦雇员。1911年,有10个州建立了《工伤保险法》。目前,各州及特区、联邦雇员、铁路、港口、矿山等特殊工种雇员都有了《工伤保险法》。美国的工伤保险方式有通过公营或私营保险公司实施强制性保险的,也有自愿保险的。

工伤保险的实施范围是一般工商业雇员,以及大多数政府雇员。但约有1/4州的农业雇员、半数州的家务佣工、3/5州的临时雇员和1/6州的雇员、人数在3～5名以下公司的雇员不包括在工伤保险制度内。美国除了三个州可自愿选择保险外,其余的州都实行强制性保险制度。

工伤保险基金的资金来源:按法规,雇员一般不缴纳,但有少数几个州规定受保人需缴纳名义保险费。大多数州的雇主负担全部费用,其余州的雇主负担大部分费用。保险费的缴纳标准按工伤风险程度的不同或自愿按工资的一定比例来确定。1987年平均保费约为工薪总额的2%。在1974年以前,政府负担肺尘病的补助费用,此后,政府除了负担政府雇员的保费外,一般不负担其他保险费用。

工伤保险的给付条件中,无最低合格期限规定。

美国工伤保险的待遇给付内容包括医疗补助、暂时伤残补助金、永久性残疾恤金和遗属恤金。

(1) 医疗补助。所有各州均规定,在需要医疗期间,均可支付医疗补助。医疗费补助一般占工伤赔偿总额的 1/3。

(2) 暂时伤残补助金。大多数州规定,补助金为原工薪收入的 66.6%。约 1/5 的州对供养亲属另有补助。约 4/5 的州对补助额规定最高限额,数额因州而异;补助金随周工资变动而自动调整。大多数州规定,受保人需有 2～7 天的补助等待期。如果伤情持续时间不超过规定期限(为 3 天至 6 周),则可追补其等待期的补助金。

(3) 永久残疾恤金。对完全残疾者,大多数州给付其原工薪收入 66.6%的恤金。肺尘病,每月 338 美元;有三个以上供养人口的,另增补贴,补贴最高额为恤金的 100%。有些州提供经常护理和家庭补贴。各州对恤金规定有最高限额,其数额因州而异。4/5 的州在残疾期间或终身完全支付恤金,其余各州以 208～700 周为限,或最多为 9.24 万～14.7 万美元。部分残疾恤金,按工资损失的比例支付,如属规定残疾类别,则支付全额恤金的周数减少。

(4) 遗属恤金。遗孀恤金为受保人收入的 35%～70%;如遗孀连同子女,恤金为受保人收入的 60%～80%。患肺尘病者,给付遗孀恤金每月为 387 美元,子女另予补助。各州规定恤金最高限额,一般遗孀一人者,每周为 145～1 155 美元;8 个州对遗孀连同子女家庭的给付标准较高。根据 1/4 以上州的法律规定,至多支付 6.56 万～25 万美元,或 231～700 周。另规定给付遗属丧葬费补助,给付标准为一次性支付 700～5 000 美元,因州而异(有 1/2 的州发给 2 500 美元或更多)。这里,关于遗属的资格,有些州的工伤立法和对于肺尘病患者,规定其他符合条件的遗属还包括受供养的父母、兄弟或姐妹。

美国工伤保险在大部分州由劳工补偿机构管理业务,约 3/8 的州由州劳工管理局管理,3 个州由法院管理。对于肺尘病,1974 年以前由联邦政府管理,1974 年以后授权州参与管理。约有 1/3 的州,设有政府劳工补偿基金会。有 6 个州,雇主必须向劳工补偿基金会投保;有 14 个州,可向州劳工补偿基金会或私营保险公司投保;其余各州,可向私营保险公司投保。

4. 国外工伤保险制度的发展趋势

随着工伤保险制度在世界范围的日益普及,各国在实践中取得了一些成功的经验,同时,工伤保险制度在全球也呈现出一些共同的发展趋势。

(1) 工伤保险制度的适用对象逐步扩大,已包括一些非直接工伤者和受雇人员之外的社会成员。目前在工伤保险制度的适用对象上有两个较为明显的突破:一是突破直接工伤的范围,将非直接工伤也引入了工伤保险的适用范围,如把职工上下班途中发生的意外事故也作为工伤事故处理,此规定已获得 2/3《劳工公约》签字国的认可。目前扩大的趋势是把在救援、工会、就业培训等活动中出现的意外事故列入适用范围。二是突破了必须受雇的限制,将非受雇人员也包括在工伤保险适用范围之内。如将自营人员、学生、受训人员等,甚至已正式登记的失业者,都列入工伤保险的适用范围。

(2) 日益重视工伤事故的预防工作。各国政府和劳工保障专家都已认识到,工伤保险的立足点和工作重点应该转移,须把预防工作放在首位,这对工伤保险制度的发展和完善具有非常重要的意义。德国在 20 世纪 60 年代开始就强化工伤事故的预防工作,制定了预防工作法规和实施制度,建立了事故预防机构,采取预防工作奖励措施,并保证预防费用的落实等,取得了很好的效果。

(3) 强调康复治疗和重视伤残人员重返工作岗位。从实施过程来看,促进康复的措施大致有以下几方面:① 把恢复身体功能作为工伤保险中具体的康复内容;② 把康复医疗列于康复工作的重点;③ 发放康复所需的津贴;④ 提供康复设施、器具及其服务;⑤ 保证康复资金的专款专用;⑥ 康复管理机构和管理人员的落实等。在重返工作岗位方面,主要是创造一些条件和激励机制来促进伤残人员重新就业。

(4) 工伤保险体系完善,事故预防、工伤赔偿和康复一体化。

(5) 制定实际保险费率浮动政策。

第七章 生育保险

生育是一种社会行为，是妇女对人类作出的巨大贡献。在生育过程中，孕妇面临着身体、工作、家庭生活等多方面的风险。为了保障妇女及其所生子女的基本生活，确保劳动力再生产的进行，提高人口素质，从 20 世纪初开始，各国陆续实行了生育保险制度。实践证明，生育保险的实行，对社会的进步和家庭的稳定发展发挥了极大的作用。生育保险已成为保护妇女权益的一个重要方面。

一、生育保险制度概述

生育保险是社会保险制度中的一项基本保险制度，是专门保护妇女的社会保险。生育保险包括生育保险的实施范围、保险待遇、给付标准等方面的内容。

（一）生育保险的含义

生育保险是指国家针对女性生育行为的生理特点，通过社会保险立法，为怀孕和分娩的职业妇女及时提供物质帮助和产假，以保障受保母子的基本生活，保持、恢复或增进受保妇女的身体健康及工作能力的一项社会保险计划。生育保险主要由生育医疗服务、产假、生育津贴三部分组成。第一，生育医疗服务提供孕期、分娩和产后所需要的各种检查、咨询、助产、住院、护理、医药等一系列的医疗保健和治疗服务，以保障母婴平安健康。它主要包括早孕保健、产前检查、高危妊娠筛检、监护、管理、产时保健、新生儿保健、产褥期保健、计划生产手术服务、流产医疗服务、生育引起疾病的诊断和诊疗等。第二，产假是指职业妇女在分娩或流产期间依法享有的假期。第三，生育津贴，又称生育现金补助，是对职业妇女在生育期间工资收入的损失依法给予的现金补助，目的是为生育妇女提供基本生活保障。生育津贴的计算方法有均一制和薪资比例制两种。

一个国家生育保险制度的完善与否和保障水平的高低，主要取决于生育保险的给付待遇及条件。世界各国生育待遇的高低，主要取决于该国的经济发展水平、历史习惯和人口政策。大多数国家对受保的女职工，给予一定期限的产假。产假期限根据临产时的不同情况确定，产假期间工资照发。产假期满仍不能工作的女职工，经医院检查证明，按疾病待遇的规定处理。女职工的产假一般为6～14周，以便保护在职母亲和婴儿的健康。企业不能因女职工怀孕、分娩而将其辞退。生育保险制度规定，在产妇产前产后的一定期间发给生育补助金。补助金额一般规定为工资的100%，补助期限大约从预产期前6周开始到产后6～8周为止。丹麦、芬兰、挪威和瑞典还规定，如产妇回原单位上班，生育现金补助可发给在家照顾新生婴儿的男工。德国、挪威、葡萄牙、瑞典等国还规定，当父亲或母亲，一般是母亲，需要脱产照顾一定年龄限度以下的患病子女时，也发给照顾子女的补助金。少数国家还为产妇提供护理津贴，护理津贴的数额一般为正常生育补助金的20%～25%，支付期限可达6个月或更长一些。一些国家的生育保险方案还为新生儿提供婴儿全套用品或发给购置婴儿用品的津贴。还有一些国家在每个子女出生时，发给一次性的"生育津贴"。不仅受保的妇女，而且受保男子的妻子，均可领取这种一次性的补助。生育保险制度通常还规定，受保人有权在生育期间得到产前、助产、产后的医疗服务。助产服务有时只限于助产士的助产，不过如出现并发症，也可得到医生的治疗服务。总的来说，每个国家提供医疗服务的办法，通常也都适用于生育照顾。我国生育待遇已达到较高的水平，主要包括产假、工资待遇、生产医疗费用及其他补助等。按规定，企业女职工、国家机关女工作人员怀孕，在规定的医务所或特约医院检查或分娩及产后所需的费用，以及施行绝育结扎手术(包括企业男职工和国家机关男工作人员)、放取绝育环或人工流产时，所需的挂号费、住院费、检查费、医疗费和手术费等一切费用，都由所在单位负担。

一般来说,女职工要享受生育补助金,必须履行一定的义务,或者最迟在产前 6 个月缴纳一定数额的生育保险费,或者实际参加工作达到一定时间。个别国家不规定投保期限和数额,但规定符合该国公民或财产调查手续者,方可享受生育保险待遇。大多数国家规定享受生育补助的必要条件是:产妇在领取补助金时,已不再从事有报酬的工作,其雇主也已停发其工资,使她们实际上没有了收入。

(二)生育保险的特征

生育保险制度在社会保险制度中有其明显的特征,具体表现为:

(1) 建立和实行时间较晚。到 1990 年底,全世界仅有 86 个国家和地区建立了疾病生育保险制度,其中有些国家没有特别的生育保险。

(2) 生育保险的实施对象基本上是已婚女职工。生育虽包括男女双方所组成的家庭内的事情,生育带来的经济负担应由夫妻双方共同承担,但生育保险仅补偿为参加保险的女职工由于生育行为所造成的直接经济损失。生育保险在我国只在建立劳动关系的企业、事业和国家机关中实行。

(3) 生育保险一般总是阶段性的。生育保险对于弥补家庭因生育而造成的收入损失、扩大劳动力再生产、维护妇女和儿童的合法权益等方面的作用是十分明显的。生育保险这种同时保障劳动者自身简单再生产和扩大再生产正常进行的功能,在社会保险体系中具有唯一性。

(4) 生育保险的给付,只发给合法的结婚者。合法的结婚者包括符合法定的结婚年龄、按婚姻法规定办理了合法的结婚程序、符合和遵守国家的生育政策的人员。生育保险作为一种社会经济制度,必然受国家政策如计划生育政策的约束。

(5) 生育期间的保护,着重在于休息和增加营养,医疗只是特殊情况下的医疗照顾。

(6) 生育的分娩者不问其为活胎或死胎,也不问妊娠期多长或流产,只要是怀孕生育现象的生产期内致使被保险人收入中断或身体健康失常需要的医疗,都纳入生育保险期限(包括节育期间及节育而致的事故在内)。

(7) 产假的休息是根据生育期来安排的。生育分怀孕后、临产前、产假、产后几个阶段。女职工的产假包括生产和产后两个阶段,产假期间工资照发。

(8) 生育保险与疾病保险虽都属于暂时丧失劳动能力,两者的待遇和给付都是现金补助和提供医疗服务,但也有原则的区别。其区别是:其一,从生育保险的享受时间看,生育事件的发生取决于育龄妇女的年龄、结婚时间、生育顺序(胎次)等,疾病则没有年龄的限制,无论哪一个年龄段都可能发生。其二,从疗养和休息看,生育保险着重生育期间的保护,重休息和增加营养,医疗只是特殊情况下的照顾。与此相反,疾病着重医疗期的治疗。其三,保险的待遇不同。生育保险待遇在经济补偿时高于疾病保险待遇,而又区别于工伤保险待遇。

(三) 生育保险的意义

建立生育保险制度,有着非常重要的意义。一是实行生育保险体现了人类自身生产的社会价值得到社会的确认。妇女生育是社会发展的需要,其付出的代价应当由社会加以补偿,各国需要制定专门的法规对妇女的生育行为予以特别保护。生育保险制度的完善与否,反映了社会的进步程度。二是实行生育保险是对妇女及其所生子女基本生活的保障,有利于劳动力的再生产,有利于家庭的稳定,是社会得以存在和发展的基础。因此,应通过生育保险制度补偿妇女由于生育暂时中断劳动而失去的收入。三是实行生育保险是保护生育妇女健康和提高人口素质的需要。妇女生育体力消耗大,需要休息、补充营养和得到保护。生育过程存在一定的风险,生育保险需要为她们提供医疗检查和服务。特别是有了生育保险所提供的各种产前、产中和产后的医疗服务,有利于优生、优育,提高人口素质,有利于下一代的健康成长。四是实行生育保险体现了国家对妇女权益的保护。妇女承担着人类繁殖的任务,关系到人类的生存,社会和国家给予物质保障,是对妇女权益的最基本保障。

二、中国生育保险制度

我国在建国初期即制定了旨在保护女职工生育的保险制度。几十年来的实践表明,它对促进我国的社会安定、维护女职工生育权益、保障其生活等方面发挥了积极的作用。自然,随着社会的进步和经济的发展,社会对生育的重视程度在不断地提高,生育环境和政策也有了很大的变化,因此,生育保险制度需要相应地进行变革。

(一)生育保险制度的建立与发展

我国生育保险制度建立于20世纪50年代初期,由企业生育保险和机关、事业单位生育保险两项制度组成。企业生育保险制度建于1951年,属于劳动保险的一个部分。此年,政务院颁发了《中华人民共和国劳动保险条例》,其中对企业女职工的生育保险作了明确的规定,包括生育保险实施范围和给付的待遇。为了更好地实施生育保险制度,1953年,劳动部制定了《劳动保险条例实施细则》,具体规定了有关生育保险的给付待遇及标准。机关、事业单位的生育保险制度建立于1955年,政务院颁发了《关于女工作人员生育假期的规定的通知》,对机关、事业单位女职工生育保险作了详细的规定。当时规定,企业生育保险费由女职工所在企业供款,职工不出资;机关、事业单位则由财政拨款。标准受益人都是女职工;其他受益人包括企业男职工之妻和女职工生育的婴儿等。1986年,根据多年的实施情况和社会经济环境,由卫生部、劳动人事部、全国总工会、全国妇联联合印发了《女职工保健工作暂行规定(试行草案)》,在此基础上,1988年国务院又颁布了《女职工劳动保护规定》,调整了有关待遇,明确了保护女职工劳动权益的有关法规。特别是统一了机关、事业单位和企业的生育保险制度。1992年全国人大通过了《中华人民共和国妇女权益保障法》,全面规定了妇女在政治、文化教育、劳动、财产、人身、婚姻、家庭方面的权益,明确"国家保护妇女依法享有特殊权益,逐步完善对妇女的社会保障制度”。1994年7月,《中华人民共和国劳动法》(以下简称《劳动法》)颁布,规定女职工与男职工享有同等的权利和义务,劳动者在生育情况下,依法享有社会保险待遇。1994年12月,为配合《劳动法》的贯彻实施,规范生育保险办法,为女职工的合法权益提供保障,劳动部颁布了《企业职工生育保险试行办法》。它标志着我国生育保险制度的改革和发展进入了一个新的阶段。1999年,为了与基本医疗保险制度改革在政策上相衔接,劳动和社会保障部、国家计生委等联合下发了《关于妥善解决城镇职工计划生育手术费用问题的通知》,明确了执行各类生育保险制度的地区以及参保单位职工计划生育手术费用的支付途径。2005年8月28日,第十届全国人民代表大会常务委员会第十七次会议通过了《〈中华人民共和国妇女权益保障法〉修正案》,其中增加了“国家推行生育保险制度,建立健全与生育相关的其他保障制度。地方各级人民政府和有关部门应当按照有关规定为贫困妇女提供必要的生育救助”的内容。

(二)生育保险制度的改革

总体上说,我国生育保险制度是在计划经济体制下建立起来的,在运作过程中,存在着环境和机制方面的问题,因此难以适应市场经济发展的需要。其中突出的问题是社会生育保险的企业化,这既增加了企业负担,约束了企业发展,也引发了企业的经营状况不良进而使受保人权益受到损害。另一个大的问题是生育保险的覆盖面较窄,难以使我国绝大部分生育妇女享受保险待遇。因此,需要对我国的生育保险制度进行改革,彻底解决我国生育保险功能不全、实施范围小等问题,以期在经济发展中真正发挥生育保险的作用。

1. 生育保险制度改革的目标

生育保险制度的改革,要继续从建立社会主义市场经济的要求出发,紧紧围绕落实《妇女发展纲要》中保障女职工合法权益的目标,适应现代化的需要;要更广泛地建立生育保险基金,加大社会统筹的覆盖力度,将女职工的生育保险费用由企业管理逐步改为社会统筹管理,将实施范围由国有企业扩展到所有企业,并将受保人群扩大到所有企业的劳动者;要逐步实现在直辖市和地市级范围内统一保险项目、统一保险费率、统一给付标准,逐步统一全国立法,使生育保险覆盖城镇全体女性劳动者。生育保险改革既要为保险主体提供经济保障,又要为市场主体提供公平竞争条件;既要提供充足的最基本保障待遇,又要最大限度地减轻企业的负担;既要按时完成到 2000 年在全国城市基本实现生育保险社会统筹的目标任务,又要完善立法、规范各项操作标准;还要适应建立现代企业制度的需要,为形成稳定的市场制衡机制、减少产权重组给生育女职工带来的震荡和冲击创造有利条件。

2. 生育保险制度的改革过程

生育保险改革自 20 世纪 80 年代中期开始,以 1988 年 7 月为界,分两个方面展开:

(1) 扩大实施范围、提高保险待遇。原有的生育保险实施范围仅限于计划经济体制下的国有企业和城镇集体企业。从 20 世纪 80 年代中期开始,乡镇企业和三资企业得到迅速发展,女职工人数迅速增加,但同时,这些企业的女职工没有被纳入生育保险的范围。随着市场经济的不断发展,非公有制经济份额在逐步扩大,而国有企业出现了经济效益滑坡的现象,女职工的生育保险待遇水平有下滑的趋势。针对女职工权益受损现象,1988 年,国务院颁布了《女职工劳动保护规定》,对生育保险的实施范围、女职工生育保险待遇等方面作了明确规定。生育保险的实施范围扩大到包括外商投资企业和乡镇企业在内的我国境内一切企业、机关和事业单位以及社会团体。生育待遇由产假、产假工资、医疗保健三部分组成。正常产假由原来的 56 天延长到 90 天,对流产产假也作了调整;产假期间基本工资照发,产假工资和国家规定的物价补贴的支付期均相应延长到新的产假期满为止。

(2) 建立生育保险基金制度,均衡企业负担。长期以来,我国一直实行着“企业自保”式的生育保险制度。这种方式社会化程度较低,分散风险的功能较差,难以发挥生育保险的保障功能,也给企业加重了负担。1988 年,江苏省南通市和山东省曲阜市几乎同时在全国率先进行了以社会统筹为特征的生育保险制度改革试点。此后，到1994年底，全国生育保险费用社会统筹已发展到17个省(自治区)的522个市、县。1994年12月，劳动部颁布了《企业职工生育保险试行办法》(简称《试行办法》)，对建立生育保险基金统筹，实现生育保险社会化作出了规定。主要内容有：一是生育保险按属地原则组织，实行社会统筹。二是按"以支定收、收支平衡"的原则筹集资金，并由企业按照其工资总额的一定比例向社会保险经办机构缴纳生育保险费，建立生育保险基金。生育保险费的提取比例由当地人民政府根据计划生育人数、生育津贴、生育医疗费等费用确定，并可根据费用支出情况适时调整，但最高不得超过工资总额的1%。生育保险费由企业支付，职工个人无需缴纳。三是女职工生育按照法律、法规的规定享受产假。产假期间的生育津贴按照本企业上年度职工月平均工资计发，由生育保险基金支付。四是女职工生育的检查费、接生费、手术费、住院费和药费由生育保险基金支付。超出规定的医疗服务费和药费(含自费药品和营养药品的药费)由职工个人负担。五是女职工生育出院后，因生育引起疾病的医疗费也由基金支付，其他疾病的医疗费仍按照医疗保险待遇的规定办理。六是女职工生育或流产后，由本人或所在企业持当地计划生育部门签发的计划生育证明或者婴儿出生、死亡或流产证明，到当地社会保险经办机构办理手续，领取生育津贴和报销生育医疗费。

3. 生育保险制度的改革成就

1995年，我国政府颁布《中国妇女发展纲要》，对生育保险改革的实施范围、覆盖方式及时间进度作了更明确的政策规定，指出"在全国城市基本实现生育费用社会统筹"，提出"改革女职工生育保障制度，将女职工生育保险费用由企业管理逐步改为社会统筹管理"。这项改革由国有企业逐步扩展到所有企业；到2000年，"在全国城市基本实现女职工生育费用的社会统筹"。劳动部相继下发《关于贯彻实施〈劳动部贯彻"中国妇女发展纲要"(1995—2000)实施方案〉的通知》，具体规定了实施生育保险社会统筹的计划，即全国35个大中城市不迟于1997年底实施生育保险社会统筹；全国所有地级市的生育保险社会统筹在 1998 年底基本完成；全国 80% 的市、县级统筹在 1999 年底完成。由于生育保险法律、法规的不断完善，生育保险基金社会统筹的覆盖面有较大扩展，基本保障能力也有较大提高。

（三）生育保险制度的主要内容

1. 生育保险基金的资金来源

生育保险根据“以支定收，收支基本平衡”的原则筹集资金，由企业按照其工资总额的一定比例向社会保险经办机构缴纳生育保险费，建立生育保险基金。生育保险费的提取比例由当地人民政府根据计划内生育人数和生育津贴、生育医疗费等项费用确定，并可根据费用支出情况适时调整，但最高不得超过工资总额的 1%。企业缴纳的生育保险费作为期间费用处理，列入企业管理费用。生育保险制度规定，职工个人不缴纳生育保险费。

2. 生育保险的实施范围

女职工生育保险适用于中华人民共和国境内的一切国家机关、人民团体、事业单位和城镇企业及其职工。目前，我国企业女职工生育保险工作由劳动和社会保障部社会保险司主管，具体由各级社会保险经办机构负责。其中企业包括：国有企业、集体企业、股份制企业、外商投资企业、私营企业和城镇街道企业等，军队系统的企业单位也可以参照执行。

3. 生育保险的给付待遇

用人单位已缴纳生育保险费的，其职工享受生育保险待遇；职工未就业配偶按照国家规定享受生育医疗费用待遇。所需资金从生育保险基金中支付。

生育保险待遇包括生育医疗费用和生育津贴两类。生育医疗费用包括生育医疗费用、计划生育的医疗费用、法律法规规定的其他项目费用。职工有下列情形之一的，可以按照国家规定享受生育津贴：女职工生育享受产假，享受计划生育手术休假，法律法规规定的其他情形。生育津贴按照职工所在用人单位上年度职工月平均工资计发。

4. 生育保险基金的管理和使用

生育保险基金由四部分组成：一是企业缴纳的生育保险费；二是基金的利息；三是滞纳金；四是依法纳入生育保险基金的其他资金。生育保险基金按属地原则组织，生育保险费用实行社会统筹。生育保险基金由劳动部门所属的社会保险经办机构负责收缴、支付和管理。目前，除了进行生育保险制度改革的地区之外，大部分地区仍维持着“企业自保”，即女职工生育期间的生育津贴和医疗费用由女职工单位负担，具体的生育保险管理服务工作也由女职工单位承担。实行原制度的地区及企业，根据国家有关规定，国家机关、事业单位、人民团体工作人员怀孕的检查费、接生费、手术费、住院费和药费以及施行计划生育手术的费用和手术后遗症的治疗费，在公费医疗经费中开支；国有和城镇集体企业职工及其供养的直系亲属的上述生育费和计划生育手术费，在企业职工福利基金中开支；独生子女父母奖励费，国有和城镇集体企业职工由其所在企业福利基金、利润留成中解决，如这样解决后仍有困难的，可报请财政部门批准，在企业管理费中补充；机关、学校等行政事业单位，在职工福利费项下开支，如有困难，可在单位行政或事业费中解决；个体就业者，应在其上缴的管理费中解决；已参加劳动服务公司或其他联营组织的失业青年，由其所在单位在公益金中解决。

(四) 中国生育保险制度的改革与完善

建国初期，我国的生育保险制度还是比较完整的，这一制度具有社会统筹的特点且覆盖临时工和职工家属。计划经济时期，生育保险制度“从社会走向企业”，多层次覆盖消失了，在经济体制改革中，这种“企业生育保险”成了影响女性公平就业的障碍，因此，改革社会生育保险制度迫在眉睫。

从目前的实施现状来看，我国生育保险制度正处于新旧交替时期，社会生育保险正逐渐替代企业生育保险，但企业生育保险依然占有主导地位。

我国生育保险制度的实施现状主要有以下几方面的不足：

(1) 生育保险制度覆盖面较窄。据中央电视台2005年2月19日新闻联播公布的数据,全国参加生育保险的人数有4 300万人,覆盖率仅为12.76%。据不完全统计,城镇女职工生育保险覆盖率不足50%。与《中国妇女发展纲要》确定的到2010年城镇女职工生育保险覆盖率达到90%以上的目标相距甚远。①

据全国人民代表大会农业与农村委员会2009年12月到2010年4月对农民工情况的调研,农民工享受生育保险的比例仅为13.3%。②

(2) 生育保险基金筹集方式呈多样性。根据全国总工会女职工部于2003年发布的调查报告,绝大部分地区生育保险基金是按工资总额比例征缴的。按1999—2001年三年平均计算,企业提取生育保险费的比例为工资总额的0.84%,最高的为1%,最低的为0.4%。三年中,80%的企业未能调整提取比例,个别地区仍采取按绝对额方法缴纳生育保险费,即按每个参保职工一年缴纳30元的简单方法计算。

(3) 生育保险统筹的地区差异较大。我国生育保险统筹工作发展很不平衡。东部经济比较发达的地区覆盖率较高,西部经济比较落后的地区覆盖率较低;同一地区,生育保险基金欠缴与结余并存。③ 其原因主要在于有的企业没有如数缴纳生育保险费,而有的如数缴纳生育保险费的企业有可能因为费率定得太高或者支付上的问题而造成较多结余。生育保险制度实施的地区差异性还表现为费率高低以及支付水平的差距较大。

(4) 生育保险金不足额发放,待遇给付出现空缺。根据全国总工会女职工部的调查,发现目前基本按照《试行办法》规定支付生育

---

① 《我国生育保险制度存在的问题及对策研究》,〔2007-7-10〕,http://www.china-insurance.com/news-center/newslist.asp? id=8772。

② 《农委关于农民工工作情况的调研报告》,〔2010-4-29〕,http://www.npc.gov.cn/npc/xinwen/jdgz/2010-04/29/content_1571436.htm。

③ 潘锦棠:《中国生育保险制度的历史与现状》,人大复印资料《社会保障制度》2003年第6期,第43页。

保险基金的仅占 17.3%。生育医疗费能够得到全额支付的占 20.9%,支付 50%～80%的占 30.4%,支付 50%以下的占 7.6%,其他为 41.1%。调查还发现,医疗保险改革对落实生育保险待遇有一定影响。目前一些地区在医疗保险改革中,把生育保险也纳入其中,有 29.4%的企业将生育费用纳入医疗保险范围。在纳入医疗保险的企业中,有 19.6%的可以全额报销生育医疗费,46.9%的只能部分报销。①

(5) 生育保险收大于支问题突出。调查显示,目前生育处于逐年降低的趋势,但生育保险基金提取比例却多年保持不变。随着工资总额的增长,生育保险基金提取的数额不断增加,造成基金收大于支,形成较多结余。

(6) 生育保险立法滞后。多年来,《试行办法》还停留在试行阶段,其中有些条款已不适应形势发展的需要,如对参保缺乏强制性措施。《试行办法》与《女职工劳动保护规定》的有关待遇规定不一致,如《女职工劳动保护规定》规定,生育女职工的产假工资为百分之百,而《试行办法》规定,生育女职工的生育津贴按照本企业上年度职工平均工资计发,这种待遇规定的差异以及生育医疗费用缺乏统一规范的界定标准,在实施中遇到了一些问题,给操作带来一定困难。

(7) 生育保险社会化管理尚在探索中。企业办理生育保险费用手续繁琐,由于一些地区社保经办机构工作制度不规范,给企业增加了不必要的麻烦。

生育保险是体现对女性权益的尊重和保护的重要制度保证。因此,从目前来看,应加快对生育保险制度改革和发展的力度,如扩大社会统筹的覆盖面、扩大生育保险的保障范围、减少地区之间的不平衡、完善生育保险与医疗保险制度的衔接、建立全民生育保险制度等。

各地在健全和完善生育保险制度的过程中也都进行了有益的探索。生育保险制度的改革和发展,除应遵循社会保险的基本原则外,

① 参见《中国妇女报》,2003 年 5 月 19 日。

还应遵循以下几方面的原则：一是充分保护女性工作者的特殊权益，充分体现生育保险制度，保证劳动力再生产，促进经济社会再生产的目标；二是加快生育保险的立法工作，使生育保险制度的改革通过法律制度的完善得以实现；三是遵循国家、企业、个人共担责任的保险原则，发挥最大化地实现社会保险的功能；四是生育保险制度的建设应与国家人口政策和计划生育政策相结合，并逐渐考虑把计划生育费用纳入生育保险制度内，促进计划生育政策和生育保险制度的进一步完善。

三、外国生育保险制度

实行生育保险是全世界妇女最迫切、最普遍的一种需要，已受到各国政府的普遍重视。一个多世纪以来，随着参与工业生产的妇女人数激增，生育保险已发展成为对在职女职工表示关注的一项国际性措施。最早的生育保险国际公约是 1919 年国际劳工组织颁布的《生育保护公约》(第 3 号公约)。第二次世界大战以后，生育保险在世界范围得到迅速发展。国际劳工组织在 1952 年重新修订了《生育保护公约》(第 103 号公约)，同时颁布了指导实施工作的《生育保护建议书》(第 95 号建议书)，公约和建议书已普遍地被各国接受。各国还根据本国的实际情况和其他社会保险制度的体系，建立了生育保险制度，并都得到了较好的实施。

(一) 国际劳工组织和主要国家的生育保险制度

1. 国际劳工公约和建议书所阐述的生育保险的内容

国际劳工组织大会在 1952 年修改通过的《生育保护公约》以及《生育保护建议书》，对生育保护作了国际认同的规定，并提出了相应的建议。其主要内容包括：

(1) 生育保护范围。生育保护适用于受雇于工业企业、商业、运输、服务等非工业企业及从事农业生产的妇女，包括在家工作的有薪妇女。

(2) 产假。公约规定,妇女产假至少 12 周,其中应有产后的强制休假期。并建议产假可延长至 14 周。如果预产期不准或因怀孕、生产带来疾病,产假应该予以延长。

(3) 现金补助和医疗护理。公约规定,产假期间,妇女有权享有足以维护本人及孩子恰当水平的生活现金补助,以及包括预产期护理、生产、产后护理和住院费在内的医疗补助,并有权自由选择医生和医院。在条件许可的情况下,生育保险所提供的医疗津贴应包括普通医生和专科医生的门诊和住院护理、产科医生和合格助产士在家的医疗服务等费用。生育现金补助的计算,以过去收入为基础,至少应为其过去收入的 2/3。

(4) 生育妇女工作权。禁止解雇处于产假期间的妇女。哺乳期间,妇女享有每天两次各半小时的休息喂奶权,喂奶妇女有权为此中断工作(暂时),中断时间应计算在工时之内。

2. 英国的生育保险制度

英国的生育保险与疾病保险合并立法,实行社会保险(现金补助)和普遍保障(医疗照顾)双重制度。周收入在 35.5 英镑及以上的受雇人员和年收入在 1 846 英镑以上的独立劳动者,都有资格参加生育保险,享受生育补助金。

(1) 生育现金补助金的给付条件。任何纳税年度缴纳的保险费,至少为该年度较低周收入限度的 25 倍;在适当的纳税年度,缴纳的保险费或视同缴纳的保险费,至少为该年度较低周收入的 25 倍。

(2) 生育补助给付标准。受保人(周收入低于 30 英镑者)一周为 27.25 英镑,每一子女为 7.65 英镑。共给付 18 周,产前 11 周、产后 7 周。

(3) 生育津贴。生育津贴一次发给 25 英镑。

3. 德国的生育保险制度

德国在 1887 年的《疾病保险法》中,已把妇女生育保险包括在内,发给分娩补助金。至 1965 年,将原来列入疾病保险的分娩补助金改为生育补助金,列为独立的保险项目,自 1969 年起开始实行,并增加了对孕妇产前产后的照顾及待产母亲和哺乳妇女在工作场所被保护照顾服务的规定。

(1) 生育保险补助金的给付条件。在分娩前投保满 12 个月或在分娩前第 10 个月至第 4 个月期间,实际从事工作的受保生育妇女均可得到生育保险补助金。

(2) 生育保险补助金的给付标准。按被保险人工资的 100%发给,共发 14 周,产前 6 周、产后 8 周。如遇早产或一胎以上时,在产后则发给 12 周。此后 4 个月内,每天最高 17 马克。无权享受规定补助者,一次支付 150 马克。每一胎为 50～100 马克,依据保险基金财务情况而定;男性被保险人之妻生产,每胎可领 30～150 马克的补贴,也可依据保险基金财务情况而定;女性被保险人在怀孕期间,可享受免费医疗服务及各种产前检查,所需的助产照顾服务或药品,均可免费提供。

4. 日本的生育保险制度

日本女职工生育保险制度规定,在产前、产后各给假期 42 天。产假期间的工资待遇按本人月工资的 60%～80%发给,另发半个月到一个月工资的生育补助费和育婴津贴。对于正常分娩的女职工,由保险机构付给生育补助金(最低保证额为 6 万～10 万日元)。孪生子女付给双份生育补助费。难产者,按伤病医疗对象,由保险机构支付所需费用。

(二) 国外生育保险制度的特点①

(1) 生育保险与医疗保险合并立法。在实行社会保障制度的国家,几乎都把疾病与生育归入同一类保障项目中,共同立法,实施方案也基本相同。这主要是因为生育与保健密不可分,生育保险给付和医疗保险给付在性质与标准上有相似之处。

(2) 覆盖范围较广。目前东西方发达国家生育保险的覆盖范围都很宽,一些国家的覆盖对象已包括非工资劳动者,或者只要符合公

---

① 郭士征、葛寿昌著:《中国社会保险的改革与探索》,上海财经大学出版社 1998 年版,第 194 页。

民资格就能享受应有待遇。国家财政也有大量补贴。这既有社会福利思想的影响,更是由于人口危机而采取的鼓励生育的有效措施。

(3) 待遇标准较高。国外生育保险待遇主要包括产假、生育补助金、生育津贴、医疗保健、儿童津贴等内容。从实施情况来看,大多数国家达到或超过了国际劳工组织的《生育保护公约》规定的标准。具体表现为:一是产假期限较长。60%以上的国家达到3个月,20%以上的国家达到4~6个月,瑞典、德国等一些发达国家则达一年半左右。一些欧洲国家还在产假期满后给予半休性质的辅助制度,瑞典、比利时等国的半休期分别达8年和5年。二是生育补助金比例较高。按《生育保护公约》规定,生育补助金应达到本人原工资的66%,但德国是100%,并限定每日补助金不得低于3.5马克的标准。瑞典和法国也属高比例国家,分别达到90%和84%。三是生育津贴较普遍。无论发达国家还是发展中国家,都实行一次性生育津贴,受保妇女及受保男子的妻子也可领取生育津贴。同时,实物给付也较丰富。四是医疗保健服务有保障。生育医疗保健大多被纳入医疗保健项目中,由保险机构承付生育医疗保健费。五是儿童津贴较高。1993年,瑞典、德国、法国三国以三个子女家庭的儿童津贴合计,分别为每月450美元、340美元和330美元。六是法律、法规体系较为完备。许多发达国家在保护妇女权益和母子健康方面的法规比较齐全,有《劳动法》、《促进就业法》、《社会保障法》、《社会保险法》、《生育保险法》以及扶助单亲和母子福利等内容的立法。同时执法较严,能较好地保护生育妇女和儿童的合法权益。

(三) 国外生育保险的发展趋势

随着各国经济社会的发展,生育保险制度作为保障生育妇女权益的主要措施,在生育保险待遇、收入补偿形式及医疗费的分担方式等方面有了调整和变化,通过改革,生育保险制度正不断趋于完善。

1. 生育保险待遇的变化

这里主要体现在生育保险产假规定的变化。过去产假长短的规定主要基于保护生育妇女的健康及新生儿的安全出生,所以,产假就是生育假期。随着社会的进步,对产假有了进一步认识,并把保障未来劳动力的再生产作为目的。因此,各国的产假待遇有所延长,在生育假期之外又安排了婴儿的抚养期。这体现了各国对人口素质提高的重视。

2. 收入补偿形式的调整

大多数国家的收入补偿水平基本上都达到原有工资的100%。但近年来,在生育保险的收入补偿观念上,出现了社会保险"补偿局限论"①,这种观点认为,既然属于社会保险,就不应该是100%的补偿,在众多社会保险中,待遇应有个平衡。正是在这种观点的影响下,一些国家已调低了收入补偿待遇,降至本人原工资的2/3左右,或者是50%~55%。但同时,在调整收入补偿待遇的同时,其他的津贴形式,如生育津贴、儿童津贴、实物给付等则有较大幅度的提高,从而弥补了收入补偿水平的下降。

3. 医药费用分担形式发生了变化

生育医疗费用一直是生育保险的主要支出,费用的增大,也给各国生育保险基金带来了某种困难,造成了生育保险乃至医疗保险费用的较大支付压力。为此,一些国家如法国等,在生育医疗费用支付方面增加了个人支付的部分,推行了由保险机构与本人共担生育医疗费的办法。如规定生育医疗费个人承担部分约为20%左右,有的略低些。这种做法的合理性在于增加了受保人应尽的义务和责任。

---

① 郭士征、葛寿昌著:《中国社会保险的改革与探索》,上海财经大学出版社1998年版,第197页。

第八章
社会救助

社会救助作为社会保障最低和最基本的目标，承担了保证社会成员生存所需基本条件的责任。社会救助对保证社会稳定和发展有着重要的意义。在社会保障制度的建立和发展过程中，社会救助制度是最早建立的。但现代的社会救助制度不同于传统的、慈善性质的救济活动，它已发展为以社会救助法规为依据，具有制度性、社会性和行政强制性的社会保障制度。社会救助制度与其他的社会保障制度一样，随着经济发展水平的提高和社会结构的变化，救助方式、救助标准和管理体制等需要不断地调整和变革。

一、社会救助制度概述

社会救助制度是社会保障制度的一个重要组成部分，它在救助对象、救助标准和救助范围等方面有其特殊的规定。

（一）社会救助的含义和特征

社会救助是指社会成员陷入生存危机或不能维持最低限度的生活水平时，由国家和社会按照法定的标准向其提供满足最低生活需求的物质援助的社会保障制度。在西方，社会救助被称为“社会援助”。英国于1601年颁发的《伊丽莎白济贫法》是西方最早以法律形式确定的社会救助保障。在历史上，社会救助通过各种形式的慈善事业而开展，表现为救济者的施舍和恩赐，这使受惠者受到人格和尊严的损害。在现代社会中，享受社会救助是社会成员的一项基本权利，提供社会救助是国家和社会的应尽职责和义务，两者都通过法律制度加以确定和规范。社会救助已成为现代社会保障体系的基础性保障措施。

与其他的社会保障制度相比较，社会救助制度具有一定的特殊性。其特征主要表现为以下几个方面：一是义务的单向性。社会救助只强调国家和社会对社会成员的责任和义务；社会成员享受社会救助是其权利，并不需要承担相应的义务。二是社会救助基金一般由政府财政拨付，社会成员不用缴纳任何费用。三是对象的限制性。即社会救助对象由法律加以规定，只有符合条件且真正陷入生活困境的社会成员才有资格享受救助。四是社会救助目标的低层次性，即社会救助的目标是应付灾害和克服贫困，而非改善或提高福利及生活质量，社会救助处于现代社会保障体系的最低或最基本层次。五是社会救助手段的多样性。社会救助既可采用实物救助，也可采用现金救助；既有临时应急救助，又有长期固定救助；既有官方救助，又有民间救助。社会救助手段的多样性是使社会成员得到救助的关键。

（二）社会救助的对象及救助条件

一般来说，社会救助的对象包括三部分人员：一是由于先天或后天的因素失去劳动能力者；二是虽有劳动能力但因客观因素以致失业、无法获得收入或收入中断、收入减少，而且又无法获得社会保险给付者；三是因受到天灾人祸等因素而导致不接受紧急救助就无法维持生活者。对上述这部分人，按社会救助制度，由政府给予社会救助。

对上述人员在基本生活和生存发生困难时给予现金救助或实物救助，按一般的规定，享受社会救助者需具备一定的条件。首先必须由申请者提出申请，并由主管部门对申请者的财产和收入进行调查，对合乎条件的确定救助标准，付给救助费。对申请者的调查一般称之为家庭经济情况调查，这是进行社会救助的必要前提。西方国家的家庭经济情况调查内容包括家庭收入水平、市场物价、购买力的动向、就业状况、消费构成等指标。家庭经济情况调查的目的有两个：一是确定一定时期社会最低生活水平标准，为社会救助标准提供参考数据；二是确定社会救助申请家庭的经济情况。对于前者，通常采用抽样调查方法进行随机抽样,定期或不定期地系统搜集、整理和分析所调查的资料。后者除了调查申请人的家庭基本情况外,还着重调查申请人的家庭收入、收入来源及贫困程度等,以确定申请人是否符合社会救助的标准。

(三)社会救助的范围和救助标准

社会救助的范围分为两个部分:一是急难、灾害救助。这是暂时的、应急的,被救助者并非都是低收入者。如果接受救助后,被救助者仍面临困难无法解决,就将被当地有关部门依法纳入低收入贫困群体,接受长期救助。二是一般性的救助,它包括家庭补助、收容安置、伤病医疗补助、失业救助等。

各国社会救助的标准有较大的差异,这主要取决于一国的经济发展水平和居民的生活水平。一般来说,接受社会救助的社会成员大部分属于社会贫困群体。现在,国际社会基本上都接受了贫困是指国民个人的收入无法满足该国居民所能接受的最低标准生活需求的概念。按照国际惯例,衡量贫困状况的标志是贫困线,或称为"最低生活保障线"。贫困有绝对贫困和相对贫困之分。绝对贫困是指低于当地居民必需的最低标准的生活状态,一般缺乏维持生存所需的基本物质条件,即衣、食、住、行等基本物质条件不能得到满足。处于绝对贫困状态的人多数是老、伤、病、残、孤、寡、独以及长期无工可做的失业者。相对贫困是指相对于社会平均生活水平而言存在较大差距的贫困。即一个人、一个家庭或一个群体的生活水平比其所在社区的中等生活水平低,并且经常缺乏某些必需的生活资料或服务设施。其主要表现是贫困者的生活属于最低水平,即勉强度日,不能享受所谓"像样的"生活和现代社会所具有的基本需求。一般来说,衡量公民是否贫困,多数国家是以绝对贫困线为标准,即"最低生活保障线"。也有一些国家采用相对贫困线来衡量贫困,即将贫困标准与中等收入在同一时点上保持相对稳定,一个家庭的收入只达到中等收入家庭的50%~60%时,就被认为是贫困的。

一定时期内,社会贫困线或最低生活保障线,由政府在家庭经济情况调查和其他调查的基础上加以确定和颁布，或者以当地居民生存所必需的最低生活开支来表示，或者用与当地中等收入人群水平的一定差距来表示。目前，国际上常用的确定最低生活保障线的方法有四种，即恩格尔系数法、国际贫困标准法、生活形态法和市场菜篮法。

恩格尔系数法建立在恩格尔定律的基础上。恩格尔定律是关于家庭经济收入和家庭生活开支的比例关系的定律。其主要内容为：一个家庭消费食物的比重为其收入的递减函数和家庭规模的递增函数，意为一个家庭收入越少，其总支出中用于购买食物的费用所占比例就越大；在家庭收入和总支出同时增长的情况下，食物支出的绝对额虽然也在增长，但食物支出在家庭总支出中所占的比重则是下降的。该定律不仅反映了收入变动与消费结构变化的一般规律，而且还表明了在食物价格上涨率大于其他消费品上涨率的情况下，低收入家庭比高收入家庭处于更加不利的地位，因为在低收入家庭中，食物支出所占的比重较高收入家庭大。

根据恩格尔定律，可得出恩格尔系数。它由食物支出在消费总支出中所占的比重来决定，用公式表示为：

$$\text{恩格尔系数}=\frac{\text{家庭食物支出金额}}{\text{家庭总支出金额(全部收入)}}\times 100\%$$

恩格尔系数是反映消费者收入水平或一国富裕程度的一项重要指标。一般来说，恩格尔系数较高，对于一个家庭或个人表示其收入较低，对于一个国家则说明该国较穷；反之，恩格尔系数较低，则说明家庭或个人收入较高，对于一个国家来说则较富裕。联合国依据恩格尔系数划分贫困与富裕的档次是：恩格尔系数在59%以上者为绝对贫困，50%～59%为勉强度日，40%～50%为小康水平，30%～40%为富裕，30%以下为最富裕。所以，恩格尔系数为60%可以作为贫困线，亦即最低生活保障线。

国际贫困标准法实际上是一种收入比例法，经济合作与发展组织提出：以一个国家或地区社会中位收入或平均收入的50%～60%作为这个国家或地区的贫困线，亦即最低生活保障线。

生活形态法也称“剥夺指标法”。它首先从人们的生活方式、消费行为等“生活形态”入手，提出一系列有关贫困家庭生活形态的问题，让被调查者回答，然后选择出若干“剥夺指标”，再根据这些“剥夺指标”和被调查者的实际生活状况来确定哪些人属于贫困者，然后再来分析他们（被剥夺）的需求以及消费和收入来求出贫困线，亦即最低生活保障线。

市场菜篮法又称为“标准预算法”。它首先要求确定一张生活必需品的清单，内容包括维持社会认定的最起码的生活水准的必需品的种类和数量，然后根据市场价格来计算拥有这些生活必需品需要多少现金，以此确定的现金金额就是贫困线，亦即最低生活保障线。

通常，社会救助标准以“最低生活保障线”为参照标准，根据一定时期的经济发展水平和物价水平等加以确定。

二、中国社会救助制度

中国的社会救助制度主要包括贫困救助、自然灾害救助、特殊对象救助等。贫困救助是在社会成员因多方面的原因而使自己和家庭陷入生活困境时，由国家和社会给予救济和帮助的社会救助项目。贫困救助是社会救助的基本内容，它包括城市贫困救助和农村贫困救助。在中国，城市和农村的贫困救助制度及其实施方式有较大的差异。自然灾害救助是国家和社会对灾后生活无着落的灾民给予生活上的救济和帮助的社会救助项目，自然灾害救助在整个社会救助工作中占有重要地位。特殊对象救助是指依据有关专门政策，针对一部分特定社会成员给予救济和帮助的社会救助项目，目前主要有农村“五保”供养制度、农村特困户救助制度和流浪乞讨人员救助制度，另外，医疗救助、教育救助、住房救助、法律援助等专项救助制度也在积极推进中。

（一）城市贫困救助制度

我国城市贫困救助制度已经历了建立、发展和变革的过程。在

20 世纪 80 年代以前，我国曾实施了适应计划经济体制的城市贫困救助制度，对稳定社会和解决贫困家庭的生活问题发挥了积极的作用，但也有许多的弊病。改革开放后，随着企业制度、劳动制度等经济体制的变革，传统的城市贫困救助制度难以适应社会的需要，因此，自 90 年代开始，进行了比较大的改革。目前，改革还在进行过程中。

1. 计划经济体制下的城市贫困救助制度

新中国建立之初，大量城市工厂关闭、工人失业，无依无靠的孤老残幼随处可见。针对这种情况，各级政府在恢复生产的同时，果断采取措施，开展了大规模的社会救济工作，主要包括对失业工人和知识分子等给予临时救济、对孤老残幼给予经常性救济、对其他的生活困难者根据情况给予不同的社会救济。当时的救济方针是：在自力更生的原则下，动员和组织人民实行劳动互助，实行自救，自助助人。据内务部 1952 年统计，上海、武汉、广州等 8 个城市发放工贷、农贷 26 亿斤粮食，120 万城市贫民得到救济。在救助救济对象的同时，还帮助他们医治疾病、安家落户、创造就业机会等。1957 年以后，随着社会主义计划经济体制的建立，社会救助制度基本形成。由于这段时期社会保障的基本特点是实行“单位保障”制，有劳动能力者及其家庭的最低生活基本上都由单位提供保障。我国计划经济体制下城市贫困救助制度的特征主要表现为以下几个方面：

(1) 社会救助对象。计划经济体制下社会救助的对象主要是“三无”人员及由于一些特殊原因而被遗留在单位之外的居民。“三无”人员是指无依无靠、无劳动能力、无生活来源的孤老幼残。由于特殊原因被遗留在单位以外的居民是指政府指定的一些特殊救济对象，如原国民党起义及投诚人员、散居的归国华侨、麻风病人等。此外，因遭受特大自然灾害及其他意外事故而生活发生困难的人，也享受政府给予的灾害救济。

在 20 世纪 50 年代至 1978 年经济体制改革之前，城市社会救助的对象有所扩大，增加了以下几类人员：一是 60 年代被精简退职的老职工。1965 年国务院 224 号文件规定，凡是 1961 年至 1965 年 6 月 9 日期间被精简退职的 1957 年底以前参加工作的老职工，全部或大部分丧失劳动能力,或者年老体弱,或者长期患病影响劳动较大,而家庭生活无依无靠的,由民政部门发给本人原标准工资 40%的救助,医疗费则补助 2/3。二是“文革”后病退回城的知青。60 年代以后,国家为减轻城市就业人口压力,动员一部分城市知青“上山下乡”。“文革”以后知青返城,其中有一些知青因伤因病致残从而生活发生困难,对此,国家给予社会救助。三是一些特殊人员。主要包括“右派”摘帽人员及在“文革”中受迫害的人员等。对其中的生活困难者,由政府给予社会救助。

(2) 社会救助方式。社会救助分为对孤老残幼和一些长期困难户给予的定期定量救助,以及对因天灾人祸等意外事故而使生活发生一时困难所给予的临时救助。对被救助对象,主要实施现金救助和实物救助,实物又包括衣服及食品等。

(3) 社会救助的标准。1953 年,内务部颁布的社会救助标准是:以户为单位,按人口递增,大城市每户每月一般不超过 5～12 元,中小城市每户每月一般不超过 3～9 元。1956 年,针对简单地按城市大小划分社会救助标准的不合理性,内务部提出应以能够维持基本生活为原则,不再规定统一的救助标准。各地根据不同情况,对救助对象划分不同类型,按类调整救助标准。

(4) 社会救助的管理。主要是依靠街道和居委会,对救助对象进行调查,在此基础上,采取领导掌握和群众评议相结合的办法,确定救助对象和标准。

1978 年以后,中国开始了由计划经济体制向市场经济体制的大转型,中国的社会保障制度发生了较大变化,原来由单位保障的制度逐步为社会化的社会保障制度所替代。计划经济体制下的社会救助制度日益显现出不足之处,主要表现为以下几个方面:一是救助范围太窄。原有的社会救助对象主要是那些没有劳动能力的生活困难者。而随着社会主义市场经济体制改革的逐步推进,由于市场竞争、经济结构调整等因素导致经营不善而亏损的企业数量有所增加,即使有劳动能力者也会陷入生活困境,这主要包括两大类:一类为暂时失去工作而生活困难者;另一类为尽管有工作,但由于各种原因致使家庭生活困难者。这部分人也急需得到社会救助。据国家统计局的数字表明,1994 年,我国城市贫困人口有 1 300 万,而享受社会救助的仅有 300 万人(次),社会救助的供需矛盾十分突出。二是救助标准偏低。1994 年,城市孤老残幼与社会困难户的定期定量救助标准分别为年人均 585 元和 421 元,与城市人均收入 3 000 元相差近 7 倍,与城市贫困线标准年人均 1 440 元也相差甚多。救助标准偏低,主要是由于救助资金短缺,特别是随着救助对象范围的逐渐扩大,社会救助资金短缺的问题日益突出。

2. 城市贫困救助制度的改革及城市居民最低生活保障制度

为使社会救助制度尽快适应经济社会发展和市场经济体制,各地民政部门对城市社会救助制度的改革进行了许多有益的探索。1993 年,上海市率先出台"居民最低生活保障制度",拉开了城市社会救助改革的序幕。1994 年,第十次全国民政工作会议提出,要在各大城市逐步推开居民最低生活保障制度。1995 年,全国民政厅局长会议明确指出,应把实行城市居民最低生活保障制度作为城市民政工作的重点。1999 年国务院颁布《城市居民最低生活保障条例》,2003 年颁布《城市生活无着的流浪乞讨人员救助管理办法》。至此,全国城市居民最低生活保障制度基本建立,医疗、教育、住房、法律援助等救助制度也在积极推进中。

近年来,我国城市最低保障人群及保障标准的具体情况如表8-1及表 8-2 所示,我国最低生活保障制度正在不断地实施和完善。

表 8-1 城市低保对象人数①

指标	2002 年	2003 年	2004 年	2005 年	2006 年	2007 年	2008 年	2009 年	2010 年
保障人数(万人)	2 064.7	2 246.8	2 205	2 234.2	2 240.1	2 272.1	2 334.8	2 345.6	2 310.5
年增长率(%)	76.4	8.8	−1.9	1.3	0.3	1.4	2.8	0.5	−1.5

① 数据来源:民政部《2010 年社会服务发展统计报告》。

表 8－2 城市最低生活保障标准与支出水平①

指 标	2004 年	2005 年	2006 年	2007 年	2008 年	2009 年	2010 年
城市低保平均标准(元/月、人)	152.0	156.0	169.6	182.4	205.3	227.8	251.2
城市低保平均支出水平(元/月、人)	65.0	72.3	83.6	102.0	143.7	172.0	189.0

我国城市居民最低生活保障制度的主要内容包括以下几个方面：

(1) 城市居民最低生活保障制度及其含义。我国近年建立的城市居民最低生活保障制度，是指由政府出面，对城市中的贫困居民按照最低生活保障线标准给予基本生活保障的制度。它对实际生活水平没有达到最低生活保障线的所有家庭和个人都实行社会救助。对申请社会救助的对象给予救助时，有关部门对申请对象进行家庭经济情况调查，以便确定是否提供和提供多少社会救助。社会救助的责任主体是各级政府，政府通过财政预算支付社会救助资金。政府在对救助对象给予最低生活保障时，还鼓励他们生产自救、自力更生。

(2) 城市居民最低生活保障标准的确定。城市居民最低生活保障标准，是指国家为保障城市居民达到最低生活水平而制定的社会救助标准。《城市居民最低生活保障条例》规定，城市居民最低生活保障标准，按照当地维持城市居民基本生活所必需的衣、食、住费用，并适当考虑水、电、燃煤(燃气)费用以及未成年人的义务教育费用来确定。直辖市、区、县城市居民最低生活保障标准，由相关人民政府民政部门会同财政、统计、物价部门制定，报人民政府批准执行。

(3) 城市居民最低生活保障对象。按照《城市居民最低生活保障条例》的规定，凡是持有非农业户口的城市居民，其共同生活的家

① 数据来源：民政部《2010 年社会服务发展统计报告》。

庭成员人均收入低于当地城市居民最低生活保障标准的，均有从当地人民政府获得基本生活物质帮助的权利。当前享受城市居民最低生活保障的对象主要有以下三类人员：一是无生活来源、无劳动能力，又无法定赡养人、扶养人、抚养人的城市居民(简称"三无人员")；二是领取失业救济金期间及救济期满仍未能重新就业，家庭人均收入低于最低生活保障标准的居民；三是在职人员和下岗人员在领取工资或最低工资、基本生活费后，离退休人员在领取离退休金后，其家庭人均收入仍低于最低生活保障标准的居民。

(4) 城市居民最低生活保障资金的确定。根据国务院1999年颁布的《城市居民最低生活保障条例》规定，实施城市居民最低生活保障制度所需资金，应由地方人民政府列入财政预算，纳入社会救济专项资金支出项目，专项管理，专款专用，各级财政部门按照规定加以落实。国家鼓励社会组织和个人为城市居民最低生活保障提供捐赠、资助；所提供的捐赠资助，全部纳入当地城市居民最低生活保障资金。

(5) 城市居民最低生活保障的管理体制。城市居民最低生活保障管理体制，一方面是指城市居民最低生活保障工作规范化程序，另一方面是指在中央政府与地方政府、政府与企业及其他社会组织之间的职能分工。①

城市居民最低生活保障工作的管理体制是地方人民政府负责制，也就是"属地化管理"。即政府领导，民政部门主管，其他有关部门予以配合，街道办事处、社区居民委员会承担具体实施任务。城市居民最低生活保障实行申请与审定制，即居民申报，居委会核实，街道办事处审核，民政部门审定，进行动态管理。享受城市居民最低生活保障待遇的城市居民家庭人均收入情况发生变化的，应当及时通过居民委员会告知管理审批机关，办理停发、减发或者增发城市居民最低生活保障待遇的手续。管理审批机关应当对享受城市居民最低

---

① 参见王东进主编：《中国社会保障制度》，企业管理出版社1998年版，第469页。

生活保障待遇的城市居民的家庭收入情况定期进行核查,并实行社会监督。对经批准享受城市居民最低生活保障待遇的城市居民,由管理审批机关采取适当形式,以户为单位予以公布,接受群众监督。任何人对不符合法定条件而享受城市居民最低生活保障待遇的,都有权向管理审批机关提出意见;管理审批机关经核查,对情况属实的,应当予以纠正。

在城市居民最低生活保障制度实施过程中,如何妥善处理好政府、社会、企业等各方面的关系,是目前社会救助能否有效实施的关键。按现行的规定,这些关系具体界定为:

其一,中央政府与地方政府的关系。中央政府在社会救助工作中承担宏观决策上的责任,包括颁布社会救助法、制定《城市最低生活保障条例》等;而城市居民最低生活保障工作的具体落实,则由地方政府根据实际情况而定,中央政府给予必要的宏观调控与监督。

其二,政府各部门之间的关系。城市居民最低生活保障工作的主管政府部门是民政部,但民政部必须与财政、经贸、劳动、统计等其他政府部门加强合作,互相配合。如对于城市居民最低生活保障标准的制定,需要与统计部门相配合;对于失业救济,则需要与劳动部门发放救济金的工作相衔接。

其三,政府与企业及其他社会组织之间的关系。在城市居民最低生活保障实施过程中,政府与企业应有明确的分工,即政府负责对实际生活达不到最低生活保障标准的城市居民(包括企业职工)给予基本生活保障;企业通过纳税、上缴社会统筹资金(用于失业、养老、医疗保险)给予最低工资及其他法定保护等等。政府与工会之间也应该有明确的分工,在实施城市居民最低生活保障工作中,工会与妇联等其他社会组织一样,只能起到一种辅助性的作用。因为工会既不能覆盖所有企业,更不能触及全社会。

其四,充分发挥基层组织的作用。经过六十多年的建设,全国城市已形成了有效运作的基层组织系统,它包括城市基层组织机构(如街道办事处)和基层群众自治组织(如居委会)。城市基层组织最密切、最广泛地联系着广大城市居民。由此,由基层组织继续对救助对象实施管理,是目前城市居民最低生活保障工作社会化最为便利的一种方式。现在各地都在采取措施,为居委会和街道办事处做好具体工作提供方便。比如,上海市的做法是,在城市居民最低生活保障工作中,形成"两级政府、三级管理、四级服务"的网络,实行体制、机制、法制"三位一体",管理重心下移,实行"一口上下"(即最低生活保障对象一个口子向上、保障款物一个口子向下)的运行机制,大力加强基层组织的力量。实践证明,充分发挥基层组织的作用,一方面可以综合运用街规民约、社会舆论和民主管理的力量,发扬我国家庭、亲友和邻里之间互助互济的优良传统;另一方面,可以采取切实有效的措施,帮助救助对象脱贫致富。

(二) 农村贫困救助制度

农村贫困救助,是指国家和集体对农村中无法定抚养义务人、无劳动能力、无生活来源的老年人、残疾人、未成年人和因病、灾、缺少劳动能力等造成生活困难的贫困对象,采取物质帮助、扶持生产等多种形式,保障他们的基本生活。农村贫困救助是农村社会保障的重要组成部分。

新中国成立时,经过多年战争危害和沉重苛捐杂税压迫的广大农民,贫困不堪,到处是贫民。在对城市的治理和改造中,大量的流民和失业人员等被疏遣回农村安置,使农村的贫困对象大量增加。据 1949 年底的统计,全国农村贫困对象达 4 000 万人。为了解决农村贫困对象的生活困难问题,国家开展了大规模的救济工作,向农村贫困对象发放了大量的救济粮款。1950—1953 年的三年间,国家共发放农村救济款近 10 亿元,使农村贫困对象的基本生活得到了保障。土地改革运动以后,农民分得了土地和其他生产资料,逐步解决了温饱问题,生活得到了全面改善,贫困对象逐步减少。对一部分仍处于贫困状态的农民,政府主要通过采取两方面的措施加以解决:一是动员社会力量开展捐献活动;二是减免农业税,对农村的贫困对象和灾民减免公粮。建国初,政府开展的大规模救济工作,对解决旧中国遗留下来的贫困和饥饿问题、维持社会的安定和发展起到了重要作用。

农业生产合作化的兴起和发展,使农业生产由个体经济转变为集体经济,从而开辟了解决农村贫困问题的新途径。采取的救助方法主要是由集体公益金给予困难补助。补助形式主要有三种:一是年初评定补助工分,记入《劳动手册》,年终分配兑现;二是根据年终分配收入情况,适当补助工分或粮食;三是从集体公益金中提取补助费,补助贫困对象。对那些由于集体经济薄弱而无法给予补助的贫困对象,由国家给予适当救助。据统计,1954—1978 年的 25 年间,国家累计发放农村救济款 22 亿元。通过这一时期的实践,初步形成了国家与集体相结合的农村贫困救助制度。1958—1978 年,由于人民公社运动和"文化大革命"运动的展开,使农村贫困救助工作受到很大的影响。

20 世纪 80 年代,农村进行经济体制改革以后,农村经济得到迅速发展,农村贫困救助工作也有了发展。农村救助工作采取救济与扶持生产相结合的方式,帮助有劳动能力的贫困对象发展生产,增加收入,摆脱贫困,取得了显著效果。其主要措施是坚持国家救助与集体补助相结合,增加了农村贫困救助的力量;国家救助与社会互助互济相结合,促进了农村贫困救助社会化的发展;救助与扶持生产相结合,拓宽了贫困救助的内涵,为扶持贫困对象生产自救创造了良好的环境;贫困救助与以工代赈相结合,使贫困对象通过参加国家的工程建设解决生活困难,既减轻了社会救助负担,又支援了国家建设,成为农村社会救助的有效方式。

目前,农村贫困救助的方式主要有两种:一是定期救助,二是建立农村最低生活保障制度。

1. 定期救助

自 1956 年《高级农业生产合作社示范章程》颁布后,农村贫困救助就分为临时救助和定期救助两种形式。临时救助的对象主要是家庭人口多、劳力少或平时依靠劳动自谋生活,因突发事故或种种原因(如自然灾害、疾病、生育、季节性困难等)临时发生生活困难而影响基本生活，需要给予救济的对象。定期救助对象主要是“五保户”①。长期以来，国家对农村的贫困救助主要是采取临时救助的形式，这种方式具有一定的随意性。20世纪80年代以后，逐步扩大了农村定期救助的规模，在民政部门的有关会议和文件中，将推行农村定期救助作为农村贫困救助改革的重要内容。定期救助不仅包括原有的“五保户”对象，而且包括基本生活水平处于贫困状态的贫困户。据统计，1994年国家和集体发放农村定期救济和困难补助费共计8亿多元，使三百多万贫困对象得到了定期救助，既有效防止了挤占、挪用救济费的问题，又提高了对贫困对象的保障水平。

2. 农村最低生活保障制度

1994年起在全国建立的城市居民最低生活保障制度，为农村建立居民最低生活保障制度提供了经验。少数有条件的地方率先进行了建立农村最低生活保障制度的试点工作，取得了初步的经验。自党的十六大报告提出在有条件的地区探索建立农村最低生活保障制度以来，东部经济发达地区依靠自身财力，逐步探索建立农村低保制度。2004年，《中共中央、国务院关于促进农民增加收入若干政策的意见》明确提出：“对丧失劳动能力的特困人口，要实行社会救济，适当提高救济标准；有条件的地方要探索建立农民最低生活保障制度。”2006年，《中共中央、国务院关于推进社会主义新农村建设的若干意见》要求进一步完善农村“五保户”供养、特困户生活救助、灾民补助等社会救助体系；有条件的地方，要积极探索建立农村最低生活保障制度；中西部一些省份根据实际情况，考虑自身财政负担能力，也积极推进建立农村低保制度；未建立农村低保制度的地区，坚持“政府救济、社会互助、子女赡养、稳定土地政策”的原则，全部建立农村特困户生活救助制度。

到2007年3月，我国已在25个省、市、自治区的2 133个县建立

---

① “五保户”是指乡村中依靠集体经济获得基本生活保障的农民或农户。主要对象是农村中缺乏或丧失劳动能力、无依无靠、没有生活来源的老、弱、病、残人员，由乡村政权组织负责向其提供五个方面的保障，即保吃、保穿、保住、保医、保葬(未成年人保教)。对“五保户”实行社会救助是我国社会保障的内容之一。

了农村低保制度,受益的低保对象达到15 093人。在中央支持下,全国农村最低生活保障制度在2007年上半年全面建立起来。

(1) 保障对象。在建立农村居民最低生活保障制度的地区,家庭人均收入低于当地最低生活保障标准的农村居民,都有权利申请最低生活保障,主要包括"五保户"、特困户、家庭生活困难的农村居民。

(2) 保障标准。低标准起步,重在制度建设,是制定农村居民最低生活保障标准所遵循的原则。在具体制定保障标准时,主要参考以下几点:维持农民基本生活的物质需要、当地经济水平和财政承受能力、当地物价水平、农民的自我保障能力。一般由县(市)区政府确定一个保障标准的幅度,各乡、镇再根据当地情况确定本地区标准,并随当地情况的变化不断调整;有些地方由县人民政府统一制定保障标准,各乡镇按统一标准实施。

(3) 保障资金。农村居民最低生活保障资金,通常由地方财政和乡(镇)村集体共同负担。市、县、乡、村四级按一定比例承担,比例为2∶3∶3∶2;市、县、乡三级分担,比例为3∶2∶5、5∶3∶2或4∶4∶2;县乡两级分担,比例为5∶5或6∶4。分担比例主要根据当地具体情况而定。

(4) 保障方式。目前农村低保实施的方式主要有两种:一是以现金和实物救助相结合,二是经济条件比较好的地方全部发放现金。现金一般由乡、镇通过村发放,实物则由村来发放。一些地方对农村低保户还实施了优惠政策,如对低保对象家庭减免提留款、统筹款和各种集资款,减免医疗费、子女学杂费等。有些地方普遍开展了社会互助,通过亲帮亲、邻帮邻、户帮户、富帮穷、单位和个人与保障对象"结对子"等多种形式进行帮扶。

(三) 自然灾害救助

自然灾害是指因自然因素发生异常、环境遭到破坏而危及人类生存的灾害。一般分为四种类型:气象灾害,指由于大气的各种物理现象和运动引起的灾害,如干旱、洪涝、台风等;地表灾害,指构成地表形态的各种自然物运动变化造成的灾害,如雪崩、滑坡、泥石流等;地质构造灾害,指地壳内部巨大能量的急剧释放对人类造成的危害,如火山爆发、地震、山崩等;生物灾害,指自然界中有害生物或其毒素的大量繁殖扩散形成的灾害,如病虫害、畜疫、烈性传染病的爆发等。这些自然灾害的存在,给人类生活造成了巨大危害和损失。

自然灾害救助是社会救助的重要内容之一。国家和社会为遭受自然灾害袭击而生活无着落的公民提供紧急救助,以保证公民维持最低的生活水平。主要工作是抢救被灾害威胁、损害的国家和公民的财产,恢复灾区的生活秩序,解决灾害对公民造成的生产、生活困难,动员社会力量支援灾区,帮助灾民重建家园。自然灾害救助工作有两大特点:一是必须在公民遭受自然灾害袭击而生活无着落时进行救助;二是救灾所提供的资金和物质必须是急需的和能维持灾民最低生活水平的。自然灾害所造成的困难一般来说是短期的又是必须紧急处理解决的,所以,以最快的速度向灾民进行救助,以维持灾后重建时期灾民的最低生活水平,甚至维持简单再生产,就成为自然灾害救助工作的重要内容。

中国的自然灾害救助工作的方针是:“依靠集体,生产自救,互助互济,辅之以国家必要的救济和扶持。”推行救灾扶贫相结合、发放救灾款无偿有偿相结合和“有灾救灾,无灾扶贫”的办法,调动灾民生产自救的积极性,增强群众的抗灾防灾能力。在救助灾民方面,中国政府还动员各政府部门、社会团体和企业出力予以支援。同时,中国政府还动员基层社区救助,并接受国际组织和个人的捐助。

(四) 特殊对象救助

这里主要介绍农村“五保”供养制度和城市流浪乞讨人员救助管理制度。

1. 农村“五保”供养制度

我国从 1956 年开始对农村无法定抚养义务人、无劳动能力、无生活来源的鳏寡孤独残疾人员给予吃、穿、住、年幼的受到教育和年老的死后安葬等五个方面的保障,简称为“五保”。实行家庭联产承包责任制后,"五保"供养的内容衍变为保吃、保穿、保住、保医、保葬(未成年人保教)这五个方面。享受这种照顾的人员或家庭被称为"五保户",有关制度被称为"五保"制度。

"五保"制度从1956年起经历了半个多世纪的实施,对农村鳏寡孤独残疾人的生活给予了基本保障。但是,现在"五保"制度的实施也面临很多问题:一是"五保"对象增多;二是随着农村税费改革的推进,过去由村提留、乡统筹解决"五保"供养的经费被取消,因而"五保"经费的保证存在事实上的困难。面对这些新问题,全国各地都在积极探索有效的农村新"五保"供养制度。如广东、浙江、上海等六省市创造了中国发达地区面对全体居民实施最低生活保障制度的模式,即"低保模式";湖北、广西等省计划实施"集中供养模式";安徽、湖南等省实行"拨款模式"等。

"五保"制度在未来将融入面对全体居民的最低生活保障制度,对"三无"的"五保"人员或家庭的救助,将由集体福利向国家福利与社会救助过渡,也是由集体责任向国家责任的过渡。今后农村"五保"供养的制度建设,将采取以"低保"为主,辅以养保、医保、教育救助、社会福利等多种救助与保障办法综合性地实施救助。

根据农村税费改革后"五保"工作面临的新形势,2004年8月,民政部联合财政部发展改革委员会下发了《关于进一步做好农村"五保"供养工作的通知》,明确要求各地采取有效措施,确保"五保"供养资金及时、足额地发放。2006年3月1日,国务院新修订的《农村"五保"供养工作条例》(以下简称《"五保"供养条例》)开始实施。《"五保"供养条例》将农村"五保"供养纳入了公共财政的保障范围,标志着适应社会主义市场经济体制的新型农村"五保"供养制度的建立。《"五保"供养条例》的主要特点是:建立以财政为主的资金渠道,实现经费投入的稳定化;建立以人为本的服务管理措施,实现供养服务的人性化;建立适时调整的标准增长机制,实现供养水平提高的正常化;建立严格规范的申请审批制度,实现对象管理的动态化;建立政府主导的投资体制,实现供养服务机构建设的制度化;建立权责明确的监管制度,实现供养工作的法治化。

2. 城市流浪乞讨人员救助管理制度

2003 年,国务院颁布实施的《城市生活无着的流浪乞讨人员救助管理办法》,标志着我国城市流浪乞讨人员收容遣送制度的废除,以及新型社会救助管理制度的开始。

新型救助管理工作的社会功能包括两个层次:一是直接的社会功能,即保障城市生活无着的流浪乞讨人员的基本生活权益;二是间接的社会功能,即维护城市社会秩序,促进社会稳定。

《城市生活无着的流浪乞讨人员救助管理办法》的实施,表明救助管理制度完成了以下几个方面的改革:一是从强制收容到自愿受助的改变,二是从有偿收容到无偿救助的改变,三是从封闭运行到开放管理的改变。

城市救助管理站主要承担了对城市流浪乞讨人员的社会救助工作。应该说这只是一项临时性的社会救助措施,与城市最低生活保障和其他社会保障制度在救助内容和方式上都有重大区别。救助管理站主要解决救助对象临时的生活困难,并使其返回家庭或单位。这一临时性救助制度必须与家庭保障和其他社会保障制度相衔接。但目前实际情况和政策规定之间还存在较大差距。对于城市流浪乞讨人员的救助管理,必须通过一系列社会保障措施的配套建设,建立城乡一体的社会救助体系,才能真正有效地预防和控制流浪乞讨的现象,从而维护社会的稳定并促进社会的协调发展。

(五) 其他社会救助形式

在城市居民最低生活保障建设的同时,医疗救助、教育救助、住房救助、法律援助等专项救助制度也在积极构建之中。

1. 医疗救助

医疗救助,专指政府和社会对贫困人口中因病而无经济能力进行治疗的人实施专项帮助和支持的行为。它是社会救助体系的重要组成部分。

(1) 医疗救助对象。医疗救助对象的确定必须具备三个条件:一是必须是贫困人口或重点优抚对象;二是必须为贫困人口中的病患者;三是上述人员在实施了医疗保险等医疗保障之后不能支付医疗费用的,才能纳入医疗救助的范围。医疗救助的对象可统称为贫困人口或优抚对象中的疾患者。

(2) 医疗救助方式。医疗救助在实行中,各地根据经济社会发展水平、财政收入状况等采取了多种方式。主要有医疗减免、临时救济、专项补助、医疗救助基金、团体医疗互助、慈善救助等。

(3) 医疗救助的基本标准。医疗救助的基本标准一般以政府财力可承担的医疗救助费用表示。各地社会经济发展水平不同,医疗救助的基本标准也不相同。以上海为例,制订的医疗标准有四条:其一,凡是向民政部门申请医疗救助的人员应承担一定比例的医疗费用;其二,属于民政部门定期定量救济的"三无"人员和各类特殊救济对象的基本医疗费用,酌情给予大部分或全部补助;其三,享受城镇居民最低生活保障家庭中丧失劳动能力的无业人员以及虽有医疗保险,但因大病重病承担医药费仍有困难者;其四,因大病重病,经互助帮困,个人自负医疗费用仍有困难且影响家庭基本生活的医保对象,可适当给予医疗补助。

医疗救助必须经过一定的申请、审核、审批程序。各地也要相应制订医疗救助管理办法,地方财政要把医疗救助金纳入预算,及时足额到位,同时对其实行专账专项管理,建立报销制度,加强监督,保证真正需要医疗救助的人得到及时帮助。2003 年 11 月,民政部、卫生部、财政部联合下发了《关于实施农村医疗救助的意见》,要求在全国建立农村医疗救助制度。2005 年 3 月,国务院办公厅转发了民政部、卫生部、劳动保障部、财政部《关于建立城市医疗救助制度试点工作意见》,至此,全国医疗救助工作得到进一步发展。2009 年 6 月,民政部下发了《关于进一步完善城乡医疗救助制度的意见》,标志着我国医疗救助制度的框架已基本建立。

2. 教育救助

教育救助的对象,一般来说是指贫困家庭子弟,在他们不同的学习阶段给予一定的经济资助。教育救助是对教育投资不足的一种补充,是我国普及初等教育不可或缺的重要环节。当政府把教育救助列为社会救助的重要内容,并把其纳入国家的法规、政策体系,作为政府的职责,就形成了教育救助制度。

为了加快教育救助事业的发展,我国政府十分重视教育救助工作,采取了许多重要措施。首先,政府在财政预算之内列入贫困地区教育专项拨款,本着“统筹规划、保证重点、扶持贫困、奖励先进”的原则,根据各地财力状况和教育事业发展的实际需要,有计划、有重点地解决一些突出问题;其次,各地设立了慈善基金会以及社团组织,开展教育救助行动,如中国青少年基金会实施的义务教育希望工程,中华慈善总会实施以帮助贫困教师为目的的“烛光工程”计划等,都对包括贫困地区在内的教育事业提供了很大的支持;再次,政府在税收政策方面对校办企业给予优惠,鼓励学生勤工俭学,进行自我救助,也为教育事业提供了帮助。通过多层次教育救助工作的开展,贫困地区和贫困家庭的教育状况有所改善,教育救助资金也有所增加。

《中华人民共和国义务教育法》明确规定了适龄人口接受义务教育的权利,并明确了贫困学生在实现自己权利时如遇到经济方面的障碍,有权获得资金和物质等方面的救助。学生在接受高等有偿教育阶段,为了实现教育机会的均等,也有权通过多种渠道获得资金方面的救助,并将偿付教育的学费延长到工作后经济独立时支付,或者享受学费减免的待遇。教育救助事业是社会救助制度的重要组成部分,实施教育救助的政府和社会各方,应将推进教育救助事业真正作为应尽的义务。因此,逐步制定和完善教育救助法律法规,建立救助评估管理的日常机构,支持民间教育救助团体的发展,建立高效有序的运行机制等,都是教育救助制度建设所面临的重要任务。

3. 住房救助

在目前的住房保障框架下,住房救助的主要形式是廉租住房。即政府向最低收入家庭和其他需要保障的特殊家庭,提供租金补贴或以低廉租金配租的具有社会救助性质的普通住房。我国目前城镇廉租住房制度的建设,都是按照国务院《关于进一步深化城镇住房制度改革,加快住房建设的通知》和建设部《城镇廉租住房管理办法》的要求,根据各地实际情况而开展的。廉租住房的救助对象,基本上是领取城市最低生活保障金的家庭、人均居住面积在当地住房困难标准以下的家庭及一些特殊对象。救助方式主要有租金补贴、实物配租、租金减免等三种形式。救助资金以各级政府财政预算安排的资金为主,其他来源作为补充,多渠道筹措,如财政专项拨款、住房公积金增值收益提成、社会福利债券提取、社会捐助等。

城镇廉租住房制度是建立我国住房保障制度的重要环节,各地在建立和完善城镇廉租住房制度方面都进行了有益的探索。但从实践来看,城镇廉租住房制度在救助的标准、方式、目标、措施等方面还需要不断修正。如从宏观方面来看,应充分考虑本地区财政的支付能力,充分研究本地区住房发展阶段、住房供求关系状况,也要充分发挥市场机制的作用;在实施原则方面,还要坚持低标准、广覆盖的原则,既实现住房救助目标,又能控制在财政支付能力的范围之内;城镇廉租住房的申报、审核、公示等制度也需要不断完善。

4. 法律援助

法律援助制度是世界各国普遍采用的一项司法救助制度,其对象一般是指法律援助制度中规定的有权或者有资格申请,并可以获得减免法律服务费用的当事人。一般来说,法律援助的具体形式包括法律咨询、代拟法律文书、提供法律意见、刑事辩护、刑事代理、民事诉讼代理、行政诉讼代理、非诉讼法律事务代理、公证证明等。

《中华人民共和国刑事诉讼法》、《中华人民共和国律师法》对刑事、民事诉讼的法律援助范围都作了规定,如在刑事法律援助方面,主要是针对公诉案件的被告人、盲聋哑残疾人、未成年人、可能被判死刑的被告人;在民事法律援助方面,仅限于在赡养、工伤、请求国家赔偿和请求依法发给抚恤金方面需要获得律师帮助而又无力支付律师费用的公民。

由于我国经济社会发展水平的限制,目前法律援助所保障的水平也相对较低,但随着我国法律制度建设和政治民主化进程的加快,我国法律援助所保障的水平也将得到提高。

《我国国民经济和社会发展十二五规划纲要》提出了要加强社会救助体系建设。具体来说,要完善城乡最低生活保障制度,规范管理,分类施保,实现应保尽保;健全低保标准动态调整机制,合理提高低保标准和补助水平;加强城乡低保与最低工资、失业保险和扶贫开发等政策的衔接;提高农村“五保”供养水平,做好自然灾害救助工作;完善临时救助制度,保障低保边缘群体的基本生活。

随着最低生活保障制度、各类救助制度及管理体制的逐步探索,我国的社会救助体系将不断深入和完善。

三、外国社会救助制度

19世纪上半叶,英国颁布了新的《济贫法》,使社会救济第一次以立法的形式公诸于世。它认定国家有保障公民生存的义务,公民有要求社会救助的合法权利,社会救助是一项积极的福利举措。20世纪中叶以后,西方国家纷纷建立起以社会保险制度为核心的社会保障制度,此时,社会救助成了社会保险制度的补充,并只限于对社会保险制度未能保障或保障不充分的人群给予最低层次的保障。70年代以后,随着社会经济的发展和社会保障制度的改革,各国对社会救助制度也进行了相应的变革,使之更加完善。

(一)外国社会救助制度概况

1. 社会救助的类型

虽然各国的社会救助制度在设计上千差万别,但从总体上看,主要有两种形式,即现金救助和实物救助。现金救助又分为一般性救助和专项救助。一般性救助,即向救助对象提供统一的现金补助,例如,英国的收入补助计划、比利时和法国的最低生活保障线制度。专项补助,即根据救助对象各自不同的特点提供不同种类的现金补助。如澳大利亚、新西兰的绝大部分社会救助项目,德国和荷兰的失业补助,意大利的最低养老金等。实物补助主要是向救助对象提供食品、衣物等实物和专项服务。

2. 社会救助对象和救助条件

大多数国家社会救助金的发放对象是申请者及其家庭成员,即把申请人和被抚养人包括在内。在奥地利、卢森堡、日本,社会救助金的发放甚至包括申请人的成年子女。

在各国社会救助制度中,对社会救助对象都有明确的针对性,即只对自我保障有困难而确需救助者给予救助。国际劳工组织认为,在工业化国家,所谓享有最低生活水平救助的对象,是指那些收入相当于制造业工人平均工资30%的家庭和个人。欧洲经济合作委员会认为,如果一个成年人本人可支配收入(缴纳所得税和保险税后)低于平均水平的50%,则属于救助对象。各国一般是通过财力审查和就业审查来确认申请人领取救助金的资格。

(1) 财力审查。根据规定,对申请人及相关家庭成员的收入和资产状况进行审查,不足特定标准才予以救助。大多数国家在社会救助标准之外都规定一个免审额度,即允许申请人持有少量的资产或收入,视同无资产、无收入,因而不抵扣社会救助金。但是,免审额度的具体数额各国差别较大。例如在澳大利亚,老年救助金领取人在获得148澳元/周救助金的同时,可以保留价值12.575万澳元的资产(不含自有房屋的价值)和50澳元/周的其他收入。而在瑞典,申请人必须是几乎一无所有时,才有资格领取救助金。在财力审查的范围方面,大多数国家只考虑申请人及其配偶的现有财力。但在有些国家,如奥地利、德国、瑞士和日本,把申请人父母、祖父母和成年子女的财力状况也考虑在内。在法国,老年救助金申请人的法定继承人的财力状况都列为审查范围。由此可见,各国政府都趋向于使家庭和社会互助在社会救助体系中发挥更大的作用。

(2) 就业审查。由于各国失业率居高不下,给社会保障制度特别是社会救助制度带来了较大压力。为此,各国在社会救助实施过程中都引入或强化了就业审查制度。要求社会救助对象必须努力寻找就业机会,积极与政府管理的职业介绍机构联系,并接受适当的工作安排。未通过就业审查的人,将被降低社会救助水平或剥夺救助金的领取资格。

3. 救助标准和救助金的领取期限

一般来说,各国社会救助金的标准都比社会保险金低,但没有领取期限的规定。据统计，在经济发展与合作组织成员国，社会救助金的平均替代率，35 岁以上无子女的为 39%，有子女的为 57%。[①] 对有子女的救助对象提供的救助金比无子女救助对象高出 18 个百分点，这是西方政府不断提高家庭补助的结果。[②]

在大多数国家，社会救助金的领取期限是不限的，只要社会救助对象符合领取条件，就可享受社会救助待遇。唯一例外的是葡萄牙和新西兰对青年人领取社会救助金的期限有一定限制。最近，奥地利、丹麦、意大利、西班牙、瑞士和土耳其也准备对社会救助金的领取期限有所限制。

4. 管理体制

各国社会救助制度的管理体制的不同，主要在于中央政府和地方政府的事权、财权的划分。一般有以下几种类型：

(1) 中央政府集中管理类型。如英国、澳大利亚和新西兰等国家由中央政府确定社会救助标准并负责具体管理，由中央财政拨款。

(2) 地方政府管理类型。日本、瑞士、瑞典、芬兰和挪威等国家实行地方政府管理制度。一般都是由中央政府制定社会救助标准，由地方政府根据具体情况对社会救助进行实施。

(3) 中央和地方政府分层管理类型。法国、美国和卢森堡等国家实行这种管理体制。如法国，中央政府制定最低社会保障线制度并负责管理，部分专项救助由相应的社会保险管理机构统一管理，资金来源于中央政府及各种缴纳费用；其他非现金救助由地方政府出资并负责管理。卢森堡由中央政府负责确定救助标准，地方政府负责具体实施，头三个月到一年的开支由地方财政承担，以后的开支由中央财政负担。

5. 救助项目

各国社会救助制度均依托各类社会救助项目而实施。下面介绍部分发达国家的社会救助项目(见表 8－3)。

---

① 这里的替代率是指救助金平均水平与相同家庭结构人群的平均收入之比。

② 参见杜志农：《西方社会救助制度》，经济研究参考，1999 年第 41 期。

表 8－3　部分发达国家社会救助项目

国家	相关立法	社会救助项目
英国	1. 1601 年制定旧《济贫法》 2. 1843 年制定新《济贫法》 3. 1933 年制定《失业救济法》 4. 1948 年制定《国民救助法》 5. 1976 年制定《补充救助法》	1. 低收入家庭救助 2. 老龄救助 3. 儿童救助 4. 失业救助 5. 疾病救助
德国	1. 1924 年制定《救济义务法》 2. 1962 年制定《联邦社会救助法》 3. 1965 年、1969 年、1974 年和1975 年先后修改了上述立法	1. 特殊困难救助：残疾人救助、老人救助、病人救助、孕妇产妇救助、在国外的德国人救助 2. 一般低收入家庭救助 3. 家属津贴 4. 失业救助
法国	1. 1893 年制定《医疗救助法》 2. 1905 年制定《结核患者救助法》 3. 1956 年制定《家庭及社会救助法》	1. 失业救助 2. 老弱病残救助：残疾人抚恤金、疾病补助、孤儿孤老救助 3. 家庭津贴与补贴：低收入家庭救助、儿童津贴
美国	1935 年制定《社会保障法》	1. 特困人员收入补助：老年人、残疾人、收入有限的盲人、残疾儿童和从未工作过的成年人 2. 就业与劳动技能援助 3. 医疗补助 4. 抚养子女补助 5. 强制性儿童补助 6. 低收入家庭能源补助 7. 食品券补助
日本	1. 1932 年制定《救护法》 2. 1933 年制定《防止虐待儿童法》 3. 1937 年制定《母子保护法》 4. 1938 年制定《社会事业法》 5. 1938 年制定《国民健康保险法》 6. 1947 年制定《儿童福利法》 7. 1949 年制定《残疾人福利法》 8. 1950 年制定《生活保护法》 9. 1961 年制定《国民年金法》 10. 1963 年制定《老年人福利法》 11. 1964 年制定《母子福利法》	1. 生活救助 2. 医疗救助 3. 教育救助 4. 住宅救助 5. 分娩救助 6. 谋生救助 7. 安葬救助

资料来源：郭士征《社会保障学》，上海财经大学出版社 2004 年版，第 237—238 页。

（二）英国的社会救助制度

英国于 1601 年颁布了《济贫法》，它标志着社会救助制度的建立。20 世纪以来，随着英国经济的发展和变化，《济贫法》已远不能应付经济社会发展变化中出现的大量贫困和失业问题，为此，英国政府制定了一系列新措施，采取了社会救助与社会保险相结合的方式，《济贫法》的济贫职能逐渐为新的社会保障立法所代替，但《济贫法》中的济贫精神仍在社会救助中得到了体现。

1948 年，英国通过并实施了《国民救助法》。该法规定，凡是没有收入或收入太低，没有缴纳国民保险金者，可以领取国民救助金；凡是没有收入或收入太低，没有缴纳国民保险金者，在患病、伤残和住房等方面还可以申请救助，但领取救济金的数额少于参加保险的人。1976 年，该法经过修订，更名为《补充救助法》，主要是补充英国《国民保险法》在社会保障制度中的不足。

英国社会救助制度规定，凡是 16 岁以上的英国居民，收入来源不足以满足最低生活需要者，都可申请社会救助；已得到充分就业的人，除特殊情况外，不得享受社会救助，但如果其失业后重新工作，也可获得少数几天的救助；如果已得到充分就业的人需要进行牙科治疗、配制眼镜、外科手术等，但又付不起这些费用的，可以申请救助。有资格申请救助的居民，除了无权领取保险金、保险金期限已满和保险金收入不能维持最低生活需要这三种人外，还有一些处在保险计划之外的人，如被丈夫遗弃并因有小孩抚养而不能出去工作的妇女、被监禁犯人的妻子和儿女、未婚的母亲及其孩子、无权领取退休金的 70 岁以上的老年人和 40 岁以上的盲人，也能申请社会救助。此外，还有一种到处流浪的无业游民，也需要依靠社会救助当局设置的收容所解决食宿问题。

社会救助法规定，社会成员必须提出申请并经过社会救助当局的生活状况调查核实后才能得到救助金。社会救助当局进行生活调查所依据的标准是补充救助标准，亦即官方贫困线。这一标准是由议会通过的法规确定的，随着经济的发展和生产力水平的提高，这一标准也在不断变化。

英国社会救助的内容主要包括低收入家庭救助、老龄救助和失业救助等。低收入家庭救助主要是对家长有全日制工作、有子女,但收入低于官方贫困线的家庭进行救助。救助金由制度规定的贫困标准而定。低收入家庭还可获得一部分取暖费,有子女的可获得学校的免费牛奶和免费膳食以及免缴国民保险费、处方费等,还可享受房租补贴等。老龄救助主要是对那些只有少量补助金的老年人给予救助,以弥补其不足。失业救助则是对那些领取失业保险金期满后的继续失业者进行的一种救助,救助金额按个人收入多少、被抚养的成年人、儿童的多少决定。

(三)德国的社会救助制度

德国的社会救助体系是构筑其整个社会"安全网"的重要措施之一。社会救助的主要功能是为了帮助被救助者能够维持最低生活水平,并力求使被救助者在最短的时间内靠本人的力量达到自救。按《联邦生活救助法》的有关规定,凡是生活在德国的居民,不论是德国人还是外国人,只要在遇到该救助法所列的各种困难时,都可以要求得到社会救助。

社会救助范围一般分为两类:一类是对日常生活发生困难的人群的救助,即包括对被救助者的衣、食、住、家庭用具、取暖等方面的救助,另一类是对特殊困难的救助,主要包括保障基本生存的救助,受培训者的培训费、生活费的救助,对危及健康的预防性健康的救助,对疾病者的救助,对计划生育的救助,对孕妇和产妇的救助,对残疾人的救助,对肺病患者的救助,对盲人教育的救助,对病人护理的救助,为家庭主妇设立的因病不能料理家务的家庭救助,为特殊社会困难者如无家可归者、流浪者和罪犯等设立的救助,对老年人的救助,对居住在国外的德国人的社会救助,等等。

社会救助资金主要来自财政拨款,各市、县、州和联邦政府下设各级社会救助的具体管理单位,但各地、各级管理机构的设置和名称不尽相同,有的称为福利联合会,有的是专设的福利管理处,有的则是政府专门的福利部。各级社会救助组织还包括它们创办的养老院、医院、学校、福利中心等机构。社会救助的接受者一般不必提出申请,各级社会救助机构在了解被救助者的处境后,通常都会主动采取相应的救助措施。

(四)美国的社会救助制度

美国社会救助的内容主要有失业救助、医疗援助和其他形式的救助。它是利用政府的财政拨款,对那些生活在最低生活水平线和低于这个水平线的公民进行救助和援助。

失业救助主要有失业津贴和解雇补贴金两种形式。失业津贴最先被用于汽车制造业,随后在钢铁工业、服装业、玻璃工业、橡胶工业、海运业以及某些零售业中都采用了这一救济形式。领取失业津贴的人一般是那些具有领取失业保险金资格的人,其费用由企业主及工会支付;享受失业津贴的人必须是在公司工作一年甚至两年以上的职工,如果职工拒绝接受公司为他安排的其他工作,那么他也就无权享受失业津贴;津贴费约为原工资的30%~45%,接受失业津贴的时间不超过一年。解雇补贴金原先主要是发给那些并非由于本人过错而永远被解雇的职工,现在范围已扩大到那些临时被解雇的职工。但是,领取解雇补贴金的人必须是至少为公司服务了十年的职工。解雇补贴金由公司支付,大多数一次付清,其数额等于该职工被解雇前一年或最近十年的年平均工资的一半。

医疗援助是政府出钱资助医疗卫生事业的一种形式。接受医疗援助的人不仅有老年人,还包括所有由政府赡养和需要给予护理的人。这些人主要有三种:一是穷苦的老年人。在美国,几乎有一半以上的老年人收入低于贫困线,他们中有1/5的人需要医疗援助。二是智力有严重缺陷者、盲人和残疾人。三是由单身父亲或母亲抚养的未成年子女。这些人几乎占了接受医疗援助总人数的2/3。此外,还可以为低收入家庭提供不能由健康保险报销费用的援助费,如一般治疗、治牙、治眼、精神病、酒精中毒等。医疗援助的费用由各州政府公布实行,因而费用支付率由各州政府自行规定。联邦政府根据各州人均收入的情况分别给予50%~70%的资助。享受医疗费用的人领取的援助费,约占医疗费用的1/3～1/2。

在美国,除失业救助和医疗援助外,还有其他一些救助形式,主要有以下几个方面:一是补充家庭收入。补充家庭收入是由政府举办的对65岁以上没有得到社会保险保障的穷苦老人、盲人、残疾者发给救助金的一项补充规定。二是抚养儿童家庭的补助。这是对那些绝大多数没有父亲的单身母亲家庭进行救助的措施,补助金由联邦政府、州和地方政府共同支付。三是食品券补贴。这是对低收入和贫困家庭发给食品券,按照政府补贴价格购买食品的一种办法。四是供应贫困学生早、中餐。

(五)瑞典的社会救助制度

瑞典的社会救助主要由地方政府管理。地方政府有权利和义务对那些家庭收入无法满足或不足以满足最低生活需要的居民进行救助,救助的形式大多是现金救助。

瑞典的社会救助主要有失业救助和残疾人救助两种。失业救助的对象限于失业期超过300天的失业者,以及不曾投保参加失业保险的雇工。失业救助金一般少于失业保险金,并有期限规定。凡年龄在54岁以下的失业者,领取失业救助金的天数不得超过150天;年龄在55～59岁的失业者,最多不超过300天;年龄在60岁以上的失业者,无期限规定,但可在领取到65岁时改领取养老金。领取失业救助金的条件是,凡要求申请领取失业救助金者必须是能够而且愿意工作,并且决不拒绝给他介绍任何合适工作的人。

残疾人救助金的发放在瑞典社会福利费用开支中比较多。具体的规定是,每个残疾者的就业工资都由政府支付其中的75%,其余由雇主负担;政府为了给残疾人提供更多的就业机会,为他们创办了许多新工厂;国家对那些完全丧失工作能力的残疾人提前给予养老金等。

第九章 优抚安置

优抚安置制度包括优抚制度和安置制度两个方面。这两方面相辅相成,并与其他社会保障项目相结合,共同构成了对军人及其家属的社会保障体系。现役军人和退伍军人在民主革命时期和社会主义建设时期为国家和人民作出了巨大的贡献,现在仍然承担着保卫国家和建设社会的重任,因此,为他们提供优抚保障,是国家和社会的责任与义务,也是优抚对象所应享有的权利。

一、优抚制度

优抚制度,是指国家和社会依法对以军人及其家属为主体的优抚对象实行物质照顾和精神抚慰的一项特殊制度。按照《中华人民共和国兵役法》(以下简称《兵役法》)和《军人优待抚恤条例》的规定,优抚对象包括现役军人、革命伤残军人、复员退伍军人(包括退伍红军老战士)、革命烈士家属、因公牺牲军人家属、病故军人家属以及现役军人家属。优抚制度可分为优待制度和抚恤制度,这两项制度不仅确保了优抚对象一定的物质生活水平,而且使他们在社会生活中受到关怀和尊重。与此同时,为了更好地做好优抚工作,政府还为优抚对象创办了各种社会福利机构。在优抚制度中,这项工作被统称为优抚事业。

(一) 优待制度

优待制度是指国家、社会及公众依照法规政策的有关规定,对烈属、因公牺牲及病故军人家属、革命伤残军人、现役军人家属、带病回乡复退军人等优抚对象在政治上、经济上给予优厚待遇的制度。优待有广义和狭义之分。狭义的仅指对义务兵家属的优待;广义的指国家、社会及公众对优抚对象广泛的关怀和照顾,即在他们治病、住房、就业、入学、入托、经济补助、救济、贷款、生活品供应、邮政等诸方面给予优待。

我国对优抚对象实施优待制度的历史很早。1931 年 11 月在中共中央苏区颁布的《红军优待条例》中就规定了对红军及其家属实行分配土地、代耕代种、免缴捐税和优惠购物等优待。新中国成立后,正式建立了优抚制度。1950 年,内务部公布的《革命烈士家属革命军人家属优待暂行条例》,对烈军属在社会政治生活和物质帮助方面的优待作出了明确规定。同时颁布了《革命残废军人优待抚恤暂行条例》、《革命军人牺牲、病故褒恤暂行条例》、《革命工作人员伤亡褒恤暂行条例》和《民兵民工伤亡抚恤暂行条例》。上述条例的公布,使我国的优抚工作进入到一个新的历史阶段,此后十余年间,优抚工作做得很有成效。在"文革"期间,我国的优抚保障工作基本处于停滞状态。1984 年我国颁布了《中华人民共和国兵役法》,再次从法律上确立了优抚对象"应当受到社会的尊重,受到国家和人民群众优待"的原则。1988 年国务院颁布了《军人抚恤优待条例》,具体规定了对优抚对象的各方面优待措施,此后又相继发布了《关于贯彻执行〈军人抚恤优待条例〉若干具体问题的解释》、《革命伤残军人评定伤残等级的条例》以及关于国家机关工作人员、人民警察伤亡抚恤等一系列与之相适应的配套文件和法规。各省、自治区、直辖市人民政府也制定了与之配套的具体优待办法。2004 年 8 月,国务院、中央军事委员会颁布了重新修订的《军人抚恤优待条例》,再次把对优抚对象的具体优待政策固定下来。2011 年 7 月 29 日,国务院、中央军事委员会发布修改决定,公布《国务院、中央军事委员会关于修改〈军人抚恤优待条例〉的决定》,优抚制度更趋完善。

优待制度的主要职能是提供物质优待。由于农村青年是军队士兵的主要来源,因此,为解决和补偿农村烈军属因劳力缺乏而影响生产经营、造成生活困难的问题,优抚制度规定,要依靠群众,给予优抚对象以物质优待。物质优待的形式经历了代耕土地、优待劳动日和发放优待金的变迁。① 代耕土地即帮助烈军属代耕土地，这种形式在第二次国内革命战争时期就开始实行，以后逐渐推广，新中国成立后推广至全国。优待劳动日是于 1956 年随着农村集体经济体制的建立而发展起来的。优待劳动日制度是指对农村无劳力或缺劳力的烈军属由生产大队或农业合作社优待一部分劳动日，以保证烈属的生活略高于一般社员的实际生活水平，军属的生活相当于一般社员的实际生活水平。发放优待金的办法是在 1978 年农村实行家庭联产承包责任制以后实行的。主要原因是原有体制下以劳动日计酬的收入分配办法已废除，优待劳动日制度随之被发放优待金制度所取代。1984 年颁布的《兵役法》规定，优待金由乡、镇人民政府采取平衡负担办法，通过农民群众统筹集资，给付农村义务兵家属现金优待。对城镇的义务兵家属，有生活困难的，由县、市、市辖区人民政府给予适当的现金补助。目前，一些省、市、自治区也对城镇籍的义务兵家属实行了普遍优待。优待金的来源有财政拨款、由军属所在单位或军人参军前所在单位承担、社会统筹等多种方式。具体的优待范围、标准、统筹办法由省、自治区、直辖市人民政府根据本地区的实际情况制定。在实施中，多数地区规定优待金标准相当于当地人均收入水平，或不低于当地一个劳动力收入的 1/2 或 2/3。

除了物质优待以外，优抚制度还确保优抚对象在社会生活的其他方面得到广泛的关怀和照顾。《军人抚恤优待条例》具体规定了各类不同优待对象的不同的优待条件。

（二）抚恤制度

抚恤制度是国家对伤残人员和牺牲、病故人员家属采取物质抚慰的一种社会保障制度。我国抚恤制度主要包括伤残抚恤和死亡抚恤两类。

1. 伤残抚恤

伤残抚恤是指对按规定取得革命伤残人员（包括伤残军人、伤残

① 周士禹、李本公主编：《优抚保障》，中国社会出版社 1996 年版，第 47 页。

机关工作人员、伤残人民警察、伤残民兵民工)身份的人给予物质照顾。对其中无工作的人员,国家发给伤残抚恤金;对其中有工作的人员,国家发给伤残保健金。目前享受伤残保健金的主要是指以下伤残人员:国家机关、民主党派和人民团体正式工作人员;全民企事业单位正式职工和合同制职工;县以上集体企事业单位正式职工和合同制职工;生活有保障的服现役的革命伤残军人。除上述四种人员外,其他伤残人员可享受伤残抚恤金待遇。1988 年国务院颁布的《军人抚恤优待条例》规定了制定革命伤残人员抚恤标准的原则,即由民政部、财政部根据伤残性质和伤残等级,参照全国一般职工的工资标准,按一定比例制定全国统一的伤残抚恤(保健)金标准。对于特等革命伤残军人的抚恤标准(包括现在规定发给的副食品价格补贴和生活补贴),参考一般职工的工资标准确定,其他各个伤残等级依次按一定比例酌减,同一等级因战、因公和因病致残的抚恤金标准,拉开档次,体现差别。对于领取伤残保健金的革命伤残人员,由于工资较低,为适当增加营养等补助,保健金的标准也应随着国民经济的发展予以适当调整。1994 年,民政部、财政部《关于提高部分优抚对象抚恤补助标准的通知》中又明确规定,职工工资高于全国平均工资的地区,要在全国统一标准基础上制定当地革命伤残军人的生活补助标准,以确保革命伤残军人的正常生活。2004 年,《军人抚恤优待条例》得以修订,由原来的 6 个等级改为 10 个等级。

具体标准见表 9-1。

表 9-1　残疾军人、伤残人民警察、伤残国家机关工作人员、伤残民兵民工残疾抚恤金标准

(从 2010 年 10 月 1 日起执行)

单位:元/年

残疾等级	残疾性质	抚恤金标准
一级	因战	28 690
	因公	27 780
	因病	26 870

（续 表）

残疾等级	残疾性质	抚恤金标准
二级	因战	25 960
	因公	24 600
	因病	23 680
三级	因战	22 770
	因公	21 410
	因病	20 040
四级	因战	18 670
	因公	16 850
	因病	15 490
五级	因战	14 580
	因公	12 750
	因病	11 840
六级	因战	11 390
	因公	10 780
	因病	9 110
七级	因战	8 660
	因公	7 740
八级	因战	5 470
	因公	5 010
九级	因战	4 550
	因公	3 640
十级	因战	3 190
	因公	2 730

资料来源：中华人民共和国民政部优抚安置局网站，http://yaj.mca.gov.cn/article/ydfx/yfbz/201009/20100900105944.shtml。

2. 死亡抚恤

死亡抚恤是指向革命烈士、牺牲和病故军人、死亡的国家机关工作人员（包括民主党派、人民团体工作人员）发放抚恤金。死亡抚恤包括一次性抚恤和定期抚恤两种。上述人员因战、因公、因病死亡,其家属均可享受规定的一次性抚恤金待遇。革命烈士和因牺牲、病故军人家属按照规定的条件,可享受定期抚恤金;因公牺牲、病故的国家机关工作人员家属按规定的条件,可享受遗属生活补助。

(1) 一次性抚恤金的标准。新中国成立初期,一次性抚恤金是根据死亡性质和死者生前职务级别计发的。后来,一次性抚恤金标准几经更改。2011年修订的《军人抚恤优待条例》规定,现役军人死亡,根据死亡性质和死亡时的月工资标准,由县级人民政府民政部门发给其遗属一次性抚恤金,标准是:烈士和因公牺牲的,为上一年度全国城镇居民人均可支配收入的20倍加本人40个月的工资;病故的,为上一年度全国城镇居民人均可支配收入的2倍加本人40个月的工资。月工资或者津贴低于排职少尉军官工资标准的,按照排职少尉军官工资标准计算。

(2) 定期抚恤金的享受条件及标准。革命烈士、因公牺牲军人、病故军人的家属符合下列条件的,可享受定期抚恤金:其一,父母、抚养人、夫或妻无劳动能力和生活收入的,或虽有一定生活收入,但收入水平低于当地居民平均生活水平的;其二,子女未满18周岁,或虽满18周岁,但因读书或伤残而无生活费来源的;其三,弟妹未满18周岁或者已满18周岁但因上学无生活费来源且由该军人生前供养的。具体标准见表9-2。

表9-2　烈属、因公牺牲军人遗属、病故军人遗属定期抚恤金标准

(从2010年10月1日起执行)

单元:元/年

	烈属	因公牺牲军人遗属	病故军人遗属
城镇	8 730	7 820	7 360
农村	5 240	5 010	4 790

资料来源:中华人民共和国民政部优抚安置局网站,http://yaj.mca.gov.cn/article/ydfx/yfbz/201009/20100900105944.shtml。

(三) 优抚事业

除了上述社会优待和抚恤外，社会优抚的另一项重要内容是政府出面举办各种优抚事业，开展抚恤优待活动。

(1) 举办伤残军人教养机构，安置伤残军人。伤残教养机构主要接收伤残军人以及服役期长且又丧失劳动能力的老军人，帮助他们料理生活，保障他们的身心健康。教养机构通常根据伤残人员的身体状况，组织他们参加一些力所能及的轻便生产活动，开展文化学习和技术训练。如革命军人休养院，就是一种优抚事业。

(2) 政府设置复退军人疗养机构，医治患慢性病的复退伤残军人。复退军人疗养机构的主要任务是：对退伍后仍患慢性病而需长期住院疗养的退伍军人、需长期住院治疗的患有后遗症的伤残军人提供医疗服务，以治疗他们的慢性病或尽量使其症状有所好转。

(3) 政府举办复退军人精神病院，医治患精神病的复退军人。政府举办复退军人精神病院，收容那些地方医院一时无力收治或无力住进地方医院的患有精神病的复退军人，以作为对军人的一种优待。

(4) 政府举办为国捐躯军人家属养老院。政府举办为国捐躯军人家属养老院，使他们颐养天年，为他们养老送终，既对为国捐躯军人家属进行优抚，又能安慰现役军人心态，鼓舞士气。如政府举办的"光荣院"就是这样一种优抚事业。截至 2009 年底，全国共有 1 401 家光荣院，集中供养了 4.6 万余名孤老优抚对象。

(四) 优抚工作的完善

1. 优抚工作存在的主要问题

一个时期以来，抚恤补助经费的增长存在一定程度的滞后性、被动性，优抚对象保障标准偏低，优抚保障经费的增长落后于经济和社会的发展速度，致使部分优抚对象家庭的生活水平还不是很高。这是由于我国还是个发展中国家，尚处于社会主义初级阶段，经济还不发达，政府一时还拿不出更多的资金用于优抚保障，抚恤补助经费自然增长机制的建立还需要一个过程。

目前,社会力量参与优抚保障的途径还不是很多,主要方式体现在农村义务兵家属优待金的筹集上。另外,还有一些停留在政治鼓动性很强的活动中,作为社会化实质性标志的社会中介组织和民间机构尚未真正参与到优抚保障中来。社会化程度不高,这在一定程度上制约了我国农村优抚保障事业的发展。

由于历史、个人以及主客观等多方面的原因,我国部分优抚对象家庭特别是伤残军人、在乡老复员军人、带病回乡退伍军人的家庭人口素质低、劳动力缺乏、年老体弱,参与社会竞争的能力先天不足,"等靠要"思想严重,从而使得部分优抚对象家庭自我保障、自我发展的能力十分薄弱。

2. 优抚工作的主要对策

完善我国的优抚保障制度,首先要做的是必须明确责任。明确责任主要从两方面进行:一方面,要划清政府、社会与优抚对象自身的责任,充分调动各方面的积极性。政府该负什么样的责任,就负什么样的责任,政府不能也不应该大包大揽,毫无原则地把优抚对象的一切都包揽下来,不要做那些不该办、办不了、办不好的事,而要充分调动政府、社会、优抚对象家庭三者的积极性,共同努力,才能从根本上解决优抚保障问题;另一方面,还要分清中央政府与地方政府之间的责任,实行中央财政与地方财政共同负责、分类负担的体制。"三红"、"三属"、伤残军人抚恤补助金主要由中央财政承担,在乡老复员军人、带病回乡退伍军人的补助金原则上由地方财政承担,同时,还要积极建立抚恤补助经费自然增长机制,按照社会成员实际收入水平提高农村优抚对象抚恤补助标准,努力克服以往抚恤补助经费增长过程中实际存在的随意性、被动性、滞后性。

优抚保障力求社会化,要把工作的注意力放到积极培育和发展社会中介组织参与到优抚保障上来。社会中介组织参与优抚保障是建立社会主义市场经济体制的客观需要,是转变政府职能的必然要求,是优抚保障社会化的有效途径和实质性标志。具体可行的做法是,可从现有的260万基层群众性优抚服务组织中,引导一批经济实力强、管理规范、制度健全、有一定专业水平的组织,转变为具有独立法人资格的社会团体或民间机构，使其实体化、专业化，成为职业化的从事优抚保障事业的社会团体或民间机构，为优抚对象提供医疗、康复、保健、供养以及社会公益服务。这样，既能切实履行政府职能，又能充分利用社会财力、人力、物力以及管理服务的优势，为广大优抚对象服务，以减轻政府的负担，分担国家的责任。

至 2010 年，我国优抚对象有 3 900 万人。① 如果仅仅依靠抚恤补助，不充分发挥优抚对象家庭自身的作用，不能也不可能解决优抚保障问题，更不可能使广大优抚对象脱贫致富奔小康。只有努力促使优抚对象家庭发展生产，大力帮助优抚对象家庭发展生产，不断提高优抚对象自身的保障能力和发展能力，才能从根本上解决保障问题。一是要帮助优抚对象克服单纯依赖以抚恤补助为生的“等靠要”思想，确立自立自强的意识，最大限度地调动优抚对象内在的积极性和潜力；二是要积极主动地与有关部门协调，确保优抚对象家庭优先优惠享受有关法规文件规定的信贷资金、生产资料和技术、生产项目、减免费税等各项倾斜性政策，为优抚对象家庭发展生产创造良好的条件；三是要积极开展对口帮扶活动，结合全国性的“手拉手，一帮一”活动，积极开展“爱心献功臣”活动，组织引导机关、团体、企事业单位和个人，扶持优抚对象家庭发展生产，专人包户、责任到人，并形成制度，切实使广大优抚对象脱贫致富，与社会成员一起同步实现小康，奔向更加富裕的未来。

二、安置制度

安置制度主要是为了妥善安排和保障退伍军人的生活和工作而建立的一项制度。它涉及政府、部队、企业和安置对象等多个方面，关系到退伍军人及其家属的基本生活和工作，也影响到现役军人的稳定性。因此，安置工作不仅是一项人员安置和工作安排事务，而且是一项重要的政治任务。

① 2010 年民政部数据。

(一) 安置制度的含义

安置制度是国家和社会为保证妥善安排和处理某些特定社会对象的工作和生活问题,使其在社会上享有一定的社会地位和生活保障而采取的整套社会制度。在我国,所谓特定的社会对象,主要指因各种原因从国家武装力量中退出而重返社会,并依法需要安置的人员。具体包括复员军人,即1958年以前退出现役的志愿兵和退出现役时办理了复员手续的干部;退伍义务兵(也称退伍军人),即1955年实行义务兵役制后入伍,退出现役的义务兵;转业志愿兵,即1978年3月实行义务兵为主体、义务兵与志愿兵相结合制度后,退出现役的志愿兵;军队离退休干部,即因年老体弱或其他原因不能继续胜任军队工作而退出现役的军队干部。

安置保障制度是我国社会保障制度的一个重要组成部分,属于特殊社会保障。以安置对象的不同来区分,主要包括复员退伍军人安置、军队离退休人员安置、军队离退休干部安置、军地两用人才培养等内容。在我国,不同的安置对象有不同的制度规定,实施这些规定的工作被统称为安置工作。

(二) 安置工作的特点

安置工作虽为社会保障体系的一部分,但与社会保障的其他部分比较,有其鲜明的特点。主要表现在以下几个方面:

(1) 政治性。军人的安置保障既是经济发展的需要,又构成了国家政治行为的一部分。对退役军人的安置保障不仅是维护社会稳定的基本安全要求,更重要的是它关系到国家机器自身的运转。因此,安置保障的政治性较其他社会保障项目更为强烈和直接。

(2) 经济性。安置保障水平最重要的衡量标准是安置对象的实际经济收益。安置保障的对象由于职业转换或收入中断有可能成为较为贫困阶层人员。国家和社会有责任与义务使这些人在退役之后获得社会安全感,并且其安置保障水平要适当地高于一般的社会生活水平。同时,经济性还表现在安置保障工作中,包括了大量的经济行为,如安置资金的筹集、管理与支付,不同保障对象保障水平的确定,安置经费与国家财政、国民产值的关系,安置方式与安置手段的选择,组织退役士兵参与劳动力市场等问题。

(3) 社会性。安置工作的社会性一方面表现为必须由社会全体公民共同承担军人的安置保障工作。在安置工作中,国家、社会和个人都有其承担的责任,并需通过一定途径、采取一定办法使其各行其职,履行职责。社会性的另一方面也是安置工作的主要目标,是使退役军人与社会职位之间形成最佳的搭配组合,要实现这一目标,将会引起结构性社会流动。由此决定了安置工作所产生的影响是社会性的,制约安置工作的各个因素也是社会性的。

(4) 被动性。这里所讲的被动性主要是指安置工作受制于社会发展的诸多因素,涉及社会多个部门。在安置工作中,社会发展的各种因素,包括国内外军事局势、国民经济发展水平、国家财政收支状况、社会经济结构的变动等,都对安置任务的轻重、安置内容的确定、安置工作方式和重点等产生直接或间接的影响。从涉及的部门看,军队和地方政府在安置工作中必须合作配合。安置工作从任务的确定、交接到安置后的结果反馈都由军地双方共同完成。协调不周,便会对工作产生很大的影响,造成被动局面。同时,在军地关系之外,地方安置系统要完成本职工作,也需要与计划、财政、内贸、土地管理、税务、卫生、劳动、城建、公安、教育、银行、铁路等部门合作协商,尤其是退役人员的交接安置,更需要政府的组织与协调。

此外,从安置保障与其他社会保障的比较来看,还存在几方面的不同:一是工作对象不像社会保险那样面向全体公民,而是局限于社会中的特定群体,与社会救助和优抚工作有相同之处;二是工作内容是社会救助与优抚工作的结合,既要像社会救助那样对保障对象提供最低经济生活保障,又要有所提高,在保障水平上要体现出优待的特征;三是工作方法除了具有社会保障的共同特点之外,退伍军人的就业安置与劳动就业保障有共同之处,伤残军人的安置与残疾人社会援助也有相同之处,军队离退休干部的养老问题与全体社会公民的养老保险密切相关。

（三）安置工作的主要内容

安置工作包括就业介绍、教育培训和福利保障等，这些方面形成一个有机服务体系。

1. 就业介绍

就业介绍一般由政府主管部门、社会协会和工会组织负责。政府主管部门是担负退役军人就业安置工作的主体，主要涉及军方、退役军人安置管理部门和劳动部门。比如，美国政府的安置机构为国防部系统的军转民办公室、直属国务院的退伍军人事务部、退伍军人就业和就业培训管理局。英国在军队的人事部门有安置就业联络办公室，地方有劳动人事委员会，又有发挥协调作用的军人就业安置办公室。在印度，国防部的退伍军人安置总局及其下辖的东、西、中、南四个安置局，与各邦的退伍安置委员会一起形成了退伍安置的主渠道。俄罗斯则以退役军人就业安置和专业培训机构为主体，将其工作范围延伸到国防部及军队的上上下下，共同担负着退役军人的安置管理工作。许多国家的安置部门都建有庞大的信息中心和覆盖军地双方、全国各地的职业介绍所。它们以退伍军人为中心，向他们提供咨询、就业指导和求职训练，有的机构还对退伍军人进行长期的跟踪调查和连续的信息帮助，直到他们最终找到满意的就业单位为止。

以援助退伍军人为主旨的各种民间协会在许多国家也相当发达。这类协会如退伍军人协会、退休军人协会、陆军协会、空军协会、海军协会、退伍军人就业援助协会、各种俱乐部等等，这些机构在帮助退伍军人就业方面的作用是不可低估的。

工会在军人安置保障方面也发挥了重要的作用，尤其在确保士兵服役前工作岗位的长期保留和退役后复职权利的行使方面有独特的功能。

2. 教育和培训

提供教育优待和技能培训服务，几乎是所有国家做好安置工作必不可少的辅助手段。内容主要包括退役前培训和退役后培训两个方面。退役前培训主要由军方负担，费用的大部分从军费中支出。退役前培训的方式主要有六种：一是在军校开设军地通用技术培训班;二是离职到地方大学、中等专业技术学校(通常在驻地附近)学习通用课程或自己选择的课程;三是参加地方函授、广播、电视学校学习,并取得国家承认的学历;四是自学;五是动员地方政府和企事业单位在部队或本企事业单位内部办班,对现役军人进行专项实用技能的培训;六是退役前的短期集训。退役后的培训主要有四种方式:一是正规学校教育。许多国家对退役后进入地方正规高、中等院校学习的军人给予程度不同的优惠。二是在安置部门的培训中心或培训基地接受培训,受训者大多是在退役后不能马上找到工作的军人。这类培训的主要特点是时间短、针对性强、教学内容灵活多变。培训经费来源于军方或安置部门等。三是民间协会的针对性培训。这类培训的资金来源有两种:一是会费的一部分;二是受训者个人出资的部分。培训形式也比较灵活。四是企业定向培训。

3. 福利保障

福利保障项目的内容大致包括政治待遇、退役(休)金、住房补助、医疗服务和基本生活待遇。政治待遇大致包括各种优先权,如一定年限的复工复学权、在遇到裁员时保留工作的优先权、就职就学时的免试或加分权等。有的国家设立退伍军人节,如美国法定11月11日为退伍军人节。退休军官享有参加重大活动、担任荣誉职务、接受不定期慰问、参阅机密文件、接受特别勋章等待遇。退役(休)金的计算一般根据军龄长短、职别高低,按一定比例发给,一般都较原在职时工资额有所下降。住房补助也是军人保障的重要内容,一般都由国家(多数情况下是军方)给予提供。在西方国家,如住房需求已通过收入得到满足,则由国家提供买房或建房的低息或无息分期偿还贷款。医疗服务是福利保障中的重要内容。大多数国家在这方面采取了国家包干的形式,由国家承担医疗服务,年老体弱者还可得到国家资助的保健护理和定期疗养。其他生活待遇主要是指退役官兵本人和家属优惠乘坐公共交通工具、享受教育补贴,特别是社会保险以及免缴个人所得税和市场经营中的税收优待等。

(四)复员退伍军人的安置

1. 复员退伍军人安置工作的发展过程

我国复员退伍军人的安置工作,在不同时期,其安置政策、重点安置对象和安置办法等都有差异。按复员退伍军人的安置办法,大致可以分为三个阶段:

(1) 1950—1958年,复员军人安置制度建立和大规模安置阶段。在1950—1955年,中国人民解放军和中央人民政府先后颁布了三个重要的复员退伍军人安置文件,开始了我国正规的复员退伍军人安置工作。1950年6月,中央人民革命军事委员会、政务院发布《关于人民解放军1950年的复员工作的决定》,决定指出:"复员军人是人民的功臣。除由中央人民政府另议颁发革命战争纪念章以志功绩外,地方人民政府人民团体对复员军人应给予应有的尊重和政治待遇,并根据具体情况,尽量吸收其参加各项会议和工作,使其能成为我地方建设中的骨干。"1954年10月,国务院颁布《复员退役军人安置暂行办法》,规定了安置工作的具体政策和办法。1955年5月,国务院通过《关于安置复员建设军人工作的决议》,提出了加强复员军人安置工作的必要性。当时确定的复员军人安置工作的基本方针是"妥善安置,各得其所",即各级地方政府应根据有关安置政策和规定,结合当地的实际情况,使复员退伍军人回到入伍前户口所在地后,能找到使他们发挥积极作用的劳动场所。

在此期间,中央和地方各级政府部门对复员安置工作的各个方面进行了妥善安排和管理,也制定了具体实施政策。凡是从工厂、矿山及其他企事业单位参军的职工,原则上都应回原单位恢复工作或解决工作;原由农村参军的复员军人,如无专门技术,仍回农村参加农业生产。各级部门应切实解决他们参加农业生产的具体困难;对于回到农村的复员军人中的二等以上残废和重慢性病员,在粮食和油类的供应上应当给予适当的照顾;对于既不能从事农业生产又没有其他方面就业条件的复员军人,应在民政部门的关心帮助下得到安排、安置;各地人民委员会还对复员建设军人在家庭婚姻方面出现的问题进行了妥善处理。1950年6月至1958年,我国共安置复员军人 482 万人。

(2) 1958—1980 年,以退伍义务兵为主的安置阶段。到 1958 年,自 1955 年实行义务兵役制时的义务兵开始退伍。国务院于 1958 年颁布了《关于处理义务兵退伍的暂行规定》(以下简称《暂行规定》),使征兵和退伍安置工作进入了制度化的运作阶段。《暂行规定》首先确定了“从哪里来,回到哪里去”的安置工作原则。这一原则规定了义务兵、志愿兵由入伍征集地即本人户口所在地应征入伍,服役期满或服役期未满但符合条件退出现役后仍回其入伍征集地。同时也明确了思想教育与解决实际困难相结合的安置方法。部队在安置义务兵时,应当组织集训,进行社会主义、爱国主义教育,进行参加生产实践的培训。《暂行规定》对义务兵的生产、生活、疾病治疗等问题也都作出了明确规定。此外,对义务兵的退伍、途中运输和安置等项工作也均作了明确规定;并且强调必须在各级人民政府领导下,各有关部门密切配合,共同做好退伍安置工作。《暂行规定》的颁布,对指导退伍义务兵的安置工作发挥了重要作用。

1966—1976 年,退伍安置工作基本处于停顿状态。部队中数万名伤病残军人不能安置退伍,回到农村的退伍军人面临生产、生活困难却得不到妥善处理。在干部复员方面,1975 年,国务院、中央军委曾经颁布了《关于军队干部退出现役暂行办法》(国发[1975]129 号),对干部复员的条件、去向、工作安排、工资待遇等作出了明确规定,这对此后几年的干部复员工作起到了重要的保证作用。此外,在这段时期内,在边境和内地组建的 12 个生产建设兵团和 3 个生产师一度成为退伍义务兵安置的一个重要渠道。

(3) 1980 年以后,复员退伍军人安置的规范化阶段。1980 年,民政部召开的全国退伍军人和军队退休干部安置工作会议,标志着复员退伍军人安置工作全民规范运作的开始。这一时期,复员退伍军人安置工作规范化的另一个标志是兵役制度变革之后退伍义务兵(含伤病残义务兵)、转业志愿兵、复员干部安置工作的全面展开。退伍义务兵的安置根据 1987 年颁布的《退伍义务兵安置条例》的规定,把个人专长、服役期间的表现与退伍安置工作相挂钩,起到了良好的促进作用。1993 年,国务院、中央军委批转了民政部、劳动部、总参谋部《关于退伍义务兵安置工作随用工单位改革实行劳动合同制的意见》(国发[1993]54 号),为配合企业用工制度的变革作了调整。但此后不久,企业拒收退伍军人、向退伍军人征收款项等问题日益严重。于是,1994 年国务院、中央军委针对城镇退伍兵安置难的现象下发了《关于 1994 年冬季士兵退出现役工作的通知》(国发[1994]56 号),对某些政策再次作出调整。

转业志愿兵安置工作是 1978 年全国人大常委会关于实行义务兵与志愿兵相结合的兵役制度决定实施后开始的。1983 年,国务院、中央军委颁布了《中国人民解放军志愿兵退出现役安置暂行办法》,明确规定退出现役的志愿兵原则上转业回原籍,由县(市)人民政府安排工作。以后由于安置工作中出现的随意性,志愿兵的安置又采取了集中安排的措施。1994 年,国务院、中央军委《批转国务院退伍军人和军队离休退休干部安置领导小组、民政部、总参谋部关于志愿兵转业实行集中交接意见的通知》(国发[1994]6 号),决定将军队各大单位军务部门根据国家下达的计划向省级安置部门进行集中交接,保证了对志愿兵安置工作的有效调控和管理。

伤病残退役士兵的接受安置工作,是按 1979 年 6 月 25 日发出的《关于做好部队退伍义务兵伤病残战士安置工作的通知》(国发[1979]161 号)执行的。1984 年颁布的新的《中华人民共和国兵役法》和 1987 年颁布的《退伍义务兵安置条例》使伤病残士兵安置工作进入了法制化、制度化的阶段,推动了伤病残士兵安置工作的进行。但伤病残士兵的安置工作始终存在一些问题,如特等、一等伤残军人建房经费不落实,退伍的精神病病员入院治疗问题突出,退伍的慢性病病员医疗和生活困难较大,二等和三等伤残军人安排工作困难等。这些问题的存在,影响了伤病残士兵的妥善安置,为此,国务院、中央军委于 1992 年颁布了《关于进一步做好伤病残义务兵退伍和安置工作意见的通知》(国发[1992]4 号),对伤病残士兵的安置工作提出了具体而明确的要求,以保证伤病残士兵的安置工作有效展开。

复员是军队干部退出现役的一条辅助途径。1993 年,有关部门联合签发了《关于做好军队复员干部安置工作的通知》(国安[1993]2号、[1993]政联字1号),使干部复员安置工作有了保障。

2. 复员退伍军人的安置政策

为了做好复员退伍军人的安置工作,我国颁布了一系列政策法规,并随社会经济变化情况,经常予以修改。目前,复员退伍军人安置工作主要依据以下几个法规文件进行:一是1984年颁布实施的《中华人民共和国兵役法》(以下简称《兵役法》);二是1987年国务院发布的《退伍义务兵安置条例》以及历年来国务院、中央军委调整安置政策的文件;三是1983年国务院、中央军委制定的《中国人民解放军志愿兵退出安置暂行办法》(国发[1983]16号文件)以及国务院、中央军委批转的国务院退伍军人和军队离退休干部安置领导小组、民政部、总参谋部《关于志愿兵转业实行集中交接意见》(国发[1994]6号);四是干部复员的一系列政策规定。

(1) 退伍义务兵。按《兵役法》规定,义务兵退役后,按照"从哪里来,回哪里去"的原则,由原征集地的县、自治县、市、市辖区的人民政府接受安置;家居农村的义务兵退出现役后,由乡、民族乡、镇的人民政府妥善安排他们的生产和生活;机关、团体、企事业单位在农村招收职工时,对他们给予适当照顾;家居城镇的义务兵退出现役后,由县、自治县、市、市辖区的人民政府安排工作;入伍前是机关、团体、企事业单位正式职工的,允许复工、复职;义务兵退出现役后,报考高等院校和中等专业学校,在和其他考生同等的条件下,优先录取。

对慢性病、精神病员的安置,《兵役法》规定,在服现役期间患精神病的义务兵退出现役后,视病情轻重,送地方医院收容治疗或者回家休养,所需医疗和生活费用,由县、自治县、市、市辖区的人民政府负责;在服现役期间患过慢性病的义务兵退出现役后,旧病复发需要治疗的,由当地医疗机构负责给予治疗,所需医疗和生活的费用,本人经济困难的,由县、自治县、市、市辖区的人民政府给予补助。

《退伍义务兵安置条例》强调:"退伍军人安置机构设在民政部门,人民武装、计划、劳动人事等各有关部门应协助民政部门做好退伍义务兵的安置工作。"这对于发挥有关部门的作用,把退伍安置中的各项工作落实到位,提供了组织保证。

(2) 转业志愿兵。志愿兵转业安置政策的主要依据是《兵役法》和 1983 年 2 月 3 日国务院、中央军委颁布的《中国人民解放军志愿兵退出现役安置暂行办法》(以下简称《暂行办法》)(国发[1983]16 号)以及 1994 年 1 月国务院、中央军委批转的《关于志愿兵转业实行集中交接的意见》(国发[1994]6 号)。对志愿兵退出现役后的安置,《兵役法》规定,志愿兵退出现役后,由原征集的县、自治区、市、市辖区的人民政府安排工作;遇到特殊情况,也可以由上一级或省、自治区、直辖市的人民政府统筹安排;自愿回乡参加农业生产的,给予鼓励,增发安家补助费。《暂行办法》规定,退出现役的志愿兵,原则上转业回原籍,由县(市)人民政府安置工作,在本县(市)安置有困难的,可报请行政公署或省、市、自治区人民政府统筹安排;志愿兵退出现役时,本人申请复员回乡参加农业生产的,应予鼓励。志愿兵在现服役期间,因家庭发生重大变化,本人要求回乡的,需有县(市)人民政府民政部门证明,经师以上机关批准,准予复员回乡;志愿兵退出现役时,对符合条件经组织批准已随军的志愿兵家属的安置和住房安排,按军队转业干部的有关规定办理。有正式工作的配偶,由劳动人事部门负责安排。1994 年,国务院、中央军委批转了国务院军安小组、民政部、总参谋部《关于志愿兵转业实行集中交接的意见》(国发[1994]6 号),决定从 1994 年春季开始在全国实行转业志愿兵集中交接办法。其中规定了各省、自治区、直辖市和军队各大单位,要严格执行国务院军安办、民政部、总参谋部下达的分配计划,未经批准不得突破。各地对符合接受条件的转业志愿兵必须进行安置,不得以任何理由拒绝接受;对不符合转业条件或弄虚作假的,要退回部队,地方不予安置,对未经集中交接的也不得接受安置;对安置工作中违反规定的要查处。在接到《接受和安置通知书》的转业志愿兵无正当理由逾期 3 个月不报到的,由省级安置部门将其档案退回军队各大单位,由部队取消其志愿兵资格,改按义务兵退伍条件安置。

对于志愿兵的转业去向,要求原则上按国发[1983]16 号文件规定,回入伍时户口所在地的县(市)安置。在外地结婚(除部队驻地外)的志愿兵转业回入伍时户口所在地有困难时,对复员期满、配偶婚前在当地有常住户口且家庭生活基础在当地、结婚满5年的,可以到配偶所在地安置。在服役期间家庭住址变迁的未婚志愿兵转业时,可到父母户口所在地安置。其他有特殊情况需要易地安置的,一般由省、自治区、直辖市安置部门审批。个别经国务院退伍军人和军队离退休干部安置领导小组办公室审定,需要易地安置的,有关省、自治区、直辖市应当接受并负责安置。

(3) 伤病残退伍义务兵。伤病残义务兵安置是退伍工作中的难点和重点。1984年颁布的《兵役法》,对于革命伤残军人安置的规定是,现役军人参战或者因公负伤致残的,由部队评定残废等级,发给革命残废军人抚恤证。退出现役的特等、一等革命残废军人,由国家供养终身;二等、三等革命残废军人,家居城镇的,由本人所在地的县、自治县、市、市辖区的人民政府安排力所能及的工作;家居农村的,其所在地区有条件的,可以在企事业单位安排适当工作,不能安排的,按照规定增发残废抚恤金,保障他们的生活。

对慢性病、精神病员的安置,《兵役法》规定,在服现役期间患精神病的义务兵退出现役后,视病情轻重,送地方医院收容治疗或者回家休养,所需医疗和生活费用,由县、自治县、市、市辖区的人民政府负责;在服现役期间患过慢性病的义务兵退出现役后,旧病复发需要治疗的,由当地医疗机构负责给予治疗,所需医疗和生活费用,本人经济困难的,由县、自治县、市、市辖区的人民政府给予补助。1987年颁布的《退伍义务兵安置条例》对伤病残义务兵安置的规定是,因战因公致伤的二等、三等革命伤残军人,原是城市户口的,由原征集地的退伍军人安置机构安排力所能及的工作。原是农业户口的,原征集地区有条件的,可以在企事业单位安排适当工作;不能安排的,按照规定增发残废抚恤金,以保障他们的生活。1992年,国务院、中央军委转发了民政部、总参谋部等部门《关于进一步做好伤病残义务兵退伍和安置工作意见的通知》(国发[1992]4号),对解决历年滞留部队的伤病残义务兵的退伍安置工作作了具体部署。

(4) 复员干部。干部复员是军队干部退出部队的一种渠道。

1975年,国务院、中央军委发布的《关于军队干部退出现役暂行办法》(国发[1975]129号),对军队干部退出现役的"转业、复员、退休"三种渠道提出了具体规定,其中对干部复员的对象、去向和待遇等问题都作了原则要求。1993年,国务院军安小组、民政部、总政治部等部门联合发出了《关于做好军队复员干部安置工作的通知》(国安[1993]2号、[1993]政联字1号),对于干部复员工作作了新的部署:一是明确了干部复员是"多渠道地安置军队退出现役的干部"的一种形式,其对象除个别犯有严重错误、丧失干部条件的以外,都应是符合中国人民解放军《现役军官服役条件》和《文职干部暂行条例》规定的退出现役条件、本人自愿要求复员的军官和文职干部。二是扩大了在安置去向上的选择余地。自愿复员的干部既可回原籍或入伍时户口所在地,也可到配偶所在地。除自愿回农村的外,都落非农业户口。三是规定了干部复员必须纳入年度干部复员计划,由国务院军安领导小组、民政部、总政治部共同下达。四是开辟了就业新渠道。对自愿复员的干部,政府不再分配工作,由本人自行就业;对自谋职业及到边远艰苦地区、经济特区、开发区和重点建设工程、新建扩建单位工作的复员干部,规定了优惠的政策;对复员干部就业后的待遇、住房、随迁家属的安置等,也都作了明确规定。这些政策推动了干部复员安置工作的展开,保障了复员干部的利益。

(五)军队离退休人员的安置

军队离退休人员安置包括对离退休干部、退休志愿兵和无军籍退休退职职工的安置。

1. 军队离退休干部的安置

我国的军队干部离退休制度始建于1958年。1958年7月,国务院《关于现役军官退休处理的暂行规定》第一次对军队干部的退休条件、待遇、安置、住房、医疗等作了明确规定,将原供养制度纳入退休制度轨道。1978年颁布了《中国人民解放军干部服役条例》,1981年颁布了《关于军队干部退休的暂行规定》;1982年,国务院、中央军委又颁发了《关于军队干部离职休养的暂行规定》和《关于老干部离职休养制度的几项规定》,从而形成了现行的军队离退休干部的安置制度,它包括了离退休的条件、安置去向的原则、安置方式等。

(1) 现行的军队干部离退休条件。按现行规定,军队干部离休的条件是,在建国以前入伍或建国前参加中国共产党所领导的革命战争、脱产享受供给制待遇和从事地下革命工作的,均可以离职休养。因工作需要或者其他原因,经过批准可以提前或者推迟离休。离休制度是在老干部担任荣誉职务并"一律保留原工资"的基础上发展起来的。1959 年 10 月,中组部、总政治部规定,1945 年以前参加革命的营级大尉以上干部可以在军队离职休养。1982 年,国务院、中央军委《关于军队干部离职休养的暂行规定》、国务院《关于老干部离职休养制度的几项规定》先后颁行,离休制度进一步完善。具体的离休条件为,年老体弱不能坚持正常工作的 1937 年 7 月 6 日以前入伍的干部,1945 年 9 月 2 日以前入伍的团职或行政 18 级以上干部,1949 年 9 月 30 日以前入伍的师职或行政 14 级以上干部,可以离休。离休年龄为师职以下 55 周岁,军职 60 周岁,兵团职和大军区职 65 周岁。

退休军官是中华人民共和国成立后入伍(含参加地方工作)的干部。军队干部的退休条件大体上可分为三类:一是年老退休,系指军官达到一定的年龄,通常是达到规定的服现役的最高年限,经组织批准,办理退休;二是伤病残退休,系指尚未达到规定的服满现役的最高年龄,但因战、因公致伤致残或积劳成疾,基本丧失工作能力而办理退休;三是特殊情况退休,系因编制名额缩减,有些干部虽不到退休年龄,身体也不够伤病残退休条件,但又难以安排转业到地方工作,而提前办理退休的。由于特殊的历史原因,军队退休干部安置对象还包括对落实政策的军队干部的退休安置。这一工作的对象主要有三部分人:一是"文革"后摘掉右派帽子的和已经平反的、过去曾被定为右倾机会主义分子的人;二是符合退休条件的 1969 年 1 月至 1971 年 9 月临时分散安置的营职以上干部;三是建国以后到 1980 年曾被错误处理的符合退休条件的军队干部。对他们的安置一般采取的办法是移交当地民政部门管理。

(2) 军队离退休干部的安置去向及原则。对于离退休干部的安置去向有以下几方面的原则：其一,就地安置为主的原则。凡是在内地部队的离退休军官,其配偶同在一地的,原则上就地安置。这样可以避免由于配偶、子女的随迁、随调而带来的工作难度和矛盾,从而加快安置进度。其二,对有特殊情况的离退休军官在安置去向上给予适当照顾。主要是指长期在高原缺氧或特别艰苦的海防和沙漠地区工作的离退休军官,长期从事飞行、舰艇,接触核辐射、导弹推剂等特种专业的离退休干部。他们长期在艰苦地区工作或长期从事危险性大的特殊工作,身体受到程度不同的损害,离退休后一般回内地安置。本人自愿留在该地区安置的,在安置地点上给予适当照顾。其三,对在直辖市安置的,从严安排。其四,实行一次性安置。离退休干部的安置去向,一经军队和地方共同审定后,原则上不再变动。这主要是由于离退休干部的安置去向是经过军地双方相互协商,逐级上报审定后决定的,而且涉及国家拨款、选点建房等问题。如果离退休干部改变安置地点,将影响到整个安置计划的完成。

(3) 军队离退休干部的安置方法。20 世纪 50 年代,国家对老弱病残军官采取的安置办法主要有以下几种：由荣军教养院终身供养,由军队干部休养团留养,发给生产资助金复员回乡,少数红军干部回乡休养,少数干部交民政部门管理由国家供养。以后的军队干部离退休制度就是在上述基础上发展起来的。现行的军队离退休干部的安置方法如下：

第一,军队干部退休后,由民政部门安置管理。退休干部的交接工作由军以上单位派人到安置地区的省、市和自治区民政部门办理。退休干部可以就地安置,可以回本人或配偶原籍安置,也可以到配偶、子女、父母居住地区安置。从外地到直辖市的从严掌握。自愿回农村安置的给予鼓励。易地安置的退休干部,其配偶、未成年的和待业的子女,可随同前往;易地后身边无子女照顾的,可准许调一个已工作的子女随迁。有工作的配偶、子女,随迁后由安置地区的人事或劳动部门负责分配。随迁的退休干部家属的户口不因随迁而改变。退休干部离队安置时,由军队一次发给相当于本人 6 个月工资的安家补助费。到农村安置的，一次发给相当于本人 8 个月工资的安家补助费。退休干部离队安置时，当月的工资由原单位发给，从下个月起，由安置地区民政部门发给退休生活费。退休当年的生活费，由军队一次拨给安置地区的民政部门，从下一年起，其退休生活费，由安置地区的民政部门列入预算并按月发给。残废金由安置地区民政部门按规定标准发给。

第二，军队离休干部可以就地安置，可以回本人或配偶原籍以及配偶居住地区安置，也可到子女居住地区安置。自愿回农村安置的给予鼓励。驻边防、海岛、高原等地区的干部，在内地安置时，安置地区应优先接受。从外地到直辖市安置的，要从严掌握。离休干部就地安置的，由原单位管理；易地安置的，由接受单位管理，并由原单位一次发给相当于本人 2 个月工资额的安家补助费；回农村安置的，由县市人民武装部管理，并由原单位一次发给相当于本人 4 个月工资额的安家补助费。干部离休时，身边无子女的，可商请安置地区的人事、劳动或知青部门调一名子女(包括配偶)到安置地区工作。离休干部的配偶和子女随迁、调动，按在职干部调动的有关规定办理。离休干部到农村安置的，家属原为市镇户口的，包括随离休干部到农村安置的，随迁后户口仍按原城镇户口办理。

第三，干休所制度。民政部门从 20 世纪 50 年代中期至 60 年代中期，开始接受安置军队供养干部和退休干部。进入 80 年代，军队开始精简、整编，大批军官退出现役，民政部门接受安置军队退休干部的数量急剧增多；1983 年，中央又决定把部分离休干部移交地方管理。原由民政部门管理、街道办事处落实政治、生活待遇的安置形式已不符合形势的需要。1984 年，国家明确了设置军队离退休干部管理机构的原则。1985 年又具体规定，县(市、区)在军队离退休干部居住点设基层管理机构，15 人以上建干休所，15 人以下建服务站，工作人员按 1∶5 配备，所需车辆按 1∶15 配备等。到 1990 年，干休所达到 1 300 多个。1990 年，民政部颁发《军队离退休干部休养所暂行规定》，干休所工作被纳入制度化、法制化轨道，成为军队离退休干部安置制度的重要组成部分。

2. 退休志愿兵的安置

退休志愿兵即退出现役后休息的志愿兵。根据1984年颁布的《中华人民共和国兵役法》和1993年国务院、中央军委颁布的《中国人民解放军志愿军退出现役安置暂行办法》(国发[1993]16号)的规定,对于志愿兵因公、因战致残或因病积劳成疾的,由部队医院出具诊断证明,并经师以上卫生部门鉴定确认,基本丧失劳动能力的,或年满55周岁的,可准予退休,由本人原籍或直系亲属居住地的县(市)民政部门接受安置;患精神病治疗半年不愈的或患麻风病的,应按有关规定及时退出现役,办理退休手续,按军队干部退休的规定发给退休金。

3. 军队无军籍退休退职职工的安置

军队无军籍退休退职职工,是国防建设的特殊群体,有在编职工和非在编职工两类。在编职工由军队招收录用、纳入军队组织编制和军队定额,但没有军籍,不纳入国家劳动工资计划,实行全民所有制固定职工的劳动工资制度,由军队人员生活费开支工资。军队非在编职工是在国家劳动工资计划内招收录用、在军队队列编制员额以外使用的无军籍职工,主要从事武器装备维修、工程建筑施工、营房维修、子女教育、科学研究、军需生产、生活服务等项工作。

为妥善做好军队无军籍退休退职职工的安置工作,国家有关部门下发了一系列文件,也制定了一系列政策。1980年,国家劳动总局、总参谋部、总政治部、总后勤部联合发出《关于做好军队编内工人退休、退职工作的通知》([1980]劳总计字99号)。1982年,民政部、劳动人事部、总参谋部、总政治部、总后勤部联合下发了《关于做好军队编内和编外职工退休、退职工作的通知》(民[1982]39号),财政部、民政部门联合下发了《关于军队干部退休军队无军籍退休退职职工接收安置和经费开支问题的通知》([1982]财事字111号)。根据通知规定,到1987年为止,共安置军队无军籍退休职工3万多人。随着时间的推移以及军队精简整编工作的开展,安置工作面临不少问题,为此,1987年8月,民政部下发了《关于暂停接受安置军队无军籍退休退职职工的通知》,军队无军籍退休职工移交安置工作基本停止，但同时也继续安置了地处艰苦边远地区的国防科工委等部队的退休职工两千多人。为规范军队无军籍职工的安置工作，1992年，民政部、财政部、卫生部、总后勤部等有关部门下发了《关于进一步做好军队无军籍退休退职职工的安置工作的通知》(民安发[1992]23号)，对安置办法、生活待遇、医疗保障以及安置范围等作了明确规定。

近年来，我国军队无军籍退休退职职工的安置工作总体上在有序地进行，但从全国来看，安置工作及其政策的落实具有不平衡性。各地在工作中除了加强认识外，更主要的是要把安置工作列入地方政府的议事日程，并通过完善政策和规范制度的途径进一步落实安置工作。目前，军队无军籍退休退职职工的安置所面临的问题是医疗保障、生活待遇等如何通过社会化管理的途径加以完善，如加强社会统筹、建立新型军队保障制度等。从长远来看，军队机关、事业单位在1987年后录用的无军籍职工，已全部实行了劳动合同制，都按现行规定参加了社会养老体系。随着《劳动法》的贯彻实施和配套法规的出台，对他们的安置将得到保障。从总量上来看，移交地方的军队无军籍职工将随着军队精简而有所减少，军队无军籍退休退职职工的安置将逐步得到解决。

(六) 军地两用人才的培养和使用

军地两用人才，是指那些既能打仗又能从事社会主义建设的人才。他们经过军事、政治、文化、体能和民用技能等方面的培训，既具有较高的军事技能，又掌握了一项或多项民用技能，能够以自己的创造性劳动，对国防建设和地方经济建设作出贡献。军地两用人才不仅是指那些经过人民军队培养出来的两用人才，也应该包括那些已经退出现役，经过培养，掌握了一定生产技能的退伍军人。两用人才是退伍军人中的一部分，他们掌握了一定的专业技能，不是所有的退伍军人都可称作两用人才。

军地两用人才的培养途径可分为两类：一是经过部队培养锻炼，具备了两用人才条件的退伍军人；另一类是指退伍后经过培训或自学成才的。其中，部队培养两用人才有两条途径：一种是为适应部队建设需要专门培养的专业技术兵，如汽车司机、修理工、电工、厨师、话务员、报务员等，这些人一般技术比较熟练，退伍后到了相应的岗位上多数能胜任工作。另一种是经过部队开办的各种类型民用技术训练班培训而成的，多数由部队颁发了两用人才合格证。他们中有些人在部队提高了文化程度，退伍后考上大、中专院校，这些人也被视为两用人才。有些人技术熟练程度不高，需要在实践中继续提高。

军地两用人才的知识类型包括三类：第一类是有一定专长，如养殖、种植、加工、机械操作、修理、建筑、通讯、卫生等技术人才；第二类是具有一定行政组织能力的管理人才；第三类是在文学、艺术、体育等方面有一定特长的人才。

军地两用人才的选拔和使用是经济发展和社会进步的需要，也是退伍安置部门的重要工作内容。退伍安置部门在发挥军地两用人才作用方面主要可做以下工作：一是宣传。安置部门有责任向全社会宣传军地两用人才的安置政策。二是调查规划。安置部门有责任进行人才需求方面的调查研究，协助部队做好人才的培养和使用计划。三是推荐与扶持。退伍安置部门有责任向各用人单位推荐人才，同时向那些从事个体经营和联合经营的两用人才提供扶持和帮助。四是对军地两用人才进行再培训。主要是对那些在部队没有接受民用技术培训或虽接受了培训但还不能熟练掌握技术的退伍军人进行职业再培训，以使他们尽快掌握技术为社会服务。

安置制度是一项重要的社会保障制度，安置工作是一项政治性很强的工作，一直受到党和国家的高度重视。近几年来，政府有关部门、部队、理论界非常关注退役军人的安置保障工作，并在总结经验和研讨中形成了一些共识。①

(1) 要以社区为基础，实现安置工作的社会化。安置工作与部队、政府部门、企业、安置对象及其家庭等都有关系，涉及面广，仅依

① 参见《首届全国退役军人安置保障理论研讨会摘要》，社会学研究，1997年第3期。

靠政府部门难以解决所有的问题,而且随着市场经济体制的建立和企业制度的改革,完全以行政计划的方式做安置工作,已与社会经济环境不相适应,也难以取得好的效果。因此,安置工作的社会化是体制转换的必然要求。但如何实现安置工作的社会化,是一个关键性的问题。近年来的研究和实践证明,以社区作为结合点来推进安置工作的社会化可能是切合实际和富有成效的一种方式。

社区型安置是指在一定地域社会中,有关机构、社会团体、企事业单位和家庭等社会组织,依据自己的需求能力与资源,对退伍军人进行接受安置并提供有关服务的一种社会性活动。它不仅局限于接受安置工作一个方面,还包括与安置有关的一切社会服务活动,既有物质上的帮助,又包括精神上的支持。其精髓在于,用社区内各种社会主体共同承担责任和广泛参与代替单一的政府包揽。具体设想如军休所党组织归属所在街道党工委或乡镇党委领导,使军休所服务网建设与社区服务网建设相结合;城镇退伍军人待分配期间的管理教育,由政府委托区(县)、街道具体实施,以便在退伍军人接受、教育、管理、安置的全过程中,调动社会各方面力量;农村退伍军人的安置应该立足乡镇,建立机构,完善服务组织,并使家庭和个人充分担负起退伍军人生活保障的责任。

(2) 拓宽退伍安置渠道。在已有的就业、就业扶持、选拔使用两用人才等安置渠道的基础上,开拓新的安置渠道。一是教育安置。第一种方式是分流提高,即对一部分立志深造的退伍兵,鼓励其进入各种高考补习班或参加成人教育,并对学习期间的生活费、学费与医疗、养老保障实行政府全过程负担,直至考取相应的中高等院校或读完成人教育的相应学业。第二种方式是借助高等院校的力量,降低要求,照顾录取,予以培养。即以降低录取线、提供奖学金、定向委托培养等方式,对部分退伍兵进入大专院校学习提供优惠。第三种方式是建立专门的培训机构,对安置对象进行培训。如政府部门举办各种中长期职业培训,以一定限额为前提负担退伍兵的生活费、培训费及各种保险费。总体上,教育安置在方式上应以“开放式”为前提,使其与高考补习、职业教育、中高等教育、职业资格制度、劳动预备制度等相结合。二是保险安置。即本着国家、集体、个人相结合的原则,为退伍军人办理失业保险、医疗保险和养老保险。采取服役期间由军队、退役后安置前由地方负责缴纳保险费的办法,其保险额可适当高于一般社会成员,以体现优待原则。三是规模安置,或称基地安置、集团安置。即采取集体转业、规模安置的办法,使退役军人能集中安置到经济发展的主导产业、国家重点建设工程及专业生产基地。四是一次性安置。主要是通过安置保障基金的建立来完成对退役军人的一次性安置。

(3) 对军休干部安置管理制度的改革。现行体制下,军队分管一部分军休干部,造成了军地干部互相攀比、管理体制不顺等诸多问题,因此,解决的对策主要是所有军休干部应全部移交地方政府安置,进一步理顺管理体制、加强组织管理等。

退伍安置制度是保障退役军人生活权益的基本制度,政策性很强。在安置制度改革中,必须加强中长期安置保障规划的科学制定;在就业安置中引进竞争机制;有弹性地把握“从哪里来,到哪里去”的安置方针,使退役安置政策能对区域经济社会发展的不平衡作出足够反应。在引进市场调节作用的同时,政府仍应作为安置工作中的责任主体,加强对退役军人安置保障工作的领导,圆满和及时地完成安置工作。

(七) 安置工作的完善

1. 安置工作存在的主要问题

随着我国市场经济体制的逐步完善和各项改革的进一步深入,市场配置劳动力的作用不断增强,现行的城镇退役士兵安置就业的方式和方法受到越来越大的冲击:一是省级机关、事业单位和国有企业接收退役士兵的余地越来越小,安置难度越来越大。二是随着企事业单位对用工的技术素质要求不断提高,以退役士兵文化技术素质低为由拒绝接收的现象普遍存在。三是退役士兵安置后上不了岗、到不了位或安置不久就分流的问题越来越多。四是城镇兵征集超出规定比例,一些市(县)城镇兵安置数量过大,加大了安置负担;

再加上大部分县、乡经济不发达,国有工商企业及非国有经济单位、民办非企业单位数量少、规模小、效益普遍不好等原因,使城镇退役士兵安置就业的空间有限,安置难的矛盾更加突出。

从1988年安置改革开始至今,全国虽也出现了一些安置改革的排头兵,每年都在表彰先进,但随着改革的不断推进和范围的不断扩大,加上没有配套的政策支持和较好的改革氛围,致使一些市(县)、区的安置改革工作步履维艰,困难重重,甚至还引发了一些不稳定因素,因此,尽快出台有关政策,加大对安置改革的政策支持迫在眉睫。

目前,中央财政没有拨款,各级财政也没有专项经费,财政投入滞后于安置改革,退役士兵自谋职业很难落实。由于多数市(县)财政困难,城镇退役士兵自谋职业补助金的经费难以到位,至今仍有一部分申请自谋职业的退役士兵未能领到自谋职业补助金,以致直接影响自谋职业改革的进一步推进。

2. 安置工作的主要对策

按照规定,士兵退役后不再由政府安排工作,而是给予一次性经济补助。每个适龄青年都有服兵役的义务。城乡青年高中毕业以后不论考取大学与否,都要服兵役两年,退役后给予一次性经济补助。入伍前已经考取大学的,退役后进入大学继续深造;未考取大学的,退役后自谋职业。退役士兵一次性经济补助的标准:由农村入伍的,按当地劳动力的平均收入补助;由城镇入伍的,按在岗职工的平均工资补助。

必须由国家财政建立退役士兵安置保障基金。对退役士兵给予一次性经济补助,必须有稳定可靠的资金保证,这笔经费应当由中央财政建立退役士兵安置保障基金,统一支出。因为人民军队是国家的军队,人民军队是统一的、不可分割的,退役士兵的待遇应当是一致的。军队支出是国家最基本的公共支出,全国各地参军人数不同、征集比例不同,由地方财政负担支出会出现许多不均衡的情况,而且各地财政状况差异很大,财政穷省将难以承担退役士兵的经济补助经费。

要妥善把握退役士兵安置改革的力度。如果由中央财政全部拿钱,对退役士兵给予一次性经济补助,则退役士兵安置改革可以一步到位,全部实行自谋职业;国家可按照中等发展省份的标准核定经费,发达省份补贴地方经费的差额部分。如果中央财政不能全部拿钱,或者中央拿一部分,地方拿一部分,退役士兵自谋职业应逐步推进、分步实施,否则,容易闹出乱子,影响社会稳定。

必须加大对退役士兵的培训力度,努力提高其科学文化和职业技能素质。退役士兵科学文化技术素质的高低直接决定他们的就业质量和竞争能力。有关部门要为退役士兵免费提供一次性职业技能培训,帮助他们提高劳动技能,取得专业证书。对要求进入中专、大专或大学的退役士兵给予优待政策,使一部分退役士兵受到高层次的培养,增强其在市场经济条件下的就业竞争能力。

第十章
社会福利

在现代经济社会发展中，各国政府通常除了实行旨在保障居民社会安全的一般社会保障项目外，越来越强调和推进以改善人们生活质量为宗旨的社会福利事业，特别是在保障儿童、老人和残疾人等弱势人群的安全与基本生活的同时，如何改善他们的生活质量和发展环境，已成为世界各国密切关注的问题。社会福利制度的建立和发展，使这些问题的解决和人们良好愿望的实现成为可能；近阶段世界各国对福利制度的不断改革和完善，使实施的成本逐步得到控制，而效益也有所提高。

一、社会福利制度概述

在现代社会保障体系中，除了社会保险、社会救助等制度外，社会福利的作用日益明显，它在改善和提高社会成员的生活质量中，已成为一种极其重要的制度和因素。

（一）社会福利的含义

社会福利的概念有广义和狭义两种解释。广义的社会福利是指为了改善和提高社会全体成员的物质生活和精神生活而采取的各种社会服务及其措施，狭义的社会福利是指在社会成员因年老、疾病、生理或心理缺陷丧失劳动能力而出现生活困难时，向其提供的服务及其措施。在不同的国家和地区，“社会福利”一词也具有不同的含义，一些国家和地区，“社会福利”大体与“社会保障”同义，即属广义的社会福利范畴。在另一些国家，如美国、日本等国，社会福利仅指社会保障制度体系中的一项制度和一个领域。

在我国，“社会福利”一词在制度规定和实际工作中有着不同的解释和涵盖范围。在制度规定上,我国的社会福利工作包括政府民政部门主管的那一部分社会福利工作和劳动部门主管的职工福利与补贴制度。从这一层面上,社会福利是国家、社区组织和企事业单位为满足各类社会弱者、遇有一定困难的社会成员或本单位职工的基本物质文化生活需求,提供或组织实施的带有福利性的服务保障和收入保障。因此,其含义和覆盖面较广,但它未涉及社会性的、为提高社会人员生活质量而兴办的广义的福利事业。在实际工作中,由于我国从新中国成立初期就建立了"就业与保障直接合一"的行政性计划体制,只有企事业单位职工和国家机关工作人员享有职工福利和补贴待遇,而且"职工福利和补贴"一直作为专用术语与"社会福利"并列使用。因此,社会福利的含义就更狭窄,它专指针对社会上不属于任何单位、不享受职工福利和补贴、由民政部门负责照顾的那一部分社会成员的福利工作。所以,在实际工作中,"社会福利"一词通常被定义为国家和社区组织为满足各类社会弱者和遇有一定困难的社会成员的基本物质文化需求,而向他们提供和组织实施的带有福利性的收入保障和服务保障,如儿童福利、老人福利、残疾人福利等等。

按目前理论界和政府部门的共同认识,把社会保障制度的内容界定为社会保险、社会救助、社会福利、优抚安置、社会互助和个人储蓄积累等六个方面。按此理解,我国的社会福利为社会保障制度的一个方面,其含义属于狭义社会福利范畴。在此,除特别指明的,我们基本上在狭义的范畴内讨论社会福利问题,即把社会福利视为社会保障的一个方面。作为社会保障体系的组成部分之一,中国的社会福利也可以定义为国家和社会通过社会化的福利津贴、实物供给和社会服务,来满足社会成员的生活需要,并促使其生活质量不断得到改善的一种社会政策。①

(二)社会福利的特征

社会福利与社会保障体系中的其他内容相比,有其特殊性。主

① 郑功成主编:《社会保障学》,中国劳动保障出版社2005年版,第159页。

要表现在以下几个方面:

(1) 社会救助和社会保险主要是保障人们生活的基本权利,而社会福利则是为人们的全面发展提供和创造条件。因为福利不仅为人们提供物质生活方面的需要,更主要的是为人们提供精神生活方面的需要,其最终目的是不断改善并提高社会成员的生活质量。因此,福利更能提高社会的整体素质和社会文明进步的程度。

(2) 社会福利的保障方式主要是为人们提供服务和设施,如开办医院、学校、福利工厂、疗养院、康复中心、娱乐中心,提供机构和社区服务等。享受社会福利待遇的对象就是国家法定范围内的公民,享受条件也不受年龄、性别、职业的限制。

(3) 社会福利事业的内容具有广泛性。社会福利事业的内容包括国民教育福利、住宅福利、在岗劳动者的职业福利,以及社会化的老年人福利、儿童福利、妇女福利、残疾人福利等项目,因而是社会保障体系中内容最杂、项目最多的部分。

(4) 社会福利体现国家和社会对社会成员的责任,福利费用主要来自国家财政拨款或由企业提留,部分来自私人捐助。因此,社会福利事业中既有政府举办的国民教育、住房福利等社会福利,也有企业举办的职业福利及社会民间举办的社区福利或慈善性福利事业。社会福利事业必须由社会各方资源共同投入。

(5) 社会福利是消费品分配的一种补充形式,它不是以货币的形式而是以服务和物质的形式分配给收益者。在生产力比较发达、人们对精神需求比较迫切的国家,社会福利水平成为社会文明与进步的一个显著标志。

二、中国社会福利制度

在计划经济时期,中国实行由国家对城市居民的工作和生活统一安排的制度,农村则有乡村在集体范围内给予部分的照顾。因此,始终没有形成社会化的社会福利制度和体系。特别是世界上较为强调的社会福利事业,在我国却一直得不到发展。

改革开放以来,随着国有企业改革和市场经济的发展,中国的社会经济结构和运作方式发生了巨大变化,职工与企业或单位的关系、社会成员与社区或社会的关系以及城乡居民的福利需求等也发生了巨大的变化,中国的社会福利制度逐渐步入改革阶段。其一,随着国有企业改革的推进,原有的单位福利被打破,职工福利开始分化,部分单位的职工福利通过改制或承包走向社会化。其二,社会福利事务开始改革,民政部门以社会福利社会化为改革方向,采取多形式、多渠道、多层次的方式推进各种社会福利事业的发展。经过多年的改革实践,中国社会福利制度逐步实现转型。

(一)中国社会福利制度的改革

随着市场经济体制的改革,中国社会福利制度改革从作为国有企业的配套措施,到成为社会保障制度的重要组成部分,初步实现了从传统社会福利向现代社会福利的转型。具体表现在以下几个方面:

(1) 随着社会福利保障范围的逐步拓展,推进了社会福利制度由补缺型向适度普惠型的转变。改革开放以来,我国社会福利事业逐步由封闭型向开放型转变,通过采取投资主体多元化、服务对象公众化、服务方式多样化、服务队伍专业化与志愿者相结合等措施,逐步拓展了社会福利的保障范围,并推动了社会福利制度由补缺型向适度普惠型的转变。

(2) 形成了家庭、社区、福利机构相结合的社会福利服务体系。社会福利制度的改革,充分重视家庭在社会福利服务体系中的基础性作用,建立了如居家照顾等社会服务系统。同时,根据家庭照料功能不足等现状,大力发展各类社区服务系统,建立了包括入户服务、紧急援助、日间照顾、保健康复等多种社区服务项目。针对包括老人、残疾人、儿童等特殊人群的福利机构服务系统也在不断改革和优化之中。

(3) 建立了政府主导、社会参与的社会福利事业发展格局。在中国社会福利事业的改革发展过程中,政府部门充分发挥了在政策、规划、资源投入等方面的主导作用,同时通过政府职能的转换,社会福利制度、体制和政策的改革与创新,引导各类社会力量积极参与到社会福利服务事业之中。经过多年改革,由政府主导、社会参与的社会福利社会化格局基本形成。

(4) 社会福利的法制化、规范化建设日趋完善。目前,我国立法机关制定了与社会福利事业相关的《中国人民共和国残疾人保障法》、《中华人民共和国老年人权益保障法》、《中华人民共和国妇女权益保障法》、《中华人民共和国未成年人保护法》、《中华人民共和国收养法》、《中华人民共和国公益捐赠法》、《中华人民共和国义务教育法》等法律法规。保护老年人、残疾人、孤儿等弱势人群合法权益的社会福利法制体系正在建设之中。《残疾人就业条例》、《养老机构管理条例》、《老年人社会福利机构基本规范》、《残疾人社会福利机构基本规范》、《儿童社会福利机构基本规范》等行业标准和服务人员资格制度的建立,有效地增强了社会福利机构和服务队伍的专业化、规范化水平。

2011 年,我国颁布的《国民经济和社会发展十二五规划纲要》,对我国社会福利和慈善事业的发展提出了明确的任务:

第一,以扶老、助残、救孤、济困为重点,逐步拓展社会福利的保障范围,推动社会福利由补缺型向适度普惠型转变,逐步提高国民福利水平。

第二,坚持家庭、社区和福利机构相结合,逐步健全社会福利服务体系,推动社会福利服务社会化。

第三,加强残疾人、孤儿福利服务,加强优抚安置工作。

第四,加快发展慈善事业,增强全社会慈善意识,积极培育慈善组织,落实并完善公益性捐赠的税收优惠政策。

从我国十二五规划纲要的内容来看,在今后国民经济和社会发展中,建立和完善适度普惠型的社会福利制度、健全社会福利服务体系、提升残疾人和孤儿等特殊人群的福利服务水平,将是我国社会福利制度改革和完善的重点内容。

（二）特殊社会福利

特殊社会福利主要以无经济收入和生活无人照顾的老年人、残疾人和孤儿等特殊社会群体为对象，一般通过集中收养和分散供养相结合的方式，为他们提供生活供养、疾病康复和文化教育等福利服务。

1. 老年社会福利

老年福利是社会福利的一个组成部分，包括国家或社会为了安定老人生活、维护老人健康、充实老人的精神生活而制定的政策和提供的各种服务设施与社会公益服务，主要有退休养老保险、健康检查、保健服务、康乐活动、社区服务等项目。

老年人是一个特殊的群体，他们在生理上、心理上都与青壮年人存在较大的差异，因此，老年人应受到特殊的对待。一方面，政府、社会、家庭、个人都应保护老年人的合法权益，使老年人像其他年龄的公民一样享有人身、民主、劳动、财产等权利，并受到适合于老年人的特殊法律、法规（有关退休、老人生活福利、医疗保障、困难救济等等）的保护。另一方面，老年人有权利享受特殊的社会福利，根据为老年人提供社会福利的单位的不同，老年人社会福利主要有收养性的、娱乐性的和一般服务性的三种形式。收养性的，其主要职能是收养无家可归、无依无靠、无生活来源的孤寡老人。有条件的也开展自费收养，收养一些由其单位或亲属负担费用的老人。这类机构名称不一，如老年院、养老院、老年公寓、福利院等。娱乐性的，其主要职能是为老年人提供一些文化娱乐性服务，面向所有老年人开放，如老年大学、老年活动中心、老年人活动站等。一般服务性的，其主要职能是为老年人提供一些生活和健康方面的服务，其服务面也相当广泛，面向全社会老人。其设施如老年人康复中心、老年医院、托老所等。近年来，有些专门性的社会福利设施已随着社会的发展而走向综合化，许多收养机构也开发了面向老年人的文化、娱乐和医疗等方面的服务业务，从而为老年人提供了更好的生活条件。

随着我国老龄化问题的日益凸显，老年社会福利服务越来越成为政府社会福利事业的重要工作内容。为积极应对人口老龄化，我国《国民经济和社会发展十二五规划纲要》提出了我国老年社会福利事业发展的主要任务是：

第一，建立以居家为基础、社区为依托、机构为支撑的养老服务体系。

第二，加快发展社会养老服务，培育壮大老龄事业和产业，加强公益性养老服务设施建设，鼓励社会资本兴办具有护理功能的养老服务机构，每千名老人拥有养老床位数达30张。

第三，拓展养老服务领域，实现养老服务从基本生活照料向医疗健康、辅具配置、精神慰藉、法律服务、紧急援助等方面延伸。增加社区老年活动场所和便利化设施。

第四，开发利用老年人力资源。

2. 残疾人社会福利

像老年人一样，残疾人也是一个特殊的群体。世界卫生组织根据残疾对人的生理功能和社会功能不同程度的影响，把残疾分为三个层次：一是功能、形态残疾。这是残疾的第一级，一般为病伤的后遗症，使人体结构发生缺陷或异常。这一层次的残疾是因后天致残而使功能丧失。二是丧失功能残疾。人体的结构缺陷和功能障碍，使残疾人丧失应具备的与其性别、年龄、文化程度、职业等相应的能力。这一层次属于先天残疾而使功能丧失。三是社会功能残疾。由于身体的形态和功能的缺陷或异常，影响残疾者参加社会活动。这一层次是从社会功能障碍角度而言的。1982年12月，第37届联合国大会通过的《关于残疾人的世界行动纲领》，对残疾人作了明确的定义："世界卫生组织根据卫生工作的经验，对缺陷、残疾和障碍三者区分如下：缺陷，是指心理上、生理上或人体结构上，某种组织或功能的任何异常或丧失。残疾，是指由于缺陷而缺乏作为正常人以正常方式从事某种正常活动的能力。障碍，是指一个人由于缺陷或残疾，而处于某种不利地位，以至限制或阻碍该人发挥按其年龄、性别、社会与文化等因素应能发挥的正常作用。"同时，该纲领进一步说明："障碍的有无及程度是由残疾人与其生活环境之间的关系所决定的。当残疾人遭到文化、物质或社会方面的阻碍，不能利用其他人可以利用的各种社会系统时，就产生了障碍。因此，障碍是指与其他人平等参加社会生活的机会的丧失或是这种机会受到限制。”我国于1990年12月颁布的《中华人民共和国残疾人保障法》中，对残疾人也作了明确的界定：“残疾人是指在心理、生理、人体结构上，某种组织、功能丧失或者不正常，全部或者部分丧失以正常方式从事某种活动能力的人。”

残疾人福利是社会福利的重要组成部分，它是国家和社会为保障残疾人的合法权益，提高残疾人的生活质量所采取的扶助、救济和其他的福利措施。根据《中华人民共和国残疾人保障法》的规定，残疾人福利包括以下几部分内容：一是国家和社会对生活确有困难的残疾人，通过多种渠道给予救济、补助；二是国家和社会对无劳动能力、无法定抚养人、无生活来源的残疾人，按照规定予以供养、救济；三是残疾人所在单位、城乡基层组织、残疾人家庭，应当鼓励、帮助残疾人参加社会保险；四是地方各级人民政府和社会举办的福利院及其他安置收养机构，按照规定要安置收养残疾人，并逐步改善其生活；五是公共服务机构应当为残疾人提供优先服务和辅助性服务；六是残疾人搭乘公共交通工具，应当给予方便和照顾，其随身必备的辅助器具，准予免费携带；七是盲人可以免费乘坐市内公共汽车、电车、地铁、渡船，盲人读物邮件免费寄送。县级和乡级人民政府应当根据具体情况减免农村残疾人的义务工、公益事业费和其他社会负担等。许多地方政府根据该法已制定了具体实施办法，并逐步增加对残疾人的其他照顾和扶持。

残疾人及其福利问题是国际社会普遍关注的一个问题。1968年，美国国会通过的《建筑无障碍法》，是世界范围残疾人进入社会主流的开始和标志。1968年以后，许多国家相继制定并颁布了残疾人的基本法，目前，世界上已有130多个国家和地区制定了有关残疾人的法律。1969年，联合国大会通过了《禁止一切无视残疾人的社会条件的决议》；1970年，联合国大会通过了《弱智人权利宣言》；1975年，联合国大会通过了《残疾人权利宣言》，明确规定了残疾人应享有的各项权利。此外，还通过了《关于残疾人恢复职业技能的建议书》、

《残疾人预防及残疾人康复的决议》、《开发残疾人资源的国际行动纲领》等几个重要文件。1981年12月，世界性的第一个残疾人自助组织——"残疾人国际"在新加坡成立，提出了残疾人以平等的权利和机会参与社会生活和工作的宗旨。同年，联合国决定1981年为"国际残疾人年"。1982年12月3日，第37届联合国大会通过了第52号决议，制定了《关于残疾人的世界行动纲领》，宣布将1982—1992年定为联合国残疾人十年，作为执行该纲领的第一阶段，并呼吁世界各国采取行动。自1983年起，联合国大会每年都审议这一纲领的执行情况，并通过决议，从而使该纲领成为残疾人权益保护的重要文件。《关于残疾人的世界行动纲领》的主题是让残疾人与健全人一样有一个平等的机会，享有"充分参与"社会的权利。其宗旨是要推行有关残疾预防和康复的有效措施，促进实现使残疾人得以"充分参与"社会生活和发展，并享有"平等地位"的目标，也就是说要使残疾人享有与全体公民同等的机会，平等分享因经济和社会发展而改善的生活条件。

残疾人劳动就业问题是一个世界性的社会问题，是残疾人走向社会、参与社会的重要标志之一，是提高残疾人生活质量的根本措施。从国外解决残疾人劳动就业的情况来看，大体可分为以下几类：一是以日本、美国、英国等国家为代表，通过国家立法的形式，保证政府机关和企事业单位中有一定比例的残疾人就业；二是以苏联、波兰、南斯拉夫等国家为代表，采取国家投资兴办残疾人工厂的形式，解决残疾人就业问题，并且通过立法，在税收、信贷、物质、产业等方面对这些工厂给予一定的照顾；三是瑞典、芬兰等一些北欧的高福利国家，虽然通过社会企业基金会等机构安排了部分残疾人就业，但更多的是采取发残疾金的形式，由政府将残疾人养起来。

我国政府对于残疾人的就业问题非常重视，《中华人民共和国残疾人保障法》规定："残疾人劳动就业，实行集中与分散相结合的方针，采取优惠政策和扶持保护措施，通过多渠道、多层次、多种形式，使残疾人劳动就业逐步普及、稳定、合理。"2007年2月通过的《残疾人就业条例》对残疾人就业保障提出了具体规定。从目前情况看，集中安置和分散安置是我国安置残疾人就业的两种途径。集中安置，是指国家和社会举办专门的生产或工作单位，包括社会福利企业、盲人按摩医院(诊所)和其他福利性企事业组织，安排各类具有一定劳动能力的残疾人劳动就业。分散安置，是指机关、团体、企事业单位依据各自的特点，选择适宜的岗位，录用残疾人参加种植业、养殖业和家庭手工业等力所能及的劳动。各级人民政府和有关部门还可规定机关团体、企事业单位、城乡集体经济组织，要按一定比例安排残疾人就业，如上海市政府规定，机关团体、企事业单位和城乡集体经济组织，均须按本单位在职职工 1.5%的比例安排残疾人就业。除了以上两种途径外，还可鼓励残疾人自谋职业。政府有关部门鼓励、帮助残疾人自愿组织起来从业或者个体开业。对于申请从事个体工商业的残疾人，有关部门应当优先核发营业执照，并在场地、信贷等方面给予照顾。另外，要积极组织和扶持农村残疾人从事种植业、养殖业、手工业和其他形式的生产劳动。对于从事各类生产劳动的农村残疾人，有关部门应当在生产服务、技术指导、农用物质供应、农副产品收购和信贷等方面给予帮助。

为进一步完善残疾人社会福利事业，我国《国民经济和社会发展十二五规划纲要》提出了加快残疾人事业发展的主要任务是：

第一，健全残疾人社会保障体系和服务体系，为残疾人生活和发展提供稳定的制度性保障。

第二，实施重点康复和托养工程、0～6 岁残疾儿童抢救性康复工程和“阳光家园”计划，推进残疾人“人人享有康复服务”。

第三，大力开展残疾人就业服务和职业培训。

第四，加大对农村残疾人生产扶助和生活救助力度。

第五，丰富残疾人文化体育生活。

第六，构建辅助器具适配体系，推进无障碍设施建设。

第七，制订和实施国家残疾预防行动计划，有效控制残疾的产生和发展。

3. 儿童社会福利

儿童福利有广义和狭义之分。广义的儿童福利，是指国家或社会为保障儿童身心健康而举办的一切社会事业,如儿童娱乐中心、儿童公园、儿童剧场、儿童保健所、儿童医院、儿童阅览室等。狭义的儿童福利,是指补充或替代父母照顾和管理儿童,尤其是对孤儿、弃儿、盲童,以及聋哑、肢残、弱智儿童等举办教养所,包括儿童村、儿童福利院等,进行家庭式寄养、收养以及机关式收养保育等替代照顾;托儿所、幼儿园等进行补充照顾;对有特殊情况的家庭实行家庭补助制度,如给初生婴儿牛奶津贴,对收入微薄、未成年子女较多的家庭给予一定津贴等;同时包括建立聋哑学校、弱智学校、盲童学校等特种学校。

(1) 儿童福利院。儿童福利院是在城市举办的以孤儿为主要收养对象的社会福利事业单位。其任务是收养城市中无家可归、无生活来源、无法定义务抚养人的孤儿和收养自费的家庭无力看管的残疾儿童。民政部制定的对健全儿童的方针是实行养与教相结合,使他们在德、智、体各方面得到全面发展,成为有理想、有道德、有文化、有纪律的社会主义劳动者。对残疾儿童实行养、治、教相结合和供养与康复并重的方针,通过康复和医疗措施,恢复其生活自理能力和劳动能力,并施以文化和职业技能教育,为将来走向社会创造条件。儿童福利院配备有医生、护士、护理员和文化教员,专门负责孤儿、弃婴和残疾儿童的生活,一般保持在相当于当地居民的中等生活水平。

(2) 残疾儿童康复中心。残疾儿童康复中心是为残疾儿童提供康复服务的社会福利事业单位。主要任务是为残疾儿童提供门诊和家庭咨询,开展各种功能训练和医疗、教育、职业培训,以减轻他们的残疾程度,恢复生活自理和从事劳动的能力,为他们走向社会创造条件。康复中心的工作主要有开展残疾儿童普查、开展康复专业医护人员培训、开展残疾儿童家长培训、开展舆论宣传、开展残疾儿童康复训练、开展残疾儿童康复科研活动等内容。民政部与联合国儿童基金会于 1982 年合作进行了“残疾儿童社区康复”研究项目,到现在已取得较好成效。目前,民政系统康复领域已基本形成以康复中心为资源中心,以家庭康复点为基础的残疾儿童社区康复模式。

(3) 中国 SOS 儿童村。SOS 儿童村是一项安置孤儿的国际性社会福利设施。“SOS”是原国际上通行的紧急救援信号，国际 SOS 儿童村以此为标识，是为引起国际社会对孤儿问题给予广泛关注和支持。儿童村以模拟的家庭为单位，一般由 15～20 户“人家”组成，每户招聘一个“家庭妈妈”，每户约有 20 名不同年龄的孤儿，他们作为一家的“兄弟姐妹”共同生活。儿童村不把孩子送给别人寄养，直到他们能独立生活和自我照料为止。儿童村的经费主要靠募捐。目前这个国际救济组织已在 75 个国家建立了 200 多个儿童村网，拥有 3 万多名儿童。儿童村招收孤儿的条件是：父母双亡，无法定抚养人或法定抚养人无力抚养，年龄在 8 周岁以下，身心健康，发育正常，无家族遗传病史。儿童村由村长负责领导，管理人员有村长助理、妈妈、妈妈助理、教师和后勤人员等。孤儿们就读于附近的学校，进入青年期后迁至 SOS 青年村居住，直到他们完全独立。中国 SOS 儿童村是于 1984 年由民政部与 SOS 儿童村组织签订合作协议后建立起来的，到目前为止，已建有 6 个 SOS 儿童村，即天津 SOS 儿童村、烟台 SOS 儿童村、齐齐哈尔 SOS 儿童村、南昌 SOS 儿童村、开封 SOS 儿童村和成都 SOS 儿童村。根据协议，国际 SOS 儿童村组织还将资助我国建立若干个 SOS 儿童村。

为进一步完善儿童社会福利事业，我国《国民经济和社会发展十二五规划纲要》提出了保障儿童优先发展的主要任务是：

第一，坚持儿童优先原则，实施儿童发展纲要，依法保障儿童的生存权、发展权、受保护权和参与权。

第二，改善儿童成长环境，提升儿童福利水平，消除对儿童的歧视，促进儿童身心健康发展。

第三，加强婴幼儿早期启蒙教育和独生子女社会行为教育。

第四，切实解决留守儿童教育以及孤残儿童、艾滋病孤儿和流浪未成年人救助等问题。

第五，严厉打击拐卖儿童、弃婴等违法犯罪行为。

4. 精神病人福利院

精神病人福利院是中国接受和治疗精神病人的福利事业单位，由卫生、民政、公安三部门分别举办，承担不同对象的收治任务。卫生部门是精神卫生工作的主要职能部门,它承担着精神疾病的科研、防治等工作;公安部门主要承担着对危及社会治安的精神病人的收容和治疗康复工作;民政部门的任务是收养城镇中无依无靠、无生活来源、无法定义务抚养人的精神病人,同时也收养自费的家庭无力看管的精神病人。民政部制定的对精神病人的方针是实行养、治结合,使他们康复,重返社会。精神病院不仅要把病人养好,而且要把病人治好,即要求控制病人的病情急性发作,使症状缓解或减轻,防止复发;帮助病人提高生活自理能力,延缓功能衰退,减少病态肇事;力争康复,重返社会。

精神病院对精神病人实行开放管理,即不关、不绑、不锁。采取劳动治疗、文娱治疗、药物治疗和心理治疗,并把四种治疗方法有机地结合起来进行,统称为“四结合”疗法。劳动治疗是组织病人参加力所能及的、适合其自身特点的各种劳动,控制和延缓病人在躯体上和精神上的各种机能的减退,以增强体质和免疫力,提高病人的生活自理能力,为重返社会创造条件。文娱治疗是以开展文体活动的形式,配合和代替药物进行治疗,使病人在说说唱唱、跑跑跳跳中得到潜移默化的治疗,以达到丰富生活、安心养病的目的。药物治疗是通过注射、口服药物,来消除病人已出现的精神症状,控制和防止病情的发作。心理治疗是利用言语和医护人员的实际行动,对病人进行启发、诱导,帮助病人消除思想负担,树立战胜疾病的信心,以求得康复。

(三) 社区服务

1. 社区服务的含义

社区服务是通过社区资源的优化配置,为社区居民的物质生产和精神生活提供的各种社会福利与社会服务。社区服务的出现,一般认为应以英国牧师巴涅特 1884 年所设立的“汤恩比馆”为标志,它是社会工作中的第一个社区服务中心。社区服务最初仅以帮助新移民及有特殊困难者适应环境为内容,以后才逐渐发展到为社区居民提供儿童日托服务、社区集会场所、图书馆、银行、社区俱乐部及各种娱乐措施等生活服务。社区服务逐步发展成为针对社区居民的共同需要,合理利用社区自身的资源,充分动员居民自身参与活动,实现互助、自助的自我服务过程,以使社区重新成为一个具有多种服务功能的生活共同体。随着社区服务的发展,社区服务开始组织化,在工业国家中形成了社区组织运动。社区组织强调社区是一个整体,从而要求把原先分散的由各种机构、人员所进行的社区服务统一起来,由政府和专门机构主持,并使社区服务走向科学化和专业化。从社区服务形成和发展的过程来看,社区服务以社区为工作对象和范围,从原先单纯的救济福利发展到以提高社区全体居民的生活质量为内容,在工作方式上,社区服务变分散的、消极的居民受助到有组织的、积极的自助与互助,变被动地接受他人服务为主动地自我服务,充分强调了居民自身的参与和社区自身资源的利用。

2. 社区服务的特征

作为以社区为单位组织的区域性社会福利服务,社区服务主要表现为以下几方面的特征：第一,自助互助性。社区服务主要不是依靠政府,也不是依靠外部资源,而是以社区居民的公共需要、共同需要、集体需要为出发点,从本社区的实际出发,最大限度地开发和利用本社区资源,解决居民社会生活中的问题,是社区居民以自助互助为特征的自我服务。第二,广泛性。广泛性体现在两个方面：一是居民参与的广泛性。社区服务以社区居民的主动参与为基本特征,有了居民参与的广泛性,才能实现社区服务的居民自治。二是社区服务内容的广泛性。社区服务的内容将满足居民社会生活各个方面的需求,服务方式也将多样化。第三,持续发展性。社区服务针对不同对象,将实行有偿、低偿、无偿等不同服务方式。以有偿为主,基本做到"收支相抵、略有结余"。社区服务在实现社会效益、经济效益并重的前提下,依靠服务收入提供的服务资源,进行自我循环,不断扩大服务领域和服务规模,实现自我生存和持续发展。

3. 社区服务的内容和项目

社区服务的内容和项目可以分为两种类型：一是主要由民政系统推行的社区内的社会服务；二是民政系统之外的政府部门主导推

动的社区服务。民政系统推行的社区服务的内容和项目主要包括面向老年人、残疾人、优抚对象等特殊群体提供的社区福利服务和面向社区居民提供的便民利民服务。① 社区福利服务，从对象上来说，主要是为老年人、残疾人、精神病患者、儿童以及优抚对象等特殊群体提供的带有福利性质的服务。

(1) 老年人服务。老年人服务是社区服务系统中的重要方面。从我国已实施的项目来看，主要有以下几类：一是社区居家养老服务。社区居家养老服务，主要是指依托社区养老服务资源，为60周岁及以上有生活照料需求的居家老年人提供或协助提供生活护理、助餐、助浴、助洁、助行、代办、康复辅助、相谈、助医等服务。② 社区居家养老服务一般由社区居家养老服务社（社区助老服务社）、社区老年人日间服务中心、社区老年人助餐服务点等社区居家养老服务组织（机构）提供。社区居家养老服务作为社区老年服务的重要内容，正在全国各地推行、实施和完善之中。二是社区为老年人提供的收养和寄托服务。主要由街道和居委会兴办的老年公寓（小敬老院、小福利院）和托老所承担，收养对象包括社会孤老以及退休孤老、身边无子女和有其他困难的老人。通过对老人的全方位服务，使老人安度晚年。三是为老年人的文化生活服务。如各社区兴办的老年人活动中心、老年茶社、老人之家、寿星乐园等等。在这些活动场所，老人们可以举办各种文化活动，丰富了老年人的精神生活，为老人们创造了充实、富有朝气的晚年生活。四是老年人庇护服务。这是由老年人社会保护组织依据法律法规为那些人身和基本生活权利受到严重侵害的老年人提供的临时紧急庇护和收养、法律咨询、家庭纠纷调解、生活安全服务。承担这项服务的组织，一般给老人以庇护。老年人庇护服务包括三方面的内容：法律庇护、生活庇护、舆论庇护。法律庇护，即由老年人保护组织在民政、司法等部门的支持下，为受庇

---

① 参见白益华、吴忠泽主编：《社会福利》有关章节的内容，中国社会出版社1996年版。

② 社区居家养老服务的概念引用自2010年上海市民政局颁布的《社区居家养老服务规范》中的定义。

护者提供法律咨询和调解,帮助他们运用法律武器,反对侵权行为和调解纠纷,以保护受庇护老人的合法权益。生活庇护,即为老年人提供良好的生活服务,使他们有安全感,精神上得到安慰,重新鼓起生存勇气和信心,防止不良后果。舆论庇护,即为维护老年人的合法权益,在进行调解、实行法律保护的基础上,还必须借助媒体,动员社会力量,进行舆论庇护。五是老年人生活综合服务。主要包括两方面的内容,即老年人生活服务及老年人婚姻介绍。老年人生活服务的内容主要有老年人生活用品的供应和调剂、老年服装裁剪和制作、老年生活技术培训等。老年人婚姻介绍是社区老年保障的重要内容。开展婚姻介绍服务,既可以为单身老人广搭鹊桥,增加他们的社会交往,又可以向社会和子女做好宣传工作,克服老年再婚的障碍。

(2) 残疾人服务。社区为残疾人提供的服务一般由基层社区举办的残疾人康复中心承担。主要服务内容有医疗康复、社会康复等。医疗康复主要是采取功能康复与针灸、按摩相结合的方式进行治疗,对于瘫痪的残疾人通常也由康复员登门指导训练;社会康复是指由街道为残疾人康复提供社会支持,如成立残疾人协会,组织残疾人参加摄影、书法、美术、演唱和体育比赛等活动,组织社会资源对残疾人进行帮助等。

(3) 精神病患者的康复服务。这项服务的对象主要是那些流散于街道社区的精神病患者。服务的主要形式是建立精神病患者的康复站,如精神病人工疗站,主要做法是把社区内的精神病患者组织起来,安排一些简单的劳动并辅以康复治疗。

(4) 残疾和弱智儿童的康复服务。对残疾儿童主要提供寄托服务,对弱智儿童进行启智教育服务。如街道举办的寄托站和启智班,为残疾和弱智儿童提供生活照顾以及肢体、听力、语言功能早期训练和启智训练,使残疾儿童和弱智儿童接受教育、参与生活的权利得到保障。

(5) 城市社区的心理咨询和家庭辅导服务。社区通过举办居民学校、家政学校等形式,为不同年龄的人提供心理辅导服务和提高生活质量的家庭辅导服务。社区的心理咨询和家庭辅导服务可为社区居民提高生活质量发挥较大作用。

(6) 开展就业培训和职业介绍服务。依托政府相关政策及社区资源,社区服务中心可开展就业培训及职业咨询等相关服务。

(7) 便民利民服务。便民利民服务的主要宗旨是方便居民生活,转移居民家务负担,缓解居民在衣、食、住、行以及学习娱乐等方面的难题,使他们能够安居乐业。便民利民的服务项目众多,主要有生活用品代买服务、代请医生就诊、劳动中介服务、餐饮服务、家庭用具修理和家政服务等。

除了上述主要由民政系统推行的社区服务外,近年来,在全国及部分省市,一些政府职能部门也在社区层面设立和主导推动社区服务。如社区矫正,这是由司法部在全国 20 多个省市推动的针对社区服刑人员矫正服务的社区服务。上海市在 2003 年推动预防和减少犯罪工作体系时,以政府购买服务的制度设计,组建社会工作服务社团,在社区推行了社区服刑人员和刑释解教人员的矫正服务,药物滥用人员社区康复服务,"失学、失业、失管"青少年的社会工作服务等。这些社区服务的推行,直接推动了上海社会工作职业化、专业化进程,也在更大层面上推动了社区服务的发展,促进了社会管理体制的建设和完善。

社区服务,是社会管理体系中的重要组成部分,同样要建立党委、政府、社会、公众相互合作机制。发挥党和政府的主导作用,促使社会组织的自主运作,倡导公众的广泛参与。政府领导主要是指各级政府把社区服务作为一项重要的工作列入议事日程,制定有关的政策、法规予以实施,对社区服务工作进行宏观指导,要制定发展社区服务业的规划和政策,进行业务指导,实行宏观管理。社团自主运作是指社区服务将逐步由独立注册的民间组织来承接和独立运作。社会参与则是充分动员社会各界和广大群众,共同兴办社区服务业,使社区服务走上社会化的道路。具体地说,社会参与主要包括五个方面:一是服务对象的社会参与。二是服务设施的社会参与。社区服务设施一般是指由各级社区组织就地筹建,配有一定专业人员和服务设施,能发挥一定福利服务功能的场所。大致包括老年人服务设施、残疾人服务设施、心理咨询和家庭辅导服务设施等。服务设施的社会参与是指在政府主管部门的统一规划和具体指导下,采取民办公助、民办民助和法人投资、法人管理等多种方式,多层次、多渠道、多种经济成分并存地兴办社区服务实体。三是服务人员的社会参与。社区服务人员的参与程度直接决定了社区服务的质量。从实施状况来看,社区服务人员主要由以下几类人员构成:离退休人员、失业和下岗人员、在职在业人员、辖区内机关团体工作人员、专业的社会工作者和专职的社会行政事务管理人员等。在多类服务人员参与的过程中,社会工作者作为专业服务人员,其在社区服务中的职业优势和专业特性正在得到社会的认同,并成为社区服务的主要专业人员。四是服务资金的社会参与。社区服务资金主要来自两方面:一方面是国家财政投入,另一方面是社会筹集的资金。目前社区服务资金主要来源于社会筹集。我国的社区服务正逐步建立起以社会筹集为主、政府资助为辅的多层次、多途径、多种经济成分并存的社区服务投资体制。五是服务管理的社会参与。社区服务应提倡政府、社会单位、居民代表共同参与,并逐步形成在政府指导下的社区服务社会化管理模式。社区服务的专业性、职业性特征也日益成为现代社会各界共同认可的重要标志,这意味着具有专业规范、技术指引的社会工作服务将逐渐替代民间以慈善、爱心为特征的传统服务,社区服务也正在走向职业化、专业化的科学发展轨道。

4. 社区服务评估

社区服务评估,是指运用各种社会统计评估指标对社区服务实际展开情况进行衡量和评判。社区服务评估的具体内容主要包括社区服务的发展水平、社区服务的质量、社区服务的效率、社区服务的效益、社区服务的组织化程度和管理水平、社区居民的参与状况等。以这几方面为基础,相应形成社区服务评估指标。

在社区服务评估实践中,因目的、条件、手段不同,分为衡量社区服务效果的基本指标和衡量某个社区服务设施的基本指标。衡量社区服务效果的基本指标主要包括以下内容:

(1) 社区服务参与率。即发动社区居民和辖区单位参与社区服务活动的测定指标。其计算公式有二。

公式一：

$$社区居民参与率=\frac{参与服务居民户数}{社区居民总户数}\times 100\%$$

其中，参与服务居民包括：在一定设施、岗位上从事服务的专职服务者，参与互助服务的志愿服务者，既负责居委会工作又参与社区服务的兼职工作者，以及社区范围内社区服务的领导和组织者。

公式二：

$$辖区单位参与率=\frac{参与服务的单位数}{辖区社会单位总数}\times 100\%$$

社会单位在下列四项中具备一项者，即可认定为参与了社区服务，它们分别是人力参与、物力参与、场地参与、单位设施对社区开放。社区服务的参与率，是社区服务社会化程度的标志。

(2) 社区服务受益率。即社区居民和社会单位从社区服务中得到的帮助、照顾的比率数。居民受益以家庭为单位。其计算公式有二。

公式一：

$$居民受益率=\frac{受益居民户数}{社区居民户总数}\times 100\%$$

居民受益率分为经常性受益和非经常性受益两类。对作为服务重点的社区的民政对象和困难户，进行包户性、制度性服务，结为互助对子的户与户服务，相互之间有不间断的互助互济行为，属于经常受益户。其他受益户为非经常受益户。

公式二：

$$社会单位受益率=\frac{受益社会单位数}{辖区社会单位总数}\times 100\%$$

社区单位受益有直接和间接之分。直接受益，指辖区单位得到社区服务直接的帮助和服务，如安全保卫、环境治理、劳力提供等；间接受益,指辖区单位所属的成员个人或家庭得到社区服务的帮助和照顾。

(3) 社区服务需求满足率。需求满足率是社区居民提出的需求通过服务得到满足的比率。其方法是通过普查和分散调查,了解本社区居民及社会单位有哪些服务需求,把这些需求汇总构成社区服务需求总量。在调查的基础上,有针对性地开展服务工作。

$$需求满足率=\frac{需求满足数}{居民提出的需求总数}\times 100\%$$

需求满足率与服务受益率有所不同。需求满足率是对服务需求件数的计算,是对服务成果的具体测算,能更准确地反映服务成果;服务受益率是以户为单位计算,户受益弹性较大,得到一次服务是受益,得到两次服务也是受益,着重反映服务辐射、渗透状况,是评估服务普及状况的指标。

(4) 社区服务满意率。社区服务满意率是指社区居民和辖区单位根据自己切身体验,对服务工作表示满意者占社区全体居民和单位的比率。

$$居民满意率=\frac{对服务满意的居民数}{社区全体居民数}\times 100\%$$

在实际评估中,由于社区家庭多,人口杂,对满意、不满意的全面测算较为困难,因此,这项检验一般采取抽样调查法。可用以下公式:

$$居民满意率=\frac{表示满意的被调查人数}{被调查的总人数}\times 100\%$$

$$社会单位满意率=\frac{表示满意的社会单位数}{被调查的辖区社会单位总数}\times 100\%$$

是否满意是服务对象对社区服务的主观评价,这一评价直接转化为服务对象对社区的认同感和归属感。所以,把社区服务满意率和服务对象对社区的认同感、归属感结合起来评估,就能得到更准确的社区服务满意率。

评估某个社区服务设施通常有以下三个指标：一是设施设备的完好率。这是对设施设备维护保养状况的检测。二是设施设备的使用率。这是对每个设施或项目在单位时间内服务人次状况的检验，即实际服务人次与设计服务人次之比，有相等、超过、不足三种情况。三是服务补偿率。即服务收入与服务投入之比。其中，服务投入不是设施建立经费的投入，而是服务工作过程中的投入，包括人力、物力的消耗；服务补偿是对服务工作的补偿，基本要求是收支相抵，略有节余，既不可亏损，又不可过多赚钱，其目的是尽量减少对政府经济上的依赖。设施完好率体现的是对社区服务固定资产的管理状况，设施使用率体现的是社会效益，服务补偿率体现的是经济效益，这三个指标的统一，是设施服务工作好差的综合反映。

三、外国社会福利制度

自 20 世纪 60 年代以来，西方一些经济发达国家在发展一般的社会保障计划的同时，积极推进和发展社会福利事业，取得了一些成就。一些国家由此被称为“福利国家”。本章主要介绍一些国家的老人福利、儿童福利、残疾人福利等社会福利项目。

（一）英国的社会福利

英国以社会服务作为广义的福利制度的概念，其内容主要包括保障所有国民获得最低收入的社会保障，为老人、残疾人、儿童等个别需求提供服务的福利服务（即个别社会服务），为所有国民提供基本免费的必要的保健和医疗服务及国民保健服务等，还包括住宅服务和教育服务。英国社会福利的特点是公共福利政策的覆盖面广，基础完备。

1. 老人福利

英国一般把领取退休金的年龄，即男 65 岁、女 60 岁作为老人的标准。老人大都独住在自己家中或与家人一起过着无需援助的生活，但也有需要收容保护和治疗及护理的人。需要治疗及护理的人中,包括在家庭护士的帮助下能够在自己家中疗养的人、希望与其他老人一起在护理中心等得到护理的人,及需要医院收容的老人。其中,受到养老院和医院保护的老人约占总数的4%左右。英国在老人福利服务中,强调对于老人问题防患于未然,并使老人尽量在社区范围内得到援助。

英国对于老人的各种规定范围内的合理需求及保健医疗支出,包括恢复正常生活所需的支出,均通过国民保健服务免费予以提供。由于老人数量的增加,在英国的医院发展政策中,增设老年病部门已成为优先考虑的项目,社区还制订了增加专门护理老人及残疾人的家庭护士名额计划。同时,为老人提供适宜的居处也已成为老人福利所关心的问题。英国地方政府和民间住宅协会为无需他人照顾的老人提供平房或公寓,为需要关注的老人提供配备有管理员的老人公寓。另外,对于以老人为对象设计的民宅,政府、房地产公司和民间团体等还给予一定的补贴和捐款。

在英国,由地方政府社会服务部门负责的福利服务,包括如下几个方面:

(1) 由养老院收养需要保护的老人(如生活不能自理但又无需入医院护理的老人等)是地方政府的义务。养老院包括由地方政府直接经营的养老院、受地方政府委托兴办的民营养老院、在地方政府登记并受其监督的民营养老院等。其中由地方政府直接经营的养老院占了绝大多数。养老院的收养规模一般为30～50人。老人进养老院一般要征得当事人同意,如当事人不同意进养老院,而医生认为该人需要收容,经法官或法院确认后,地方政府可予以强制性收容。各养老院按实际经费确定收费标准,并向被收养的老人征收。如老人无力负担,由国家(支付补助津贴)或地方政府补充不足部分。

(2) 家庭寄养。把被保护者介绍给一般家庭,让其暂时或长期与这个家庭一起生活的制度,称为家庭寄养。这项计划的实施是由地方政府、医院和民间团体等组织进行的,这些组织由专职的组织者对老人及接待家庭进行详细调查,然后予以介绍和安排。在英国,以这种方式养老的老人还不多。

(3) 家庭援助。老人家庭援助一般都由已婚女性充当，她们通过每周二三次、每次 4 小时左右的工作，帮助老人做一些难以料理的事，如购物、做家务、擦窗户等等。这种援助收取一些费用，但对于除年金外无其他收入的低收入者免费。由于家庭援助的对象 80%以上是老人，因此，若将打零工的家庭援助者换算成全日制正式职工，每千名 65 岁以上老人中只有 6～7 名家庭援助者。①

(4) 手足病治疗。为行动不便的老人剪指(趾)甲等手足服务，是帮助老人的必要服务。人们通过老人的各种聚会或在老人家中，提供手足病治疗。负责提供这种服务的是地区保健局，很多民间团体也承担此类服务。

(5) 家庭友爱访问。这是弥补家庭援助不足的一种方法，多由地方政府组织，一般由邻近的健康老人充当义务访问员，提供购物、炊事等简单服务。这种服务是免费的，经常充当友爱访问员的人，由地方政府予以若干补贴。

(6) 洗涤和膳食服务。英国地方政府有向有关老人提供洗涤衣物和床单的服务。膳食服务主要有送饭至老人家中、午餐会、俱乐部聚会等。根据需要，送饭到家中一般是每周 3～6 次。各种方法均需收取若干费用。大部分膳食服务由民间团体提供。②

(7) 家庭生活用品的配备。政府为了改善行动不便老人的居住环境，通过财政支出提供或改善暖气设备、栏杆、改造厨房、扩大出入口、改装浴室和厕所等服务。此外，还根据老人的残疾情况，配置或租借电话、电视、无线电收音机，并发给其他生活用品。

(8) 娱乐中心及休闲活动。地方政府为行动不便的老人建立了娱乐中心，给老人提供聚会场所，即建立所谓“没有床铺的养老院”。早晨用车把老人送到中心，一直呆到晚上，并提供饮食、手足病治疗、理发等服务。这种服务不仅适用于单身老人，而且适宜于因年轻人上班而白天孤独的与家人同居的老人。通常老人每周接受 2～3 次

---

①② 参见[日] 国际社会福利协会、日本国委会编，张萍译：《各国的社会福利》，华夏出版社 1988 年版，第 12 页。

的日托护理。同时，地方政府和一些民间团体以老人为对象组织各种形式的俱乐部及旅行活动。此外，交通部门、电影院、美容院、成人学习班等也大都为老人提供特惠收费的服务。

2. 残疾人福利

残疾人福利是通过国民保健服务机构对身体残疾者提供治疗及在医学意义上的康复服务。一般的康复中心都配备各种训练器具，以及织机、编机、厨房用品等设备，指导身体残疾者进行适应日常生活的训练，还负责用专车接送受训者。康复中心作为残疾人的聚会场所发挥着重要的作用，有时还组织舞会、体育比赛等活动。轮椅等辅助器具也通过国民保健服务提供。

为残疾人创造就业机会是就业部的任务。残疾人经本人申请可在职业介绍所登记，残疾人就业指导官担负残疾人的就业指导。在职工总数中，各企业有义务雇用3%的残疾人就业。另外，就业部、地方政府和民间团体，还为达到上学年龄的残疾人提供职业训练场所，并对就业困难的残疾人提供技术培训设施。

地方政府负责保护身体残疾者。为此，地方政府应了解残疾者人数及其需求，并有义务向残疾人及其家属说明他们可以提供的服务。

由地方政府的社会服务部所承担的残疾人福利的内容，基本与老人福利的项目一样。人们利用地方政府经营的设施、委托民间经办的设施，以及在地方政府登记的民间设施来收容、保护残疾人，并在社区中为残疾人提供适当的帮助和护理服务，尽量丰富和方便他们的生活。为此，福利机构组织了各种俱乐部和旅行会，还为残疾人提供社会工作者、保健人员、家庭护士和家庭助手的帮助。

对于残疾人的住宅及其设备的改造，也与老人福利的项目一样，包括以下几项内容：安装栏杆把手、在床边和浴室安装升降机、配备餐具、改造厨房用品特别是炊事用具、改造厨房及其设备、配备替代用品、安装电话等。

另外，地方政府还向残疾人提供住房，在公共设施方面，指导新建和改造现有建筑物，使其尽可能适合残疾人使用。

在残疾人福利领域，民间团体的活动特别活跃，其服务方式多种多样。因此，协调这些服务、密切有关机关与团体的合作关系，是相当重要的任务。英国社会事务部设置了“残疾人保健与福利审议会”，由代表有关团体的委员和代表有关部、厅的观察员组成。

3. 精神残疾者福利

精神病人按其症状的轻重缓急，在医院的门诊部、短期住院部、中期疗养部和长期疗养部接受治疗。较重的病人可送到由社会事务部经营的医疗机构治疗。一般来说，精神病人到医院看病或住院治疗均需经过家属和本人的同意，但也有地方政府强制精神病人入院的情况。采取以观察症状为目的的强制性入院(约占入院总数的1.5%)措施，须有两个医生的证明。但是，在紧急的情况下，以72小时为限，有一个医生的证明即可。对于精神病人，也强调早期治疗和社区护理。地方政府和民间团体为在社区生活的精神残疾者提供娱乐中心和俱乐部，并为智力低下的人提供技术训练的机会和职业介绍。地方政府还设立了训练中心和残疾人中心，收容保护那些不能在自己家中生活的人。这些收容机构往往起着从医院向社区转移残疾人的作用。

4. 儿童福利

地方政府在儿童福利方面提供以下一些服务：

(1) 幼儿的养育。单亲幼儿、因母亲生病住院等得不到家庭养育的幼儿，由地方政府设立的保育所给予养护。保育所每周一般开放5天，从上午7点半到下午5点半，出生数周的婴儿到学龄前的5岁儿童均可入所，收取若干费用。各保育所的规模大体为接受50名婴幼儿左右。此外，还有许多接受地方政府指导、在地方政府登记的民间保育所、保姆、游戏小组等从事幼儿教育工作。

(2) 残疾儿福利。地方政府尽可能通过国民保健服务早期发现和治疗儿童的残疾，之后继续提供必要的健康护理，包括提供各种辅助用具。按照各种残疾儿的情况进行适宜的教育，是地方政府(地方教育当局)的义务。地方政府根据儿童残疾情况的医学报告，在与医生、教师、教育心理学家、儿童的父母商量之后，选择必要的措施进行处理。对于残疾程度较轻的儿童,地方政府采取各种援助方式使其尽量在普通学校接受教育。对于残疾程度较重的儿童,地方政府在普通学校附设普通班,并设立寄宿制或走读制的特殊学校。患有两种或三种复合残疾的严重残疾儿,在家庭或医院接受教育。另外,地方政府还为义务教育结束前的青少年残疾者提供职业指导和职业训练机会。

地方政府和民间团体在各地设置了儿童咨询中心和儿童诊疗所,教育心理学家、神经科医生和精神病学的社会工作者组成小组,对精神上和行为上有病的儿童进行治疗。在以残疾儿为对象的访问指导、学校教育、训练、余暇活动等服务方面,民间团体也广泛地协助地方政府开展工作。

(3) 儿童的保护。地方政府有义务劝告、指导和尽早地帮助发生问题的家庭,以避免儿童失去家庭保护或沦为法院保护、监察及其管制的对象。地方政府还有义务保护实际上无人保护的儿童,如不满 17 岁的孤儿、没有保护者的儿童、被遗弃的儿童、父母无法保护的儿童等等。地方政府认为,最好的措施是为这些儿童提供接近正常家庭生活的环境。作为应急措施,地方政府设立了收容所,需要短期收容的儿童可以在这里受到短期保护,另外还可以对其采取适当的措施,如养父母收养、由定员 4～6 人规模的家庭养护机构收养、由定员 12～18 人规模的养育院收养、在地方政府的指导下儿童自组家庭等。对于需要长期观察的儿童和不适宜采取上述措施的儿童,地方政府设立了长期收容所,并制订了短期收容未满 5 岁幼儿的收容保育措施。

(4) 强制性保护。对于父母管教不了、违法乱纪、拒绝上学、犯罪或不宜由父母管教的未满 17 岁的儿童,经少年法院判定,地方政府可实行强制性保护并代理行使亲属权。少年法院的决定包括:命令地方政府对儿童实行保护措施、命令父母和保护者妥当地保护儿童、命令地方政府或监察官对儿童实行监察。除了上述措施外,还有收容犯有严重罪过的儿童,并对其进行保护监察的少年拘留所或社区收容所,以及在收容保护的同时提供教育的社区学校。

(二) 美国的社会福利

美国联邦《社会保障法》所规定的社会福利制度体系范围很广，既包括了一般的社会保障项目，也包括了如老人福利、母子保健、儿童福利及公共卫生等福利项目。

1. 老人福利

在美国，社区为病弱或残疾老人提供的服务项目主要有：修建残疾老人专用住宅、小型私立疗养院服务、供给食品服务、电话服务、家庭娱乐活动及职业活动、友爱访问服务、医院的定期治疗服务，以及因家属休假或急诊而提供的短期收容治疗及短期护理等。老人的日托中心基本上以收容为主，不收需要护理的老人。对于需要收容的老人，无论其种族或支付能力如何，都应为其提供适当的收容服务。

1965 年《老人福利法》颁布后，以老人为对象的社区服务计划付诸实施。该法及后来的修正案规定，为了加强以老人为对象的服务工作，联邦政府将向州政府提供资助。服务工作的内容包括家庭女佣服务、交通服务、图书服务、购物服务、食品供给服务、法律扶助、职业咨询、职业培训等。

(1) 咨询服务。服务内容主要有为老人寻找寄养家庭，提供保护性服务以及提供家庭女佣等有条件的服务。

(2) 集体服务。指在收容机构内及社区中(如教会、社区中心等)向老人提供的服务。服务内容包括娱乐活动、职业活动、教育活动、集体咨询、集体治疗等。

(3) 机构收容与保护服务。美国单身生活的老人主要进入小型私立疗养院及有供给膳食的寄宿旅馆和老人公寓中。老人机构有各种类型，既有收费的又有免费的。老人的长期护理机构只有小型私立疗养院。在联邦政府的保健预算中约有 1/3 用于护理老人，医疗补助经费中每 1 美元就有 40 美分用于小型私立疗养院。

(4) 职业服务。有关机构根据《老人福利法》等法规，广泛地向老人提供职业培训和职业介绍服务。

(5) 其他服务。在经济保障、医疗保障、住宅保障及食品分配方面,为老人提供的服务与儿童福利、残疾人福利一样。

2. 儿童福利

美国的儿童福利包括联邦政府、州政府以及地方政府为促进儿童健康成长而制订的各种措施。美国政府制订为儿童提供各种服务的福利计划,其目的是为了使他们免遭贫困、饥饿、无人管教、虐待以及被人歧视的痛苦,保证儿童的身心健康和顺利成长。

(1) 咨询服务。儿童咨询服务起源于慈善协会对贫困家庭的援助,由此发展为目前的家庭福利协会等综合咨询服务机构。20世纪20年代,以防止儿童犯罪为目的而成立的机构则逐渐演变成今天的教育机构和精神卫生机构。

(2) 保育服务与收养子女。在美国的"亲权"思想中,对所有儿童负有养育责任的最终是社区。因此,家庭如果不能很好地保护儿童,社会就要代替父母加以保护。儿童福利机构可以通过审查来证明寄养父母或养父母是否具备保护儿童的最低条件。对于那些失去单亲或双亲的儿童、父母均是残疾人的儿童、不听父母管教或父母放任不管以及受到父母虐待的儿童,儿童福利机构将为其提供寄养服务。由社会福利机构、警察和法院经过调查,确定是否应该对某个儿童实行寄养。

收养子女需要履行必要的社会和法律手续。其特点过去主要是使没有子女的人通过收养子女当上父母,现在则是为没有父母的儿童寻找合适的父母。

(3) 收容保护与保育所。其保护对象是有不良行为的少年、弱智儿童、身体残疾儿童、被遗弃的儿童以及其他需要保护的儿童。公立的保护机构基本上都由州政府管辖,此外有母子公寓、少年行为矫正机构以及为身体或精神残疾的儿童服务的医院。地方上有拘留所等儿童保护机构。

另外,儿童养育中心、托儿所、幼儿园、家庭托儿所等保育机构,为儿童提供学龄前启蒙教育,以及上学前、放学后和假日的保育等日托服务。为学龄前儿童提供的服务有:启蒙教育、提供合适营养、根据需要提供保健服务、为儿童提供健康成长的机会、为父母提供教育机会、为儿童及其亲属提供必要的社会服务。

(4) 综合的母子保健服务。鉴于生活贫困的孕妇得不到照顾以及弱智儿童出生率较高的情况，1963 年，美国政府特意为母子保健服务制定了特别立法，即为低收入地区的女子和 1 岁以下的婴幼儿提供综合的母子保健服务。1970 年，35 个州制订了 55 项母子保健计划，联邦政府为此提供了 3 660 万美元资助母子保健服务。按美国的母子保健服务规定，可在联邦政府的帮助下，对婴幼儿进行定期的健康检查以及对孕妇进行健康检查，开展访问护理活动，提供学校保健服务、牙科诊治服务和精神卫生服务。

(5) 娱乐服务。美国以儿童和青少年为对象的娱乐服务非常普遍，其中有公立和私立的娱乐设施、基督教青年会、基督教女青年会等宗教团体设立的娱乐中心、社区娱乐中心、街道互助福利中心、公园、儿童乐园、儿童游泳池等等。另外还有许多野营地，低收入家庭的儿童如去野营，由国家负担其全部或部分费用。童子军和女童子军等活动也十分盛行。

(6) 其他服务。关于儿童的经济保障，在公共扶助中有对儿童家庭的扶助，国家年金中有各种儿童津贴，儿童可以得到医疗保险和医疗补助(残疾者)保障，政府还为儿童提供住房服务、食品服务、职业培训等，家境贫困的学生也能得到政府的帮助。

3. 残疾人福利

美国的残疾人福利主要集中在康复计划上。在对精神残疾者提供帮助时，还提供详细周到的康复服务。对精神残疾者，主要由社区负责。各州随着精神卫生服务资金的增加，州立精神病医院制度得到了发展。社区的精神卫生中心必须提供综合而且容易被人接受的治疗，如住院治疗、门诊治疗、急救等服务。

在保障制度方面，1973 年制定的《康复法》强调对重症残疾者进行康复治疗。1972 年修订的《社会保障法》规定，根据社会保障年金制度以及铁路工作人员退职制度，每月领取津贴的残疾人和患有慢性肾病的一部分人可以领取医疗保险津贴。

1977 年，为消除残疾人受到的所有差别待遇，联邦政府制定了下述规定：今后修建的所有公共设施，在设计上都要便于残疾人的利用；所有学校、医院都应对残疾人开放，现在做不到这一点的单位，应在三年内通过翻修做到；雇主不得拒绝雇用残疾人；被雇用者不因“身体检查”而受到差别待遇；所有残疾人均可免费接受义务教育，因残疾严重不能走读时，由学校出钱就近住宿；取消为残疾儿童设立的特殊班级和养护学校；大学教授的课程应有助于为残疾学生提供平等的就业机会；学校、医院及其他社会福利设施应该备有手语翻译和盲文读物等。

美国社会福利中对残疾人的服务内容还包括：一是住宅保障。1964年，美国政府专门制订了为老人和收入低的身体残疾者提供住宅的计划。这种住宅在结构上便于残疾人使用。二是医疗、训练、护理。以残疾人为对象的医疗服务基本上是根据医疗保险及其他有关立法，由普通医院、某些设施、访问护理机构等提供。医院及长期疗养设施，只收容最需要医疗护理的人，多数人都是在家接受护理。访问护理机关或保健局负责提供护理人员，护理人员的工作通常是在医生的全面指导下进行的。患有视觉障碍的人可以利用康复中心。利用这个中心的人往往是住在家里的人，一些康复中心还为老年盲人提供特别服务。社会福利工作人员对申请者进行初审，在服务中与盲人医院或机构中的社会工作者密切配合。残疾人在进行康复训练期间，社会福利工作人员有责任利用精神医学的方法对患者和家属进行心理治疗。从患者离开亲人进入康复中心时到训练结束，社会工作者始终要对其提供帮助。三是对肢体不自由儿童提供的服务。这项服务基本上属于公共卫生范围内的医疗服务。各州通过对残疾儿童的早期发现进行预防服务，服务对象年龄从出生之日到21岁为止。根据联邦政府的规定，有关机构要对全体儿童提供健康检查服务。州政府根据残疾儿童的医疗费和各个家庭的情况，提供必要的经济援助。经过各种训练的工作人员，将被地方保健机构、医院、诊所及地方社会保健服务机构录用。所有的州立医院都要购置护理设备，以达到提供保健服务的标准。

(三) 瑞典的社会福利

瑞典于 20 世纪 80 年代初通过了社会服务法案,以后所有的社会福利事业均按新的社会服务法经营。各市政区设立了社会福利委员会,统一处理与社会福利有关的行政事务。

1. 老人福利

(1) 住宅。第二次世界大战后,瑞典政府通过修建老人专用公寓和向老人提供住房补贴,显著改善了老人的住房条件。1965 年以后,随着住宅的现代化,改变了过去的住宅密度标准,单身老人住一室一厅的房子已成普遍现象。1970 年以后,出现了新的老人住宅,如服务性住宅、老人旅馆等。修建这种公寓的目的是保持老人的独立性,按照老人的需求提供高质量而且安全的服务。各种服务的工作原则是,尽量对老人实行家庭护理,而不是收容护理。对那些生活不能自理的老人,则必须收容到养老院。住养老院的费用为国民年金的 70%,加上包括国民附加金在内的其他收入的 80%。任何阶层的人均可进入养老院。

(2) 活动中心。这种活动中心,既有独立的也有附设在服务性住宅和养老院内的。一般包括饮食中心、理发室、美容室、康复室、理疗室、谈话室、娱乐场、学习室等。瑞典各地还建有老人和年轻人都能使用的活动中心。

(3) 家庭服务员。在瑞典,家庭服务员大都是按工作时间领取薪水的地方公职人员。国家向市政府资助 35%的事业费。不论在农村还是在城市,家庭援助已成为以所有社会阶层的老人为对象的重要服务项目。地方政府根据老人的要求派遣家庭服务员,并根据使用者的收入情况确定是免费还是收取一定费用。在大城市和人口过疏的地区,还提供一种有效的巡回服务活动,即服务队用轻型汽车装着工具为老人家庭提供巡回服务。另外,照顾老人的家属也可作为家庭服务员从市政区领取报酬。对人口过疏地区老人的服务,得到了社会部和邮电部的资助,并形成了由邮递员对独居老人进行访问援助的制度。

(4) 饮食服务。主要是在小学校为本地区的老人提供餐饮服务,即在小学生吃完饭后,利用学校的厨房和食堂为老人提供饮食。学校的名称和菜单都公布在报纸上,价格仅是市场价的一半。

(5) 老人医疗。享受年金者免缴健康保险费。在医疗费中,门诊治疗均为免费,住院治疗只有领取年金后的 365 天免费,以后的每次治疗要负担 30 克朗。有工资收入的老人只有在领取年金后的 180 天中可以享受伤病津贴。

瘫痪在床的老人是老人医疗中最大的问题,各地设立了许多小型疗养所,为这些老人提供社会服务。

2. 儿童福利

(1) 妊娠、分娩。这一制度包括节育咨询、绝育、避孕、人工流产等。妇女从确定妊娠到分娩,以及从分娩到育儿期间的收入和医疗服务,均在制度上得到了保障。

(2) 儿童津贴。16 岁以下住在瑞典的儿童均可领取儿童津贴。

(3) 儿童健康检查。地区保健中心和儿童福利中心负责学龄前儿童的健康检查,每年的检查次数根据儿童的年龄而定,检查免费。健康咨询和打预防针等也为免费。

(4) 家庭服务员制度。除了以老人为对象的服务员外,还有以有子女家庭为对象的两种服务员:一种是在母亲发生事故时能够代理主妇的受过训练的专职服务人员;另一种是在孩子略有小病不能去保育所时,帮助双职工父母照看孩子的按小时领取报酬的临时服务员。这两种服务员都从市政府领取工资,使用服务员的费用根据父母的收入而定。

(5) 保育所。随着母亲就业率的上升,保育所的需求有所增加。瑞典保育所的设备很好,标准也很高,父母可根据工作情况来确定孩子在保育所的在所时间,保育费根据父母的收入确定。学龄前儿童的教育已形成制度,对学龄前儿童每天进行 3 小时的教育保育的幼儿园被称为入学预备学校,即将上学的儿童均可免费在这样的幼儿园接受教育。

(6) 垫付抚养费制度。父母均有义务抚养自己的子女。在离婚或未婚生子的情况下,父母一方均有义务根据自己的能力向与孩子同居的母亲或父亲支付抚养费。当其无能力支付或去向不明时,由国家垫付一定款项,以后再行偿还。

(7) 住房补贴。国家根据子女数目、父母收入和住房面积的情况支付住房补贴,目的是为了使孩子住上宽敞的房间。瑞典有孩子的家庭中,约有半数左右接受住房补贴,母子家庭绝大多数都领取住房补贴。

3. 残疾人福利

(1) 民间残疾人团体。瑞典有残疾人运动的传统,民间残疾人团体经常自发地组织各种运动。政府经常根据残疾人的意愿和要求制定政策。

(2) 行政。关于残疾人团体的财政援助,政府负责援助全国性组织,省负责省一级组织,市政区负责市政区一级组织。中央政府召开残疾人会议,制定全国统一的残疾人政策。政府、省联盟、市政区联盟和残疾人团体派代表出席会议,社会部、学校部、劳动部和劳动市政厅、住宅部等分别在其所辖范围内拟定会议内容。

(3) 残疾儿教育。主要做法是不让残疾儿童进入收容机构或与其他儿童隔离,而是让残疾儿童与普通儿童一起接受教育。保育所、学龄前预备学校、基础学校都准备接受残疾儿童入所或入学,这些机构的培训工作由省管辖。

(4) 劳动生活。指希望从事力所能及的工作的残疾人,有权使用能够准确判断自己能力的国立诊疗所、劳动培训机构、职业介绍所等。

(5) 社会服务。国家除了利用社会保险来保障残疾人的收入以外,还为残疾人提供以下服务:住房方面,修建了重症残疾人专用的一层公寓,如要把普通住房改造为残疾人专用住房,政府将提供补助费。以老人和身体残疾者为对象的家庭服务员,已经成为身体残疾者日常生活中不可缺少的帮手。在交通方面,城市要平整街道,以便于轮椅的行走,并在交通信号灯处附设盲人专用的声音信号机,公共建筑物应附设坡道。地方市政区负责接送残疾人去工作场所、医疗机构和公共设施,国家为此提供35%的援助。

帮助残疾人恢复正常生活的康复训练是省的责任,残疾人辅助用具的费用由健康保险和省政府负担。

第十一章
社会保障管理制度

社会保障管理是有效实行社会保障制度的关键。一国社会保障管理体制受社会生产力发展水平和社会经济制度的制约，管理的方式需要适应特定的社会保障制度及其变化。随着社会保障制度日益社会化和法制化，社会保障管理也逐步趋于社会化、市场化、法制化和现代化。现阶段，我国社会保障管理体制还面临着由计划经济管理体制向市场经济管理体制转化的重任。

一、社会保障管理体制

健全的社会保障管理体制必须适应社会保障运行规律，管理机构的设置符合社会保障事业的需要，并且具有明确的职责范围、有效的内部管理机制和各级机构的协调机制。

（一）社会保障管理体制概述

1. 社会保障管理体制的含义

社会保障管理体制，是指国家为实施社会保障事业而规定的从中央到地方的各种各类社会保障管理机构、管理原则和管理机制的总和。

社会保障管理机构的设置一般分为两个层次，即中央机构和地方机构。中央机构是指全国统一领导和指挥的权威性、决策性机构，它承担的主要职责是制定社会保障的法律和中短期发展规划、组织与兴办社会福利公共设施、信息收集、调查研究、发布指示、监督执行及处理争议等。地方机构是作为中央机构在各个地区的分支及下属机构，负责贯彻全国统一的社会保障政策和计划，督促统一政策和统一计划在本地区的执行，必要时可以根据地区的具体情况，依据国家的法规,制定本地区法规,提供或者组织筹集社会保障资金,及时收集信息,做好信息反馈,处理因执行社会保障引起的有关问题的争议等。为保证中央政策和计划的实施,地方社会保障机构必须与中央机构通力合作,组织人力、财力、物力,共同付诸实施。

有些国家,社会保障管理机构在设置专门的政府管理机构的同时,还按产业设立社会保障管理机构。

2. 社会保障管理机构的设置原则

由于社会保障制度的实施涉及社会经济的各个层面,既要协调政府、企业和职工之间的关系,保险机构与投保人、受益人之间的关系,又要协调现职人员与退休人员、高收入人员与低收入或无收入人员之间的关系。此外,社会保障的项目及实施范围已越来越广泛,实施的方式和方法也趋于多样化,因此,现代社会保障管理体制呈现出管理社会化、多元化和复杂化的特点。为此,社会保障管理机构的设置,必须遵循以下原则:

(1) 统一管理原则。社会保障有效实施和运行的必要条件是全社会的统一管理和资源的统一调配。因此,要求社会保障管理机构的设置必须具有完整的统一体系;同时,以一定时期社会保障的共同目标为基础,在保障制度的实施、政策的贯彻落实和具体的业务管理事务上,使设置的行政管理机构与业务机构能够协调一致,易于合作,并能清晰地界定领导机构与下属分级管理机构的职责范围,以利于正确处理好统一领导与分级管理、分工负责的关系,管理工作中做到统一性和灵活性相结合。由政府机构集中统一管理社会保障事务,也是许多国家社会保障发展实践中得出的经验。在世界各国的社会保障管理体制改革中,如何建立适宜的集中统一管理制度,始终是值得探讨的问题。目前,大致存在着三种集中管理的形式:一是对主要的社会保障事务实行高度集中统一的管理,即建立一个社会保障机构,管理主要的社会保障事务,次要的社会保障事务则由其他个别机构管理,这可称之为高度集中统一管理形式。二是强调对社会保障体系中的某一子系统的集中统一管理,如对社会救助或社会保险、军人保障等子系统,强调由一个部门或多个部门分别集中统一管理,这可称之为适度集中统一管理形式。三是强调对某一项目的集中统一管理,如对教育福利、公积金等,建立专门的管理机构或由某一部门统一管理,这可称之为项目集中管理形式。在一个国家或地区,上述三种管理形式可能同时并存,也可能只存在一种或两种。

(2) 精简与效率原则。管理机构的设置要以有效地管理和促进社会保障制度的实施,并快速、有效地处理和协调运作过程中出现的问题为目的。因此,在强调机构设置统一性的同时,机构设置要精简,根据社会保障的任务和需要设置职能部门,确定必要的人员,行政机构和业务机构的设置要分工明确、层次简化、管理幅度适宜合理。同时,为了提高管理服务效率,必须提高行政、业务人员的管理、服务和业务素质;行政、服务管理程序也要求做到科学化。

(3) 法制原则。行政机构和服务机构必须依法设置,必须依法审定行政编制。社会保障是政策性非常强的工作,不允许政府或其他单位随意设置社会保障的管理和业务机构。依法设立的机构必须依法办事,任何社会保障工作的管理和服务人员都不能违反有关的法规和政策。

(4) 行政管理与业务管理分离原则。社会保障机构的设置,在遵循行政管理与业务管理协调一致原则的基础上,根据社会保障工作自身的特点,还应遵循行政管理与业务管理分离的原则,以免行政管理部门干预正常的社会保障业务。因此,一般在中央机构及地方机构之下设置类似社会保障管理局的业务机构,专门负责社会保障基金的筹集、给付、管理等。

(5) 属地化管理为主,系统直属管理为辅原则。由于各项社会保障事务直接面向社会成员,它通常由一定区域内设置的管理部门或业务机构组织实施,实现区域范围内的福利共济性。因此,除新加坡等少数城市国家或小国家外,社会保障管理均表现出属地管理为主、系统管理为辅的特色。一般的社会保障事务通常是按照国家统一的法规,由中央政府或国家社会保障主管部门制定统一的原则和政策,各地区管理部门和业务机构具体执行和实施,并由各地区的社会保障管理机构承担起主要的管理职责,向地方政府直接负责。这里,划分属地管理与系统直属管理的权限或职责的主要依据,是中央与地方各级政府的社会保障职能和职责分工。对于那些可以由地方政府负责的社会保障事务,实行属地管理;对于那些只能由中央政府负责的社会保障事务,则实行系统直属管理。

3. 社会保障管理工作的主要内容

社会保障管理工作主要包括行政管理、业务管理和对象管理等三方面的内容。一是行政管理。这是指社会保障行政机构运用行政权力,在职能范围内进行管理和监督活动,负责制定社会保障政策和计划;综合运用组织、人事、计划、协调、监督、财务等手段,检查和监督执行情况;有效地处理社会保障制度实施中的各项事务,包括有关争议的处理等。其特点在于它的执行性和指挥性,它的活动形式也表现为执行和指挥活动。二是业务管理。指开展与社会保障行政管理对象相关的业务,主要使用组织手段,实现既定的政策和目标,偏重执行与行动,包括社会保障对象的登记和审查、保障基金的筹集、待遇的计算和支付、丧失劳动能力的医务鉴定、定残及其服务性工作。三是对象管理。指在社会保障的管理和服务中要深入群众,了解基础情况,并要让群众参加日常管理。社会保障的对象是那些失业、丧失劳动能力或社会活动能力差的人,他们的生活需要政府和社会公众的帮助,他们也有自己的意愿和要求。因此,基层管理机构要组织社会成员参加日常的管理活动,宣传社会保障的政策、法令,及时掌握和了解被保障人的生、老、病、伤、残及其家属的情况,进行细致的思想工作,关心他们的生活,组织慰问、开展互助,形成一套完整的群众工作制度。社会保障信息管理是指对社会保障对象相关信息的管理,它包括五个数据库:人口统计、雇主注册、被保险人记录、缴费记录及社会保障待遇发放。在管理中,要注意及时向被保险人传达信息,保证沟通渠道的畅通,同时利用计算机系统准确记录并更新信息数据,做到科学管理。社会保障信息化是社会保障管理制度发展的趋势。各级社会保障管理机构利用信息技术可以更好地处理社会保障业务,提高工作效率,增加管理的透明度和清晰度,形成开放的社会保障信息管理运行机制,为单位及个人提供更快、更好的社会保障服务。

(二)中国社会保障管理机构设置

我国的社会保障管理机构按照不同管理体制而有所调整,大致经历了三个时期。

第一,1949—1966年,我国社会保障管理部门基本设立。1949年10月,中华人民共和国成立,中央人民政府政务院下设了劳动部和内务部,管理社会保障工作。当时主要是企业的社会保险工作。按照《劳动保险条例》规定,劳动部为全国企业劳动保险业务的最高监督机关,负责贯彻《劳动保险条例》的实施,检查全国劳动保险业务的执行;各级劳动部门负责监督检查劳动保险金的缴纳和业务的执行情况,处理有关劳动保险的申诉。中华全国总工会为全国企业劳动保险事业的最高领导机关,统筹全国劳动保险工作的进行,督导所属各地方工会组织、各产业工会组织有关劳动保险事业的执行;各工会基层委员会为执行劳动保险事业的基层单位。随着1954年大行政区的撤销和社会主义改造的完成,国家对整个经济的管理逐步形成了以中央集权为主体的管理体制。根据精简机构的精神,原政务院决定整个企业劳动保险事业的管理由中华全国总工会负责,于是,劳动部与全国总工会根据国务院的指示,于1954年6月15日发出了《关于劳动保险业务移交工会统一管理的联合通知》。从此,企业的劳动保险业务由各级工会统一管理。

在此时期,国家机关工作人员的社会保险和社会福利及社会救济,基本上由民政部门统一管理。

第二,1966—1978年,社会保障管理工作遭到严重破坏,基本上处于停滞状态。社会保障管理机构有的被解散,有的被合并,处于非正常工作状态。1969年,内务部被撤销,中央政府失去了主管民政工作的专职机构,民政工作分别交由财政部、卫生部、公安部和国务院政工组管理。各地许多民政机构也被解散,不少社会福利生产和社会福利事业单位被撤销和移交,原政府颁布和执行的一些方针政策被废除或停止执行,大多数民政干部和优抚对象遭受打击与迫害,民政工作几乎处于瘫痪状态。同一时期,企业劳动保险工作也处于停滞状态。工会干部遭到迫害,工会组织瘫痪,企业中相当一部分劳动保险档案被烧毁。为使劳动保险业务能够继续开展,1968 年,国家计委劳动局通知各地劳动部门把劳动保险工作统管起来,并根据工作的需要,重新建立劳动保险的管理和业务机构。

第三,1978 年至今,社会保障工作的恢复、发展和管理机构的重组时期。1978 年党的十一届三中全会以后,国家把工作重心转移到经济建设上来,社会保障工作也逐步得到恢复和发展。1978 年 2 月五届人大通过的新宪法,决定设立民政部。民政部主要负责军队离退休干部的安置和管理,指导农村"五保"户的供养,举办敬老院和扶持农村贫困户,管理城镇社会困难户和被精简职工的救济以及社会福利等工作。

为了健全企业劳动保险制度,有效开展社会保障工作,1979 年 7 月,国家劳动总局设置了保险福利局,全国各地劳动部门也相继建立了保险福利处(科)。1978 年 10 月,在全国第九次劳动代表大会上决定恢复劳动保险工作,陆续重建工会各级组织。与此同时,国家劳动总局与中华全国总工会通过协商,于 1980 年 3 月联合发出了《关于整顿和加强劳动保险工作的通知》,通知中强调各级劳动部门和各级总工会,要在党委领导下,互相配合、密切协作,共同加强对基层劳动保险工作的领导,使劳动保险政策法规能够正确地贯彻执行。1982 年 5 月,为了精简机构,提高工作效率,国家将国家劳动总局、国家人事局、国家编制委员会和国务院科学技术局四个部门合并成劳动人事部。劳动人事部下设保险福利局,综合管理社会保险及职工福利事宜。

20 世纪 80 年代后期,随着我国政治经济体制改革的逐步深化,对干部人事制度的改革提出了要求,需要实现人事和机构编制管理的科学化、法制化。1988 年,全国人大七届一次会议批准了国务院机构改革方案,决定撤销劳动人事部,重建人事部和劳动部。企业职工的社会保险和国家机关的社会保险由劳动部和人事部分别领导,并相应地由这些部门制定有关政策。根据 1988 年国务院批准的劳动部“三定”方案中的规定，劳动部综合管理与规划全国企业、事业单位职工的社会保险和福利制度的改革方案及实施办法，并组织实施；组织指导职工退休费用社会统筹工作和职工待业保险；协调企业、事业单位和国家机关的社会保险和职工福利政策。为了做好退休费用社会统筹工作，1989 年劳动部决定，将省、市、县各级劳动部门所属的社会保险机构名称统一为“社会保险事业管理局”，属事业单位性质。其主要职责是，负责企业职工(包括劳动合同制工人)社会保险基金的筹集、管理、支付及职工社会保险档案的记载和管理工作。

1991 年国务院《关于企业职工养老保险制度改革的决定》发布后，我国社会保障管理体制基本上形成了由劳动部门负责城镇企业、人事部门负责国家机关和事业单位、民政部门负责农村农民及乡镇企业的管理格局。但这种格局造成了社会保险工作由多部门管理，机构重叠、职能交叉，政策和规定互不协调，甚至相互矛盾、相互制约的弊端，影响了社会保障工作的有效实施，其效率之低下也影响了社会保障体制改革的进程。

为使全国有一个统一的社会保障机构、建立统一的管理体制，1998 年 3 月，九届全国人大一次会议通过了《国务院机构改革方案》，在原劳动部的基础上，新组建了劳动与社会保障部，确定劳动与社会保障部的职责是：拟定劳动和社会保险工作基本方针、政策及总体改革方案；编制劳动和社会保险事业发展规划及年度工作计划，并组织实施；起草劳动和社会保险法律法规、制定行政规章和基本标准，并组织实施和监督检查等。将原来由人事部承担的机关、事业单位社会保险职能，民政部承担的农村社会保险职能，卫生部承担的公费医疗管理，原国务院医疗保险制度改革领导小组办公室承担的医疗保险制度改革职能，均划归劳动与社会保障部负责。这 改革措施结束了长期以来我国社会保险工作多部门分散管理的局面，实现了由一个部门实行统一管理的新体制，为提高我国社会保障管理水平和效率创造了有利条件。2008 年，根据第十一届全国人民代表大会第一次会议批准的国务院机构改革方案和《国务院关于机构设置的通知》，设立人力资源和社会保障部，将原人事部、原劳动与社会保障部的职责整合，划入人力资源和社会保障部。其主要职能是统筹建立覆盖城乡的社会保障体系。具体包括：统筹拟定城乡社会保险及其补充保险政策和标准，组织拟定全国统一的社会保险关系转续办法和基础养老金全国统筹办法，统筹拟定机关企事业单位基本养老保险政策并逐步提高基金统筹层次。会同有关部门拟定社会保险及其补充保险基金管理和监督制度，编制全国社会保险基金预决算草案，参与制定全国社会保障基金投资政策。

机构改革后，我国社会保障管理部门在分工明确、职责清楚的前提下，形成了由决策、执行和监督机构有机结合的管理体制。

(1) 决策机构。国务院人力资源和社会保障部是我国社会保障的最高决策机构，各省、自治区、直辖市的社会保障委员会，是各省、自治区、直辖市社会保障管理体系中的最高领导机构。社会保障委员会除贯彻中央的政策方针外，还负责制定本地区社会保障发展规划，进行重大事项的决策，审议社会保障收支的预决算，向同级人大提交有关的法案，对执行机构的运作实施监督，并对社会保障工作中出现的重大问题予以协调处理。

(2) 执行机构。各省、自治区、直辖市社会保障委员会下设社会保险管理机构，接受中央主管部门和当地政府的双重领导，负责经办各社会保险项目的保险费征集、核算、发放和转账等业务。在实现管理统一之前的过渡阶段，各省、自治区、直辖市社会保险厅局负责养老保险、医疗保险和生育保险，劳动局负责失业保险和工伤保险。

(3) 基金运营机构。各省、自治区、直辖市设立社会保险基金管理中心，负责统一管理和经营各项社会保险资金。它接受社会保障委员会的监督，但与社会保险的执行机构是平行关系，具有相对独立性。基金的运作，目前有严格的限制。随着我国金融市场的发展和社会保险基金管理水平的提高，将开展多种安全的基金投资和运作方式。

(4) 监督机构。在各省、自治区、直辖市政府领导下，建立社会保障监督委员会，主要行使对包括社会保险在内的政策法规和计划执行、各类基金收支、运营和管理情况的监督权。监察机构由政府有关部门负责人和社会团体等人士组成。现有的社会保障管理体制取得了一定的成效,但目前它只是一个基本的框架,还不是一个完善的管理系统,依然存在着一些问题。例如,虽然国务院组建了劳动与社会保障部,各地也建立了相应的机构,但新建的管理体制依然局限于管理社会保险,而本应由其管理的社会救助、社会福利、优抚安置等社会保障项目却由民政部管理。在社会保障基金的运营管理上,还没有形成独立的监督机构。另外,在社会保障行政管理机构方面,管理层次与职责分工方面还不十分明确。这些都是今后需要进一步探索、改进的。

(三)国外社会保障管理机构设置

从历史上来看,受职业、行业或地域分散的限制,世界各国的社会保障大都从分散管理开始。尽管在社会保障工作中,统一管理有着许多优点,但由于各种主客观原因,实施中存在很多困难。迄今为止,绝大多数国家采取由几个政府机构分管,或中央与地方机构分管,或政府机构与非政府机构分管的相对集中、分散管理的社会保障管理方式。

根据美国社会保障总署编的《全球社会保障制度》所提供的 142 个国家和地区的资料,社会保障管理机构的设置(中国除外),大致可分为以下几类:

(1) 社会保障由中央政府主管部门统一管理。以这种方式管理的有 5 个国家或地区。包括塞舌尔(人力和社会服务部)、苏里南(社会和住房部)、泰国(内务部)、太平洋群岛托管地(社会保障局)、津巴布韦(劳工、人力计划和社会福利部)等,占被统计国家总数的 3.55%。

(2) 社会保障由一个或若干个政府部门以及一个或若干个半自治或非政府自治组织共同管理。这种方式有 96 个国家或地区,占总数的 68.08%,主要包括德国、法国、意大利、西班牙、瑞士等国。这种机构的设立和管理模式被称为“欧陆型”或“俾斯麦式”。这种模式所遵循的是德国社会保险制度管理原则,即社会保险主要由受保人及其雇主的代表进行自主管理,政府部门只对社会保障进行一般的监督。具体实施和管理都由受保人及其雇主的代表进行,有时政府的代表也参与工作。

(3) 社会保障由一个或若干个中央政府主管部门和地方政府分工管理。实行这种方式的有 5 个国家,如英国、新西兰、爱尔兰、挪威等,占总数的 3.55%。

(4) 社会保障由中央政府主管部门、地方政府和半官方或非政府组织分工管理。以这种方式管理的有 23 个国家,包括美国、加拿大、日本、瑞典、丹麦、卢森堡、荷兰、葡萄牙、比利时、澳大利亚、印度、苏联和东欧社会主义国家,占总数的 16.31%。

(5) 社会保障由政府部门分工合作、共同管理。实行这种方式的有 10 个国家,如塞浦路斯、埃塞俄比亚、马耳他等国,占总数的 7.09%。

(6) 政府不介入,完全由半自治或非官方组织管理。实行这种管理方式的国家有约旦、巴拉圭等,占总数的 1.42%。在上述统计的 141 个国家和地区中,与社会保障管理工作有关的政府部门包括社会保障部(或社会福利部、社会保险部等)、劳工部(或劳动部、人力部等)、社会部(或社会事务部、社会行政部等)、行政部、财政部等。具体参见表 11－1。

表 11－1 部分国家社会保障管理机构设置情况

洲名	国 名	主管社会保障事务的政府部门	主要的全国性半自治或自治机构
欧洲	英 国	社会保障部和卫生部 就业部 国内税务部	
	法 国	卫生和社会保障部 社会和全国团结部 联合征收机构	全国养老保险基金会、全国疾病保险基金会、全国家属津贴基金会等
	德 国	联邦劳动和社会部	联邦劳工协会、联邦保险协会、全国疾病基金会、地区医生协会与基金会、工业和农业事故基金会等

(续　表)

洲名	国　名	主管社会保障事务的政府部门	主要的全国性半自治或自治机构
欧洲	意大利	劳工与社会福利部 财政部 卫生部	全国社会保险协会、国民社会保险协会、全国事故保险协会、全国家属津贴基金会等
	丹　麦	社会事务部 国家社会保障局 劳动部 内政部 劳工部和国家就业总局	劳工市场补充年金协会、失业基金会等
北美洲	美　国	卫生与公共服务部 财政部 劳工部	政府劳工补偿基金会、蓝十字—蓝盾组织(非营利私人医疗保险机构)等
	加拿大	联邦卫生和福利部 联邦税务部 联邦人力和移民部	加拿大就业与移民保险委员会
拉丁美洲	巴　西	社会保险和援助部 劳工部	全国社会保险协会、全国社会保险医疗援助会、社会保险和援助财政管理协会
	智　利	劳工和社会福利部 年金基金管理公司总监 社会保障总监	社会保险资助基金会、国民健康基金会、紧急社会基金会
大洋洲	澳大利亚	社会保障部 联邦卫生部 就业与工业关系部	私人补助组织、劳工赔偿委员会
	新西兰	社会福利部 卫生部	
非洲	南　非	社会福利和年金部 有色人种事务部 印度人事事务部 多种关系与发展部 劳工部	失业保险基金会
	埃　及	社会保险部 卫生部	社会保险组织、保险和年金组织、健康保险组织

(续 表)

洲名	国 名	主管社会保障事务的政府部门	主要的全国性半自治或自治机构
亚洲	日 本	厚生省 劳动省	健康保险组合、市政保健基金会、国民健康组合等
	韩 国	卫生和社会部 劳工部	高丽医疗保险协会联合会
	新加坡	劳工部 卫生部	中央储蓄基金会

资料来源：本表根据美国社会保障总署编的《全球社会保障制度》有关资料整理，表中所列政府部门为所在国主要社会保障管理机构。

各国在社会保障管理体制的改革和完善过程中，对于社会保障是统一管理还是分散管理的问题，一直非常重视。由于管理方式的选择受制于国家的社会管理体制和其他各种因素，反过来，管理方式也对社会经济和保障事业产生重要影响，因此，各国对管理机制及机构的设置非常谨慎。国际劳工局在发表的《展望二十一世纪：社会保障的发展》报告中对此作了特别的讨论。他们认为，合适的方式应该是对社会保障实行集中统一的管理体制，并在各个地区设立分支机构，以处理各种具体的社会保险问题。但这种倾向常常受到政治上的阻碍，主要是职业或产业组织总想拥有和控制本系统内的社会保障基金，抵制把各种保险项目集中起来的做法。这种做法也有其一定的理由，主要是以行业为基础，比以国家为基础更有吸引力，更容易收缴保险费。而且，就社会保障工作的公平性、简洁性和透明性而言，人们更不愿接受国家统一的缴费方式。因此，一种可能解决的办法是在行业性保险以外，辅之以最低限度的国家社会保险计划。目前，已有很多国家开始采用这种方法。

(四) 主要国家的社会保障管理机构简介

1. 英国主要的社会保障管理机构

(1) 社会保障部。英国的社会保险由社会保障部统一管理，其业务范围相当广泛，包括制定、监督和实施养老保险、医疗保险、伤残津贴、遗属津贴、儿童津贴、失业救济、优抚和安置等方面的政策。社会保障部有职员 2 800 多人,约占全国社会保障系统95 000人(均为公务员)的 3.04%。社会保障部内设 3 个行政管理机构,即政策规划局、财务管理局、法律事务局。社会保障部外设 6 个相对独立的执行机构,即待遇发放机构、基金收缴管理机构、信息技术服务机构、安置机构、儿童扶助机构、战争优抚机构。社会保障部的负责人是国务大臣,由首相任命,直接对首相和议会负责。其下属常务次官及各机构负责人名义上也要报首相任命。常务次官在社会保障部起着承上启下的关键作用,他既要设法达到国务大臣提出的许多目标,又要考虑社会保障庞大的费用支出和面临的问题。每个机构的负责人则需要经常向议会汇报各自的预算、支出情况,还要每年与社会保障部签订一个类似目标管理的合同,定期向常务次官和社会保障部汇报。社会保障部不直接管理各项基金和面对受益人。

(2) 政策规划局、财务局、法律事务局。这三个局隶属于社会保障部,共有职员 1 000 多人。其主要职责:一是调整各机构之间的业务关系;二是协助常务次官研究制定社会保障方面的各项政策法规;三是协助常务次官支持国务大臣解释和落实制定的法律法规,争取在议会获得通过;四是为有关机构、会议提供法律和政策方面的分析、咨询服务;五是与国家有关机构及其他国家建立和发展社会保障方面的合作关系。

(3) 津贴发放局。津贴发放局为国家最大的社会保障业务执行机构,于 1991 年成立,共有工作人员 7 万多人,占全国社会保障系统人数的 74.53%,其主要职责是审核申请人的申请报告,依法管理和发放 20 多项待遇津贴。津贴发放局在全国建立了垂直管理网络,在全国共设立了 22 个地区局及 159 个分区办事处。地区局一般由一个主任负责,下设接待科、发放业务科(按项目分设)、职员培训科、财务科、人事科和家庭及收入调查科。基本工作程序是:先根据受益人的申请表或诉说,进行调查、核实;在一周内给予申请人明确答复,并通过计算机处理,报地区局决算中心;经地区局审核,确认待遇计算无误后,将保险金划拨或通过邮局支付给受益人。津贴发放局每三年召开一次全国性会议。

(4) 缴费局。缴费局于 1992 年成立,是英国审核保障系统中第二大机构,共有 1 万多人,占全国社会保障系统人数的10.42%。缴费局的管理与津贴发放局大体相同，在全国设有许多分支机构，形成收支两条线。缴费局的主要职责：一是管理雇主、雇员、自谋职业者缴纳的社会保障费用，二是记录个人的有关缴费情况，三是为社会保障部及有关部门提供社会保险资料和相关服务。缴费局每年通过税收部门直接征收的社会保险费约为400多亿英镑。

(5) 信息技术服务局。信息技术服务局有3 800多名工作人员，相当于全国社会保障系统人数的4.09%。信息技术服务局的主要职责：一是在社会保障计算机软硬件技术方面向社会保障部及所属机构提出方案和建议，二是负责机构之间网络的技术工作，三是为有关机构提供预测、分析等信息服务。

此外，还有儿童抚助局，职员人数约为5 900人；安置机构，约为180人；战争优抚机构，约为1 400多人。另外，还有完全独立于社会保障部之外的社会保障争议仲裁机构、司法机构等。

社会保障的所有机构，每年都要定期公布政策的制定、执行，和基金的收支、运用情况，印发大量的资料，介绍各自的职责业务范围，从而使英国的社会保障体系基本形成政府、议会统一制定政策，非政府部门负责具体实施，司法和全体公众监督的社会保险管理服务体系。过去，社会保险部是按行政区域设置的，行政立法与事务工作合在一起管理。20世纪80年代末至90年代初，英国政府逐步将各地社会保险分局撤销，改按项目划分，设置机构，从上到下垂直领导。这种体制的好处：一是责权分明；二是各自机构相对独立，工作更为细致；三是大大提高了工作效率，可以更好地为公众服务。

2. 德国主要的社会保障管理机构

(1) 养老保险机构。德国的社会养老保险机构基本上是按地域和行业建立的，共有六大养老保险机构：一是23个州工人养老保险机构，二是联邦铁路雇员养老保险机构，三是联邦海员养老保险机构，四是联邦职员养老保险机构，五是联邦矿工养老保险机构，六是农民养老保险机构。

养老保险的管理方法是，实行自治原则，依法行事。一是自治原则。各行业和州、地方保险机构都独立存在，自主经营，在自治管理中维护自身的经济利益。保险机构的最高权力机构为代表大会，雇主、雇员各选50%的代表参加。每六年召开一次会议。代表大会的主要权力有确定机构章程、选举理事会、确定地方保险机构的设置、在国家法律的许可范围内制定养老保险业务的补充规章制度、确定保险机构的经营战略、批准预决算、人事任免、确定保险的待遇和原则等。理事会在代表大会闭会期间，代行代表大会的权力，由雇主和雇员的代表各半组成。理事会任命总经理主持日常业务工作。二是依法行事。保险机构必须按照国家法律进行活动并有义务接受国家的监督。联邦政府设立保险监督局，检查和监督保险机构的行为规范。如果后者违反法律规定，企业或投保人有权依照法律程序提出诉讼。

(2) 法定医疗保险机构。德国的法定医疗保险机构按区域和行业划分。按区域划分有联邦、州、地方三级，联邦级1个、州级17个、地方级227个。医疗保险机构可分为七大系统：一是地方医疗保险机构，它们是最重要的医疗保险机构；二是企业医疗保险机构，投保者均为该企业的雇员；三是农民保险机构；四是海员医疗保险机构；五是手工业者医疗保险机构；六是矿工医疗保险机构；七是替代性医疗保险机构。上述法定医疗保险机构都有各自的最高联合会。联邦一级医疗保险机构现有职工400多人，在州与地方医疗保险机构工作的有6万多人。上述机构须接受联邦政府卫生部的监督。

3. 澳大利亚主要的社会保障管理机构

澳大利亚联邦社会保障部是负责全澳社会保障工作的最高领导机关，成立于1949年。部长由联邦总理任命。副部长称为秘书长，由政府任命，负责社会保障日常业务。在部长办公室下设有一个咨询工作小组，为其提供宏观问题和发展趋势咨询报告。目前，该部共有1 500名工作人员，其工作任务是：负责制定全国社会保障法规；协调全国社会保障工作并保证政策的实施及连续性；依据本部门、研究机构及联邦财政部预测资料，提出下一年度全国社会保障费用预算。费用预算经国会讨论通过后，形成预算立法，产生法律效力。此项预算经费由联邦社会保障部统一向全国20个大区社会保障分部拨付。联邦社会保障部的款项全部来源于税收(个人所得税)。根据政府法律,只有澳联邦可以征收所得税。在管理上,联邦社会保障部直接领导全国20个大区的社会保障分部。

20个大区一级社会保障分部的主要职责是监督工作,特别是监督本区内社会保障工作机构在执行社会保障政策方面的情况。20个大区一级社会保障分部主要分布在全国各州首府、中心城市或重要城市。从某种意义上说,大区社会保障分部是联邦社会保障部的延伸,从本地区看,又是独立的工作机构。如维多利亚北区社会保障分部共有13个小区社会保障办公室和一个电话服务中心。大区社会保障机构内部的工作机构是依据实际工作需要而设置的。如墨尔本维多利亚北区社会保障分部设立的部门主要有四个:一是社会工作部,主要负责对已有社会保障项目和社会实际需求进行调查和评估,监督其社会效果和存在的问题。二是伤残服务部,直接负责对伤残康复待遇的发放进行监督管理。三是公司服务部,主要负责制度管理、培训工作以及宣传和工作环境的改善。四是项目管理部,主要是对申请保障人员的需求进行评估,并对资金使用情况进行分析和管理。小区社会保障工作机构在全国有300个,是直接管理社会保障对象的申请和待遇发放工作的机构。小区社会保障机构一般设有失业津贴部、家庭补贴部、疾病残疾补贴部、抚恤金支付部等部门。社会保障待遇的申请、审核、批准、发放都是在小区社会保障机构中操作。

二、社会保障的实施与监督

任何社会保障制度的有效运作,都需要有专门的机构进行实施和监督。社会保障实施系统依照社会保障法规政策,经办各种社会保障事务。它既接受社会保障主管部门的管理,又接受社会保障监督机构的检查和监督,同时还必须接受社会各界的监督。它是社会保障制度得以有效运行的关键环节。

(一)社会保障实施系统的主要内容及特征

社会保障实施系统是根据社会保障项目的内容,设置相应的社

会保障实施机构,采用相应的实施手段来保证实施系统的正常运作。社会保障实施系统应包括以下内容①:

1. 社会保障实施项目

社会保障实施项目是根据相关的社会保障法律制度建立起来的,并为特定的社会成员直接服务的。社会保障实施项目是社会保障实施系统得以建立的基础和前提。

2. 社会保障实施机构

任何社会保障项目的实施,都必须由社会化的社会保障实施机构来进行;任何社会成员要获得相应的社会保障待遇,均需要向专门的社会保障实施机构申请,并通过该机构的工作才能得以实现。因此,社会保障实施机构是社会保障项目得以实施的组织保证。

3. 社会保障实施手段

实施手段是指实施系统履行自己特定职责的方式与方法。它一方面具有强制性的特点,另一方面又具有技术性,能够科学、高效地开展工作。由于社会保障项目的保障对象众多,社会保障业务十分繁杂,所以,在许多国家普遍运用了计算机手段来实施社会保障项目,审查、记录、支付等具体工作的开展效率较高,也保证了工作质量。我国社会保障实施手段也逐步走向现代化,如海南省对医疗保险的实施采用 IC 卡方式②,上海启动的"市民保障卡"③工程,都为社会保障工作带来了较好的实施效果。

---

① 郑功成著:《论中国特色的社会保障道路》,武汉大学出版社 1997 年版,第 544—548 页。

② IC 卡实施方式,是利用金融电子网络中心,通过向受保者发放银行 IC 卡来管理医疗社会保险个人账户的一种医疗社会保险实施方式。受保人领取 IC 卡后,购物和看病可以按规定的范围与标准直接用 IC 卡结算医疗费用,它具有医疗保险个人账户、电子存折、电子钱包等多种功能。

③ "市民保障卡"包含的功能有以下几个方面:一是就业管理功能,如查询、记录劳动者的就业、失业情况,便于就业服务部门跟踪管理和服务。二是社会保障功能,如查询记录劳动者养老、失业等保险费的缴纳、收益等情况。三是档案功能,如记录劳动者的经办信息、技能素质等。四是根据公安、民政、医疗、房改等部门要求设立的其他管理功能。"市民保障卡"是终身不变的智能卡,通过对每个市民就业、失业、医疗、救助、养老、公积金等就业和保障最新状况的完整记录,做到基本社会保险随着劳动者工作、生活情况的变化及时跟踪服务。

4. 社会保障实施目标

每一个社会保障项目的实施,都有其实施目标,如养老保险项目是为解决老年人老有所养,贫困救助是为缓解贫困人口的生存困境,等等。社会保障项目的设置、社会保障实施机构的建立、社会保障实施手段的运用,都必须保证社会保障实施目标的实现。

由于社会保障制度具有社会化、多项目、强制性等特点,这就决定了社会保障实施系统的运作要与之相适应,并使社会保障实施系统具有其自身的一些特征:

(1) 有序性。在构建社会保障实施系统时,必须保证实施结构、内容、运行过程的有序性。各实施系统内部和实施系统之间的协调、有序,是确保实施系统正常和高效运作的基本要求。

(2) 网络性。社会保障实施系统应实现网络化管理,因为社会成员的保障需求是多元化的,社会保障的实施项目及机构、手段也是多元化的。实行网络化管理,能够使社会保障实施与社会保障需求有序和有效地结合起来,这是由社会保障事业的社会化和普遍化特点所决定的。

(3) 稳定性。社会保障实施系统的稳定性包括实施机构的稳定、实施内容的稳定、实施对象的稳定等。社会保障实施系统的稳定,有利于社会保障事业的持续、有效展开,也有利于对社会保障实施系统的管理和监督。

(二) 社会保障项目的实施程序

社会保障项目可以分为社会保险、社会救助、社会福利、优抚安置等方面,它们各自有不同的实施程序。

1. 社会保险项目的实施程序

社会保险的实施过程一般包括以下几个程序①:

(1) 根据法规和政府政策,督促用人单位参加社会保险,促使应

---

① 郑功成著:《论中国特色的社会保障道路》,武汉大学出版社 1997 年版,第 567 页。

当参加社会保险的劳动者能够进入社会保险网络；

(2) 征收并检查用人单位和劳动者的社会保险费的缴纳情况，确保社会保险基金的资金来源，必要时可以将社会保险费的收缴工作交由国家税务系统或地方税务系统统一征收；

(3) 记录并保存参保单位和受保劳动者的有关情况，作为支付相应的社会保险待遇的依据；

(4) 审核受保者提出的社会保险待遇申请；

(5) 根据规定条件和给付标准，支付受保者相应的社会保险待遇，或委托金融机构支付这种待遇。

2. 其他社会保障项目的实施程序

其他社会保障项目包括社会救助、社会福利、优抚安置等内容。从目前现状来看，基本上由民政部门统一管理，通过各级民政部门形成完整的实施系统。下面以社会救助事务的实施为例来介绍实施程序。

社会救助项目主要按照下述程序实施：第一，由当地政府根据现有的经济条件和居民的生活水平，在家计调查的基础上，制定本地的贫困线或最低生活保障线，并作为法定的救助标准。即社会救助机构的救助对象是那些家庭人均收入低于贫困线或最低生活保障线的社会成员。第二，由申请者向基层救助机构索取救助申请表，提出救助申请，并提供有关收入证明材料。第三，由基层救助机构进行专门的家计调查，在基层政权组织的协助下核实申请者的收入状况。第四，对符合救助条件的社会成员进行救助。第五，张榜公布，接受群众监督。第六，汇总上报主管部门，直接接受政府主管部门的检查与监督。

在社会保障项目的实施过程中，征缴社会保障资金是最主要和最难操作的环节。为使社会保险费得到及时征缴，1999 年 1 月 22 日，国务院颁布了《社会保险费征缴暂行条例》(简称《条例》)，对加强和规范社会保险费征缴工作，保障社会保险金的发放，具有十分重要的意义。

该《条例》规定，国务院劳动保障行政部门负责全国的社会保险费征缴管理和监督检查工作，县级以上地方各级人民政府劳动保障行政部门负责本行政区域内的社会保险费征缴管理和监督检查工作。社会保险费的征收机构由省、自治区、直辖市人民政府规定，可以由税务机关征收，也可以由劳动保障行政部门按照国务院规定设立的社会保险经办机构征收。

缴费单位必须向当地社会保险经办机构办理社会保险登记，填写登记事项，参加社会保险。缴费单位的社会保险登记事项发生变更或者缴费单位依法终止的，应在限定时间内到社会保险经办机构办理或者注销社会保险登记手续。缴费单位必须按月向社会保险经办机构申报应缴纳的社会保险数额，经社会保险经办机构核定后，在规定的期限内缴纳社会保险费。缴费单位不按规定申报应缴纳的社会保险费数额的，由社会保险经办机构暂按该单位上月缴费数额的110％确定应缴数额；没有上月缴费数额的，由社会保险经办机构暂按该单位的经营状况、职工人数等有关情况确定应缴数额。缴费单位补办申报手续并按核定数额缴纳社会保险费后，由社会保险经办机构按照规定结算。缴费单位未按规定缴纳和代扣代缴社会保险费的，由劳动保障行政部门或者税务机关责令其限期缴纳；逾期仍不缴纳的，除补缴欠缴数额外，从欠缴之日起，按日加收2‰的滞纳金，滞纳金并入社会保险基金。缴费单位应当每年向本单位职工公布本单位全年社会保险费缴纳情况，接受职工监督。缴费单位未按照规定办理社会保险登记、变更登记、注销登记的，或者未按照规定申报应缴纳的社会保险费数额的，由劳动保障行政部门责令其限期改正；情节严重的，可进行罚款等处罚。缴费单位违反有关财务和法律规定，伪造、变造、故意毁灭有关账册、材料，或者不设账册，致使社会保险费缴费基数无法确定的，将按照法律、行政法规等有关规定给予处罚或处分。

缴费单位的缴款方式有三种：一是缴费单位到开户银行缴纳；二是缴费单位到社会保险经办机构以支票或现金形式缴费；三是缴费单位与社会保险经办机构约定的其他方式，如向税务机关缴费等。

社会保险经办机构承担着社会保险的全部基础性、事务性工作。社会保险经办机构要依法接受缴费单位的缴费申报并予以审核。如果省、自治区、直辖市人民政府规定本地区社会保险费由社会保险经办机构征收,社会保险经办机构要按时征收各项社会保险费。要及时准确地为缴费单位和参保人建立缴费记录并完整保存,每年至少向缴费个人发放一次基本养老保险和基本医疗保险个人账户通知单,定期向社会公告社会保险费的征收情况,接受社会的监督。在社会保险费由税务机关征收的地区,社会保险经办机构还要向税务机关及时提供缴费单位社会保险登记、变更登记、注销登记以及缴费申报的情况,并将税务机关提供的缴费单位和缴费个人的缴费情况汇总报告劳动保障行政部门。按照该《条例》规定,社会保险经办机构受劳动保障行政部门的委托,可以进行与社会保险费征缴有关的检查、调查工作。税务机关、社会保险经办机构征收社会保险费,不得从社会保险基金中提取任何费用,所需经费列入预算,由财政拨付。劳动保障行政部门、社会保险经办机构或者税务机关的工作人员滥用职权、徇私舞弊、玩忽职守,致使社会保险费流失的,由劳动保障行政部门或者税务机关追回流失的社会保险费;构成犯罪的,依法追究刑事责任;尚不构成犯罪的,对直接负责的主管人员和其他直接责任人员依法给予行政处分。

社会保险实施过程中,同样有一个社会化管理的问题。社会化管理主要是对社会保险享受者的管理和服务,以保障其政治待遇和生活待遇的落实。其服务内容主要有:采取多种方式和方法,向社会保险待遇享受者宣传社会保险的基本政策和规定,使他们懂得实行社会保险的意义及享受社会保险的权利和义务;按程序为受保人办理参加社会保险的手续;根据受保人参加的险种和缴费情况,在《养老保险手册》和医疗保险个人账户中予以记录;按规定核准受保人享受社会保险待遇的条件和标准,并组织发放;定期组织社会保险享受者进行学习和活动,丰富他们的精神生活;举办疗养院、养老院、康复中心等公共设施,组织社会保险待遇享受者进行疗养,安度晚年。

(三) 社会保障的监督管理

建立和健全社会保障监督管理制度，对保证社会保障制度的有效实施和正常运行有着重要作用，其必要性主要表现为以下几个方面：

(1) 社会成员的社会保障权益需要社会保障监督机制加以维护。社会保障是社会赋予社会成员享有的法定的基本权益，受到法律的保护。政府部门和社会公众都有责任执行和维护这一制度。但在各项社会保障制度的具体实施中，存在着各种主客观的因素，影响社会保障制度的全面实施，使社会成员的社会保障权益受到损害。因此，需要建立和健全专门的、有法定权力的社会保障监督机制，通过其监督、纠察等行为，对社会保障实施的全过程进行监督控制，使社会成员的合法权益得到保护。

(2) 社会保障在实行过程中出现的问题需要社会保障监督机制进行纠察。在社会保障制度的实施过程中，经常会出现各种问题，包括非法事件的发生，突出的问题如挪用、贪污社会保障基金，用保障基金进行非法投资等。这种问题的产生和存在既违背了社会保障的基本原则，也会对社会保障制度的有效实施和社会效益产生消极影响，有的会导致保障基金运行和给付工作的瘫痪。尽管我国比较强调社会保障管理机构内部的自我监察，但在实际执行过程中有较大的局限性，必须在管理和实施机构之外建立法定的、独立的和健全的监督机制，以随时发现问题、纠正问题。

(3) 社会保障实施过程中存在着许多不确定性，需要社会保障监督机制的观察和预警。社会保障的发展受到多种因素的制约，随着社会经济的发展和结构的变化，社会保障制度也将不断地得到调整。因此，从宏观或长远来看，社会保障的运行需要有专业化的预警监督机制，这是保证社会保障制度完善性的重要制度。

由于社会保障监督管理关系到社会保障制度的正常运行，因此，必须建立有效的社会保障监督机制。社会保障监督机制包括日常监督和预警监督。日常监督是指对社会保障事务的日常运行进行监督。预警监督属于中长期趋势监督，是指通过预测来防止社会保障危机的出现。建立社会保障监督机制对保证和促进社会保障的良性发展有重要作用。社会保障的监督内容涉及社会保障金的缴纳及其运营、审核社会保障金的支付、监督社会保障具体项目的实施和业务开展等。为了使社会保障监督机制正确运作,必须建立专门的管理机构,明确其职责。完善的社会保障监督体系应包括:

一是人民代表大会及其专门委员会。应该在人大内部设立社会保障委员会,行使立法、监督职能。专门委员会首先是对同级和下级政府的社会保障委员会实行监督,审批有关法规政策;其次是和其他相关部门一起,对社会保障行政管理部门和基金管理中心实行监督。

二是监察、审计、工会、新闻等部门。这些部门分别行使自己的监督权,分别对社会保障行政管理部门和基金管理中心加以监督。对行政管理部门的监督主要是对这些部门制定颁布的各种法规、政策以及具体的征收发放标准进行监督,并把意见反馈到人大和政府的社会保障委员会,对出现的问题通过合法程序给予纠正。同时,对各级基金管理中心实行有效监督。监察和审计部门有权依法随时检查同级和下级中心的基金管理状况,核查其中的可疑之处。社会保障行政管理部门和基金管理中心的所有工作人员,一律实行财产申报制度,这是保证廉洁的前提。对贪污挪用社会保障资金等违法行为,必须严惩。新闻部门要充分发挥舆论监督作用,揭露有损社会保障事业的事件,对于受到不公正待遇的社会成员为之呼吁。

三是民间监督组织。民间监督组织包括各种基金协会、民意调查机构等。这类机构接近基层,了解民意,能将社会保障运行信息,尤其是有关部门不合理的做法、违法行为及时反馈到人大专门委员会、行政部门和其他监督部门。

四是经济实体和劳动者(社会成员)。作为社会保障费和社会保障税的缴纳人,有权监督社会保障管理机构的社会保障工作,有权对基金管理中心运作的合法性、准确性和及时性进行监督;对一切违法违纪行为,有权进行举报、申诉。社会保障的受益人,在认为所获得的待遇不符合本人应得水平时,有权提出复核,也有权提出申诉。受益人原工作单位和受益人所在社区,有责任帮助受益人维护其合法权益,也有权协助并支持其申诉和起诉。

从目前来看,我国的社会保障监督体系还不完善,监督体制及机制尚不健全,因此,各级政府和有关部门应尽快制定社会保障监督管理的有关法律法规,建立健全各级社会保障监督机构,配备专门的监管人员,不断强化监督的技术措施,逐步形成以劳动部门行政监管为主,与财政监督、审计监督和社会监督相结合的社会保障监督体制。

三、社会保障基金的运行与管理

社会保障基金是社会保障制度的经济基础,基金的有效和安全运作,是实现社会保障制度目标的关键。由于各国实行的社会保障体制和机制不同,其社会经济环境,特别是金融市场条件不同,社会保险基金的管理机制和运营方式也有很大差异。根据本国国情,吸取国际上成功的社会保险基金管理经验,建立有效、安全和增值的社会保险基金管理体制,是各国正在积极探索的课题。

(一)社会保障基金的含义及特征

社会保障基金是按照法规为了提供社会成员各种社会保障而筹集、储备的资金或专门拨款,它是社会保障制度运行的物质基础。社会保障基金由社会保险基金、社会救济基金、社会福利基金和优抚安置基金等组成。

社会保障基金在其筹集和运行管理中,表现出明显的特征,这些特征包括以下几个方面:

(1) 强制性。社会保障基金的筹集,除了社会救助项目由国家财政拨款外,其他社会保障项目,其保障费用都采取多方筹资和社会集资,即由国家、企业、个人三方共同负担。三方负担的比例,由社会保障法规加以规定。因此,社会保障基金具有强制性的特点。

(2) 集中性。指社会保障基金必须在全社会范围内有计划地统一筹集、运用和管理。根据我国法律的有关规定,社会保障基金在国家财政建立社会保障预算之前,先按预算外资金管理制度进行管理,即纳入财政在银行开设的社会保障基金专户,专户存储、专款专用。对社会保障基金的统一集中管理和使用,能提高社会保障基金的使用效率。

(3) 内在稳定性。在社会保障基金及时筹集、合理运用和有效管理的条件下,社会保障基金收支在长时期内,不仅能够保持收支平衡,而且会不断增值。因此,社会保障基金具有较好的稳定性。同时,由于社会保障基金数额较大,缴付和给付在时间上比较均匀,在经济波动时能起到稳定社会的作用。国家可以运用宏观的经济调节手段,通过社会保障基金的缴付和给付机制,实现社会收入的再分配功能,促使社会经济达到平衡状态。

(4) 储存性。社会保障基金具有收入和支出在时间上的滞迟性特点,社会保障的结余基金和责任准备金可以被用于投资增值。社会保障金的积累有利于扩大社会资金的供给量。

(5) 偿还性。社会保障基金建立的目的是用于保障受保人的基本生活所需,社会保障基金最终要以各种形式偿还给受保人,以保障他们的基本生活。社会保障基金的专款专用,有利于社会保险金的有效支付。

(6) 互济性。根据大数法则,每个参加社会保险的社会成员实现风险互担。社会保障基金是整合社会力量,通过费用的合理分担来弱化风险,使社会成员的基本生活得到保障,维护社会安定。这种互济性体现在年轻人与老年人、单位与地区之间的互助互济上。

(二) 社会保障基金的来源与筹集方式

1. 社会保障基金的来源

国际劳工组织第102号公约对社会保障基金筹集提出了原则性意见,其主要内容有:一是受保职工负担的费用,不应超过全部所需费用的一半;二是要避免低收入者负担过重;三是要考虑本国的经济状况。根据这些原则,从各国或地区各保险项目的基金来源看,除工伤保险基金基本上由企业负担外,其他保险项目的基金来源一般由劳动者个人、用人单位(雇主)、国家三方出资形成。大体上可以分为个人、企业和国家共同分担,企业和国家分担,个人和企业分担等三种方式。

我国社会保障基金的来源主要有以下几个渠道:其一,中央和地方财政预算支出;其二,企业和事业单位以及社会团体缴纳的资金;其三,劳动者个人缴纳的各种社会保险费;其四,各项保险基金的增值;其五,其他来源,如私人捐赠等。

在社会保障基金的来源中,由国家财政支撑的主要是社会救助、社会福利等保障项目。至于社会保险基金,国家只作为支持者、后盾的角色出现,主要还是依靠单位和个人。

单位承担部分主要是缴纳的各项社会保险统筹费,个人缴纳的各种社会保险费占本人工资的比例随经济发展情况而不断调整。

2. 社会保障基金的筹集方式

目前,实行社会保险制度的各个国家,社会保险基金的筹集主要有现收现付制、基金积累制和部分积累制等三种方式。我国传统的养老保险制度实行的是现收现付制方式,这种方式不易受通货膨胀的影响,也比较容易实现全社会和两代人之间的互助共济。在人口年龄结构较轻、保障范围较小、支付标准较低的情况下,该种方式尚能正常运行。但随着我国人口老龄化趋势的不断加快、支付标准的提高和保障范围的扩大,现收现付制加重了企业和现职职工的负担,出现了保障费负担过高的问题。表 11－3 反映了我国离退休人员保险福利费用占工资总额的情况以及离退休人员保险福利费用对现职人员的经济负担情况。

从表 11－3 可以看出,离退休人员的保险福利费用占职工工资总额的比重逐年上升,由 1978 年的 3.0％上升为 1995 年的18.9％。同时也不难看出,在现收现付制下,各年代之间、各代人之间的保障费用负担很不均衡。2000 年后,我国人口进一步老龄化,退休人数占职工人数的比率在 2050 年预计达到 46.40％。① 因此,现收现付制

---

① 刘明慧、陈军晖著:《社会保障理论与改革探索》,东北财经大学出版社 1998 年版,第 63 页。

的社会保险基金筹集方式将使我国面临退休高峰养老金支付危机，并将严重影响我国的经济发展和社会稳定。

表 11－3　1978—2000 年离退休人员保险福利费用与职工工资的比较

年　份	职工工资总额（亿元）	离退休人员保险·福利费用（亿元）	离退休费用占工资总额比重（%）
1978	568.9	17.3	3.0
1980	772.4	50.4	6.5
1985	1 383.0	149.8	10.8
1990	2 951.1	472.4	16.0
1995	6 218.1	1 176.0	18.9
2000	13 252.85	2 245.0	17.6

资料来源：根据《1994 年中国统计年鉴》统计，中国统计出版社 1995 年版。

经过这几年的改革实践和理论探索，我国对原有的现收现付制进行了改革，开始实行社会保险基金的部分积累制方式。现行的方法是在确定每年保险金给付需要量的基础上，确定可以定期调整的资金筹集比率，使之能够在满足当年保险金给付的条件下，有一定数额的结余作为积累。目前正在进行的社会保险"社会统筹与个人账户相结合"的模式，可以说是一种部分积累制社会保险基金的筹集方式。

选择何种社会保障基金筹集方式才更加合理，需要考虑不同的社会保障基金筹集方式的特点，以及本国的具体国情。一般来说，要注意以下几个方面：

(1) 社会保障项目支付的特点。社会保障项目支付的期限有长有短。短期支付项目的特点是不定期的支付，支付的时期和规模可能波动较大，事先难以确定。因此，现收现付制一般适用于短期支付项目。长期支付项目的主要特点是在较长时期内定期支付，支付的时期和规模变化较小。因此，完全积累的筹集方式适合于长期支付项目。

(2) 必须考虑人口年龄结构及变化趋势。在整个社保体系中，养老保险是最主要的项目。因此，社会中老年人口的比重对社会保障的收入、支出状况有着决定性的影响。对于已步入或即将步入人口老龄化的国家应尽早采用完全积累方式,建立一定的储备基金,以便做好准备,应对未来人口老龄化所带来的挑战。

(3) 要考虑社会保障基金对储蓄和投资带来的影响,保证社会经济的协调稳定发展。无论是完全积累制还是部分积累制,都可以在一定时期内为经济发展提供资金积累。因此,必须重视利用社会保障的筹集方式来促进经济和社会的协调发展,处理好积累与发展的关系。

(三) 社会保障基金的运营

1. 社会保障基金运营的基本要求

社会保障基金运营的基本要求是使社会保障基金通过运营达到保值和增值。货币的价值是用其能购买(或交换)的商品或劳务的量来衡量的,单位货币购买商品或劳务的量就是货币的购买力。在不同的时期和地点,同样数量货币的购买力是不同的。一国经济增长过程中必定存在经济的周期性波动,货币购买力也会随之升降,通货膨胀是一种经常性的现象。因此,为了使社会保障基金能够在较长时期内保值和增值,就需要通过一定的资金运营方式,保持基金的增值率,从而使社会保险的实际给付水平不会受货币贬值的影响而降低。至于增加多大的量才能使社会保障基金得以保值,这要依据一定时期内货币贬值的程度或通货膨胀率而定。简单地说,如果社会保障基金的增长率等于通货膨胀率,该基金就能保值;而要使其增值,则要求社会保障基金的增长率大于通货膨胀率。在市场经济条件下,为使社会保障基金保值增值,必须保证社会保障基金数量的增加,其基金增长率必须超过通货膨胀率。

由于社会保障基金的保值增值对于提高社会保障基金的支付水平和保障受保人的权益十分重要,因此,各国都在积极探索有效的社会保障基金运营方式,并取得了不少成功的经验。

2. 社会保障基金投资运营的原则

世界各国对社会保障基金投资的运营制定了严格的政策法规和

规定,但也有其共同的原则,这是由社会保障基金的性质所决定的。它包括了安全、收益、流动、效益和多样性原则。①

(1) 安全原则。社会保障基金关系到千千万万社会弱势人群的基本生活问题,因此,必须保证社会保障基金投资运营的绝对安全,这是第一位的,也是最基本的原则。大部分国家和地区通过立法明确规定,社会保障基金只能用于安全、短期的投资。

(2) 收益原则。获得高收益是社会保障基金投资运营的直接目的。要在安全原则下,力求理想的投资收益。有些国家规定,基金投资运营收益要高于银行存款数个百分点。

(3) 流动原则。即基金在投资后由于给付的需要能够迅速地融通、变现和周转。

(4) 社会效益原则。基金投资运营要兼顾社会效益,促进经济发展,尽可能投向能产生社会效益的方面,如用于卫生保健和教育设施建设,开办可吸纳更多人就业的企业等。

(5) 多样性原则。投资具有风险性,投资预期报酬越高,风险越大。为分散投资风险,可以将社会保障基金在不同地点、以不同方式进行投资,使资金在总体性、长期性、稳定性上安全增长。

3. 社会保障基金运营的方式

在严格遵守社会保障基金投资规定的前提下,世界各国都程度不同地运用社会保障基金进行投资并获得收益,使社会保障基金得以保值增值。但各国的投资方式及侧重点有所不同。

社会保障基金的投资方式主要有以下几种:一是购买政府公债;二是储存于国家或地区银行、民营银行、信托投资机构,由银行选择借款人;三是直接以银行家身份出现,向需要资金的公司贷款;四是成立基金会,购买公司股票、公司债券;五是投资不动产,直接取得经营权,以获得收益;六是对被保险人及其家属提供消费性或借款服务。

---

① 韩良诚、施明才著:《社会保险基金管理》,中国劳动出版社1996年版,第266页。

上述方式是根据社会保障基金的性质而决定的最基本的投资方式。方式不同，投资收益与风险也不相同。第一和第二种方式风险最小，预期收益也低。第三、第四和第五种方式风险最大，预期收益也高。不同的国家由于国情各异，采取的方式也不尽相同，有些还超出了上述范围，但只要能结合本国国情，投资安全和富有成效，就应视为较佳的投资方式。

4. 社会保障基金的运营管理

世界各国对社会保障基金的投资运营有不同的管理体制、方法和法律法规。有的国家对基金投资的法律条文写得很具体，包括的范围很广；有的国家泛泛而论，没有具体规定；有的国家则没有具体投资法规。一般对基金投资的法规包括以下内容：

(1) 管理机构。有的国家由一个政府主管部门直接管理，有的国家成立相对独立的政府性管理机构，有的国家由政府、雇主和雇员三方组成基金委员会加以管理，有的国家由独立的信托基金组织管理，也有的国家由私人保险机构管理。

(2) 控制基金风险的规定。规定对投资的总量进行限制，要求有足够的储备金。

(3) 投资方向和投资方式。对此各国的规定有较大差异。对投资地区而言，一般规定只能向国内或某个地区投资，但也有国家如科威特，其社会保障基金一般投资于海外；对投资项目而言，一般都对投资行业、金融市场投资品种等有严格限制，如有的国家简单地规定保险基金只能存入国库，有的国家规定基金主要投资于国库券和公债，有的国家则规定了基金投资方式的不同比例。此外，有的国家对投资的期限等也有所限制。

(4) 收益率。一些国家规定投资项目的最低收益率需达到规定的最低值，有的国家具体规定最低投资收益率或实际收益率，也有的国家规定收益率应高出通货膨胀率 1%～2%。

(5) 管理人员。许多国家规定基金管理人员应有投资专业知识和经验，有的国家规定投资委员会必须聘请投资经理及专业投资人员。

(6) 监督。有的国家规定社会保障基金不能持有某家公司50%以上的股份,有的国家规定投资必须听取精算师的意见等。

5. 部分国家和地区社会保障基金运营介绍

由于养老保险基金(也称作"年金基金")是社会保障基金中资金最多、最具影响力的组成部分,所以,各个国家和地区对养老保险基金的投资运营均十分重视。下面主要介绍18个国家和地区养老保险基金的投资运营、投资组合情况并加以比较。需要说明的是,这些国家和地区实行的养老保险制度并不相同,有的实行现收现付制,有的实行部分或完全积累制。

在所比较的18个国家和地区中,养老保险基金总资产规模最大的是美国,价值为29 080亿美元;其次是日本,为17 527亿美元,英国为7 264亿美元;最小的是比利时,为56亿美元。这18个国家和地区大体可分作两类:第一类是获取高收益型,如美国、英国、澳大利亚、爱尔兰和我国香港等,它们的平均实际收益率名列世界前茅,资产组合中,不动产投资均在50%以上,股票投资比例较高;第二类是资金安全型,如日本、新加坡和大部分亚洲国家,投资收益率相对偏低,资产组合以定息资产为主,不动产投资比重过低。

表11-4 1993年底世界主要国家和地区养老保险基金总资产(美元)及基金投资组合(%)

国家和地区	年金基金总资产(10亿)	债券		股票		现金	除股票外的不动产	11年平均实际收益率
		国内	国际	国内	国际			
澳大利亚	122.2	35.87	4.00	36.37	12.05	3.83	7.88	12.1
比利时	5.6	38.31	11.94	13.93	17.41	7.46	10.95	9.5
加拿大	162.3	47.93	0.46	26.85	8.61	8.46	7.49	8.8
丹麦	14.4	67.93	0.00	19.67	0.00	6.05	6.35	8.8
法国	199.7	62	5.00	20.00	0.00	2.00	11.00	13.0
德国	254.2	67.05	1.59	9.97	0.91	8.38	12.00	7.0
香港	6.8	2.10	11.03	34.03	49.05	3.99	0.00	8.6
爱尔兰	13.8	33.67	7.14	21.43	27.55	3.06	7.15	11.2

（续 表）

国家和地区	年金基金总资产（10亿）	债券		股票		现金	除股票外的不动产	11年平均实际收益率
		国内	国际	国内	国际			
日本	1 752.7	53.38	9.00	24.18	5.01	5.01	3.22	6.7
荷兰	216.2	60.60	5.81	7.69	11.31	3.40	11.19	7.7
新西兰	7.9	25.87	11.19	27.97	23.08	2.80	9.09	10.5
挪威	30.6	74.52	4.70	5.91	1.09	8.70	5.08	8.0
新加坡	32.9	97.35	—	—	—	2.65	—	2.3
西班牙	13.4	952.00	0.00	3.02	0.00	0.00	1.98	9.3
瑞典	61.8	92.43	0.00	4.66	0.00	0.97	1.94	7.6
瑞士	195.3	59.00	4.00	9.00	2.00	10.00	16.00	4.1
英国	726.4	8.96	3.05	56.01	23.01	3.06	5.91	10.8
美国	2 908.0	33.05	0.72	48.52	3.61	11.76	2.34	9.6

资料来源：根据瑞士联合银行《世界年金基金通览》资料编制（注：年实际收益率＝年收益率－当年通货膨胀率）。

从表11－4可以看出，随着基金规模的扩大，各国都采取了多样化的投资运营方式，主要投资方式为国际、国内证券市场中的股票及债券投资，也有对不动产进行投资的。十余年间，大部分投资的收益率高于通货膨胀率，达到了保障基金保值增值的目的。

（四）社会保障基金管理模式与业务管理程序

社会保障基金主要有两大类：一类是政府举办的强制性社会保障基金；另一类是民间举办的自愿性私人基金，包括企业为其建立的职业保险和商业保险公司举办的个人投保的商业保险。基金的类型不同，基金管理模式也不同。

第一类基金主要由政府管理，政府的社会保障主管部门和财政部承担主要的管理职能。如日本的厚生年金和国民年金由厚生省交大藏省的资金运营部管理。美国的社会救济、社会保险基金在财政部设立专户，由财政部长、劳工部长、卫生和社会服务部长、社会保障署署长以及总统指定的公众代表组成理事会进行管理。此外,许多国家的雇主协会、工会以及公众代表也通过各种方式参与社会保险基金的管理。如德国的行业、地区雇主协会和由工会组成的社会保险基金会,以自治原则进行管理;法国的雇主协会和由工会组成的工商就业联合会负责失业保险基金的管理等。一般情况下,强制性社会保障基金都是由政府管理,政府有关部门在安全的前提下也可以再委托金融机构运营少量基金,以获取较高的增值率。

第二类基金主要通过基金会的形式,委托商业金融机构,如商业银行、基金管理公司、信托公司、保险公司等管理。自愿性社会保障基金绝大多数以市场化方式管理运营。职业保险和个人储蓄型保险一般也被划为商业性保险范畴,如瑞士、法国、澳大利亚的职业保险虽有强制性,但仍属于私人基金,都由商业金融机构承办。

在保障基金管理上,智利的模式较为典型。智利采取政府强制性的养老保险,由雇员缴纳保险费,设立个人账户,但基金由商业性基金管理公司经营管理。同样,新加坡提供了另一种基金管理模式。即采取了政府强制性保险制度,由雇主和雇员共同出资,建立个人保险储蓄账户,建立全面的社会保障制度,即中央公积金制度,但中央公积金由政府的专门机构管理运营。智利和新加坡的保障基金管理制度在本国都取得了显著成效。

社会保障基金业务管理程序在各个国家有不同的规定,但总的要求是做到迅速、安全和节约。社会保障基金的基本业务程序主要包括:

首先,受保人的确认和注册登记。一是受保人履行加入社会保险制度的注册手续,发给保险卡和保险证书。接受初次入保登记注册大多数由办事处办理,但注册权限属中央机构。二是查找以前可能有的注册记录。给予注册编号,有时称为“社会保险号”。其中的数字分别代表受保人的出生年月、出生地、性别,第一次注册时的工作地点、年份、注册机构等。三是注册通知。保险机构将一份印有注册编号的文件(证书)寄给本人或雇主,持有者将此文件作为将来申请养老金的证据。四是个人档案。注册时应要求职工提供个人的正式证件，如出生证、兵役证、护照等。

其次，雇主的注册登记。雇主的登记比雇员要复杂，一般是雇主本人到一个保险机构注册，也包括保险机构主动发现，要求雇主登记。注册登记先寻找和公布入保注册卡，看雇主是否有历史卡。然后给予雇主注册编号，使用地理密码或其他办法，分别代表雇主的地区、部门、规程等各种情况。同时，建立企业档案，记录开办声明、执照以及各类文件。

再次，收取保险费。一是确定征收制度，包括工资单制或印花制；二是签发付款通知书，包括职工名单、入保工资、日期、注册编号、按工资总额计算的保险费(雇主与职工要分开计算)和付款方式；三是收款后应核实款项是否正确，开出收据、入账、转移单据；四是记录款项缴纳情况，载入雇主和雇员档案；五是对一些特别情况进行强制征收，对有争议处进行处理。

最后，发放保险金。一是填写正式申请表，提供文件。保险机构要与有关卡片、档案相对照，由会计主任核查无误后，开出领款通知给受保人。二是付款处为每一个受保人开一个账户，确切记载所领款项、日期、方式、地址。一般用邮寄或转账方式发放。三是要求及时按法规做好保险金的调整工作。四是进行归档和争议的接待处理。

此外，受保人员的其他社会化服务工作，也包括在业务工作程序内。

(五) 我国的社会保险基金管理

我国的社会保险基金管理包括社会基本保险基金的管理和补充保险基金的管理。

1. 社会基本保险基金管理

社会基本保险基金管理包括了对养老、医疗、失业、工伤、生育等保险基金的管理。1991 年，国务院发布《关于企业职工养老保险制度改革的决定》，明确规定基本养老保险基金由社会保险管理机构经办业务管理，编制基金和管理费收支预决算报当地人民政府在预算中列收列支，并接受财政、审计、银行和工会的监督。失业、医疗、工伤、生育等社会保险基金如同养老保险基金,由社会保险机构经办管理。几年来,各项社会保险基金逐年积累,滚存量逐年增多。与此同时,挪用基金、盲目投资的现象也时有发生,并有增加的趋势使保险基金不仅不能保值增值,而且面临很大风险。1994 年,财政部、劳动部颁布《关于加强企业职工社会保险基金投资管理的暂行规定》,明确养老保险基金收支相抵后的结余额,除留足两个月支付费用外,80%左右应用于购买特种定向债券。失业、医疗、工伤保险等其他社会保险基金在保证必要支出后的结余额,可购买各类国债。1997 年 7 月国务院颁布《关于建立统一的企业职工经办养老保险制度的决定》,要求抓紧制定基金管理条例,明确基本养老保险基金实行收支两条线管理。基金结余额,除预留相当于两个月的支付费用外,应全部购买国家债券和存入专户,严格禁止投入其他金融和经营性事业。2000 年国务院发布的《关于完善城镇社会保障体系的试点方案》进一步强调,个人账户基金由省级社会保险经办机构统一管理,按国家规定存入银行,全部用于购买国债,以实现保值增值,运营收益率要高于银行同期存款利率。

为加强社会保险基金的管理,建立财政内部制约机制,财政部把社会保险基金纳入财政专户,实行收支两条线管理,并明确规定:一是社会保障财政专户是在预算外资金账户内设立单独账户,财政和社会保障部门按规定的用款计划及时、足额拨款。二是财政部门不能擅自动用社会保障基金,无权直接安排和使用社会保障基金,也不能从中提取任何费用,更不能用于平衡预算,要确保按照财政和社会保障部门核定的用款计划及时拨付,不能以任何名义拖延拨款。三是财政和社会保障部门负责核准社会保障经办机构提出的用款计划,并审核、批复、汇总社会保障基金预算、决算,报政府审批。要制定社会保障基金财务、会计制度。四是不再从保险基金中提取管理费,社会保障经办机构根据国家编制部门批准的人员编制和国家规定的开支定额及标准提出经费预算,经主管部门审核后报同级财政部门,财政部门参照本级行政事业单位人均支出水平和审核保险经办业务的实际需要进行审批,列入预算,由财政拨款。

国家规定,社会基本养老、失业、工伤、生育保险基金在社会保障基金财政专户中分别独立设账,分别管理,不得相互调剂。当年如有入不敷出时,按以下办法处理:一是经同级财政部门批准,动用历年滚存结余中存款;二是存款不足以解决时,建立调剂金的地区,可提前变现特种定向债券;三是提前变现特种债券仍不能解决时,可经同级财政部门批准后调整企业缴费比例;四是调整企业缴费比例仍不能解决时,同级财政部门给予适当补贴。

2. 补充保险基金管理

补充保险基金的管理,包括企业年金基金、互助合作保险基金、商业性保险基金、互助保险基金的管理。

企业年金基金是在国家政策指导下,以企业为主体,根据企业自身经济实力和经济状况缴纳的补充保险。资金来源于企业缴存和个人自愿缴存,都记入职工个人账户,归个人所有。这类基金属于个人基金,不属于财政资金,也不属于企业基金。因而基金运营管理方式,可以按照国际惯例,采用市场信托运营管理方式。根据2004年颁布的《企业年金施行办法》的规定,建立年金制的企业,应当确定企业年金受托人,受托管理企业年金。受托人可以是企业成立的年金理事会,也可以是符合国家规定的法人受托机构。企业年金理事会除管理本企业的企业年金事务之外,不得从事其他任何形式的营业性活动。受托人可以委托具有资格的企业年金账户管理机构作为账户管理人,负责管理企业年金账户;可以委托具有资格的投资运营机构作为投资管理人,负责企业年金基金的投资运营。受托人应当选择具有资格的商业银行或专业托管机构作为托管人,负责托管企业年金基金。受托人与账户管理人、投资管理人和托管人确定委托关系,应当签订书面合同。

职工互助合作保险是在市场经济条件下,运用经济手段为职工服务的重要形式。它的产生和发展是我国建立和完善多层次、多元化的社会保障制度的客观需要,是中国工会在新形势下的工作创新。实践证明,职工互助合作保险已成为工会工作的重要组成部分,成为工会为职工服务、维护职工合法权益和实际利益的有效途径。

互助保险是社会成员之间通过一定的机制相互提供物质帮助的一种生活保险。它由非盈利性的互助组织承办,具有自愿参加、互助共济、非盈利、合作制等特点。

3. 中国社会保险基金管理中存在的问题与改革措施

我国社会保险制度还处于改革与完善的过程中,一些保险制度还很不完善。同样,社会保险基金管理体制建立不久,传统体制遗留下来的问题很多,新的管理机制尚未完全建立。从目前情况看,我国社会保险基金及其管理还存在不少问题。主要表现在以下几个方面:

(1) 现行社会保障管理体制过于分散,缺乏宏观协调平衡机制,因而使社会保险基金难以集中管理,统一运作。虽然我国现有的社会保障行政管理事务由劳动与社会保障部负责,但由于没有打破所有制、地区界限,以及缺少法律、法规的统一规范,致使社会保障管理体制出现了政出多门、多头管理的弊端,也增加了社会保障的管理成本。

(2) 政府与社会保障业务机构的职能不分,或行政越权干预,使社会保险基金不能依法管理,有的甚至违法操作,缺乏有效的监督机制。现行管理体制按分管部门和险种实行管理,使政策制定、业务管理、基金管理和运营及监督由一个行政部门或一个行政部门主管下的各机构管理,权利合一。近年来,以“政事分开”为目标的管理体制改革在全国进行,但由于原有体制的僵化,改革尚未从根本上实现行政管理与业务管理分开的目标,监督体系也始终未能建立。

(3) 社会保险基金投资渠道单一,运营技术落后,实际收益率较低。据统计,2002 年我国社会保障基金的收支总量为 7 300 多亿元,累计结余已达 3 000 多亿元。随着社会保障基金积累的增加,在基金运营方面缺乏有效的投资渠道和手段,基金保值增值问题越来越突出。

(4) 法律制度不健全,法律体系不完善。在我国社会保障制度改革和发展过程中,存在着立法滞后、立法难度大和执法不力等问题。现行多头分散的管理体制影响了立法工作的进程,制约了社会保障法律制度的建立和完善。

(5) 缺乏高水平的保险基金管理人才。受原体制的影响,目前,社会保险基金的管理人员基本上是行政管理人员。对于基金的投资和运营缺乏技术知识和经验,也缺乏现代金融市场中运作基金的能力。

上述问题的产生有多种原因。既有传统体制遗留的因素,也有新体制不完善或新、旧体制交替中出现的因素;既有内部因素,也有社会经济环境等外部因素。因此,解决这些问题需要积极谨慎,总体上应该在社会保障体制改革和发展中逐步地加以解决。

第一,建立统一的社会保障基金专门管理制度。首先,要把社会保障基金的收支纳入国家和地方各级政府的预算管理,并赋予这种基金来源、专门用途以法律的强制性,杜绝社会保障经费收支的随意性。社会保障经办机构对基金的支付必须在国家和地方预算中列支,专款专用。其次,对于实行社会统筹部分积累的社会保障基金,应强制按属地原则建立和管理,即社会保障经办机构将筹集到的社会保障基金转入所在地银行,建立基金专户,专项储存,以保证社会保障基金的完整和安全、社会保障费用的及时和足额支付以及积累部分基金的正常运营。

第二,全面实行社会保障基金的全过程管理与社会化服务相结合的制度。社会保障基金的管理,不单纯是基金筹集和支付的管理,更重要的是基金的使用方向、使用情况、使用效果的跟踪管理,即对使用过程的管理。社会保障基金的全过程管理必须与扩大社会化服务相结合,实现社会保障经办机构的管理工作与直接实施社会保障的企业、单位的服务工作结合起来,同社区服务产业结合起来,保证社会保障基金使用的合法有效性。同时要加强管理手段的科学性,加强系统管理的网络化建设。

第三,以法律的形式设置相应的配套法律保障措施,切实保证社会保障基金及时、足额筹集和高效、安全运营。应尽快建立和完善社会保障基金筹集、运营、管理的法律制度。

第四,应完善社会保障基金运营管理机制,提高社会保障基金的运营效率。社会保障基金经办机构在保证基金正常支付和安全流动的前提下，应遵循“宽渠道、按比例、低风险、高回报”的指导原则，将社会保险基金分散多渠道运营，以实现基金的保值、增值。除购买国债外，应在法律许可的范围内，探索多渠道的投资方式，以提高社会保障基金的投资回报率。

第五，健全对社会保障基金筹集、支付、运营多方位的监督措施和法律保证措施。应健全各类社会保障项目从中央到地方的行政主管部门的行政监督制度，同时形成以行政主管部门监督为主、行政专项监督为辅的自上而下的严密行政监督体系；应建立相互协调、相对统一的社会保障基金监督机构，基金经办机构内部应设立专门的核查、稽查制度，从而形成由内外专门监督机构组成的社会保障基金管理的监督体系；要完善社会团体对社会保障经办机构的监督制度，尽快形成社会团体监督网络。

第十二章 社会保障法律制度

社会保障作为一项社会制度，必须以法律法规为依据，强制性地加以实施。社会保障法律制度是整个社会保障制度得以规范及有效运行的客观依据和准则。对社会成员的社会保障待遇标准只有通过立法才能加以确定，国家对社会特殊群体的保护和帮助也只有通过立法才能得以强制实施。在世界性的社会保障法制化进程中，国际劳工组织发挥了极其重要的作用。作为处理社会和劳工问题的国际机构，国际劳工组织所制定的国际劳工公约和建议书是会员国须共同遵守的国际劳工准则，它已成为各个国家建立社会保障制度与社会保障立法的依据和基础。目前，世界上大多数国家的社会保障制度的建立和实施都已纳入了法制化的轨道。我国经过半个多世纪的社会保障法制化建设，已初步建立了社会保障法律体系。

一、社会保障法律制度概述

在社会保障工作中，存在着各种主体和主客体之间的权利与义务关系，社会保障法律制度以法律形式使这些关系规范化，并以法定的方式对此加以调整。因此，社会保障制度是国家通过立法建立起来的，社会保障法是社会保障制度的法律表现形式。通过立法及完善社会保障法律制度，可以实现整个社会保障制度的良性运行。

（一）社会保障法律制度的含义

社会保障法律制度，是指国家立法机关和国家行政机关用法律、法规、命令、条例等形式来肯定、明确、规范社会保障行为规则的总和，它不仅集中体现了国家对需要采用社会保障手段来解决各种社会问题的意志，同时也是实现整个社会保障制度良性运行的必要保证。① 建立社会保障法律制度,能够维护社会成员的合法权益;能够规范社会保障行为,为整个社会保障制度的良性运行提供必需的法律依据。社会保障法律制度与其他经济、刑事、民事法制系统等共同构成一个国家和地区的完整、健全的法制体系,从而还对国家和社会走上法制化道路具有特别的意义。

社会保障法律制度是由一个多层次的法律系统组成的,它由一定数量的法律、法规、命令、制度等构成多层次的法制系统。它既包括宪法等确立社会保障基本原则的国家大法,又包括各项社会保障制度的专门法律。在实践中,中央和地方政府行政部门颁发的行政法规也作为社会保障法规加以强制实施。

社会保障法律制度是国家法律制度体系的有机组成部分。但在实际工作中,社会保障法律制度是一个独立的法律部分。这是因为社会保障法律制度所调整的对象非常广泛,社会保障范围具有全民性,社会保障工作涉及的关系较为复杂,处理的问题带有特殊性,不能被其他的法律部门及法规所包容和代替。社会保障法律制度作为一个独立的法律部分,意味着社会保障立法是从社会保障内在需要出发,建立完善的、自成体系的法律制度。

社会保障法律制度是一个具有规范性的系统。所有社会保障关系及其实施方式都由社会保障法加以规范和确定。同时,社会保障法律制度也具有协调性。它通过制定多部社会保障法规,在规范特定社会保障事务的同时,对各种社会保障制度之间及与其他社会制度之间的关系进行协调。

(二)社会保障法律制度的基本内容

1. 社会保障法及其调整的对象

社会保障法是调整社会保障关系的法律规范的总和。这里的社会保障关系包括国家社会保障职能机构、集体(社区和单位)及公民

---

① 郑功成著:《论中国特色的社会保障制度》,武汉大学出版社 1997 年版,第 463 页。

在社会保障活动中所发生的各种社会关系,主要有社会保险关系、社会救助关系、社会福利关系、优抚安置关系和社会互助关系、个人储蓄积累关系等。各种社会保障关系在社会保障行为发生时,均有其共同的行为方式、执行程序、管理方式等内容,这些内容大致可概括为以下几个方面,共同构成了社会保障法的调整对象。

(1) 调整社会保障法律制度中各主体之间的各种关系。主要包括政府与社会成员之间的关系、社会保障管理机构与社会成员之间的关系、政府与社会保障管理机构的关系、企业与受保职工之间的关系、社会成员在保障制度中的特定关系等。社会保障法律制度明确界定上述各主体在社会保障事务中的权利、职责和义务,对发生的各种关系加以调整。

(2) 调整社会保障管理体制。主要是规范社会保障管理机构的设置及其职能;调整社会保障机构内部及与其他部门之间的关系;调整社会保障运行机制,特别是规范社会保障管理中的职责划分、财务管理、资金分配等方面的关系。

(3) 调整社会保障基金管理中的各种关系。主要是调整社会保障职能机构与国家、集体、个人在筹集社会保障资金过程中所发生的关系,规范社会保障基金的筹集、支付、运行等行为。

(4) 调整和规范社会保障项目及标准的确立关系。

(5) 调整因执行社会保障政策而引起的争议各方的关系。

(6) 调整社会保障运行过程中的监督机制。包括监督机制的建立以及确定监督机构的职责和权限等。

2. 社会保障法律制度的主体与客体

社会保障法律制度的主体是指在各种社会保障活动中,依法享受相应的权利与承担相应的义务的当事人。主体资格是由法律规定的,也是社会保障运行过程中客观存在的。从社会保障的运行过程来看,其主体主要包括:一是国家或政府(主要通过政府职能部门来体现)。国家不是法人,国家规定法人制度,但在社会保障中,国家却直接参与了社会保障活动,并对社会保险、社会福利、社会救助、军人保障等各项社会保障制度的实施给予财政上的支持,从而是社会保障法制系统中的特殊主体,地方各级政府也构成了社会保障法律关系中的特殊主体。二是社会保障实施机构。实施机构直接承担着实施各种社会保障事务的责任,既依法享有向企业、个人等征收社会保险费等的权利,又承担着具体运作社会保障项目的义务,从而是社会保障法律关系中的当然主体。因此,社会保障实施机构应当作为特定的政府或社会的事业性法人机构而依法成立,并接受社会保障法制管理与政府、社会的监督。三是企业、用人单位及乡村政权或集体经济组织。它们不仅承担着一定的向社会保障机构供款的责任,而且要承担诸如职业福利、集体福利的管理与实施责任,从而对社会保障有着直接的义务与权益,也是社会保障法制关系中的当然主体。四是社会成员、劳动者或其家庭。社会保障都是面向城乡居民与劳动者的福利性保障,社会成员或劳动者是社会保障的直接受益对象,也需要承担一定的缴费责任,从而是社会保障法制关系中的当然主体。上述有关各方共同构成了社会保障法制关系中的主体,但社会保障机构与社会成员具有完全主体资格,其他则具有特殊主体资格,这种主体构成,正是社会保障事业的公益性、福利性、社会性的具体体现。

社会保障法律制度中的客体,是指各关系主体的权利义务共同指向的目标。从社会保障的实践内容来看,其客体是指社会保障规定项目和范围内的各种物质利益和自然人。一方面,社会保障的具体对象都是客观存在的财产物质利益(包括有生命的种植业、养殖业生产和无生命的家庭财产),而其他社会保障项目则多是以保障自然人的生活与身体为目标的;另一方面,社会保障的目的主要是为社会成员的基本生活提供物质保障,保障的实现又是通过支付货币或提供劳务等方式来进行的。因此,人是社会保障法律制度中最重要的客体,而物则是社会保障法律制度中的特殊客体。

3. 社会保障主体的权利与义务

在社会保障制度的实行中,社会保障主体拥有或承担了以下几种权利和义务:

(1) 国家和政府行政管理机构及实施机构的权利和义务。它们负有决策、规划、拟定、贯彻实施和监督的权利；负有社会保障基金的筹集、管理、投资、运用及待遇的支付，为被保障人提供服务，代表国家给予财政补贴等义务。与此同时，也有对被保障人实施社会保障和保护及对违反社会保障法的作为进行行政处罚的权利。

(2) 企事业单位的权利与义务。其义务是按规定参加社会保险，为劳动者办理社会保险、缴纳社会保险费。与此同时，要求社会保障机构提供社会保险政策的咨询，就与本单位有关的社会保险争议提出仲裁或诉讼，监督社会保障机构及工作人员的工作等。

(3) 社会成员的权利和义务。社会成员在遭遇自然灾害及丧失劳动能力或丧失劳动机会、失去生活来源时，可按法律法规规定享有向社会保障机构申请领取社会救助、社会保险及其他待遇的权利；请求提供社会保障政策的咨询及其他服务事项等。与此同时，社会成员也应当负有缴纳社会保险费的义务，但缴费义务也不是绝对的，对不同对象应采取分别对待的方式。对那些确实无力缴费者，在其发生困难时，社会仍有义务给予补贴，以帮助他们维持最基本的生活。

4. 社会保障法律关系及其特征

社会保障法律关系是指社会保障关系的主体在社会保障活动中，根据社会保障法规而形成的一种权利与义务关系。由于社会保障法所调整的对象与其他法律调整对象的不同，而使它具有独特的法律关系特征，它是社会保障关系在法律上的表现。其具体的特征为：一是社会保障法所规范和调整的是社会保障活动以及社会保障主体的行为，社会保障法律关系产生和存在于社会保障活动之中。二是在社会保障法律关系中，社会保障管理机构作为社会保障主体，既是法规政策的制定者，又是社会保障制度及法规的执行者，同时也是社会保障法规所调整的对象，因此，社会保障法律关系没有社会保障机构的参与就无法形成。而在实践中，如果不把社会保障管理机构的职责和权利关系界定清楚，社会保障法律关系也将混淆不清。三是根据不同的社会保障制度，社会保障法律关系的强制性程度也不同，绝大多数国家的社会保障法律关系具有较大的强制性。这主要反映在以下几个方面：首先是社会保障法规一般由国家立法机构或其授权之行政机关制定,作为法律规范,所有法律关系涉及和调整的对象必须严格遵守并执行;其次是社会保障机构依法进行的行为具有强制的法律效力;再次是任何法律主体都必须按照法律规定履行职责和义务,任何违反法律的行为,均将承担法律责任,依法处置和受到法律的制裁。

二、中国社会保障法律制度

新中国成立以来,特别是改革开放以来,我国的社会保障法制建设已逐步走上了正常的发展轨道,建立和实施了主要社会保障项目的法律法规,它对促进我国社会保障事业起到了重要的作用,也保证了近年来社会保障事业规范、有序地发展。但同时也应看到,我国社会保障法制建设还很不完善。因此,通过立法建立和健全社会保障制度,为社会主义市场经济的建立和发展提供良好的法律环境已成为当务之急。

(一) 中国社会保障法律制度的建设历程

在新中国成立以前,国民党政府、共产党领导的苏区和解放区等均制定过一些社会保险方面的法规或草案。1929 年,国民政府广东建设厅劳动法起草委员会就起草过《劳动保险草案》,包括“伤害保险”和“疾病保险”等内容。1944 年,国民党政府社会部拟定过《社会保险方案草案》。在共产党领导的地区,1930 年 5 月,由当时的全国苏维埃区域代表大会通过的《劳动保护法》第七章对社会保险作了规范,接着是 1931 年制定的《中华苏维埃共和国宪法大纲》和《中华苏维埃共和国劳动法》(1933 年修改),以及稍后颁布的《中国工农红军优待条例》、《红军抚恤条例》、《优待红军家属条例》等,对有关社会保障工作进行了规定。抗日战争后期,边区政府制定了针对抗战军人及家属的保障和劳工保护问题的政策法规。东北行政委员会在 1948 年颁布了《东北公营企业暂行劳动保险条例》,1949 年又颁布了这一条例的实施细则和劳动保险基金试行细则、劳动保险会计办理试行细则等,其他地区也颁布过一些社会保障方面的法规。

新中国成立后，与社会保障制度的建立和发展一样，社会保障法规的制定、修订和完善也经历了曲折的过程。这一过程大致可分为以下几个阶段：

第一阶段，1950—1965 年，社会保障法规的初建阶段。在此时期，以新中国成立前夕制定的临时宪法《中国人民政治协商会议共同纲领》中有关社会保障问题的规定为依据，政务院集中颁布了多部有关社会保障的全国性行政法规，从而使 20 世纪 50 年代成为新中国社会保障法制建设的第一个高峰时期。主要法规见表 12－1。

表 12－1 1950—1965 年中国制定的主要社会保障法规①

颁布时间	法规名称	通过或颁布机关
1950－06－17	救济失业工人暂行办法	政务院（国务院前身）
1950－12－11	革命军人牺牲病故褒恤暂行条例	政务院
1950－12－11	革命烈士家属、革命军人家属优待暂行条例	政务院
1950－12－11	革命工作人员伤亡褒恤暂行条例(后修订)	政务院
1950－12－11	民兵、民工伤亡褒恤暂行条例	政务院
1950－12－11	革命残废军人优待抚恤暂行条例	政务院
1951－02－26	中华人民共和国劳动保险条例(1953 年修订)	政务院
1952－08－24	国家工作人员公费医疗预防实施办法	政务院
1955－05－31	关于安置复员、退役军人工作的决议	国务院
1955－12－29	国家机关工作人员退休处理暂行办法	国务院
1955－12－29	国家机关工作人员退职处理暂行办法	国务院
1957－09－06	关于进一步做好救灾工作的决定	国务院
1958－02－09	关于工人、职员退休处理的暂行办法	国务院
1958－03－07	关于工人、职员退职处理的暂行办法	国务院
1958－03－17	关于处理义务兵退伍的暂行办法	国务院
1962－06－01	关于精简职工安置办法的若干规定	国务院

（注：本表仅列明了由国家行政机关即政务院或国务院颁行的法规。）

① 郑功成著：《论中国特色的社会保障制度》，武汉大学出版社 1997 年版，第 476 页。

在表 12 - 1 所列的法规中，主要的法规包括《中华人民共和国劳动保险条例》和一组优待抚恤条例，这些法规和条例构成了当时社会保障法规的基本框架，并为今后社会保障法律体系的形成奠定了基础。

第二阶段，1966—1977 年，社会保障制度遭受破坏、法制建设停滞不前阶段。在此时期，“文化大革命”运动使中国的社会经济制度和正常的经济秩序遭到破坏。同样，社会保障项目的实施也受到严重影响，一部分社会保障制度被改变。1969 年 2 月，由财政部发布的《关于国营企业财务工作中几项制度的改革意见(草案)》，轻易地否定了《中华人民共和国劳动保险条例》中的有关规定。由此，社会化劳动保险演化为企业保险，它造成的社会保障制度不合理和无效率等问题，在以后的实践中积重难返，成为现阶段社会保障改革异常艰难的重要原因。

第三阶段，1978—1989 年，重建社会保障制度、健全社会保障法律体系阶段。在这段时期，中国的经济社会开始走上改革和发展道路，法制建设受到全社会的重视。在重建社会保障制度的同时，国家对社会保障法规也进行了重新审议、修改和补充，但并没有作根本性的制度变革。在这段时期颁布的社会保障法规见表 12 - 2。

表 12 - 2　1978—1989 年中国制定的主要社会保障法规

颁布时间	法规名称	通过或颁布机关
1978 - 05 - 24	关于工人退休、退职的暂行办法	国务院
1978 - 05 - 24	关于安置老弱病残干部的暂行办法	国务院
1980 - 04 - 29	革命烈士褒扬条例	国务院
1980 - 10 - 07	关于老干部离职休养的暂行规定	国务院
1981 - 03 - 14	关于职工探亲待遇的规定	国务院
1981 - 10 - 13	关于军队干部退休的暂行规定	国务院、中央军委
1982 - 01 - 04	关于军队干部离休的暂行规定	国务院、中央军委
1982 - 04 - 10	关于老干部离职休养制度的几项规定	国务院
1983 - 02 - 03	中国人民解放军志愿兵退出现役安置暂行办法	国务院、中央军委
1983 - 09 - 12	关于高级专家离休退休若干问题的暂行规定	国务院

（续　表）

颁布时间	法 规 名 称	通过或颁布机关
1986-07-12	国营企业职工待业保险暂行规定	国务院
1987-12-03	中华人民共和国尘肺病防治条例	国务院
1987-12-12	退伍义务兵安置条例	国务院
1988-06-28	军人抚恤优待条例	国务院
1988-07-21	女职工劳动保护规定	国务院

（注：本表仅列明主要的社会保障方面的法规，国务院发布的一些次要的法规从略，部门发布的法规也从略。）

从表 12-2 可见，在 1970—1980 年，立法机构和主管社会保障事务的政府部门颁布了大量全国性的法规和政策，这些法规和政策主要集中在重建统一的城镇劳动者的退休养老制度和对军人抚恤优待制度方面，同时在失业保险制度的建设方面作了尝试。

第四阶段，1990 年至今，现代社会保障制度的建立和社会保障法规体系的建设阶段。20 世纪 90 年代以来，中国加大了改革开放的力度，并开始建立社会主义市场经济体制。与此相适应，社会保障制度亦开始朝社会化、市场化和法制化的方向变革，国家开始注重适应社会主义市场经济体制的社会保障法律制度的建设。十多年间，国家立法机关和国家权力机关颁布了大量的社会保障法规和政策，主要参见表 12-3。

表 12-3　1990—2011 年中国制定的主要社会保障法律和法规

颁布时间	法律和法规名称	通过或颁布机关
1990-12-28	中华人民共和国残疾人保障法（1991 年实施）	七届全国人大常委会第 17 次会议通过
1991-09-04	中华人民共和国未成年人保护法	七届全国人大常委会第 21 次会议通过
1991-12-29	中华人民共和国收养法	七届全国人大常委会第 23 次会议通过
1992-04-03	中华人民共和国妇女权益保障法	七届全国人大常委会第 25 次会议通过

（续　表）

颁布时间	法律和法规名称	通过或颁布机关
1994-07-05	中华人民共和国劳动法	八届全国人大常委会第8次会议通过
1994-10-27	中华人民共和国母婴保健法	八届全国人大常委会第10次会议通过
1995-06-30	中华人民共和国保险法	八届全国人大常委会第14次会议通过
1996-08-29	中华人民共和国老年人权益保障法	八届全国人大常委会第21次会议通过
2010-10-28	中华人民共和国社会保险法	十一届全国人大常委会第17次会议通过
1991-06-26	关于企业职工养老保险制度改革的决定	国务院
1995-03-01	关于深化企业职工养老保险制度改革的通知	国务院
1995-12-29	关于建立企业补充养老保险制度的意见	劳动部
1997-07-16	关于建立统一的企业职工基本养老保险制度的决定	国务院
2004-01-06	企业年金试行办法	劳动和社会保障部
2005-12-03	关于完善企业职工基本养老保险制度的决定	国务院
2009-09-01	关于开展新型农村社会养老保险试点的指导意见	国务院
2011-01-11	企业年金基金管理办法	人力资源和社会保障部
2011-06-07	关于开展城镇居民社会养老保险试点的指导意见	国务院
1993-04-12	国有企业职工待业保险规定	国务院
1993-04-20	国有企业富余职工安置规定	国务院

（续　表）

颁布时间	法律和法规名称	通过或颁布机关
1994-10-25	关于在若干城市试行国有企业破产有关问题的通知	国务院
1995-04-16	国务院办公厅转发劳动部关于实施再就业工程报告的通知	国务院
1997-03-2	关于在若干城市试行国有企业兼并破产和职工再就业有关问题的补充通知	国务院
1998-06-9	关于切实做好国有企业下岗职工基本生活保障和再就业工作的通知	国务院
1999-01-22	失业保险条例	国务院
2005-02-24	关于切实做好国有企业下岗职工基本生活保障制度向失业保险制度并轨有关工作的通知	劳动和社会保障部、财政部
1994-01-13	农村“五保”供养工作条例	国务院
1995-10-19	关于进一步做好农村社会养老保险工作意见的通知	国务院
1994-04-15	国家“八七”扶贫攻坚计划（1994—2000）	国务院
1994-07-18	关于深化城镇住房制度改革的通知	国务院
1994-08-23	中华人民共和国残疾人教育条例	国务院
1994-04-14	关于职工医疗制度改革的试点意见	国家体改委、财政部、劳动部、卫生部
1996-04-22	关于职工医疗保障制度改革扩大试点意见的通知	国家体改委、财政部、劳动部、卫生部
1998-12-14	关于建立城镇职工基本医疗保险制度的决定	国务院
2006-05-16	关于开展农民工参加医疗保险专项扩面行动的通知	劳动和社会保障部
1997-09-02	关于在全国建立城市居民最低生活保障制度的通知	国家体改委、财政部、劳动部、卫生部

（续　表）

颁布时间	法律和法规名称	通过或颁布机关
1999-09-28	城市居民最低生活保障条例	国务院
2003-04-27	工伤保险条例	国务院
2004-06-01	关于农民工参加工伤保险有关问题的通知	劳动和社会保障部
1993-11-26	女职工保健工作规定	卫生部、劳动部、人事部、全国总工会、全国妇联
1994-12-14	企业职工生育保险试行办法	劳动部
1994-11-22	关于加强企业职工社会保险基金投资管理的暂行规定	财政部、劳动部
1995-07-14	关于加快全国职工互助保险事业发展的意见	全国总工会
1999-01-22	社会保险费征缴暂行条例	国务院
2003-01-10	关于建立新型农村合作医疗制度的意见	卫生部、财政部、农业部
2007-07-10	关于开展城镇居民基本医疗保险试点的指导意见	国务院
2007-07-11	关于在全国建立农村最低生活保障制度的通知	国务院
2004-08-01	军人抚恤优待条例	国务院、中共中央军事委员会
2007-02-25	残疾人就业条例	国务院

从表12-3可见，自1990年以来，我国的社会保障法制建设成效卓著，基本上形成了现代社会保障法律体系，并为进一步的法制建设奠定了良好的基础。

（二）中国社会保障法律制度建设中存在的问题

新中国成立以来，特别是改革开放以来，我国的社会保障法制建设已逐步走上了正常的发展轨道。在社会保障的各个项目上，都颁布了若干法律或法规。在社会保险方面,有国务院及劳动部、卫生部、国家体改委、人事部等多个部门共同制定的养老保险、医疗保险、失业保险、工伤保险、生育保险等有关法规;在社会福利方面,有军人安置及社会救助等方面的相关法规;在社会保障基金管理、基金缴付等方面,国务院也相继颁布了若干规定和实施办法。以上法规政策的制定和实施,对规范我国社会保障事业起到了重要的作用,这也保证了近年来我国社会保障事业规范有序的发展。

但从法规制度的完善性及实施过程中的情况来看,我国社会保障法制建设还存在着一些问题,而且有些问题比较严重,需要在较短的时间内解决。这些问题主要表现在以下几个方面:

(1) 社会保障法律制度还不健全,尚未形成完整和系统的法律体系。社会保障工作在许多方面以政策规定和行政命令为依据和手段。在社会保障制度建设中,国家立法滞后和地方立法分散所造成的后果是,社会保障社会化程度低,社会覆盖面窄,规范性和强制性不足,社会保障管理中漏洞较多。特别是目前在社会保障方面发生争议进行仲裁或提起诉讼时,由于缺乏完整的法律依据,仲裁机构和人民法院难以按有效的法律规定对社会保障争议、纠纷进行仲裁或判决。

(2) 现有的社会保障法规立法层次低,缺乏较高的法律效力和必要的法律责任制度。社会保障法规是我国法律体系中一个重要的组成部分,一部分法规对整个社会经济和社会成员有重大影响,应该由全国人民代表大会制定社会保障的基本法律。但是,目前我国大部分社会保障制度规定主要是由相关政府部门制定的,缺乏法律的效力和规范性。这种状况与社会保障法所承担的责任和在社会法律体系中的地位是不相符合的。同时,完整的法律规范应该由假定、处理和制裁构成,无法律责任、无制裁措施的法律规范,是有严重缺陷的,它无法发挥法律规范的强制性功能。但在我国现行的社会保障法规中,普遍存在着缺乏法律责任的现象,因此无法确保社会保障措施的有效实施,也无法有效控制违法现象的产生和严厉制裁违法行为。

(3) 社会保障法规的实施机制和监督制度较为薄弱。在社会保障制度中的筹资机制、保险金的给付机制、社会保障的管理机制和社会保障运行方式等方面,缺乏具有法律意义上的规范性措施。同时,缺乏有法律保护和法律规定的社会保障监督机制和监督方法。特别是社会保障的管理主要由政府行政部门承担,社会保障的监督机构与管理机构也常常密切相关,有的甚至由一个部门兼任双重职能。因此,经常出现或以行政条例和处理方式代替保障法规,或不认真履行监督职能、掩盖矛盾和问题的现象。如缺乏对欠缴社会保险费的行为和拖欠离退休人员、失业人员保险金行为的法律制裁措施;对非法挪用、挤占保险金的违法甚至犯罪行为不能及时惩处,保险基金的运营处于无法律监管和严重不安全状态。

(三) 社会保障法律制度的发展和完善

中国作为社会经济发展水平较低、法制建设不完善和社会保障起步晚、程度低的国家,在社会保障法制建设中,必然会发生各种问题和困难。只有我们认识到法制建设是社会保障制度得以健康发展的必要条件,社会各方面都重视这一问题,我国的社会保障法制建设才会朝着健康的方向发展,并日臻完善。这里,社会保障法制建设必须从中国的实际情况出发,使保障制度及保障方式与我国的经济社会制度和生产力发展水平相适应;坚持法律调整与特殊政策调整相结合,对社会发展中某些急迫需要解决的特殊问题采取特殊性的政策加以调整;借鉴和吸收国际社会带有共性的经验,适当参照社会保障法律体系比较健全国家的法规和标准;同时也总结我国社会保障法制建设的经验,从而通过改革和制度创新,建立起具有中国特色的社会保障法律制度。

(1) 应当把社会保障立法作为建立我国社会主义市场经济法律体系的重要组成部分,抓紧制定社会保障的基本法律。

(2) 社会保障制度的立法内容应与其他专门立法的内容相互衔接,相互补充和制约,以保证社会保障法规的有效实施。例如,对社会保险基金被非法挪用、挤占的情况,社会保障法规只规定行政性的制约措施,但没有相应的刑事法律制裁条例。现行的《中华人民共和国刑法》并没有相应的罪名对挪用、挤占社会保险基金的行为加以制裁。两种专门的法律还需要协调。

(3) 探讨和制定专门的法规,以法律手段解决社会保险基金的支付风险问题。目前,我国的社会保险基金支付风险已成为社会保障制度实行中一个非常突出的问题,造成这一状况的主要原因是保险基金收支不平衡,特别是保险费不能足额征缴。我国需要研究和实施强化社会保险费的收缴功能、达到社会保险基金收支平衡、防范社会保险基金支付风险的重要法律对策。

(4) 规范金融秩序,保证社会保险基金的保值增值。社会保险基金的保值增值是社会保险基金运营管理的重要目标。目前还没有相应的法规来规范保险基金的投资行为,投资渠道少,各种违规事件不断发生。所以,应通过立法建立社会保险基金的安全投资机制,如在规范金融秩序的前提下,严格规定社会保险基金的投资方向和各项投资比例的上限,强化投资监管措施,保证社会保险基金的保值增值。

(5) 健全社会保障的司法机制。应在人民法院设立劳动和社会保障法庭,专门审理劳动和社会保障争议案件,使当事人在其社会保障正当权益受到侵害时能获得有力的司法保护。在条件成熟后,可建立专门的劳动和社会保障法院。人民法院对社会保障领域发生的违法、犯罪案件,应当依法及时审理;对拒不缴纳法定的社会保险费、拒不履行支付社会保险金义务、不正当使用保险基金,以及贪污、挪用、侵占保险基金的行为人,应依法分别追究其刑事责任、行政责任和民事责任。

三、外国社会保障法律制度

西方主要的资本主义国家在社会保障法律制度建设上已有很长的历史,大部分国家形成了较为完整的社会保障法律体系,建立了有效的法律监督机制。在各国社会保障法律制度建设过程中,国际劳工组织大会通过并颁布的国际劳工公约和建议书,为各国制定和建立社会保障法律制度提供了依据和基础。

(一)一些国家社会保障法律制度的概况

在主要的资本主义国家,社会保障制度建立的历史较长,社会保障的立法较早。英国于1601年颁布《济贫法》,荷兰、瑞典分别于1854年和1871年颁布《济贫法》。这些立法基本上是对社会救济事业作出一些规定,还不具有现代社会保障立法的基础和规范。现代保障立法大致是从20世纪30年代开始的。一些主要的资本主义国家在此时期开始逐步建立社会保障法律体系。参见表12-4。

根据表12-4所示,国外社会保障法律制度的基本特点是立法早、法律体系较完整,社会保障法律制度基本上覆盖了社会保险、社会救助、社会福利、军人保障、公务员保障等全部社会保障制度。从一些国家的社会保障法律体系的形成过程及内容看,有以下几方面的特征:

表12-4 部分国家社会保障立法简表①

国名	立法内容及时间
英国	《老人年金保险法》(1908),《国民保险法》(1911),《家庭津贴法》(1942),《国民保险法》(1946),《国民工伤保险法》(1946),《国民保健事业法》(1946),《国民救济法》(1947)。上述立法构成了英国社会保障法律系统的基本框架
法国	《失业保险法》(1905),《工人养老保险法》(1910),《社会保险法》(1930)。上述法规奠定了法国以社会保险为主体的现代社会保障法律制度的基本框架
瑞典	《国民年金法》(1913),《工伤事故保险法》(1918),《国民保险法》(1926),《失业保险法》(1934),《全国退休金法》(1946),《医药保险法》(1947),《健康保险法》(1955),《社会救济法》(1957),《补充退休金法》(1959),《退休金法案》(1962),《国民保险法》(1962),《就业工伤保险法》(1976)等

① 郑功成著:《论中国特色的社会保障制度》,武汉大学出版社1997年版,第472页。

（续　表）

国名	立法内容及时间
美国	《紧急救济法》(1933),《社会保障法》(1935),《住房法》(1949),1954至1968年间先后三次修订《社会保障法》、《老年医疗保险法》(1965)、《协调法》(1981)、《社会保险修订案》(1983)、《铁路退休工人收入法》(1983)、《就业培训合作法》(1983)等
日本	《健康保险法》(1922),《国民健康保险法》(1938),《海员保险法》(1939),《雇员年金保险法》(1941),《职工意外事故补偿保险法》(1947);进入20世纪50年代后,先后颁布了《失业保险法》、《日工健康保险法》、《私人学校教师和雇员保险法》、《国民年金法》、《农林渔业人员保险法》、《儿童津贴法》、《社会福利法》、《社会福利事业法》、《社会福利事业振兴会法》、《生活保障法》等;此后又废除《失业保险法》,代之以《就业保险法》(1974),修订通过了《年金修改法案》(1985)等

(1) 各国社会保障法制建设具有逐步发展和阶段性变化的特征。大部分国家的社会保障立法,都是从单一的和局部的社会保障立法扩展到综合的和全面的立法,最终形成较为完整的社会保障法律体系。最为明显的是一些福利国家的社会保障立法已从职业者扩展到全体居民。随着立法内容和范围的变化,这些国家的社会保障法律制度演变也经历了从产生到发展、成熟阶段。到20世纪50年代,各国社会保障法律体系基本形成。从20世纪70年代开始,鉴于社会对社会保障和全民福利问题认识的变化,以及社会保障制度实行中的一些问题,各国对社会保障法律制度重新进行了检讨、修正和改革。

(2) 建立了健全的社会保障法律制度,形成了完整的社会保障法律体系。其法律已覆盖了社会保障制度的各个领域。对于社会保障工作中的各项事务,制定了明确而规范的处理条例。在整个社会法律体系中,规范和协调了社会保障法律与其他相关法律的关系,特别是形成了有效实施社会保障法规的制度,并对违法者制订了严厉、有效的制裁措施。

(3) 各国形成了不同的社会保障立法模式。如美国是以综合性的《社会保障法》为基础的社会保障法规,即“一法为主”模式;日本是由多部平行的社会保障法律共同构成其社会保障法律体系,为“多法并重”模式;还有的国家既对部分社会保障项目专门立法,同时又将另一些社会保障项目纳入其他法律体系中加以规范,成为一种“混合型立法”模式。①

总体上看,随着各国社会保障法制的逐步完善,社会保障的运作改变了以个案为基础、由行政人员主管裁定、忽视社会保障受助者的权利的状况,已形成了以保障公民最基本的生活需求为目标、以法律为依据、按照法定程序处理、强调公民合法权利的体制。

(二)国际劳工公约和建议书

国际劳工公约和建议书是由国际劳工组织制定的。国际劳工组织作为在社会与劳工问题上负有特殊责任的国际机构,其建立正如其组织章程序言所述,是“鉴于只有以社会正义为基础,才能建立世界持久和平;鉴于现有的劳动条件使大量的人遭受不公正、苦难和贫困,以至产生如此巨大的不安,竟使世界和平与和谐遭受危害,改善此种条件是当务之急;鉴于任何一国不采用合乎人道的劳动条件,会成为其他国家改善其本国状况者的障碍”,因此,出于正义和人道的需要以及谋求世界永久和平的愿望,各缔约国为实现上述目标而共同组成一国际性、永久性的政府间组织,即国际劳工组织。这一组织正式成立于1919年,中国是创始国之一。

制定、颁布并督促签约国实施国际劳工公约和建议书是国际劳工组织的主要任务和活动,公约和建议书也是国际劳工组织会员国须共同遵守的国际劳工准则。在社会保障制度的建设上,国际劳工组织发挥了极其重要的作用。其陆续制定和通过的有关社会保障方面的劳工公约和建议书,已成为各个国家建立社会保障制度和社会保障立法的依据与基础。

国际劳工组织已通过的国际劳工公约和建议书涉及产业关系、

---

① 参见国际劳工局编集:《展望二十一世纪:社会保障的发展》,劳动人事出版社1988年版,第77页。

劳动保护、就业、社会保障、社会政策等各个方面的内容。与社会保障法制建设有关的内容主要包括以下几个方面：

(1) 基本人权。有 11 种公约和 7 种建议书专门就基本人权作了规定，此外，有 5 种公约和 2 种建议书论及了这方面的问题并相应作了规定。在机会与待遇均等方面，主要规定了劳工在就业、职业指导和培训、同工同酬、工作条件以及社会福利等方面的公平原则及实施方法，其中特别强调了男女工人同等价值工作取得同等报酬的原则。

(2) 就业问题。国际劳工组织专门制定了 14 个公约和建议书，同时有 9 个公约和建议书论及了此问题。就业是劳工组织最为重视的问题之一，也是国际劳工法规中的核心内容。内容主要包括就业政策、解决失业措施与政策、职业指导与培训以及就业保障措施。

(3) 社会政策。国际劳工组织的各个公约和建议书都多少涉及社会政策的某个方面或专门问题，同时有 3 个公约和建议书专门对社会政策作了阐明和规定。社会政策制定的原则是应有助和致力于人们的福利增进与社会经济发展。

(4) 劳动行政管理。国际劳工组织为了有效管理劳工事务和监督劳工法规的实施，制定了涉及劳工行政、劳动监察、劳工统计、国际劳工标准等方面的 11 个公约和建议书，同时在其他一些公约和建议书中也规定了有关的标准与准则。

(5) 产业关系。以劳资关系为核心的产业关系，是劳工事务的重要问题之一。国际劳工组织已制定了 8 个公约和建议书对有关问题加以规定。公约和建议书规定，应采取措施促进企业一级雇主与工人之间就共同关心的问题进行协商和合作。雇主组织、工人组织及政府主管当局之间也应采取适合本国条件的措施加以双方或多方的合作与协商，为此，建议书提出了合作与协商的有关准则。

(6) 工作条件。国际劳工组织制定了近 70 个有关工资、工时、休假、职业安全和卫生、特殊风险的保护及福利设施等工作条件公约和建议书，对劳工所应享受的和工作必须具备的条件作了详细规定。其中较重要的有工资、工时、职业安全与卫生等方面的规定。

(7) 社会保障原则和标准。国际劳工公约和建议书中大约有 30

余个公约和建议书是有关社会保障标准的。这些公约和建议书明确了社会保障的目的和基本原则,对各种保障项目的适用范围、标准及保障条件等都作了具体规定。到目前为止,国际劳工组织制定的社会保障标准基本上已覆盖了所有的保障项目,如医疗保健、疾病津贴、生育津贴、残疾津贴、老年津贴、遗属津贴、工伤津贴、失业津贴、家庭津贴等。此外,公约还规定外籍工人应享有同等的保障待遇。

(8) 未成年人、女工、特殊劳工及在特别部门工作的劳工保护。国际劳工组织对未成年人、女工、特殊劳工及在特别部门工作的劳工的机会和待遇、工作条件、劳动保护、社会保障等方面作了特别规定,制定了 110 多个专门的公约和建议书。

目前,国际劳工大会通过的有关社会保障的国际劳工公约和建议书主要包括《社会保障(最低标准)公约》(102 号)、《生育保护公约(修正案)》(103 号)、《生育保护建议书》(95 号)、《社会保障平等待遇公约》(118 号)、《工伤赔偿公约》(121 号)、《工伤赔偿建议书》(122 号)、《老年、残疾、遗属津贴公约》(128 号)、《老年、残疾、遗属津贴建议书》(131 号)、《医疗照顾和疾病津贴公约》(130 号)、《医疗照顾和疾病津贴建议书》(134 号)、《老年工人建议书》(162 号)、《维护社会保障权利公约》(157 号)、《维护社会保障权利建议书》(167 号)。

在这些公约中,以《社会保障(最低标准)公约》为基本公约。《社会保障(最低标准)公约》也称“102 号公约”,是国际劳工组织于 1952 年 6 月 28 日召开的国际劳工会议上通过的关于社会保障立法和政策的综合性文件,它对社会保障的核心问题——社会保障津贴的各个项目下了明确的定义,对社会保障对象最起码的范围、社会保障的内容和水平、投保者权利的保护以及其他有关社会保障管理的问题作出了规定。102 号公约在制定基本的和重要的社会保障标准方面具有权威性。它所构想的一整套具有科学性和可行性的社会保障标准,为各成员国的立法提供了可靠的依据。我国政府已承诺接受和履行上述公约和建议书的内容与标准。

国际劳工公约由国际劳工局起草,然后提交国际劳工大会讨论通过。通过之公约由各成员国提交本国立法机关批准。一经批准,成员国须向国际劳工局局长提交正式批准书，并制定相应政策或采取相应措施。如不批准，成员国则不承担义务，但应将本国与公约相关的法规、惯例和相关情况向国际劳工局局长报告。国际劳工组织对已批准公约的成员国的执行情况，采取确定的方法和程序加以监督。

国际劳工公约和建议书在履行中存在着差异，公约如同国际条约，是供各会员国批准用的，凡批准公约的会员国承诺履行一定的有约束性或强制性的法律义务，并须经常接受国际劳工组织的监督。而建议书则对会员国不产生约束性的法律义务，只是为会员国政府的政策制定和实施行为提供指导性原则。

参考文献

〔1〕美国社会保障总署.全球社会保障制度.北京：华夏出版社,1989.

〔2〕馨芳,等.世界各国的社会保障制度.北京：中国物资出版社,1994.

〔3〕顾海良,张雷声.世界主要国家社会保障制度概观.北京：中国大百科全书出版社,1995.

〔4〕国际劳工局.展望二十一世纪：社会保障的发展.北京：劳动人事出版社,1988.

〔5〕上海市总工会劳动工资社会保障部.国际劳工公约与建议书.

〔6〕日本国委员会编,各国的社会福利.张萍,译.北京：华夏出版社,1988.

〔7〕世界银行报告.防止老龄危机：保护老年人及促进增长的政策.北京：中国财政经济出版社,1996.

〔8〕世界银行报告.老年的保障：中国养老金体制改革.北京：中国财政经济出版社,1998.

〔9〕郑功成.论中国特色的社会保障道路.武汉：武汉大学出版社,1997.

〔10〕郭士征,葛寿昌.中国社会保险的改革与探索.上海：上海财经大学出版社,1998.

〔11〕刘明慧,陈军晖.社会保障理论与改革探索.大连：东北财经大学出版社,1998.

〔12〕杜俭,郑维桢.社会保障制度改革.上海：立信会计出版社,1995.

〔13〕胡乐亭.社会保障概论.北京：中国财政经济出版社,1996.

〔14〕中国社会保障制度总览.北京：中国民主法制出版社,1995.

〔15〕胡逢云.社会保障实用手册.上海：上海辞书出版社,1995.

〔16〕复旦大学日本研究中心.日本社会保障制度：兼论中国社会保障制度改革.上海：复旦大学出版社,1996.

〔17〕岳颂东.呼唤新的社会保障.北京：中国社会科学出版社,1997.

〔18〕吴书松,丁水木.建立社会保障体系.上海：上海人民出版社,1998.

〔19〕宋晓梧.中国社会保障制度建设20年.郑州：中州古籍出版社,1998.

〔20〕郭纲,葛银苏.中国社会保障制度概论.北京：中信出版社,1995.

〔21〕李琮.西欧社会保障制度.北京：中国社会科学出版社,1989.

〔22〕时正新,朱勇.中国社会福利与社会进步(1998).北京：社会科学文献

出版社,1998.
〔23〕丛树海.社会保障经济理论.上海:上海三联书店,1996.
〔24〕厉以宁,吴易风,李懿.西方福利经济学评述.北京:商务印书馆,1984.
〔25〕何平.国有企业改革中的社会保险.北京:经济科学出版社,1997.
〔26〕周弘.福利的解析:来自欧美的启示.上海:上海远东出版社,1998.
〔27〕林毓铭.转型期社会保障体制大变革.北京:中国财政经济出版社,1998.
〔28〕唐钧.中国城市居民贫困线研究.上海:上海社会科学出版社,1998.
〔29〕周士禹,李本公.优抚保障.北京:中国社会出版社,1996.
〔30〕王以才,张朴.农村社会养老保险.北京:中国社会出版社,1996.
〔31〕李本公,姜力.救灾救济.北京:中国社会出版社,1996.
〔32〕白益华,吴忠泽.社会福利.北京:中国社会出版社,1996.
〔33〕韩良城,施明才.社会保险基金管理.北京:中国劳动出版社,1996.
〔34〕王东进.中国社会保障制度.北京:企业管理出版社,1998.
〔35〕郑功成.社会保障学——理论、制度与思辨.北京:商务印书馆,2003.
〔36〕李珍.社会保障理论.北京:中国劳动社会保障出版社,2001.